TABLEAU

DE LA

LITTÉRATURE FRANÇAISE

1800-1815

OUVRAGES DU MÊME AUTEUR

I

PORTRAITS D'HIER ET D'AUJOURD'HUI.

1° Réalistes et Fantaisistes. 2ᵉ édition...............	1 vol.	in-12
2° Attiques et Humoristes, 2ᵉ édition...............	1	—
3° Femmes et Livres...............................	1	—
4° Hommes et Livres...............................	1	—

(Publiés par la librairie académique Didier et Cᵒ.)

II

Saint-Évremond et son temps........................ 1 vol. in-12
(Publié par Sauton et Jouaust.)

III

EXTRAITS DES CLASSIQUES FRANÇAIS.

1° Origines de la littérature française............	2 vol.	in-12
(*Ouvrage couronné par l'Académie française*.)		
2° Les Grands Écrivains du XVIᵉ siècle............	1	—
3° Cours supérieurs, XVIIᵉ, XVIIIᵉ, XIXᵉ siècles......	2	—
4° Cours moyens, XVIIᵉ XVIIIᵉ, XIXᵉ siècles...........	2	—
5° Cours élémentaires, XVIIᵉ, XVIIIᵉ, XIXᵉ siècles.....	1	—
6° Cours supérieurs et moyens	1	—

(Publiés par la librairie Fouraut.)

IV

1° Fénelon, *Sermon pour l'Épiphanie*, avec étude littéraire et commentaires............................	1 vol.	in-16
2° Études littéraires sur les chefs-d'œuvre des classiques français............................	1 vol.	in-8
Idem. 2ᵉ édition...................................	1 vol.	in-12

(Publiés par la librairie Hachette.)

Paris. — Typ. Pillet et Dumoulin, 5, rue des Grands-Augustins.

TABLEAU

DE LA

LITTÉRATURE FRANÇAISE

1800-1815

MOUVEMENT RELIGIEUX, PHILOSOPHIQUE

ET POÉTIQUE

PAR

GUSTAVE MERLET

PARIS

LIBRAIRIE ACADÉMIQUE

DIDIER ET Cᵉ, LIBRAIRES-ÉDITEURS

35, QUAI DES AUGUSTINS, 35

—

1878

Tous droits réservés.

ERRATA

Page 131, 25ᵉ ligne, au lieu de *Sampuis*, lisez *Sompuis*.

Page 209, 20ᵉ ligne, au lieu de *dénument*, lisez *dénoûment*.

Page 277, 27ᵉ ligne, au lieu de *traduction*, lisez *tradition*.

PRÉFACE

La durée chronologique d'un siècle n'est pas le terme de sa durée intellectuelle, et le mouvement des idées par lesquelles le présent succède au passé pour préparer l'avenir ne s'asservit jamais à l'inflexible rigueur d'une date précise. Aussi ne peut-on se régler sur le calendrier pour fixer les frontières d'une époque. Sans doute, la physionomie des trois grands âges qui ont précédé le nôtre se distingue de loin par des traits définitifs. Mais, si l'on considère les choses de près, on s'assurera que ces différences n'éclatèrent point par soudaine explosion. Le début du xviie siècle ne fut-il pas un souvenir du xvie, et son déclin un pressentiment du xviiie? Oui, chez Balzac et Descartes, ainsi que chez Malherbe et Corneille, des instincts de liberté se mêlèrent encore aux préludes de la génération qui allait substituer partout la discipline à l'indépendance. Puis, lorsque le principe d'autorité eut perdu toute mesure, les contraintes d'un goût trop exclusif et d'une orthodoxie trop étroite n'empêchèrent pas non plus l'esprit nouveau de s'essayer dans l'ombre, par des escarmouches d'avant-garde, à la grande bataille dont le dénoûment devait être une Révolution. Tels furent, entre autres éclaireurs, Saint-Évremond et Bayle, Fontenelle et Lamotte, qui, par un scepticisme furtif ou d'innocents paradoxes, annonçaient la venue de Voltaire. Mais en revanche, on vit aussi, dans leur voisinage, Louis Racine et Jean-Baptiste Rousseau, Vertot et Rollin pratiquer dévotement le culte des traditions délaissées. A l'heure où les hostilités s'ouvrirent de toutes parts contre l'ordre ancien, ses exemples se continuaient donc dans la piété de quelques disciples obstinément fidèles à ses doctrines.

A plus forte raison l'an 1800 ne fut-il pas témoin d'un brusque changement à vue. Car la crise qui venait d'inaugurer un monde sur les ruines d'un autre n'avait pu produire encore ses conséquences littéraires. Elle ne réussit qu'à remuer plus de passions que d'idées, et à supprimer toute fine culture. Aussi, après une violente dispersion, les intelligences n'eurent-elles rien de plus pressé que de retourner à leurs habitudes de la veille. Se rappelant sa première pente, le fleuve débordé rentra dans son lit, et les lettrés semblèrent, eux aussi, comme tant d'autres, n'avoir rien appris ni rien oublié. A les entendre chantonner d'une voix cassée leurs refrains d'autrefois, on eût même dit que ces sourds et ces aveugles ne s'étaient point aperçus des convulsions fécondes qui venaient d'improviser d'autres cieux et une autre terre. Mais ce n'était là qu'une apparence, car, tout en ayant parfois l'air de se répéter, l'esprit français ne cesse jamais de se renouveler. Cette immobilité provisoire ne fut donc qu'une de ces haltes nécessaires au coureur fatigué qui se repose un instant pour reprendre un plus vigoureux élan.

Clore le xviiie siècle et introduire le xixe, voilà le double caractère de la période que nous allons aborder, et dont les limites s'étendent à peu près du Directoire à la seconde Restauration, de l'an III à 1815. Elle est donc à la fois une fin et un commencement, par conséquent une transition entre ce qui va naître et ce qui achève de mourir. La définir ainsi, c'est justifier la pensée du travail que nous présentons au public. En effet, ayant l'intention d'embrasser plus tard l'ensemble des métamorphoses traversées par notre génie littéraire depuis les origines du xixe siècle jusqu'à nos jours, nous avons dû, malgré des préventions peu encourageantes, nous résigner d'abord au chapitre de l'Empire ; car il est le vestibule de l'étude générale que nous voudrions entreprendre. Or, si les œuvres de l'art ne sont pas régies, comme les découvertes de l'industrie, par la loi d'un progrès mathématique et continu, leur développement n'en a pas moins sa logique secrète, et ne saurait obéir au pur caprice du hasard. Il importait donc de ne pas négliger une époque dont la connaissance contribue à expliquer les temps qui suivirent, ne fût-ce que par le contraste d'une réaction et d'une revanche. Tel est l'objet spécial de cet ouvrage qui, pour la première fois, traite expressément de la littérature impériale. Encore n'épuise-t-il pas une matière moins aride qu'on ne le suppose. Car, nous bornant à décrire les principales phases du mouvement religieux, philosophique et poétique, nous ajournons à une autre publication le roman, la critique, l'érudition, la science, l'histoire, l'éloquence et la politique, c'est-à-dire les parties les plus intéressantes d'une esquisse où figureront, parmi des écrivains estimables, Chateaubriand, Mme de Staël, Joubert, Benjamin Constant, et Napoléon Ier.

Ainsi donc, en dehors d'un monument alors très-original, le *Génie du Christianisme*, et de quelques noms imposants, MM. de Bonald, Joseph de Maistre et Royer-Collard, ce volume ne touche qu'indirectement à l'élite de ces morts qu'une gloire durable n'a pas cessé de nous rendre présents. La poésie surtout, qui avait émigré dans la prose, ne nous offre que des talents distingués, mais secondaires, ou de pâles ombres dont le souffle s'épuisait à ranimer les cendres de foyers éteints. Les meilleurs subirent les influences d'un despotisme qui paralysa toute initiative, soit par ses coups de force, soit par le zèle d'un patronage trop intéressé pour être vraiment libéral. Quant aux événements tragiques dont retentissait l'Europe, leur douloureuse grandeur sembla stupéfier la Muse oppressée par une émotion qui la réduisit au silence. On avait bien sans doute conservé le goût de la forme ; mais la plupart ne la recherchaient que pour elle-même, sans lui donner d'autre soutien que de froides réminiscences. En un mot, le ciel étant devenu d'airain, toutes les sources languirent. Mais, en un pays tel que le nôtre, il ne faut jamais désespérer de l'avenir ; et cette indigence passagère recouvrait le travail des forces créatrices qui, dans un sol généreux, allaient se réveiller au premier rayon de soleil. Or, sous l'Empire même, l'éclipse ne fut que partielle, comme l'attestent des lueurs de bon augure, qui plus d'une fois percèrent le sombre nuage.

Ces symptômes de vie latente nous ont surtout préoccupé ; et voilà pourquoi nous avons été plus soucieux de les recueillir chez des écrivains connus ou dignes de l'être, que de passer scrupuleusement en revue tous les ignorés qui eurent une heure d'existence éphémère, en un temps où les versificateurs formaient, eux aussi, comme une grande armée. Cependant, pour combler les lacunes que nous imposait la nécessité d'un choix discret ou d'une ordonnance lumineuse, nous ménageons, à la fin de notre volume, une sorte de galerie biographique où petits et grands ont tous une notice appropriée à leur importance. Dans cette vallée de Josaphat, chaque tombe porte son inscription. Mais, pour varier un peu la sécheresse d'un catalogue, nous y avons disséminé des citations qui éclairent ou commentent les jugements exprimés sur les oubliés dont il convenait de raviver la mémoire. En cela, nous croyons répondre aux exigences des lecteurs qui, maintenant plus que jamais, aiment à savoir les choses par le menu, se décident volontiers par eux-mêmes, texte en main, et demandent presque aux lettres l'exactitude des sciences. S'ils ont la patience de feuilleter cet inventaire, ils seront peut-être plus cléments pour une génération dont les modes furent parfois ridicules, qui eut assurément le tort de s'entêter dans la routine, et de parler trop souvent une langue morte, mais qui racheta ses travers par le respect de

PRÉFACE.

l'art, et la ferveur d'une bonne volonté littéraire où nous voyons encore une promesse de rénovation prochaine.

Autant nous avons craint de nous égarer dans les détails d'une érudition trop particulière, autant nous évitons ces vues systématiques dont le risque serait peut-être de convertir les faits en abstraction ou les hommes en formules, et parfois de donner à la vérité même je ne sais quel air d'arrangement ou d'artifice. S'il est malaisé de surprendre le secret d'une âme isolée, n'y aurait-t-il point quelque péril à emprisonner dans une définition cet être collectif qui s'appelle une société? Ce n'est pas qu'on doive méconnaître les courants généraux que déterminent des causes assez puissantes pour provoquer une impulsion décisive. Ces tendances, nous essayerons de les discerner en toutes les rencontres où elles s'accusent par des signes manifestes. Or, sous l'Empire, se produisirent encore des semblants de doctrines communes. Mais, au lieu d'être, ainsi qu'au XVIIe siècle, un fleuve qui coule à pleins bords, en fertilisant ses rives, elles ressemblaient à des eaux stagnantes, ou qui vont se perdre dans les sables. Si des centres littéraires purent alors se constituer, il n'y eut donc là qu'une cohésion précaire entre des éléments inertes ; car nul ascendant supérieur ne ralliait les esprits. Quant aux groupes où la vie s'était réfugiée, ils ne se formèrent qu'à grand'peine sous le regard d'un Pouvoir inquisiteur; et, partis de camps opposés, ceux qui les traversèrent ne s'entendirent, le plus souvent, qu'à condition de ne pas s'expliquer. Leur alliance momentanée fut moins une sympathie de principes qu'une coalition d'intérêts et de haines. Au fond, chacun réserva ses regrets ou ses espérances.

C'est que le jour approche où, sous l'influence d'une Révolution qui avait renversé toutes les barrières, la plupart des intelligences se feront librement leur voie, sans se soucier de qui les précède ou les suit. Dès lors, l'affranchissement ira jusqu'à la dispersion. Aux entraves des règles se substitueront de proche en proche les aventures de la fantaisie personnelle; et si, parmi les idées qui vont affluer de tous les coins de l'horizon, quelques-unes s'organisent en foyers de propagande, ces tentatives de recrutement seront plus bruyantes qu'effectives; car les professions de foi qui battront le rappel en faveur d'une croyance ou d'une poétique deviendront de plus en plus le calcul des indépendants ou des habiles qui veulent justifier leurs caprices par des théories inventées après coup. Mélange et bigarrure, péripéties imprévues et rapides, flux et reflux d'opinions ondoyantes et diverses, oscillations du pour et du contre, tourbillonnement d'imaginations inquiètes et désabusées de leur idéal avant d'en avoir fait une réalité, voilà le caractère de l'avenir qui se prépare ; et l'époque impériale nous en laisse déjà pressentir quelques traits sous l'uniformité monotone d'une discipline tout extérieure que déconcertera la moindre secousse.

Dans un temps où s'annonce la dissolution des anciennes écoles, sans que les nouvelles aient conscience d'elles-mêmes, la critique n'a guère sous les yeux que des individus. Aussi sa principale ressource est-elle de tracer des *portraits ;* mais elle doit les encadrer dans le milieu politique et social dont l'homme ou l'écrivain a pu recevoir l'empreinte. C'est ce que nous ferons, sans oublier jamais que le premier devoir du peintre est de respecter la ressemblance, et par conséquent d'être impartial. Or, ce mérite est facile à qui aime la vérité. Le plaisir de la connaître n'est-il pas assez vif pour qu'on désire ne point le gâter par ces partis pris qui troublent la clairvoyance de l'observateur ?

Est-ce à dire qu'il nous suffise de satisfaire notre curiosité ? Non, certes ; car ce serait aller tout droit à l'indifférence. Or, nous estimons que l'histoire doit avoir des principes, et contenir un enseignement.

Celle de l'Empire ne nous apprend-elle pas que les talents faiblissent toujours avec les caractères ? Si un peuple est responsable de ses institutions, comment ne le serait-il pas aussi de ses livres ? Oui, ses arts, ainsi que ses lois, représentent la fortune bonne ou mauvaise qu'ont méritée ses mœurs, ses croyances, ses sentiments et ses actes. Ce n'est donc jamais impunément que les âmes fléchissent. Toutes les fois qu'elles abdiquent leurs droits, et par conséquent leurs devoirs, les esprits déclinent, et cette inévitable expiation est surtout visible en un pays qui, plus que tout autre, peut dire avec Descartes : « *Je pense, donc je suis.* »

Professer cette doctrine, c'est affirmer que la littérature ne nous paraît pas seulement un jeu de la fantaisie personnelle, mais un écho de la conscience publique, et qu'elle se ramène toujours au suprême intérêt de tout ordre social, à une question de Morale et de Liberté. C'est donc déclarer aussi que le Progrès indéfini nous semble possible, et que nous n'admettons pas un fatalisme qui condamnerait toute éloquence ou toute poésie à parcourir trois périodes, la naissance, la vie et la mort, sans aucune chance de résurrection. Non, la langue française n'est point une de ces plantes chétives qui ne fleurissent qu'une fois, et se dessèchent aux approches de l'hiver, mais plutôt cet arbre généreux dont parlait Horace, et qui renouvelle ses feuilles à chaque retour de printemps. Aussi ne serons-nous jamais de ces pessimistes qui ne peuvent se consoler d'être nés dans leur siècle. Sans vouloir flatter le nôtre, nous ne prendrons pas pour devise : *Laissez là l'espérance.* Au lieu de faire l'oraison funèbre des vivants, disons plutôt que le découragement seul est sans remède ; ajoutons qu'il n'y a pas de malheurs irréparables pour un Peuple soucieux de conserver, avec le sentiment de ce qu'il vaut, une foi vaillante en son avenir, et les vertus publiques ou privées qui en assurent la fortune. Confirmer cette certitude par l'histoire de la littérature impériale et de la Renaissance qui suivit de grands désastres, voilà une des leçons que se proposent ce livre et ceux qui le continueront, si nos rares loisirs le permettent.

Gustave Merlet.

TABLEAU

DE LA

LITTÉRATURE FRANÇAISE

1800-1815

INTRODUCTION

La Révolution et les Lettres, la Politique et l'Art. — La TERREUR, menaces de barbarie; naufrage de toutes les élégances. — Le DIRECTOIRE et sa licence anarchique. Essais de littérature républicaine. L'Institut, les Écoles normales. — L'esprit public; appels à une dictature. Le 18 Brumaire. Le CONSULAT et ses espérances. — L'EMPIRE et ses coups de théâtre. Littérature d'antichambre et d'Athénée. Symptômes de renaissance.

Quand des troubles profonds bouleversent une société, c'en est fait de toute délicatesse, et les plaisirs de l'esprit ne sont plus de saison ; car la prospérité des arts et des lettres tient de près à celle des empires. On le vit bien durant les dix années qui séparent la prise de la Bastille du 18 Brumaire. Parmi tant d'œuvres fécondes pour l'ordre social, elles ne nous offrent qu'une longue série d'émeutes, de coups d'État, de guerres civiles ou étrangères, de catastrophes qui rendaient l'avenir aussi incertain que le présent. On dirait un tremblement de terre ouvrant un abîme entre deux mondes. Aussi toute culture fut-elle brusquement interrompue par ces violentes secousses. Autant la période paisible qui va de 1715 à 1788 avait été favorable aux raffinements du goût et aux travaux de la pensée, autant la crise qui suivit devait être rebelle aux élégances et aux douceurs de la civilisation.

Si la tribune eut alors ses heures d'éclat, si, pour la première fois, la presse révéla son éloquence enflammée, si la science, elle aussi, put se donner encore le plaisir des sublimes découvertes, et s'isola, loin de la mêlée, sur des hauteurs inaccessibles aux passions, ce milieu fut inclément pour l'artiste et l'écrivain ; car ils ne sauraient se passer du loisir, de la sécurité, de l'indépendance, et surtout de cette sympathie communicative qui stimule les talents par la récompense de l'applaudissement public. Étant humaines par excellence, les œuvres littéraires cessent d'être possibles, au moment où le cœur de l'homme ne se connaît plus, parce qu'il est ou étourdi par les bruits extérieurs, ou entraîné dans le tumulte du combat. Quand les éléments sur lesquels travaille le penseur ou le poëte sont devenus comme une lave incandescente, ils échappent à ses prises, ou brûlent la main qui voudrait les saisir. Ajoutons que l'esprit révolutionnaire fut souvent enclin à décourager ou dénigrer toute distinction qui fait ombrage aux médiocres. A l'aristocratie des intelligences il opposa plus d'une fois l'envie, la haine, et cette barbarie dédaigneuse qui se plaît à étouffer d'avance tous les germes de supériorité. Il est du moins incontestable que nul talent ne peut se soutenir sans un auditoire d'élite qui l'inspire, l'anime, le modère, et dédommage son labeur par une louange clairvoyante. Privée de ces centres choisis où elle trouve son équilibre, la verve elle-même ne tarde pas à se dérégler. Dans un pêle-mêle où l'opinion régnante égare au lieu de diriger, l'autorité faisant défaut à la censure comme à l'éloge, toutes les forces finissent par se dissiper ou s'exaspérer. Voilà pourquoi nul monument ne put s'élever sur un sol mouvant, réduit en une sorte de poussière qui, suivant l'expression de Benjamin Constant, devint de la boue quand éclata l'orage. Deux ou trois générations d'orateurs dévorées tour à tour, quelques écrivains dramatiques spirituels ou hardis, mais gâtés par la manie de la déclamation, des poëtes émigrant vers le pamphlet ou le journal, des critiques aigris par la polémique, chacun vivant au jour le jour, et improvisant des pages fugitives que dictait la circonstance ou l'intérêt d'un parti ; telle est, à peu près, la physionomie littéraire de l'époque, pourtant si grandiose, où la France s'éveilla douloureusement à la vie politique.

Au lendemain du 9 Thermidor, le pays ressemblait à une fourmilière écrasée par le pied d'un passant, ou plutôt à une plage où des naufragés s'étonnent d'être échappés à la mort. C'est alors qu'on vit proscripteurs et proscrits se coudoyer indistinctement sur la place de la Révolution, heureux les uns d'avoir enfin abattu l'échafaud, les autres d'être revenus comme par miracle de la prison ou de l'exil. Après ces années sinistres qui avaient humilié la raison, les survivants de la Terreur ne se sentaient plus dignes de se gouverner eux-mêmes, et beaucoup d'honnêtes gens n'osaient plus se fier aux illusions généreuses qui venaient d'être déçues par tant de revers ou de crimes. Un scepticisme universel succédait à la fièvre des passions populaires; et, désenchantés des théories, ou énervés par la souffrance, les esprits n'éprouvaient guère que le besoin de croire à la fortune d'un homme auquel la nation épuisée pût abandonner le soin de ses destinées. Dans cette société républicaine de nom et prématurément, mais monarchique par tradition toute récente, entourée d'ennemis implacables, et ne pouvant se défendre sans unité contre les périls qui la menaçaient au dedans ou au dehors, une dictature était donc secrètement désirée par l'inquiétude des cœurs comme une condition de salut public. Mais en attendant l'acteur à qui ce rôle était réservé, la foule se réfugiait, non sans une joie affolée, sur le radeau construit à la hâte avec les épaves de la tempête.

La République étant devenue acceptable depuis que ses faisceaux avaient été brisés, l'oubli du passé, le goût effréné des plaisirs et l'incurie de l'avenir signalèrent tout d'abord ce régime faible, arbitraire, anarchique et dissolu qui, sous le nom de Directoire, fut comme la Régence de la Révolution. Méprisant l'opinion et méprisés par elle, les avocats débiles aux mains desquels était tombé le poids trop lourd d'un pouvoir précaire ne méritaient pas la gloire de remettre sur pied une nation qui, du reste, ne conservait d'autre culte que celui de la force. Ambitieux égoïstes et vulgaires, ils ne songeaient d'ailleurs, pour la plupart, qu'à justifier ce mot que Mme de Staël prête à l'un d'eux : « Nous en sommes arrivés au point de ne plus penser à sauver les principes de la Révolution, mais seulement les hommes qui l'ont faite. » Elle avait manœuvré si maladroitement qu'elle s'était donné pour mortels ennemis jusqu'à ses amis naturels. Une faction détestable ayant réussi à rendre odieuse une cause qui, sans les excès commis, eût mérité d'être chère à tous les bons citoyens, l'intérêt le plus urgent paraissait être d'anéantir ceux qui avaient poussé à bout la patience du bon sens public. Mais le bien ne peut être accompli par les fauteurs du mal. Aussi l'illégalité, l'intrigue et l'imprévoyance furent-elles les seuls ressorts de ce gouvernement éphémère qui, par les sophismes d'une tyrannie mesquine, continua le mensonge de la République sans avoir foi dans son avenir. On avait détruit, mais sans régénérer, aboli les institutions, mais sans changer les âmes ; et, dès que les opprimés cessèrent de trembler, des révoltes aveugles comme toute colère précipitèrent une réaction irrésistible dont le courant devait emporter toutes les digues, surtout en France où l'on obéit d'ordinaire à la logique absolue des idées exclusives. Des incapables où des furieux n'avaient donné que trop de légitimes griefs aux timides pour redouter l'irréparable, et aux sages pour le prévenir. Aussi la nation était-elle prête à reculer jusqu'au despotisme par dégoût de l'anarchie ; car un homme qui se noie ne marchande pas ses moyens de sauvetage. Au besoin, il saisirait la lame d'un sabre. Cependant on se résignait au provisoire, comme des malades trop défaillants pour changer de lit. Mais si le Directoire réussit à se maintenir deux années encore après le coup funeste que la force militaire avait porté, le 18 fructidor, à la considération des représentants du peuple, tout principe de vie s'était retiré d'un gouvernement dont les rouages s'arrêtaient d'eux-mêmes, dès qu'on cessait de les remonter par des expédients. On aurait pu dire de lui, comme d'un héros de l'Arioste, qu'il continuait de combattre, oubliant qu'il était mort.

Lorsqu'on manque du nécessaire, on songe rarement au superflu. Mais l'esprit français a tant d'élasticité qu'il se relève bientôt de ses chutes les plus profondes. C'est ce qu'attestèrent, dès les premières lueurs d'espérance, les tentatives essayées pour rallier les intelligences éparses, et faire enfin jaillir la lumière d'un chaos. Telle fut l'intention du discours par lequel Daunou, inaugurant la fondation de l'Institut, le 15 germinal an IV (4 avril 1796), traçait un imposant programme aux futurs travaux de la docte compagnie. Les mathématiques et la physique y tenaient le premier rang dans le voisinage des sciences morales et politiques, invitées par l'orateur à prendre leur essor « sous les auspices de la philosophie et de la liberté ». Mais cet appel ne fut guère hospitalier pour les beaux-arts proprement dits, auxquels n'était ménagé qu'un rôle officiel et subalterne. Car on exigeait d'eux, avant tout, « des garanties de civisme », et la poésie faisait assez fâcheuse figure en face de deux puissances, la géométrie et l'idéologie, qui consentaient à l'admettre dans leur cortége, mais à titre de subordonnée. D'un ton protecteur, le pouvoir lui demandait moins des preuves de talent que des gages de foi politique. N'était-ce pas le temps où le président du conseil des Cinq-Cents disait hautement à une députation de l'Institut : « Il n'y a de génie que dans une âme républicaine » ?

Nous ne verrons aussi qu'une bonne volonté très-méritoire, mais peu efficace, dans la fondation de ces Écoles normales qui s'ouvrirent le 1er pluviôse. Sans doute les leçons de Laplace, d'Haüy et de Monge laissèrent des traces durables de cette grande conception ; mais la littérature, que La Harpe y représentait spécialement, n'occupa qu'un rang tout à fait secondaire dans ces institutions de passage, que l'on pourrait comparer à ces édifices improvisés pour une cérémonie, « et dont on admirerait volontiers la façade, si le corps du bâtiment ne faisait défaut[1] ». Parmi nous, on a toujours été facilement dupe des

---

1. Cette comparaison ingénieuse est de M. Sainte-Beuve.

apparences. Or la réalité ne répondait point alors aux promesses des mots flatteurs qui conservaient encore le prestige d'un souvenir, ou la force d'une habitude. Croyons-en Mme de Staël déclarant « que les genres licencieux et frivoles profitèrent seuls de la liberté que l'on pensait avoir acquise dans l'ordre littéraire ». Parler ainsi, c'était mettre le doigt sur la plaie du Directoire. Car, sous l'influence de ces parvenus ou de ces épicuriens qui firent tomber toutes choses en décadence, et poussèrent la licence jusqu'à l'orgie, nulle littérature saine et virile n'avait chance de succès. Pour indiquer la gravité d'un mal qui, par son excès même, se refuse à la précision de l'analyse, il nous suffira de dénoncer ici le libertinage ou l'impiété qui s'affichait, je ne dis pas seulement dans certaines publications méprisables comme le *Dictionnaire des Athées*, de Sylvain Maréchal, mais parmi les œuvres les plus populaires d'écrivains d'ailleurs distingués, tels que Parny, le poëte de *la Guerre des Dieux*, et Le Mercier, l'auteur des *Quatre Métamorphoses*. Le sens moral aussi bien que le sens chrétien n'était-il pas effrontément offensé par la corruption cynique ou raffinée dont le scandale s'étalait avec impunité jusque dans la presse réputée sérieuse? *La Décade philosophique* ne mit-elle pas en circulation des blasphèmes éhontés dont le poison propageait en plein soleil une contagion qu'un pouvoir étranger à toute croyance encouragea de son indifférence ou de sa complicité? Mais n'infligeons à des écrits aujourd'hui clandestins que la condamnation du silence, et résumons nos impressions en disant que les discours de Garat ou de Daunou, l'éloge du général Hoche, quelques pages de Mme de Staël, et une élégie de Marie-Joseph Chénier furent presque les seuls témoignages légués à la postérité par ce projet de littérature républicaine que le Directoire n'était pas susceptible de mener à bonne fin, lorsque l'épée d'un général lui donna le coup de grâce.

Cet attentat dont les suites d'abord glorieuses devinrent plus tard si funestes, nous nous garderons bien de l'absoudre. Car il ne sera jamais permis à un peuple d'abdiquer sa souveraineté, même entre les mains d'un homme de génie. Nous savons aujourd'hui ce que coûtent ces calculs de la peur; et, à défaut de la conscience publique dépravée par de tels exemples, l'expérience nous a sévèrement appris combien sont trompeuses ces prétendues compensations qui échangent l'anarchie contre une aveugle obéissance à la volonté d'un seul. Bonaparte lui-même rendit sa fortune ruineuse le jour où, pour s'emparer de la dictature consulaire, il osa violer la constitution fragile qui avait du moins l'avantage d'être un abri légal pour la France convalescente. Oui, s'il avait attendu que le suffrage spontané de la nation lui décernât un pouvoir mérité par d'éclatants services, cette origine régulière eût imposé des bornes à ses témérités, et ses destinées comme les nôtres eussent pris dès lors un autre cours. Le droit eût entraîné pour lui des devoirs; et, sans être un obstacle à de grands desseins, des engagements garantis par un pacte réciproque auraient pu servir de garde-fou aux chimériques aventures qui épuisèrent l'or et le sang du pays. Marengo et Austerlitz auraient encore illustré nos armes, mais peut-être n'eussent-elles pas été attristées par le deuil de Moscou, de Leipsick et de Waterloo. Tel est du moins le rêve d'un patriotisme éclairé par l'histoire.

Tout en faisant ces réserves, nous devons pourtant reconnaître que le 18 Brumaire eut, en réalité, bien des complices. Saignée à blanc par la Terreur, haletante et avide de repos, après tant de convulsions, la France voulait en finir avec des hommes violents sans être forts, et aussi impuissants que décriés. Le flot du mépris grossissait contre eux de jour en jour, et jamais situation ne sollicita plus ouvertement la coupable initiative que semblait légitimer la détresse de tous ceux dont le souci principal fut la sécurité de leurs intérêts, ou le libre exercice des vertus privées. Sans aller jusqu'à prétendre que tout le pays marchait derrière la compagnie de grenadiers qui défila au pas de charge dans l'orangerie de Saint-Cloud, nous ne saurions contester que le malheur des temps voila sous de regrettables excuses les conséquences d'un crime d'État que nos pères ont expié, sans nous instruire par leur châtiment. C'est le cas de dire, avec M. Victor Hugo : « Les générations nouvelles n'ont pas droit de blâme rigoureux envers leurs anciens et leurs aînés. Nous devons nous souvenir que nous étions enfants alors, et que la vie nous était légère et insouciante, lorsqu'elle était si grave et si laborieuse pour d'autres. Nous arrivons après nos pères. Ils sont fatigués ; soyons respectueux. Nous qui profitons à la fois des grandes idées qui ont lutté, et des grandes choses qui ont prévalu, soyons justes envers tous, envers ceux qui ont accepté l'Empire pour maître, comme envers ceux qui l'ont accepté pour adversaire. »

Si Bonaparte, dans l'incomparable splendeur de ses premiers et purs triomphes, apparut comme un libérateur à des esprits désabusés de tout excepté de la gloire, des alarmes égoïstes n'expliquent pas seules cet entraînement. Il fut aussi provoqué par l'enthousiasme qui, fascinant tous les yeux, leur déroba les périls de l'avenir ; et beaucoup purent se persuader, à tort sans doute, mais sincèrement, qu'ils sacrifiaient alors la dignité du citoyen à la grandeur de l'État. Cette révolution réussit donc, parce que la plupart, sinon tous, conspirèrent en sa faveur, les uns avec conscience, les autres sans le savoir. Elle fut d'ailleurs bien moins un acte de découragement qu'un téméraire élan de confiance dans les ressources d'une nation impatiente d'étonner l'Europe par les prodiges de sa résurrection. Non, ce ne fut pas à vil prix que se vendit alors la liberté. La preuve en est dans les œuvres du Consulat qui fonda plus d'institutions qu'une dictature sanguinaire n'avait accumulé de ruines. Jamais un siècle ne s'annonça par de plus radieux préludes, et l'on voudrait éterniser ce moment trop fugitif où Bonaparte semblait représenter la

France elle-même sortant tout à coup des ombres de la mort.

Mais ces jours seront de courte durée. Car l'Empire est proche. Or, par la nécessité même de son principe, il ne pourra souffrir l'indépendance d'une intelligence ou d'un caractère. Un déploiement continuel de surprises théâtrales va donc devenir de plus en plus la triste fatalité d'un régime qui, voulant ménager une issue à l'inquiétude d'un peuple habitué aux tragiques émotions, détournera vers de stériles conquêtes une ardeur trop turbulente pour se réduire à l'inertie d'une paix silencieuse. Un jour que l'Empereur, paraissant dans sa loge de l'Opéra, fut accueilli par des acclamations moins bruyantes que d'ordinaire, il se tourna, dit-on, vers un de ses aides de camp, et laissa échapper cette boutade : « Messieurs, il nous faudra bientôt entrer en campagne. » Si ce mot n'est point historique, avouons du moins qu'il ne manque pas d'une certaine vraisemblance. Car il caractérise une époque pendant laquelle il suffisait au plus grand nombre d'entendre parler, et de voir agir le seul homme auquel pût appartenir la liberté de la parole ou de l'action. Or son génie extraordinaire ne laissera pas à la curiosité publique le loisir d'éprouver les langueurs d'un ennui redoutable à son omnipotence; et, fixés vers l'horizon, tous les regards suivront avec admiration ou angoisse les merveilles ou les désastres de l'épopée militaire dont il sera le héros et la victime.

C'est là surtout qu'il faudra chercher la poésie.

Car celle qu'une volonté impérieuse prétendit organiser comme une distraction du despotisme ne sera que l'artificiel décor d'une scène muette. L'éloquence, elle aussi, ne vivra plus guère que sur les lèvres ou sous la plume du maître devant lequel s'incline la foule des courtisans. Ailleurs pourra fleurir encore le discours d'apparat; de beaux parleurs prononceront même de temps en temps des mots retentissants, ou des formules libérales qui sauvent les apparences. Mais cette rhétorique d'antichambre ou d'Athénée ne sera qu'une vaine parade, et les impostures officielles ne changeront rien au fond des choses, c'est-à-dire à la soumission passive d'un Sénat ou d'un Corps législatif habitués à ne renvoyer au souverain que les échos de sa propre voix. Quant à l'histoire et à la philosophie, on peut d'avance affirmer de l'une que l'Empire fut plus occupé à la faire qu'à l'écrire; et de l'autre, qu'ayant besoin d'air et d'espace, elle dut ajourner des ambitions découragées soit par la crainte de déplaire, soit par les défiances de l'opinion à laquelle les idéologues étaient devenus suspects, non sans raison, pour avoir voulu passer de la théorie à la pratique. On demandait alors au métaphysicien Sieyès ce qu'il pensait : « Je ne pense pas », répondit-il. Or ce trait résume toute une situation, et nous avertit que la stérilité pompeuse de la littérature impériale est un sujet assez ingrat pour la critique.

Toutefois, nous ne l'aborderons point avec ce parti pris qui condamne par ouï-dire, et sur réputation lointaine. Ce n'est pas que nous soyons tentés d'essayer ici le paradoxe d'une réhabilitation. L'avocat le plus adroit y perdrait sa peine. Mais, outre qu'il est toujours intéressant de savoir exactement les choses, il nous en coûte d'admettre que, pendant quinze ans, l'esprit français n'a pas donné le moindre signe de vie, et d'envelopper ainsi toute une génération dans un dédain qui la supprime. Laissons à la passion politique la brutalité de ses exécutions sommaires. Il convient plutôt d'expliquer ou d'atténuer les rigueurs de la postérité par l'enquête des causes qui les justifient, ou les rendent équitables. C'est ce que nous désirons faire. Engageons-nous donc avec impartialité dans une étude qui sera souvent la revue des morts, mais nous réserve aussi le plaisir d'assister au travail latent par lequel se prépare sourdement une rénovation littéraire.

Il est manifeste en effet, et même à première vue, que les différents âges d'une nation se continuent comme les anneaux d'une chaîne indissoluble. Car le monde des intelligences est régi par des lois analogues à celles qui gouvernent l'ordre des saisons, et l'on sait que la nature ne procède jamais par de brusques soubresauts. Lorsque nous exhumerons des noms obscurs, il nous arrivera donc de surprendre alors le signe précurseur des progrès qui s'apprêtent. Les dernières journées d'hiver, sous leur ciel pâle, ne laissent-elles pas pressentir le voisinage du printemps, ne fût-ce que par le tiède frisson des brises qui effleurent la surface des dernières neiges?

INTRODUCTION.

Il en sera de même des symptômes par lesquels se trahissent, jusque chez les plus médiocres, des instincts confus de renaissance. Oui, il y a là des ébauches, des commencements, et parfois une aube indistincte.

A plus forte raison saluerons-nous comme un lever de soleil l'avénement de deux grandes figures alors rivales, mais depuis réconciliées par une commune illustration, Mme de Staël et Chateaubriand, dont la gloire est d'avoir ranimé des flammes éteintes, et propagé des souffles inspirateurs. Leurs mérites originaux dominent donc cette littérature dont le souvenir effacé ne rappelle guère aujourd'hui que des formes vides de pensée, une correction timide, une fausse noblesse, une discipline glaciale, des procédés mécaniques, en un mot, des corps sans âme. A eux seuls, ces deux génies initiateurs suffiraient presque à remplir une histoire, et à lui communiquer l'intérêt qui s'attache non-seulement au talent, mais au courage; car ils restèrent le front haut et debout, parmi tant d'autres qui courbaient la tête et pliaient le genou. En dépit des faiblesses qui se mêleront parfois à la dignité de l'attitude, nous les suivrons dans leurs luttes avec les sympathies qui honorent de nobles causes défendues par de beaux caractères. Mais, si nos cœurs et nos consciences doivent être avec eux, nous ne serons pourtant pas de ceux qui croient faire œuvre de patriotisme ou de justice en insultant un de nos plus grands noms, et renversent outrageusement les statues élevées à sa mémoire.

Aussi rendrons-nous à César ce qui lui est dû. J'entends par là que, tout en déplorant ou condamnant les erreurs ou les folies du politique, nous admirerons, suivant les rencontres, le capitaine qui n'eut pas de supérieur ou d'égal, l'écrivain dont la plume valut l'épée, ou même par occasion l'homme d'Etat dont on put dire avec Tacite : *Cuncta discordiis civilibus fessa, nomine principis, sub imperium accepit*[1].

---

1. Le monde fatigué par les discordes civiles, avec le titre de prince, Auguste le reçut sous son obéissance. (*Annales*, l. I, c. 1.)

LIVRE PREMIER

Restauration des idées religieuses

CHAPITRE Ier.

Esprit de réaction contre la philosophie du XVIIIe siècle et la Révolution. — L'École théocratique. M. DE BONALD ; sa biographie. *Théorie du pouvoir politique et religieux.* Moïse et Lycurgue. *La Législation primitive ;* l'origine surnaturelle du langage. Défis lancés aux idées du siècle. — Le Dialecticien. L'Écrivain.

Lorsqu'au milieu des pompes de Tilsitt et de Dresde Napoléon parut entouré d'un cortége de rois, il ne déploya pas sa puissance par un acte plus mémorable que le jour où le sanctuaire de Notre-Dame le vit présider à la réconciliation de la France et de l'Église. Dans cet événement qui répondait aux vœux d'une société où les populations étaient privées de pasteurs, les tombes de prières, et les berceaux de baptême, nous signalerons comme la frontière d'une époque nouvelle dont la première pensée fut de venger la défaite du christianisme vaincu par une guerre de cent ans.

Nous sommes, en effet, bien loin de la période encore récente où cette antique religion, environnée d'honneurs et de richesses, pleine de vie apparente, mais dépourvue de crédit moral, était délaissée de toutes parts comme ces édifices chancelants qu'une crainte prophétique conseille de déserter avant qu'ils ne s'écroulent. Au lendemain de l'épreuve qui venait de purifier le temple, et de rendre aux fidèles des vertus trop oubliées dans les jours prospères, tous les esprits sérieux furent saisis d'une sorte d'étonnement, et presque d'effroi. Au plaisir de l'incrédulité succéda tout à coup son malaise, je veux dire le trouble des âmes qui se sentaient isolées et impuissantes. Les meilleurs s'aperçurent alors qu'une force leur avait manqué, parce qu'ils s'étaient trouvés aux prises avec la Révolution sans une foi commune pour tempérer ses colères, sans une règle capable de redresser ses écarts, sans l'appui d'un principe, ou la lumière d'une croyance. Aussi la violence qui prétendait accomplir l'œuvre de la raison n'avait-elle pu fonder que des haines. A l'heure même où elle se croyait sûre de l'avenir, ses victoires sans lendemain s'étaient tournées en déroute ; et, après la chute des fanatiques, les vrais amis de la liberté en furent réduits à marcher tête baissée, à rougir des forfaits dont ils paraissaient solidaires, bien qu'ils en fussent innocents ; enfin, à se repentir presque des luttes soutenues pour des idées que le sang versé semblait avoir, sinon déshonorées, du moins compromises pour longtemps. Bref, ils comprirent que des représailles allaient faire explosion de toutes parts.

Il fallait s'y attendre. Car dans les cœurs, dans les caractères et les consciences, il y avait encore plus de ruines que sur le sol de la patrie ; et, en présence de cette misère universelle, l'opinion ne pouvait être équitable ou modérée. Il est donc naturel qu'égarée par la peur et peut-être aussi par ses remords, elle ait usé de son indépendance reconquise pour maudire tout d'abord non-seulement les hommes qu'elle avait le devoir de détester, mais les doctrines qui n'étaient pourtant pas responsables de leurs crimes, et jusqu'aux principes bienfaisants qui assuraient à tous le droit de penser et de parler librement. Dès le mois de décembre 1794, un des plus chers disciples de Voltaire, celui qu'il avait appelé son fils, le jacobin La Harpe, donnait le signal de ces fâcheuses palinodies ; et, dans son cours du Lycée, il lançait contre les patriarches de l'École philosophique de véhéments réquisitoires qui ne furent interrompus que par le canon du 13 vendémiaire (5 octobre 1795). Ces escarmouches se changèrent bientôt en une campagne régulière conduite par *le Mémorial*, *la Quotidienne* et *la Gazette*, contre *le Conservateur* et *le Journal de Paris*, où Garat, Chénier, Daunou et Rœderer tenaient tête à Fontanes, Fiévée, Lacretelle et Michaud. Mais ne remuons pas ici ces cendres éteintes. Au lieu de nous perdre dans la poussière de cette mêlée, allons droit aux chefs d'une réaction catholique et royaliste qui devait être d'autant plus ardente qu'elle empruntait des arguments puissants aux leçons d'une douloureuse expérience, aux sentiments indignés des honnêtes gens, à la pitié qui vengeait tant de victimes, à des regrets respectables, et à des espérances d'ordre social qui furent alors une des formes du patriotisme.

Avant de voir l'esprit politique étouffer ces querelles par le traité de paix qui s'appela le *Concordat*, jetons donc un rapide coup d'œil sur une école qui tenta de discréditer la raison comme un abus, et de démontrer philosophiquement l'inanité de toute philosophie, en un mot, de remonter d'irrésistibles courants. Puisque ces docteurs laissèrent après eux des disciples dont l'influence fut un de nos malheurs, revenons à la source d'une tradition qui dure encore, c'est-à-dire aux œuvres de MM. de Bonald et Joseph de Maistre chez lesquels toutes les révoltes des vaincus s'organisent en système, ou se déchaînent en invectives.

Né le 2 octobre 1754, à Milhau, dans le Rouergue, au sein d'une famille ennoblie par la robe, Louis-Gabriel-Ambroise de Bonald était sorti de l'Oratoire pour entrer dans la compagnie des mousquetaires du roi. Mais ce corps d'élite ayant été licencié en 1776, il se retira dans ses terres, où il vivait en gentilhomme honoré de l'estime publique, lorsqu'en 1790 les suffrages de ses concitoyens l'appelèrent à présider l'Assemblée provinciale de l'Aveyron. Dans les préliminaires d'un mouvement national il ne vit que des entreprises sacriléges, et aima mieux se démettre de son mandat que de sanctionner la Constitution civile du clergé. Ce fut un premier gage donné aux émigrés qui lui tendaient la main; et, bientôt après, partant pour l'armée des princes, il servit sous les drapeaux de Condé jusqu'au jour où, la déroute de ses espérances l'ayant conduit dans la cité savante d'Heidelberg, il finit par s'y fixer pour se vouer à l'éducation de ses fils.

Ce fut alors qu'il crut devoir exprimer tout haut les colères qu'il avait sur le cœur. Elles éclatèrent dans sa *Théorie du pouvoir politique et religieux*, essai publié à Constance en 1796, et condamné au pilon par le Directoire. Avec une sorte de majesté sacerdotale où la hauteur du patricien s'alliait à la rudesse d'une dialectique impérieuse, il s'y faisait le Lycurgue, ou plutôt le Moïse de la théocratie.

En abrogeant les lois d'exil, le 18 Brumaire allait lui permettre de revenir en France, et d'y reprendre en toute sécurité des études qui, pour sa conscience, étaient un devoir auquel il se consacrait comme à un office de magistrature. Zélé partisan d'une autorité absolue, il pardonna volontiers l'Empire à celui qu'il traitait d'usurpateur ; mais il se refusa pourtant à ses avances jusqu'au jour où, grâce aux instances de M. de Fontanes, il consentit enfin, vers 1800, à se laisser nommer conseiller de l'Université. Il adressa même au *Mercure* l'hommage discret d'une adhésion tardive, non sans rester royaliste de cœur. Car, en dehors des Bourbons, il n'admettait pas de salut possible ; et, après leur retour, il n'aura qu'un regret, celui de les voir se transformer en rois constitutionnels.

C'est ce que nous annonce d'avance sa *Législation primitive*, ouvrage dogmatique où les formules de son *credo* s'ordonnent en bataille. Il nous y propose le décalogue d'une société dont la pierre angulaire est le droit divin qu'il regarde comme l'unique sauvegarde de tout ordre, de tout progrès, de toute civilisation. Combattre le principe de la souveraineté populaire, attribuer à Dieu seul l'origine de tout pouvoir, appliquer la logique à l'histoire pour légitimer, par les syllogismes d'un long et subtil paradoxe, un régime réprouvé par la raison moderne et jugé par le temps, telle est l'intention d'une apologie que termine cet arrêt : « La Révolution qui a commencé par la déclaration des droits de l'homme ne finira que par la déclaration des droits de Dieu. » Il y ajoutait cette menace : « Tout peuple qui ne sait pas trouver en lui le commandement et l'obéissance, obéira à un autre peuple. » Pour préparer le rétablissement de ce qui avait été aboli, il jugeait donc nécessaire d'abolir d'abord tout ce qui était décidément établi.

La nouveauté de ce livre fut le dessein de soutenir le passé non plus comme un fait, mais comme une doctrine dont la vaste synthèse, embrassant à la fois l'État et l'Église, l'esprit humain et la société, tirait une politique d'une métaphysique. Certes, l'ambition de l'architecte fut singulièrement hardie; mais, si elle fait honneur à la puissance de ses combinaisons, elle ne réussit qu'à construire une théorie fragile dont les conclusions répugnent tout ensemble à la sagesse divine et à la dignité humaine. Absorber la raison dans la révélation, n'est-ce pas en effet nous ravir notre plus enviable privilége, et professer que le Créateur, par une étrange inadvertance, avait oublié dès l'abord de donner l'intelligence à sa créature de prédilection? En expliquant par un miracle l'origine du langage, et déclarant que Dieu dut apprendre à l'homme, par voie d'autorité, toutes les vérités universelles que nous considérons comme des germes innés, M. de Bonald revenait d'ailleurs, sans le savoir, à l'empirisme de Condillac, et à l'erreur même qu'il voulait combattre. Car exagérer le rôle de la parole jusqu'à lui attribuer la vertu de produire les idées, et dire expressément que « *les mots font la pensée* », c'est dépouiller aussi notre entendement de toute initiative, c'est le ramener à n'être plus qu'une mémoire docile, c'est enfin transformer nos facultés les plus précieuses en un simple réservoir de phénomènes extérieurs, et de notions enseignées après coup. Il retombait donc dans les errements de l'école aux yeux de laquelle l'esprit, avant la parole, est aussi vide et nu qu'une feuille de papier blanc, attendant des caractères imprimés par une main étrangère. Outre que ces hypothèses détruisent la racine de toute philosophie, confondent la certitude avec le témoignage, et ouvrent ainsi carrière à la négation ou au doute, il est périlleux, même au point de vue purement orthodoxe, de trop prodiguer les moteurs surnaturels. Car employer ce ressort là où il devient superflu, c'est l'affaiblir là où il serait indispensable. Si la raison naturelle n'est plus, elle aussi, qu'un catéchisme de traditions révélées, les titres du dogme chrétien risquent de perdre, en le partageant, leur caractère le plus distinct ; et la conséquence de ces prémisses sera tôt ou tard le double danger de l'intolérance, ou du scepticisme.

M. de Bonald ne devait pas, du reste, reculer devant les conclusions pratiques de ses principes ; et, après 1815, dans les assemblées législatives, le député comme le pair de France ne perdra pas une occasion de poursuivre avec un infatigable entêtement toutes les applications de ses témérités spéculatives. Imposant aux questions les plus contingentes de la politique les procédés absolus de la métaphysique, il n'hésita pas à ériger ses préférences en axiomes nécessaires. Il fut un des plus ardents promoteurs des lois portées contre la presse, il fit l'apologie des majorats et du droit d'aînesse, il protesta contre la division des propriétés, il réclama l'abolition du jury, regretta les maîtrises, plaida pour la censure et les cours prévôtales, s'éleva contre la liberté de pétition, repoussa toute garantie contraire au bon plaisir du Roi, décida qu'il était « indécent » de confier l'instruction publique à un administrateur laïque, en un mot, considéra la Charte octroyée comme une honteuse capitulation. Dans les débats sur la question du sacrilége, ce fut encore lui qui prononça ces paroles : « Dieu est l'offensé, renvoyez le coupable devant son juge naturel. » En résumé, condamnant toutes les formes du régime parlementaire, il déclara « qu'on ne devrait rassembler les hommes qu'à l'église et sous les armes, parce que là seulement ils ne délibèrent pas, mais écoutent et obéissent ».

Est-il besoin de réfuter ces extrémités d'opinion ? Se persuader que la société ne peut vivre sans des institutions mortes, ne considérer comme durable que ce qui a péri, conclure des fautes commises par la raison qu'elle ne cesse de déraisonner, se rejeter de l'impiété dans la théocratie, et de la démagogie dans la féodalité, n'est-ce pas se porter d'un excès à un autre, et ajouter un nouveau mal à celui qu'on se propose de guérir ? De cruels mécomptes peuvent sans doute, dans un moment de lassitude, suggérer ces résolutions désespérées, qui ressemblent aux caprices d'un malade. Mais ce sera toujours, en dépit de l'éloquence, une tâche ingrate et stérile que de s'acharner à la censure impuissante des œuvres accomplies par le progrès des âges, et que nulle force humaine ne saurait changer. Aussi ce *credo* mystique de la servitude volontaire n'aura-t-il pas d'autre effet que d'exciter plus tard d'unanimes défiances contre une Restauration inaugurée au nom de la paix et du droit. Les événements ne l'ont que trop prouvé ; car on peut dire que les ordonnances de juillet et la Révolution qui suivit furent le commentaire de *la Législation primitive.*

L'illusion d'un penseur éminent fut aussi de croire que des lois suffisent pour gouverner un peuple, et assurer son bonheur. En supprimant du mécanisme qu'il avait imaginé le rouage de la liberté, il manqua de cette clairvoyance qui est la première condition du sens politique. Comment, en effet, pourrait-on agir sur les hommes, quand on renonce, je ne dis pas à flatter leurs passions, mais à comprendre leurs sentiments, pour les guider et les modérer ? Cette révolte contre l'inévitable est un aveuglement analogue à celui de ces rêveurs qui, brisant tous les liens par lesquels le présent tient au passé, se persuadent que la raison date de leurs chimères, et qu'ils ont vu naître un beau jour la vérité dans le laboratoire où leur orgueil combine de vains systèmes. L'Église elle-même qui sut constamment satisfaire aux besoins des âmes méconnaîtrait ses intérêts et ses devoirs, si elle voulait n'habiter que des tombeaux, et ne chercher la lumière que dans les ombres du passé. Tandis qu'autour de nous tout s'opère au nom de la liberté, même l'avénement des oppresseurs qui se font sacrer par l'élection populaire, le christianisme ne saurait donc oublier sans péril que l'affranchissement des consciences fut un de ses bienfaits, et ne cessera pas d'être une des forces les plus sûres de son apostolat.

Mais, sans insister plus longtemps sur les chimères d'une politique surannée, considérons un instant l'écrivain qui mérite de survivre au publiciste. Au service de ses dogmes hautains il mit un style dénué d'ornements, et dont l'âpre nudité rappelle ces montagnes du Rouergue qui furent son berceau. Ce législateur austère a le tempérament d'un Romain, ou plutôt d'un Spartiate. J'entends par là qu'il ignore la délicatesse et le charme. « Il n'aimait pas les Grecs, a dit Sainte-Beuve, et les Grecs le lui ont bien rendu. » Oui, tout atticisme lui fit défaut. Si Joseph de Maistre eut parfois une dialectique ailée qui se souvient de Platon, M. de Bonald appartient de préférence à l'école de Condillac et de Condorcet. Empruntant à ses adversaires la méthode qu'il retourne contre eux, il a, lui aussi, le goût de l'abstraction, et une sécheresse trop étrangère au souci de plaire ou d'émouvoir. Il se résignait du reste à l'impopularité qui pouvait en résulter, et la prenait même pour un bon signe. Un jour qu'on insistait devant lui sur la différence de l'accueil fait au *Génie du christianisme* et à *la Législation primitive,* ne lui arriva-t-il pas de répondre : « C'est tout simple, *j'ai donné ma drogue en nature,* et lui, il l'a servie avec du sucre. » Voilà bien le langage d'un esprit qui ne connut jamais les endroits sensibles par lesquels le cœur se laisse toucher. Au lieu de rendre la vérité insinuante, le théoricien et l'homme de parti lui communiqueraient plutôt je ne sais quel air scolastique dont l'insolence impérieuse choque et rebute. Dure et cassante, son expression a un rigorisme de sens qui tyrannise l'attention. Il affecte l'habitude des affirmations absolues qui n'admettent pas de réplique, et promulgue ses décrets sur les hauteurs d'un Sinaï où se trouvent des buissons, mais sans flammes, des nuages, mais sans éclairs. Logicien délié qui ne craint point les redites, la monotonie, l'abus des citations et l'appareil des raisonnements les plus compliqués, il jette sur les esprits une sorte de filet dont les mailles sont tellement serrées, qu'elles étouffent leur proie : elle a cessé de vivre dès qu'elle est prise.

Aussi faut-il quelque patience pour suivre ses déductions de théorème en théorème. Mais s'il sacrifie sans regret son talent à son système, ses livres gardent encore l'empreinte profonde des passions au milieu desquelles ils furent comme forgés en pleine fournaise. Le souffle d'une foi intrépide anime donc les fantômes qu'il évoque, et l'impétuosité de ses exaspérations a le caractère naïf d'un premier mouvement. Quand il veut bien renoncer à l'aridité technique de la théorie pure, pour justifier ses idées par des faits, et caractériser les opinions qui l'irritent, il devient même moraliste incisif, et riche en traits heureux qui relèvent sa diction. C'est alors qu'il juge avec autorité, décrit avec relief, mêle de l'esprit à sa polémique, et de la finesse à la sûreté de son observation. Parfois aussi l'éloquence lui vient à force de raison, et par cette vertu que donne à la parole l'accent d'une conviction. Tantôt la chaîne de ses arguments se soude tout à coup à une formule qui brille comme un anneau d'or. Telles sont par exemple ces fortes pensées : « Il ne faut pas que la loi conspire avec les passions de l'homme contre sa raison. — En morale, toute doctrine moderne et qui n'est pas aussi ancienne que l'homme est une erreur. — Le but de la philosophie est moins d'apprendre aux hommes ce qu'ils ignorent que de les faire convenir de ce qu'ils savent, et surtout de le leur faire pratiquer. » Tantôt ses définitions ou ses sentences s'imposent comme le verbe d'un oracle. Homme public, témoin de l'influence exercée par nos idées, il n'en exagérait pas trop les conséquences lorsqu'il disait avec énergie : « Un ouvrage dangereux écrit en français est une déclaration de guerre à toute l'Europe. » Vauvenargues n'eût pas non plus désavoué les sobres et saines réflexions que voici : « Le beau en tout est toujours sévère. — L'auteur d'un ouvrage sérieux a complétement échoué quand on ne loue que son esprit. — Si les grandes pensées viennent du cœur, les grandes et légitimes affections viennent de la raison. — Rapprocher les hommes n'est pas le plus sûr moyen de les réunir. » Ailleurs, sa gravité s'arme d'ironie, et s'aiguise en une pointe acérée, ici par exemple : « Des sottises faites par des gens habiles, des extravagances dites par des gens d'esprit, des crimes commis par d'honnêtes gens, voilà les révolutions. »

Mais sa plume a rarement le secret de forcer le lecteur à une adhésion immédiate. Il lui arrive d'ordinaire de nous étonner sans nous convaincre, et sa logique toute grammaticale n'est pas exempte d'une sorte de charlatanisme inconscient. Même quand il tient une vérité, il la rend invraisemblable, parce qu'il la ramène trop à la mesure de ses préjugés. Il est si évidemment prévenu par ses amitiés ou ses aversions qu'on soupçonne malgré soi les principes qu'il énonce d'être gratuits, et les faits qu'il invoque d'être plus ou moins contestables. Voilà ce qui faisait dire à un critique cependant très-bienveillant pour sa personne, à Joubert : « On rencontre chez M. de Bonald de singulières conséquences : il semble qu'on y tombe par un casse-cou, et l'esprit se sent quelque chose de démis. Il n'y a souvent dans ses écrits que l'insistance d'un homme qui affirme résolûment. *Il se trompe avec une force !* Or, avoir fortement des idées, ce n'est rien. L'important est d'avoir des idées fortes, c'est-à-dire où il y ait une grande force de vérité. *Il faut se piquer d'être raisonnable, et non pas d'avoir raison*, de sincérité et non pas d'infaillibilité. » On ne saurait mieux juger le docteur intraitable qui, fermé à toute vue d'avenir, sera aussi hostile aux télégraphes et aux chemins de fer qu'aux franchises de la pensée. Il lui fallut pourtant leur rendre plus d'un involontaire hommage, ne fût-ce que par des violences qui, chez lui, sont un aveu de faiblesse. N'est-ce pas du haut d'une tribune, et au sein d'un parlement, qu'il lança contre les parlements et les tribunes des anathèmes qu'on croirait contemporains de Grégoire VII et d'Innocent III ? Il se vit donc cerné par les idées qu'il prétendit anéantir ; et, pour guerroyer contre elles, il dut se servir des armes qu'employaient ses adversaires. Il lui échappa même plus d'une distraction qui déconcerta son attitude ; car il s'oublia parfois jusqu'à mêler à ses doctrines les plus rétrogrades des opinions de rencontre qui en seraient la meilleure réfutation. Mais n'abusons pas contre lui de ces surprises. Mieux vaut honorer dans ce champion du passé la constance d'un caractère, et la bravoure d'un talent inébranlablement fidèle à un drapeau que ses actions d'éclat rendirent plus impopulaire encore. Par une dernière ironie de cette malicieuse fortune qui déjoua toutes ses espérances, un vaudevilliste, M. Ancelot, lui succédera dans son imposant fauteuil de l'Académie française, et sera chargé plus tard de son oraison funèbre.

Pourtant, bien que la plupart de ses principes aient succombé avec lui, saluons dans sa personne un de ces rares esprits qui ennoblissent une défaite. Aujourd'hui, le souvenir du publiciste nous semble bien lointain; il n'est plus que le grand homme d'une secte vaincue. Mais le philosophe n'a pas disparu tout entier. Intelligence de premier ordre, il a même droit à une part de reconnaissance, pour la généreuse ardeur qu'il mit à restaurer les croyances morales d'une société qui tombait en ruines. Son *Traité du divorce* fut un de ces actes réparateurs qui recommandent en lui l'homme et le citoyen [1]. Digne de comprendre mieux que tout autre l'importance publique d'une question où quelques-uns ne voyaient qu'un règlement de police privée, il s'éleva jusqu'à l'éloquence lorsque, s'adressant aux législateurs du nouveau code, il fit entendre ce cri parti du cœur : « Commandez-nous d'être bons, et nous le serons. Faites oublier à l'Europe nos désordres à force de

---

[1]. Quelques-uns même pourront encore ici lui reprocher l'excès de son zèle.

sagesse, comme vous avez effacé notre honte à force de succès. Vous avez fait de la France la grande nation par ses exploits ; faites-en la bonne nation par ses mœurs et ses lois. C'est assez de gloire, c'est trop de plaisirs ; il est temps de nous donner des vertus. ». Condillac et ses disciples témoigneraient aussi de sa valeur militante ; car ils n'eurent pas d'ennemi plus résolu, ni plus courageux que le spiritualiste qui définissait l'homme *une intelligence servie par ses organes*. Dans ses études sur les *premiers objets des connaissances morales*, il commença le siége du sensualisme ; et, si d'autres, à sa suite, s'élancèrent brillamment à l'assaut, il eut le mérite d'ouvrir la tranchée. Tant que le problème de notre existence sollicitera la curiosité des penseurs, il sera donc juste de compter les solutions données par M. de Bonald parmi celles qui commandent non l'assentiment, mais l'attention et le respect.

CHAPITRE II

I. Joseph de Maistre ; sa biographie. Préludes du polémiste. Le Vendéen piémontais. — *Considérations sur la Révolution française.* Idée mère de ses écrits ; le gouvernement de Dieu. — Hommage involontaire rendu à la France et à la Révolution. Manie de prophétiser. Isaïe de salon. Le conseiller d'État de la Providence. — *Le Pape.* La dictature spirituelle. Le politique dans le croyant. Arguments temporels en faveur du pouvoir spirituel. La fiction de l'infaillibilité. Tout ou rien. Le rationaliste sans le savoir. — II. Les *Soirées de Saint-Pétersbourg.* L'origine du mal. L'expiation. La rédemption. L'à-propos du livre ; la Terreur et la guerre européenne. Entraînements de la polémique ; influence de l'isolement. — Le philosophe. L'homme. L'écrivain. Secret dépit d'un vaincu. Rétractations ou contradictions. Orthodoxie équivoque. Le surnaturel expliqué par des raisons naturelles. Paradoxes, scandales de pensée. Le grand rhéteur. La théologie sécularisée. Son influence posthume.

I

M. de Bonald disait à l'auteur des *Soirées de Saint-Pétersbourg* : « Je n'ai rien pensé que vous ne l'ayez écrit ; je n'ai rien écrit que vous ne l'ayez pensé. » Entre ces deux personnages il y eut en effet cette harmonie préétablie que produit l'affinité des croyances, des affections et des haines. Plus royaliste que le roi, plus papiste que le pape, le comte Joseph de Maistre est aussi un de ces docteurs aux yeux desquels le progrès ne serait qu'un mirage, la liberté qu'une hérésie, la philosophie qu'un orgueil extravagant, et la révolution qu'une révolte criminelle contre la vérité. Les catastrophes contemporaines dont il avait été le spectateur et la victime devinrent pour lui comme le texte d'un livre où il commenta ce qu'il appelait les conseils de la Providence. Il y trouva le germe d'une politique et d'une théodicée, dont l'idée fixe fut d'écraser à son tour l'*infâme*, c'est-à-dire les œuvres de 89 comme celles de 93, et les hommes qui les avaient préparées ou accomplies. S'il demeure le premier parmi les écrivains que suscita l'indignation soulevée par la Terreur, il est donc aussi le prince des sectaires qui, au lieu d'éclairer leur siècle, lui ont déclaré une guerre d'extermination. Entre les partisans de l'ancien droit nul n'a été plus éloquent, plus subtil, plus vigoureux, plus inflexible. Tous ses ouvrages s'enchaînent comme les propositions d'un syllogisme; et ce que de grands génies n'ont pu faire, il a eu le courage de le vouloir, le bonheur de le pouvoir. J'entends par là qu'il réussit à épuiser son système. De l'ordre abstrait et des régions métaphysiques, il sut conduire ses prémisses à toutes les conséquences qu'elles étaient susceptibles d'entraîner dans le gouvernement religieux, social et civil. Un tel rôle et un tel talent désignent donc en lui le représentant le plus considérable du parti qui, dépouillé, proscrit, ou décimé, ne pouvait apprécier avec calme les causes ou les suites des événements parmi lesquels, témoin ou acteur, il avait connu toutes les extrémités de la souffrance humaine.

C'est à ce point de vue qu'il faut nous placer dès

l'abord pour comprendre ce qu'il y eut de naturel dans les insolences de ce puissant esprit qui, opposant le despotisme à la licence, le demanda non pas à l'autorité temporelle dont il méprisait la faiblesse, mais au pouvoir spirituel qu'il tenta de rendre inviolable, en le proclamant infaillible. Lorsqu'il s'engagea pour la première fois dans la mêlée des controverses, le sang criait encore vengeance, les mauvaises mœurs se compliquaient des idées fausses enfantées comme elles par l'irréligion, et l'anarchie venait de succéder aux crimes, sous un gouvernement qui, oublieux des maux récents, s'acheminait avec une insouciance étourdie vers le fléau d'une guerre européenne. Parmi les obscurités du présent et de l'avenir, il était donc malaisé, même aux plus clairvoyants, d'apprécier avec sang-froid ou sérénité des coups de théâtre dont le dénoûment se dérobait comme une redoutable énigme. A plus forte raison l'impartialité ne pouvait-elle être la vertu de ce patricien né en 1753, à Chambéry, dans le voisinage de Voltaire, nourri de traditions patriarcales, élevé par des jésuites, ruiné par les confiscations d'une conquête française, assombri par les malheurs de sa patrie, devenu le ministre d'une royauté sans couronne, et relégué pendant quatorze ans, de 1803 à 1817, loin de sa femme et de ses enfants, près de la cour de Russie, où, pauvre, à peine payé de son chétif traitement, réduit à s'abriter dans une auberge, à vendre son argenterie pour vivre, à ne point paraître aux revues faute d'un ruban, à ne pas sortir par le froid faute d'une pelisse, il sut pourtant, par la dignité de son attitude, par sa probité parfaite et les lumières de sa parole, garder fièrement son rang, imposer le respect aux plus hautains, et pénétrer dans la confiance intime du souverain étranger dont il sollicitait le patronage en faveur de son pays asservi, et de son roi déchu.

Ses rares aptitudes ne se révélèrent qu'assez tard. Sénateur mêlé aux grandes affaires d'une petite principauté, il avait mûri lentement dans le secret d'une vie modeste et studieuse, à l'école de l'histoire, et surtout de cette expérience pratique dont les leçons forment les sages. Quelques brochures, entre autres un pamphlet publié sous le nom de Jean-Claude Têtu, sorte de provinciale populaire où se manifeste l'âcreté de son ironie, tels avaient été les préludes d'un maître qui n'attendait qu'une occasion pour entrer en scène. Un mémoire sur les émigrés savoisiens nous montre aussi dans ce Vendéen du Piémont le publiciste qui s'initie à de vastes opérations par des escarmouches brillantes de tirailleur embusqué dans ses montagnes. Parmi ces engagements d'avant-garde se distingue déjà, sous des professions de foi impérieuses et irascibles, l'intuition d'un regard perçant qui interroge le ciel ; comme saint Augustin en présence du monde bouleversé, il cherche l'asile d'une *Cité de Dieu*, où les âmes vraiment religieuses puissent se satisfaire enfin par des clartés supérieures.

Ne sourions pas de ces ambitieuses visées. S'il est

impertinent de s'ériger en confident de la Divinité, et de la mêler indiscrètement aux menus accidents de la vie commune, le sentiment chrétien a le droit de reconnaître une action providentielle dans ces crises extraordinaires qui provoquent partout l'étonnement ou l'épouvante. Les païens eux-mêmes, lorsque déborda le flot des barbares, se demandèrent souvent avec un religieux effroi s'ils n'étaient pas frappés par le courroux d'une puissance vengeresse. Un trouble analogue devait agiter des esprits atterrés par le scandale de tant de victimes innocentes livrées à de meurtrières fureurs. « Ce mot, nous dit Joseph de Maistre, était alors dans toutes les bouches : *Je n'y comprends rien. Comment les hommes les plus coupables de l'univers ont-ils pu triompher de l'univers ?* » A cette question que se posait la conscience publique, beaucoup firent la réponse de Salvien, écrivant au IVe siècle : « Nous sommes jugés par Dieu, et c'est pour notre perte qu'a été envoyée cette race qui marche de pays en pays, ravageant tout sur son passage. Elle-même avoue que ce qu'elle fait n'est pas son œuvre. » Ces instincts mystiques avaient eu déjà pour interprète l'imagination candide d'un rêveur ; et dans les maux soufferts par les classes privilégiées Saint-Martin voyait une expiation destinée à rétablir le règne du Dieu véritable chez toutes les nations qu'elle devait visiter.

Inspiré par ses colères, Joseph de Maistre, aussi lui, dénonça donc comme un fait miraculeux cette Révolution dont la fatalité mena souvent en aveugles ceux même qui crurent la conduire. En face de la France trahissant le Christ dont elle avait toujours été le soldat, et portant sur la croix une main sacrilége, il jugea que le châtiment devait être immense comme le forfait ; et il expliqua par un fatalisme tout judaïque pourquoi notre nation « condamnée à mort » s'était si passivement soumise à l'arrêt dont les jacobins furent les exécuteurs. Il ajoutait qu'en se décapitant les uns les autres, ceux-ci venaient d'accomplir contre eux-mêmes la justice de Dieu, et d'assurer la restauration prochaine de tout ce qu'ils croyaient avoir détruit.

Tel est le sens de ses *Considérations sur la Révolution française*, qui datent de 1796, heure à laquelle se produisit parmi nous une recrudescence de regrets et d'espérances, dont le courant, refoulé par le 18 Fructidor et le 18 Brumaire, circula durant l'Empire par des voies souterraines jusqu'au jour où le rappel des Bourbons lui ouvrit une issue victorieuse. Première assise des monuments qu'il édifiera plus tard, cet écrit contient par avance toutes les doctrines du philosophe, et surtout l'idée mère d'où elles procèdent, à savoir la foi permanente en un gouvernement providentiel qui est la raison des choses ; car, sans lui, l'histoire ne serait plus que chaos et ténèbres. « Nous sommes tous, disait-il, attachés au trône de l'Être suprême par une chaîne souple qui nous retient sans nous asservir » ; et ce principe il l'applique aux récentes épreuves dont ses conjectures cherchent les causes, ou veulent prévoir les résultats. Quels sont les crimes commis par le peuple que le bras du Seigneur a si manifestement frappé? Pourquoi la noblesse et le clergé ont-ils mérité d'être sacrifiés ? Comment la peine du coupable se reverse-t-elle sur l'innocent ? Quelle étrange vertu demeure inhérente à l'effusion du sang ? Voilà les problèmes qu'aborde son dogmatisme téméraire, et qu'il tente de résoudre avec une autorité d'accent capable de faire quelque impression sur les sceptiques eux-mêmes.

Si ses aperçus sont plus originaux que plausibles, sa haine contre les auteurs du mal qu'il déplore n'exclut pas du moins de vives sympathies pour la France : car il la croit nécessaire aux destinées des nations voisines, et accepte ce qu'on pourrait appeler sa magistrature européenne. N'écrivait-il pas déjà en 1794 : « D'autres peuples ou pour mieux dire leurs chefs ont voulu profiter, contre toutes les règles de la morale, d'un accès de fièvre chaude qui était venu assaillir les Français, pour se jeter sur leur pays et le partager entre eux. La Providence a dit *non*. Toujours elle fait bien, mais jamais plus visiblement, à mon avis. Car l'empire de la coalition sur la France et *la division de ce royaume seraient un des plus grands maux qui pussent arriver à l'humanité.* »

Avouons aussi que l'appareil de la guerre qu'il déclare aux idées nouvelles, et le déploiement de ses thèses métaphysiques sont un hommage involontaire rendu à l'ennemi qu'il combat. De la part d'un royaliste qui entendait partout ses amis réduire la Révolution aux mesquines proportions d'une émeute fortuite, il y eut en effet un singulier mérite à lui restituer son caractère grandiose, et à la considérer comme un fléau réparateur envoyé d'en haut pour régénérer le monde. C'était, en dépit de différences radicales, abonder un peu dans le sens de ses adversaires qui se justifiaient par des raisons de salut public, et croyaient aussi, par leurs excès, inaugurer un âge d'or pour l'humanité.

Dès ce début s'accuse encore un des traits qui seront le plus familiers à la physionomie du comte de Maistre, je veux dire son goût de prévisions lointaines, et sa manie de prophétiser l'avenir. Ici, la sûreté de sa logique est attestée par des pressentiments lumineux, et par des éclairs qui percent le nuage. Mais notons en passant que le bonheur de ses rencontres va lui devenir un piége. Trop confiant dans « la force indéfinissable qu'il sentait en lui », il continuera de prédire en l'absence de Dieu, et alors jouera parfois le rôle d'un Isaïe de salon qui s'expose au ridicule par l'outrecuidance d'une prétention à laquelle les faits donnent de fâcheux démentis. Ne s'avisa-t-il pas d'écrire avec aplomb : « L'on pourrait gager mille contre un que la ville de Washington ne se bâtira pas, ou que le Congrès n'y résidera pas. »

Nous ne saurions non plus prendre au sérieux toutes les suppositions dans lesquelles se lance sa fantaisie, lorsqu'il se met en tête de nous initier aux moindres secrets de la Providence, comme s'il avait assisté de près à ses conseils. Pour grandir la Divinité, il rapetisse tellement les hommes qu'il en arrive à leur refuser jusqu'au sens commun. Les choses lui paraissent d'autant plus divines qu'elles prêtent plus à la moquerie, et il advient ainsi que cet ennemi personnel de Voltaire finit par juger le train du monde avec un sans-façon presque voltairien. Cette impression est sensible surtout dans ce pamphlet composé sous la dictée des circonstances, et avant les méditations qui lui permirent d'organiser ses idées en un système fortement lié. Il n'en est encore qu'à la guerre de partisans. Ses anathèmes s'affilent en épigrammes. Il se joue en tirailleur, même sur le terrain théologique, et semble plus soucieux de blesser ses antagonistes que de les convertir. Usant de raillerie et de mépris plus que de graves arguments, il dédaigne les objections, songe moins à se défendre qu'à prendre l'offensive, et, faute de mieux, veut prouver au moins par sa verve que l'esprit passe enfin du camp des incrédules à celui des croyants.

Du reste, le croyant même va chez lui se transformer de plus en plus en politique, et il sera moins inquiet d'assurer notre salut dans l'autre monde que dans celui dont le bonheur dépend, à ses yeux, d'une alliance définitive entre le trône et l'autel. C'est c qui ressort d'un ouvrage qu'il édita seulement en 1819, mais qui ne paraîtra pas étranger à la période impériale, si l'on se demande sous quelles influences il fut conçu. En se faisant couronner par la Papauté, Napoléon avait, sans le vouloir, donné des armes à une puissance qui, dans la France, la Belgique, l'Italie et l'Allemagne, contribua bientôt à susciter contre lui l'effort d'une coalition européenne. Bien que Rome fût réduite en province française, le Souverain Pontife, retenu prisonnier dans le palais de Fontainebleau, avait été relevé plutôt qu'abaissé par des infortunes noblement subies. Aussi la réaction des consciences collabora-t-elle au livre intitulé *le Pape*, manifeste dans lequel M. de Maistre, avec cette intempérance qui est à la fois sa force et sa faiblesse, ose faire de la personne morale ce que l'Empire faisait de la personne civile. Il y impose en effet non-seulement à l'Épiscopat, mais à toutes les couronnes, la tutelle administrative d'une souveraineté infaillible qui échappe au contrôle des conciles comme à celui de toute raison individuelle. En se réfugiant ainsi aux pieds du Saint-Père, pour lui décerner la toute-puissance, et cela sur les rois non moins que sur les peuples, il agissait comme ces nations qui, dans un extrême péril, se ralliant autour du centre menacé, défèrent à un dictateur l'unité du commandement. Pour en arriver là, il n'eut d'ailleurs qu'à suivre la pente de ses principes. Convaincu de cette vérité, que la Providence préside à la direction des choses terrestres, un logicien si obstiné ne pouvait se contenter de cet à-peu-près et de ces vagues formules qui font belle figure dans un discours officiel. Aussi lui fallut-il, à tout prix, rencontrer ici-bas le ministre visible de la puissance mystérieuse à laquelle il rapportait tous les événements humains. Sans tenir compte de scrupules ou d'objections qui partaient du sanctuaire même, il montra donc, dans la chaire de Saint-Pierre, le siége de ce pouvoir toujours vigilant qui s'unit sans cesse à l'homme, en dehors de tout intermédiaire, par la permanence de ses oracles. De là cette thèse conclue par cet axiome : « Le dogme capital du christianisme est le Souverain Pontife. »

Ce ne fut point l'enthousiasme d'un cœur religieux qui le poussa vers ce coup d'État. L'élan spontané de la foi n'y paraît guère, du moins si nous en jugeons par les prémisses tout à fait empiriques sur lesquelles se dresse l'échafaudage de sa construction. Elles sont en effet d'un publiciste qui, altérant l'histoire par des illusions complaisantes, ne plaide que par des arguments temporels la cause de la toute-puissance spirituelle. Lorsque plus tard Lamennais soutint la même doctrine, il tenta du moins de l'étayer sur des spéculations philosophiques. Mais Joseph de Maistre ne s'appuie que sur des faits sujets à controverse, et sur des intérêts de police sociale. Suivant lui, l'infaillibilité n'est pas un privilége exclusif qu'il réclame pour le chef de l'Eglise, mais un droit commun inséparable de toute souveraineté, et qu'il revendique comme l'essence même de tout pouvoir. Cette prérogative, qui ne serait possible qu'à la condition d'être un miracle toujours subsistant, il nous l'offre comme une fiction indispensable à tout gouvernement, et surtout à celui qui, supérieur aux autres, ne saurait admettre l'interrègne du moindre doute. Assimilant l'intervention directe et constante du Saint-Esprit aux arrêts de la Cour de cassation, ou aux décisions du Parlement anglais, il nous mène à cette conclusion, que le titre dont il investit le Saint-Père est un fait, et qu'il convient de le légitimer comme un droit, pour en finir avec toute chance périlleuse d'opposition et de dispute. Cette conséquence, M. de Maistre ne répugne point à l'accepter; car il est de ces intrépides qui se refusent aux transactions. *Tout ou rien*, voilà sa devise. Il ne connaît que l'absolu, il ne tend qu'à l'universel, et se croit toujours en présence de lois définitives. C'est le tour naturel de son esprit.

Qu'il y ait là, parmi les écarts d'une dialectique d'ailleurs ingénieuse, des échappées d'éloquence, de grandioses perspectives ouvertes sur l'histoire, des esquisses tracées par un pinceau magistral, nous ne le nierons point. Toutefois, ce n'est jamais impunément qu'on s'éloigne du vrai; et l'on s'en aperçoit ici non-seulement aux fantaisies d'une science captieuse et à l'étrangeté de ses affirmations, mais à des bizarreries de style qui nous autoriseraient à l'appeler le Sénèque de l'école ultramontaine. Aussi ne nous étonnons pas que ces anachronismes évoqués des profondeurs du moyen âge aient été reçus comme une provocation par un public animé d'une vive ferveur pour ses institutions parlementaires. Les dépositaires de la tradition religieuse n'accueillirent pas eux-mêmes sans ombrage un docteur qui semblait usurper, sans mandat régulier, la garde du sanctuaire. Leur crainte était fondée. Car on pourrait démontrer par des textes que le comte de Maistre fut souvent un rationaliste sans le savoir, par exemple lorsqu'il définit les dogmes « des lois du monde divinisées, et des notions innées déposées dans les traditions de tous les peuples », lorsqu'il ramène le christianisme « à des vérités de conscience universelle », lorsqu'il admet « des révélations progressives correspondant à chaque transformation sociale », lorsqu'il regrette que l'Église ait rédigé par écrit ses décisions, et se soit ainsi comme enfermée dans des remparts qui l'empêchent d'embrasser le genre humain. — On rencontre donc chez lui plus d'un germe dont l'éclosion serait facilement une hérésie. Ici même, nous voyons qu'il humanise le dogme de l'infaillibilité, puisqu'il le déclare inhérent à l'exercice de toute autorité souveraine, et dit expressément : « Dans l'ordre judiciaire, il est indispensable d'en venir à une puissance qui ait le dernier mot, juge, et ne soit point jugée. Or, dans la pratique, c'est identiquement la même chose de n'être pas sujet à l'erreur, et de ne pouvoir en être accusé. » En résumé, s'il garde les mots orthodoxes, il en change bien souvent le sens et la réalité.

Cependant, il n'y a rien de médiocre dans l'impression qu'il nous laisse, et ses erreurs mêmes ont grand air. Malgré des paradoxes qui nous impatientent, il ne nous déplaît pas non plus d'ajouter que le livre du *Pape* a fait bonne justice des préjugés accrédités sur le moyen âge, et sur le rôle qu'y joua la cour de Rome. Oui, il y eut du courage à nous représenter pour la première fois le Pontificat comme un Pouvoir accepté par la République féodale, dont les respects s'inclinaient volontairement devant cet arbitre international qui, dans maint conflit, modéra des passions barbares, et, parmi des violences sans frein, conserva ce droit des gens, ou ces garanties de morale publique et privée en dehors desquelles toute vie commune deviendrait intolérable. Pourvu qu'on n'exagère pas l'importance de ce bienfait, et qu'on fasse aussi la part des déviations ou des abus qui en atténuèrent la portée, nous souscrirons donc à cette réhabilitation, sous bénéfice d'inventaire. Mais l'illusion commence avec la prétention d'appliquer à l'Europe moderne une théocratie qu'ont périmée tant de changements définitifs opérés dans les lois et les mœurs, dans les rapports des princes ou les intérêts des peuples, et surtout dans les esprits aujourd'hui indifférents ou rebelles à des sentiments sans lesquels cette utopie d'un tribunal amphictyonique ne pourrait ni s'établir, ni se maintenir.

II

Si nous ne consultions que les dates, nous devrions encore ajourner un autre ouvrage du comte de Maistre, et le plus populaire de tous, les *Soirées de Saint-Pétersbourg*, qui, publiées en 1821, appartiennent à la Restauration. Mais, outre que la chronologie est trompeuse quand il s'agit d'une étude morale ou littéraire qu'on ne saurait sans inconvénient interrompre et briser en menus fragments, le choix même de ce sujet où il est question du gouvernement temporel de la Providence nous avertit dès l'abord que ces pages furent entre toutes le contre-coup récent de la Révolution française. C'est en effet le décisif épanouissement des idées que l'auteur des *Considérations* avait touchées en courant du premier feu de sa polémique. Aux environs de 93, il entrevoyait déjà des promesses de rédemption dans le sacrifice qui venait de faire couler à flot le sang des justes. Plus tard, le penseur qui promenait sa rêverie morose sur les bords de la Néva découvrit d'autres horizons que la place funèbre où le bourreau avait porté sa main sur les têtes les plus augustes. Parmi les ravages dont l'Europe était le théâtre, devant ces hécatombes humaines immolées par le génie des combats dans des luttes qui, déplaçant toutes les frontières, faisaient chanceler du Nord au Midi les trônes de tant de rois ou la fortune de grandes nations, il embrassa de ses regards l'histoire universelle si féconde en fléaux qui punissent ou purifient ; et il y reconnut comme une loi de nature démontrant par des signes visibles un dogme religieux sous lequel se cachent d'importants problèmes de philosophie.

Quelle est l'origine du mal ? D'où vient la démence de la guerre ? Comment justifier les épreuves des bons ? Qu'est-ce que la solidarité des fils d'Adam ? Que vaut la prière ? Que faut-il entendre par le mot terrible d'*expiation* ? Peut-on concilier la liberté de l'homme et la bonté de Dieu ? Tels sont les formidables *Pourquoi* auxquels s'attaque ce Platon biblique dont l'aventureux essor nous emporte vers des cimes où l'on ressent une sorte de vertige, mais assez hautes pour que toutes les contradictions paraissent un instant s'accorder en une merveilleuse harmonie. A l'intérêt des idées s'allie la beauté de la forme dans ce dialogue échangé entre trois interlocuteurs, un chevalier français d'ancien régime, vif et léger, mais sincère en ses propos, un sénateur schismatique dont le sens droit ne demande qu'à se laisser convertir, et le comte de Maistre en personne, facilement reconnaissable à l'entrain superbe de son ardente parole. Ce cadre, on le voit, se prête bien au mouvement, à la variété du discours, aux surprises de l'érudition, aux boutades imprévues de la verve, à l'escrime serrée de la dispute, comme aux éclats d'une éloquence qui tour à tour nous charme, nous irrite, ou nous égare.

Aussi ne nous hâtons pas de traiter cavalièrement ce gentilhomme de vieille race qui, venant de voir Louis XVI succomber avec tant de pures victimes sous le poids d'une responsabilité lointaine, commente par des analogies quelquefois trop subtiles, mais souvent frappantes, le dogme de la déchéance, ou la loi héréditaire du mérite et du démérite. Pour peu que l'on examine les vicissitudes de l'histoire, il est certain que la destinée de chaque génération ne dépend pas uniquement de ses actes, mais des vertus ou des fautes dont les conséquences lui furent transmises comme un heureux ou triste héritage. Oui, il y a de siècle en siècle un flux et reflux de dettes réciproques, et il importe que chacun de nous le sache, ne fût-ce que pour travailler plus sûrement à la fortune de ceux qui nous suivront. Or, si cette succession de richesse ou de pauvreté morale fait les familles prospères ou indigentes, pourquoi donc ne causerait-elle pas également la grandeur ou la décadence des nations ?

Quant aux déductions qu'une logique outrée tire de ce spectacle, elles ont pour excuse l'entraînement de ces souvenirs indignés qui venaient de mettre tant d'honnêtes gens en droit de légitime révolte contre les acteurs d'une tragédie sanglante. Sans faire porter à la philosophie du xviiie siècle la peine des attentats qui la calomnièrent sous prétexte de l'introniser, comprenons pourtant ce qu'il y eut d'irrésistible dans la revanche prise par une croyance opprimée contre les tyranniques injures qui l'avaient si longtemps réduite au silence. Ce n'est pas que nous partagions ce pessimisme impitoyable qui s'acharnait à ne voir dans la nature humaine que la misère de sa chute, et semblait se faire une joie cruelle des châtiments infligés aux coupables. Ces rigueurs sont aussi contraires au devoir du chrétien qu'à celui du philosophe. Mais ne furent-elles pas une réponse provoquée par ces optimistes naïfs dont les chimères fondées sur des rêves d'innocence primitive avaient dégénéré si vite en démentis donnés aux idylles de leur fausse philanthropie? Pour des esprits encore émus par les visions d'une orgie forcenée, le dogme de la Providence ne pouvait donc plus avoir cette majesté sereine que nous admirons chez Bossuet parlant à des cœurs dociles et reposés. Il y a toujours de l'excès dans les représailles; et, si le comte de Maistre courbe trop servilement les peuples ou les rois sous la main d'un Dieu inexorable, son christianisme irrité s'éloigne moins encore de la vérité que ne fit l'irrévérence d'une impiété qui livrait le monde à la merci du hasard. Pour rester équitables, ne le jugeons donc pas comme un penseur désintéressé qui dogmatise à loisir, et à distance de toute passion, mais plutôt comme un combattant qui monte à l'assaut d'une place ennemie, l'épée nue, et prêt à tout saccager.

N'oublions pas non plus que le bruit des armes retentissait par toute l'Europe, lorsque, dans son observatoire de Saint-Pétersbourg, et pour ainsi dire à la lueur de l'incendie, de Maistre écrivait cette mémorable page : « Coupables mortels, et malheureux parce que nous sommes coupables, c'est nous qui rendons nécessaires tous les maux physiques, et surtout les guerres! Les hommes s'en prennent aux souverains, et rien n'est plus naturel. Horace disait en se jouant :

Delirant reges, plectuntur Achivi[1].

[1]. A chaque folie des rois, ce sont les Grecs qui pâtissent.

« Jean-Baptiste Rousseau a dit aussi, avec plus de gravité et de véritable philosophie :

C'est le courroux des rois qui fait armer la terre ;
C'est le courroux du ciel qui fait armer le srois.

« Observez de plus que cette loi déjà si terrible de la guerre n'est cependant qu'un chapitre de la loi générale qui pèse sur l'univers. Dans le vaste domaine de la nature vivante, il règne une violence manifeste, une espèce de rage qui arme tous les êtres *in mutua funera*.[1] Dès que vous sortez du règne insensible, vous trouvez le décret de mort écrit sur les frontières mêmes de la vie. Déjà dans le règne végétal on commence à sentir la loi ; depuis l'immense catalpa jusqu'aux plus humbles graminées, combien de plantes meurent, et combien sont tuées ! Mais, dès que vous entrez dans le règne animal, la loi prend tout à coup une épouvantable évidence. Une force à la fois cachée et palpable se montre continuellement occupée à découvrir le principe de la vie par des moyens violents. Dans chaque grande division de l'espèce animale, elle a choisi un certain nombre d'animaux qu'elle a chargés de dévorer les autres. Ainsi, il y a des insectes de proie, des reptiles de proie, des oiseaux de proie, des poissons de proie, et des quadrupèdes de proie. Il n'y a pas un instant de la durée où l'être vivant ne soit dévoré par un autre. Au-dessus de ces nom-

---

1. Pour de mutuelles tueries.

breuses races d'animaux est placé l'homme, dont la main destructrice n'épargne rien de ce qui vit. Il tue pour se nourrir, il tue pour se vêtir, il tue pour se parer, il tue pour attaquer, il tue pour se défendre, il tue pour s'instruire, il tue pour s'amuser, il tue pour tuer : roi superbe et terrible, il a besoin de tout, et rien ne lui résiste.

« Mais cette loi s'arrêtera-t-elle à l'homme? Non sans doute. Cependant, quel être exterminera celui qui les extermine tous? Lui. C'est l'homme qui est chargé d'égorger l'homme. Mais comment pourra-t-il accomplir la loi, lui qui est un être moral et miséricordieux, lui qui est né pour aimer, lui qui pleure sur les autres comme sur lui-même, qui trouve du plaisir à pleurer, et qui finit par inventer des fictions pour se faire pleurer, lui enfin à qui il a été déclaré qu'on redemandera jusqu'à la dernière goutte du sang qui aura été versé injustement? C'est la guerre qui accomplira le décret. N'entendez-vous pas la terre qui crie, et demande du sang? Le sang des animaux ne lui suffit pas, ni même celui des coupables saisis par le glaive des lois. La terre n'a pas crié en vain ; la guerre s'allume. L'homme pris tout à coup d'une fureur divine, étrangère à la haine et à la colère, s'avance sur le champ de bataille, sans savoir ce qu'il veut, ni même ce qu'il fait. Rien ne résiste, rien ne peut résister à la force qui traîne l'homme au combat. Innocent meurtrier, instrument passif d'une main redoutable, il se plonge, tête baissée, dans l'abîme qu'il a creusé lui-même;

il donne et il reçoit la mort, sans se douter que c'est lui qui a fait la mort. Ainsi s'accomplit sans cesse, depuis le ciron jusqu'à l'homme, la grande loi de la destruction des êtres vivants. La terre entière, continuellement imbibée de sang, n'est qu'un autel immense où tout ce qui vit doit être immolé sans fin, sans mesure, sans relâche, jusqu'à la consommation des choses, jusqu'à l'extinction du mal, jusqu'à la mort de la mort. La guerre est donc divine en elle-même, parce que c'est une loi du monde ; la guerre est divine, par ses conséquences d'un ordre surnaturel ; divine dans la gloire mystérieuse qui l'environne, et dans l'attrait non moins inexplicable qui nous y porte, divine par la manière dont elle se déclare, divine par l'indéfinissable force qui en détermine le succès. »

Dans ce tableau dont le coloris égale les sombres splendeurs de Lucrèce, nous saisissons au vif les qualités de l'écrivain comme aussi les saillies du théologien qui, donnant à l'orthodoxie un air de paradoxe, est plus voisin des traditions hébraïques et de leur âpre dureté que du christianisme et de sa mansuétude. Nous dirons même que son Jéhovah ressemble beaucoup plus au Teutatès des Druides qu'au Dieu d'Israël, et surtout à celui de l'Évangile. Aussi n'aura-t-il jamais nos prières. Mais ne déclamons pas contre un talent généreux qui, impatienté par les déclamations de ses adversaires, alla lui-même, pour les narguer, au delà du but où il visait, et dépassa peut-être ses convictions intimes. Ne voyons point des articles de foi personnelle dans ces ripostes inspirées moins par la raison que par l'imagination, par l'ennui du lieu commun, et l'arrogance d'un pamphlétaire qu'emportait la dispute. A propos du livre qui nous occupe, Joseph de Maistre ne disait-il pas à l'un de ses amis : « Mettons ceci, ajoutons encore cela : *ça les fera enrager là-bas* » ? Dans ce propos tenu près du foyer nous surprenons le brusque ressort qui fit souvent aller sa plume. Il voulait pousser à bout des gens qu'il n'estimait pas, et envers lesquels ses aversions ne se croyaient tenues à aucun égard. De là ces traits lancés à brûle-pourpoint par un provocateur qui n'eût pas craint de marcher, à lui seul, contre toute une armée. De là ces sorties furieuses faites, tête baissée, par un combattant qu'enivre l'odeur de la poudre. De là tant de bravades inconscientes ou préméditées, dans lesquelles on sent à la fois et le parti pris d'une plume qui a besoin d'exercer sa vigueur, et l'exaltation d'une pensée trop solitaire pour être réglée par ces contre-poids qui assurent l'équilibre. Ses écrits furent en effet rédigés loin du public, dans l'isolement d'une espèce de désert où nul écho ne lui renvoyait sa voix perçante. Réduit à causer avec lui-même pour consoler les tristesses de son exil, il n'eut jamais cette sauvegarde de la contradiction qui vient avertir les téméraires, et leur crier : *Holà !* Aussi perdrait-on sa peine à chercher l'esprit du Christ dans ce contempteur de la raison, si préoccupé d'intérêts terrestres qu'il abaisse parfois la religion jusqu'à n'être qu'un instrument d'État, par exemple, quand il dit : « Si j'étais athée, je déclarerais le pape infaillible par édit public, pour l'établissement de la paix sociale. »

Laissons donc de côté des théories plus singulières que profondes, et l'étalage trompeur d'une érudition où fermente le levain de la haine. Nous ne ferons pas au dénigrement des plus grands noms la faveur de croire qu'il puisse suffire à une réputation. Pour être digne de mémoire, ce n'est point assez d'avoir injurié Voltaire dans un accès de rage éloquente, mais épileptique. Toutefois, s'il y a là trop de parties périssables, les ouvrages du comte de Maistre vivent encore par des questions élevées qui sollicitent puissamment la curiosité du philosophe.

Si elles s'y trouvent agitées sans être résolues, c'est quelque chose pourtant de les avoir abordées de front avec une bravoure qui coupa court aux dédains de l'ironie, ou aux langueurs de l'indifférence. Outre que ces ambitieuses visées nous retiennent toujours en de hautes régions où l'air est vivifiant, un souvenir durable est dû à ce flot d'idées qui chez lui coulent de source, et surtout à ces épisodes qui se détachent en pleine lumière comme d'un fond ténébreux. Parmi ces pages restées célèbres, l'apologie du bourreau est une des peintures dont l'infernale magnificence atteste les impressions que la Terreur avait gravées en des cœurs blasés par la souffrance. Citant ce passage dans son cours de Sorbonne, M. Villemain s'arrêta tout à coup sur une phrase inachevée, au moment le plus affreux de la description, et ajouta : « L'horreur que vous éprouvez m'avertit de ne pas continuer, et cette horreur est un jugement. » Par cette suspension ingénieuse, le goût du critique mettait son auditoire en juste défiance contre les beautés inquiétantes d'une tirade trop froidement combinée pour l'effet. Il infligeait un blâme discret à un procédé qui consiste à n'agir que sur les sens, et cette leçon littéraire avait aussi sa portée morale. Car entre le fond et la forme il y a solidarité si intime que les mieux doués courent le risque d'un réalisme brutal, lorsque, cessant de parler à l'âme, ils substituent la sensation au sentiment.

On se tromperait pourtant si l'on s'autorisait de ces âpretés pour refuser à Joseph de Maistre les dons sympathiques de la sensibilité. En général, il convient de ne pas prendre strictement au mot le langage public des plus sincères. Dans notre temps surtout, il y a chance de méprise à n'étudier les personnages que sous leur costume de cérémonie, et comme en représentation. Aussi ce rude censeur de ses contemporains gagne-t-il beaucoup à être visité au coin du feu, dans le sans-façon de sa correspondance familière. Il n'y est plus à l'état de volcan faisant éruption. Le publiciste altier qui nous effarouchait par des semblants de grand-inquisiteur y devient aimable, avenant, simple, facile, indulgent; père de famille tout moderne, badinant avec ses enfants, et prompt à des tendresses qui nous réconcilient avec son cœur. Reconnaîtriez-vous l'apologiste de la guerre dans ces plaintes touchantes inspirées par le départ de son fils, enrôlé volontaire en 1807 : « Il est parti, il s'en va, faisant sept à huit lieues par jour ! Ah ! mon cher comte, je n'ai point d'expression pour dire cela, la pauvre mère ne sait pas le mot de tout ce qui se passe ; et moi je suis seul ici, sans femme, sans enfant, sans amis, du moins de ceux avec qui l'on pourrait pleurer. Il a fallu avaler ce breuvage amer, et tenir le calice d'une main ferme. Je ne vis pas : nul ne sait ce que c'est que la guerre, s'il n'y a son fils. » Nous pourrions citer aussi comme des modèles de grâce, de bon sens et de câlinerie paternelle les lettres qu'il adresse à la plus jeune de ses filles, à Mlle Constance, née quelques mois après une séparation qui le priva de ses plus douces joies. Le politique lui-même semble alors se tempérer ; il paraîtra presque modéré, si on le compare à M. de Bonald. Par raison, il se résout à faire la paix je ne dis pas avec son temps, mais avec la France qu'il aime, malgré tout, quoiqu'elle ait confisqué ses biens, chassé son roi, conquis son pays, et outragé son Dieu. Elle ne cesse pas d'être sa patrie de prédilection ; et, au lendemain de nos suprêmes désastres, il s'écriera résolûment : « *Point de salut que par la France.* »

Soyons également généreux envers lui, et ne marchandons pas la louange à un style où l'on rencontre tout ensemble du Machiavel, du Montesquieu, du Tacite, du Bossuet, du Pascal, et parfois, ne lui en déplaise, du Voltaire. Par l'énergie, les jets étincelants, l'intensité de l'accent, la souplesse du tour, l'ampleur et la hardiesse des images, de Maistre force jusqu'à l'admiration de ses ennemis. Sa langue surtout a une rare franchise. Écrivant à un homme d'État, il disait quelque part : « Il y a, votre Excellence le sait, deux langages ministériels. L'un est de convention, tout en compliments et en grands mots ; il ne parle que de *confiance parfaite, de reconnaissance sans bornes, d'augustes amis, de hautes puissances,* etc. Je connais cette langue, et je la vénère comme bonne dans l'usage commun et extérieur. Mais il y a une autre langue, sévère et laconique, qui atteint la racine des choses, les causes, les motifs secrets, les effets présumables, les tours de passe-passe, et les vues souterraines de l'intérêt particulier. Cette langue a son prix. » C'est ce qu'il prouve en la maniant si bien que je l'appellerais volontiers le *Gentilhomme du Danube.* Sous sa plume, la parole n'est pas moins vibrante que sur ses lèvres ; et, si son expression touche une pensée juste, elle la grave sur l'airain. Dardés comme des flèches, ses mots s'enfoncent invinciblement dans la mémoire.

Aussi regretterons-nous d'autant plus qu'il justifie souvent à ses dépens cette réflexion si juste que nous lui empruntons : « Ces temps sont bien tristes, les passions s'y mêlent à tous les débats ; chaque différence d'opinion produit des jugements outrageux, et par conséquent des haines. C'est une chose étrange qu'à l'époque où les hommes se sont donné le plus de torts, ils ne veuillent s'en pardonner aucun, et *regardent comme des erreurs monstrueuses et pour ainsi dire comme des forfaits des opinions qui ne peuvent être jugées que par les événements futurs.* » Voilà un véritable *meâ culpâ*, et les fougueuses incartades dont il s'accuse indirectement pourraient bien avoir été provoquées par le secret dépit d'une intelligence qui sentit sa cause perdue, mais était trop engagée par le point d'honneur pour rendre les armes, et confesser sa défaite.

C'est ce que nous laisse soupçonner plus d'un secret désaccord surpris par une analyse attentive à démêler tous les traits de son caractère. Oui, bien que la foi pratique ait été souveraine sur ses actes, son âme dut pourtant connaître, elle aussi, les conflits intérieurs; car certaines contradictions s'entrevoient non dans sa vie, mais dans le tumulte de ses pensées, parmi les violences qui affligent ses admirateurs, et sous les embarras d'une conscience parfois désorientée qui demande sa direction à des paradoxes, ou s'échappe en aveux furtifs dont l'adversaire pourrait tirer avantage. Ne lui fait-il pas la partie belle lorsqu'il met les prêtres et les nobles au rang des grands coupables que la Révolution devait punir, parce que leur abaissement moral exigeait expiation ? Ne s'est-il pas rendu à l'évidence quand il écrivit, en 1794, à Mme de Costa : « Il faut avoir le courage de le déclarer, *nous avons pris la Révolution pour un événement; nous étions dans l'erreur, c'est une époque* » ? Bien plus, il va jusqu'à dire : « Il me semble que tout vrai philosophe doit opter entre ces deux hypothèses ; ou qu'il va se former une nouvelle religion, ou que le catholicisme sera rajeuni de quelque manière extraordinaire. » Il ne se faisait pas non plus d'illusion sur la fragilité des couronnes : car, dans une lettre également datée de 1794, il regardait les trônes de Naples, de Madrid et de Lisbonne comme des « monstres de faiblesse n'existant plus que par leur aplomb » ; et, parlant de la France, il ajoutait : « Nos neveux qui danseront sur nos tombeaux riront de notre ignorance actuelle ; ils se consoleront aisément des excès que nous avons vus, et qui auront conservé l'intégrité du plus beau royaume après celui du ciel. »

Quant au gouvernement militaire, « *l'horreur du siècle* », suivant son expression, il ne crut pas davantage à son avenir, le jour où il prononça cet arrêt : « *La Révolution est trop grande pour la tête d'un homme* ». Il serait long le catalogue de tous les passages où s'annonce l'indépendance d'un observateur trop éclairé pour se dissimuler ce qu'il y avait de caduc dans les institutions qu'il eût voulu rendre impérissables. Ce partisan déterminé de la légitimité admettait « qu'il y a des familles usées, au pied de la lettre », que « les fleurs de lis sont périssables », et que « la suprématie de la France est seule éternelle, autant que les choses humaines peuvent l'être ». Ces rétractations furtives auraient même pu se traduire en actes, si j'en crois cette réflexion : « *Toute grande révolution agit toujours plus ou moins sur ceux même qui lui résistent*, et ne permet plus le rétablissement total des anciennes idées. Tel qui désire le roi très-sincèrement, et le lui aura écrit, sera très-capable de lui dire à son retour : *Cette mesure est tyrannique, et le roi n'a pas le droit de faire cela.* » Allons plus loin. Il est telle rencontre où il semble se résigner à la force des choses, notamment en cette lettre où, vers 1810, il dit en propres termes que la Révolution « dont la base est le monde » égale par ses conséquences « la chute de l'Empire romain », et qu'il serait impossible de la faire reculer. Il le laissait entendre à un ministre auquel il donna ce conseil prophétique : « L'esprit italien est né de la Révolution, et jouera bientôt une grande tragédie. Que le roi se fasse chef des Italiens, et que, dans tout emploi civil et militaire de la cour même, il accepte indifféremment des révolutionnaires. Ceci est essentiel, vital, capital. On se tromperait infiniment, si l'on croyait que Louis XVIII est remonté sur le trône de ses ancêtres. Il est remonté sur le trône de Bonaparte. D'abord démocratique, puis oligarchique, puis tyrannique, la Révolution est aujourd'hui royale ; mais toujours elle va son train. L'art du prince est de régner sur elle, et de l'étouffer doucement en l'embrassant. La contredire ouvertement et l'insulter serait s'exposer à la ranimer, et à se perdre du même coup. »

Nous ajouterons que Joseph de Maistre soulevant les voiles du tabernacle est aussi plus philosophe qu'il ne le croit. En cherchant l'esprit du dogme, son exégèse en atténue sensiblement la rigueur, et substitue des lois rationnelles à la pure tradition léguée par les âges de naïve croyance. Il introduit ainsi sous les symboles une séve qui en fait pour ainsi dire éclater l'enveloppe. Il ne voit pas qu'il peut devenir périlleux d'expliquer le surnaturel par le naturel, et de ramener la théologie du ciel sur la terre, c'est-à-dire de l'inviolable au contestable. Dans les raffinements d'une controverse qui veut acclimater le mystère parmi les incrédules se distinguent les inquiétudes du siècle qu'il réprouve, et dont il a dit : « L'homme de nos jours semble ne plus pouvoir respirer dans le cercle antique des facultés humaines ; il prétend le franchir, et s'agite comme un aigle indigné contre les barreaux de sa cage. » Lui aussi, dans l'ordre spirituel, il éprouve, par accident, les impatiences de la pensée captive que tourmente le besoin d'un libre essor. Sans s'affranchir de l'obéissance, il s'arroge, en scrutant les Écritures, un droit que n'oseraient prendre les humbles de cœur. Les affinités qu'il découvre ou suppose entre le dogme et la science n'eussent-elles pas alarmé les maîtres dont il s'imaginait suivre les traces ? Quelques-uns, ce me semble, auraient vu dans ces entreprises des audaces révolutionnaires qui n'élargissent la doctrine qu'en altérant son intégrité. La contagion régnante atteignit donc, à son insu, le médecin lui-même ; et, dans le remède qu'il prescrit, il y a quelques parcelles du poison qu'il voudrait neutraliser. C'est de l'homœopathie.

A force de rajeunir le catéchisme, il finit par se rapprocher de Rousseau plus que des Pères de l'Eglise, et donner la main aux utopistes, à ceux du passé comme à ceux de l'avenir. C'est ainsi qu'il fraye les voies à Lamennais. Malgré la distance qui les sépare, ces deux noms se tiennent en effet, au moins par le dessein de renouveler l'air des écoles théologiques, et d'y introduire le commentaire soit d'une métaphysique transcendante, soit de l'histoire universelle. Bossuet avait eu le même instinct, mais réglé par le frein d'une exigeante orthodoxie. Il s'était borné à chercher dans les annales de l'antiquité la préparation extérieure et politique de l'Evangile. L'unité de l'Empire romain lui avait paru la condition providentielle de son avénement. De Maistre et, après lui, Lamennais vont au delà. Au lieu de creuser un abîme entre le paganisme et le christianisme, au lieu de déclarer ces deux mondes incompatibles, ils tentent de retrouver dans l'un les éléments de l'autre, c'est-à-dire l'essence d'une doctrine antérieure et perpétuelle qui n'attendait que le miracle de la Rédemption pour se formuler et se révéler. Ils essayent par là de renouer la chaîne des âges, et de saisir le principe de continuité par lequel le dogme se concilie avec les lois permanentes de la nature morale et même physique. C'est une de ces ambitions héroïques dont on souhaite le succès, et ses échecs mêmes ne sont pas sans gloire.

Aussi, quel dommage que chez un si grand esprit la passion ait été la plus forte! Il était digne de lui d'écouter seulement sa raison, et de ne pas braver l'opinion par des scandales de pensée qui nous feraient presque douter de sa bonne foi, s'il n'était plus courtois de considérer les jeux du logicien comme des sarcasmes dont le caprice ne doit pas être pris au tragique. Nous ne saurions par exemple nous attaquer sérieusement à des saillies analogues à celle-ci : « Contre notre légitime Souverain, fût-il un Néron, nous n'avons d'autre droit que celui de nous laisser couper la tête, en lui disant respectueusement la vérité. » Non, l'on ne réfute pas ces gageures soutenues contre le sens commun. Disons pourtant que le mépris de l'humanité ne profite point à celui qui l'affiche. Si Joseph de Maistre n'a pas eu le crédit qui est la récompense du talent voué à la vérité, s'il paraît un génie déclassé, ou même (ce qui serait excessif) un grand rhéteur de décadence, la faute en est aux sophismes par lesquels il ruina sa propre autorité. Lorsque, raisonnant à perte de vue pour nous interdire le droit de raisonner, il renverse tout ce qu'il y a de plus irrévocable dans nos idées d'affranchissement civil ou politique, et demande notre salut à des institutions qui n'ont pu se sauver elles-mêmes, il ressemble à cet ermite légendaire qui, dans l'espoir de le faire fleurir, arrosait obstinément un bâton planté dans le sable. Ce serait le cas de répéter aussi ce mot de M. de Talleyrand : « Il ne faut jamais se fâcher contre les choses ; car cela ne leur fait rien du tout. » Notre mauvaise humeur ne les empêche pas de cheminer à la façon d'une aiguille de montre qui, tantôt trop lentement, tantôt trop vite, va toujours, mais en avant, et jamais en arrière. Puisque Dieu nous a donné la raison, il y aurait aussi quelque impiété à ne pas respecter en elle son auteur. Rien ne serait d'ailleurs plus maladroit; car elle se venge de tous ses détracteurs, et a toujours le dernier mot. Le comte de Maistre eut trop d'esprit pour l'ignorer. De là vient que la fin de sa vie fut assombrie par le découragement d'une lutte inégale. « Nous marchons vers un trou, s'écriait-il en 1819; la tête me tourne, mais je meurs avec l'Europe. On écrira sur ma tombe : *Periit cum sonitu.* »

Du bruit! il en fit sans doute, mais plus que le bien n'en doit faire. Quant à son influence, elle n'arrêta pas le flot sous lequel allait s'engloutir la dynastie que croyait protéger le patronage dangereux de son éloquence. Du reste, pendant la Restauration même, s'il fut, comme M. de Bonald, encensé par son parti, sa célébrité n'était guère que la parure littéraire d'une opinion, et ses prôneurs les plus remuants ne l'acceptèrent jamais sans défiance. Car l'absolutisme de sa doctrine ne rachetait point, à leurs yeux, ce que M. de Rémusat appelle spirituellement *son péché originel*, à savoir cette curiosité métaphysique dont il usait jusqu'à l'abus. Par là même, il devint suspect de défendre « la bonne cause » avec des armes empruntées à la mauvaise. Tandis qu'un pouvoir circonspect n'osait paraître trop ostensiblement le client d'un avocat impopulaire, l'autorité ecclésiastique aimait trop la discipline pour ne pas tenir à distance un allié dont les nouveautés déconcertaient ou effrayaient les timides et les habiles. On lui pardonna sans doute en faveur de son zèle; mais, comme nous dit un contemporain, on laissait volontiers ses livres « aux gens réputés pour avoir trop d'esprit ».

Ses conseils n'eurent donc pas de prise sur les habiles qui s'acquittaient envers lui par des éloges de pure politesse, et ne tirant pas à conséquence. Ce sera plus tard qu'il deviendra une puissance. Pour qu'il soit écouté comme un interprète de la foi, il faudra que le scepticisme finisse par perdre toute mesure, et que la raison publique s'énerve par l'indifférence. Alors, les excès de doctrine étant recherchés comme un stimulant d'imaginations blasées qui n'ont plus le goût du vrai, Joseph de Maistre se trouvera naturellement le chef d'une secte dont le ton habituel sera la violence, non pas seulement contre les idées, mais contre les personnes. D'aristocratiques qu'elles étaient, ces colères se démocratiseront; et, se donnant pour un prédicateur inspiré d'en haut, l'esprit de parti ne fera plus qu'injurier la société, sous prétexte de la convertir. Il rebutera les âmes au lieu de les persuader, il envenimera les malentendus, il contribuera de jour en jour à isoler l'Église du siècle, au détriment de l'une et de l'autre. Or, ne l'oublions pas, en sécularisant la théologie et la mêlant à la politique, le comte de Maistre offrit le premier exemple de ces duels regrettables où le dogme devient une arme dans la main d'un journaliste laïque, couvrant de sa voix les mandements des évêques, et compromettant le sanctuaire dont il s'est institué le gardien indiscret.

C'est donc sur lui surtout que retombe la responsabilité des déviations qui détournèrent les idées religieuses de leur lit naturel, je veux dire des pentes indiquées par les accidents d'un sol remué dans tous les sens. Ce tentateur sera trop écouté par un groupe de disciples posthumes qui croiront que la parole de vie ne peut prospérer à l'abri d'une charte écrite par des hommes, et que, pour relever le cœur des fidèles, il est nécessaire d'abaisser le caractère du citoyen. Ils ne comprendront point que pour l'Église la meilleure politique est de s'occuper activement de ses œuvres spirituelles, à la faveur des jours tranquilles ménagés à toute bonne volonté par la sagesse d'un gouvernement conforme aux besoins publics. Or, en parlant ainsi, nous n'entendons pas limiter un droit qui suppose un devoir, celui de lutter sans faiblesse contre les préjugés qui faussent les consciences, ou contre les entraînements qui égarent les âmes. Que le christianisme soit l'adversaire des vices et des passions, rien de plus indispensable. Lui conseiller ici l'indulgence, ce serait lui demander une sorte d'abdication. Mais, en revanche, vouloir qu'il se fasse l'ennemi de l'ordre civil, dont il faut qu'il soit l'élément conciliateur, c'est le reléguer dans l'ombre solitaire « où il ne serait plus que le privilége de quelques élus, et la consolation tardive de ceux que la douleur ou la vieillesse ont séparés du monde [1] ». N'est-il pas à craindre qu'on ne lui retire ainsi la

---

[1]. M. de Rémusat. Article de la *Revue des Deux Mondes*.

confiance des foules, et qu'on ne ferme à l'élite des penseurs une enceinte trop étroite où ne pénétrerait plus ni l'air, ni la lumière du dehors?

Outre que ce serait le pire des maux, l'histoire prouve que l'Église sut toujours s'accommoder aux formes de la société politique, et lui prêter un salutaire concours. Ce qu'elle fit dans le passé pour l'empire d'Occident ou les premiers âges de l'époque féodale, ne pourrait-elle donc pas le faire encore, en présence des transformations qui s'accomplissent, ou s'accompliront? On dira peut-être que cette heureuse entente, facile autrefois, ne l'est plus aujourd'hui, et qu'une incompatibilité d'humeur s'y oppose définitivement. Non, cela n'est pas. Laissons cette erreur soit aux fanatiques hostiles à toute croyance, soit aux aveugles qui nous offrent comme originale une contrefaçon de MM. de Bonald ou de Maistre. Il serait plus vrai d'affirmer que la démocratie est une des plus antiques traditions du christianisme, et que, pour vivre en paix avec elle, il lui suffit de revenir à ses propres origines, non par une absolution donnée aux fautes ou aux crimes de cette liberté menteuse qui est la licence, mais par l'intelligence de tous les instincts généreux qui deviendraient l'honneur de notre âge, s'ils étaient conduits prudemment dans les voies de la modération. Or, pour les guider ainsi, le mieux sera toujours d'entrer dans les intérêts du plus grand nombre, de partager nos espérances, de parler une langue comprise de tous, d'aimer la bonne philosophie comme la plus sûre ressource contre l'autre, en un mot, de purifier et de régénérer, au lieu d'humilier et de maudire. Hors de là, pas de cordialité possible entre des frères ennemis toujours prêts à rompre une trêve précaire, et à passer de rapports contraints à une inimitié flagrante.

La conclusion qui ressort de notre étude est donc celle-ci : MM. de Bonald et de Maistre garderont leur juste renommée; mais elle a été funeste à la religion et à la monarchie. Arborer leur drapeau, c'est chercher la discorde, et rallumer la guerre interminable des principes. Le déserter sera la condition première d'un rapprochement sans lequel il y aurait dans la même patrie deux camps à jamais irréconciliables. Voilà ce que démontrent les fausses démarches de la renaissance religieuse qui se préparait alors dans les esprits. Elle eût plus sûrement tenu ses promesses, si la sincérité des cœurs n'avait pas été fourvoyée par les deux chefs d'une École où l'on n'apprend qu'à diviser ceux qui devraient s'unir, et à récriminer en vain contre l'irrévocable. « Lorsqu'une haute marée, dit Lamartine, assiége les falaises et vient battre, aux équinoxes d'automne, les digues de l'Océan, soyez sûrs que ce n'est pas la main d'un enfant qui a fait rouler un caillou de l'autre côté de l'Atlantique dans le bassin des mers, mais qu'un astre souverain pèse de son poids invincible sur l'élément dont vous voyez les agitations. » Le flux et le reflux des idées est régi par des lois qui ne sont pas moins irrésistibles. Il faut donc les accepter et s'en servir, au lieu de défier en elles la force même des choses. L'influence est à ce prix. Aussi la restauration des sentiments chrétiens ne devait-elle pas être opérée par de belliqueux polémistes qui, au nom du dieu de paix, sonnaient la charge contre la tolérance et la liberté, mais par un séducteur plus soucieux de plaire que de dogmatiser, et dont le charme allait ramener les imaginations ou les âmes, sinon à une foi précise, du moins à la justice et à la sympathie.

CHAPITRE III

I. Restauration officielle du culte. Le premier Consul; fils du xviiie siècle, sans être voltairien, il voit dans la religion une garantie d'ordre social, et un moyen de gouvernement. — Son déisme indifférent à toute foi positive. — Le Concordat, œuvre politique. Périls de ce traité d'alliance.— II. M. DE CHATEAUBRIAND. Biographie du poëte ; son enfance rêveuse, ses révoltes indépendantes, ses instincts aventureux. Séjour à Paris (1788); initiation à la vie littéraire, dans le voisinage de Jean-Jacques et de Bernardin de Saint-Pierre. — Voyage en Amérique (1791). *Son journal*; le paysagiste. — Retour en France (10 décembre 1791). — Le camp de Condé, l'émigré à Londres. — *Essai sur les révolutions*. Scepticisme politique et religieux. Contradictions. Années d'épreuves qui sauvegardent l'originalité de l'écrivain. — III. Le *Génie du Christianisme* (1802). Influence de Fontanes. Crise morale. Conseils de Joubert. L'à-propos de l'ouvrage; attendrissement des âmes mêlé de respect humain ; réhabilitation littéraire et sociale du sentiment religieux. — Défauts et mérites. Le théologien et le peintre. Monument d'ordre composite. Prose descriptive; l'enchanteur. Il ferme la période voltairienne.

I

Un grand politique et un grand écrivain devaient être les promoteurs de ce réveil désirable dont le signal fut donné par le Concordat, et le *Génie du christianisme*. Quand M. de Bonald faisait à l'ancien régime l'honneur de l'ériger en théorie métaphysique, il ne releva que les chimériques espérances d'un parti qui se plaisait à vivre d'illusions. Quand M. de Maistre poussa des cris de colère contre les destructeurs du trône et de l'autel, son verbe impuissant n'avait pas non plus la vertu qui ressuscite les morts. Tous deux auraient donc vraiment prêché dans le désert sans l'homme d'État qui, voulant utiliser la discipline de l'Église au profit de sa domination, rendit au culte sa vie extérieure, et sans le poëte qui, réconciliant l'esprit français avec un Dieu calomnié, « dressa la Croix sur toutes les avenues de l'intelligence humaine »[1], pour conduire enfin les foules repentantes ou émues vers le seuil des temples reconstruits.

Dans un pays que des siècles de monarchie et l'oppression révolutionnaire avaient habitué à recevoir d'en haut son mot d'ordre, l'initiative d'une réparation attendue, sans être encouragée par l'opinion régnante, ne pouvait guère procéder que d'un pouvoir assez habile pour en saisir l'à-propos, et assez fort pour imposer silence aux mécontents. Puisque la volonté d'un seul allait devenir partout maîtresse, expliquons la portée d'un acte solennel dont les conséquences subsistent encore, et interrogeons les mobiles qui l'inspirèrent au premier Consul. Ses propres témoignages seront ici notre lumière.

Et d'abord, il n'est pas douteux que la haute intelligence de l'Empereur se soit toujours inclinée respectueusement devant la croyance à un Être suprême. Mais, s'il faut s'en rapporter aux confidences du *Mémorial de Sainte-Hélène*, il n'allait pas au delà du déisme spiritualiste, et s'en tenait per-

---

1. M. de Sacy. *Variétés morales, littéraires et historiques.*

sonnellement au catéchisme du *Vicaire savoyard*. En rétablissant les cérémonies catholiques, il accomplit donc une œuvre sociale et politique dont il résumait ainsi les intentions : « Je me servais de la religion comme de base et de racine. Elle était, à mes yeux, l'appui de la morale, des vrais principes, et des bonnes mœurs. D'ailleurs, l'inquiétude de l'homme est telle qu'il lui faut le vague du mystère. Mieux vaut donc, pour lui, prendre là le merveilleux que de le demander à Cagliostro, à mademoiselle Le Normant, à toutes les diseuses de bonne aventure, et à des fripons. » Dans ces échappées de sens pratique, mais trop brutal, dont la franchise n'est pas exempte d'une involontaire irrévérence, ne cherchons point des sous-entendus et des réticences de voltairien. Non, Bonaparte n'eut jamais un tempérament de libre penseur, élevé à l'école du persiflage superficiel. Bien qu'il fût, aussi lui, fils du XVIIIe siècle, son rationalisme, tempéré par une secrète indifférence, reconnaissait plutôt des bornes qu'il ne voulut jamais franchir témérairement. Un jour, quelqu'un ayant osé lui dire qu'il pourrait finir par être dévot, il répondit d'un air sérieux : « Je crains que non, et je le regrette ; car c'est une vraie consolation. » Puis, l'entretien continuant sur ce sujet, il ajouta : « Dire d'où je viens, ce que je suis, où je vais, est au-dessus de ma raison, et pourtant cela est : je suis la montre qui existe, et qui ne se connaît pas. Toutefois, le sentiment religieux réconforte tellement les âmes que le posséder est un bienfait. » Ce ton de grave attendrissement avait peut-être alors sa source dans les douleurs d'une infortune qui appelait à son aide le calmant d'une foi positive. Mais je soupçonne qu'au temps de sa grandeur, le Souverain habitué à voir dans le monde des forces plus que des principes dut mêler une certaine sécheresse à ces questions qu'il n'avait ni le goût, ni le loisir de méditer autrement qu'au point de vue de l'intérêt temporel, comme des faits envisagés de sang-froid, sans amour et sans haine.

Il sut du moins toujours concilier avec sa dignité morale la plupart des actes officiels que lui imposa l'exercice du pouvoir, et jamais il ne poussa le souci dynastique jusqu'à engager trop avant son intime responsabilité. Ce fut ainsi qu'après son mariage avec Marie-Louise, malgré les pressantes instances qui lui conseillaient d'aller, comme les anciens rois de France, communier en grande pompe à Notre-Dame, il s'y refusa résolûment, et ne voulut point s'exposer « à un sacrilége ». Entre les différents cultes qui se partageaient son vaste empire, cette attitude d'impartiale neutralité convenait du reste au devoir suprême qu'il formule en ces mots : « Nul doute que mon espèce de scepticisme ne fût profitable aux peuples. Autrement, aurais-je pu pratiquer une véritable tolérance parmi des sectes contraires, si j'avais été dominé par une seule ? Comment aurais-je conservé l'indépendance de ma pensée et de mes mouvements, sous les suggestions d'un confesseur qui m'eût gouverné par les craintes de l'enfer ?

J'étais tellement pénétré de ces vérités que je me promettais bien d'élever mon fils, autant qu'il eût été en moi, dans les mêmes principes. »

En d'autres termes, la religion, sous ses formes variées, lui parut être surtout une garantie d'ordre, et un instrument d'influence. Dès son expédition d'Italie, ses clairvoyants pressentiments avaient compris qu'une réaction religieuse était inévitable en France, et que l'appui du clergé serait un levier puissant pour un ambitieux. De là un double jeu qu'il soutint très-habilement. Tandis que dans sa correspondance particulière il parlait de la cour de Rome avec le dernier mépris, pour flatter les passions du parti révolutionnaire qui avait l'imprudence de traiter l'Église en ennemie, il ne cessa pas, dans ses rapports particuliers avec le Saint-Siége, d'être obséquieux ou câlin, et, dans ses démarches publiques, d'exagérer des hommages intéressés qui pûssent obliger le pontificat à la reconnaissance. Grâce à cette diplomatie, les deux camps crurent qu'il était pour eux un ami. Mais au fond, il avait surtout souci de sa fortune ; et, une fois assuré de la dictature, il ne visa plus qu'à transformer ses auxiliaires de la veille en sujets dociles au moindre caprice de ses volontés. Tout en favorisant les doctrines et les pratiques dont le retour concourait au bien de ses peuples, à leur police administrative, à l'ornement de son trône et à la sécurité de sa couronne, il prétendit surveiller de près une autorité rivale dont les empiétements pouvaient gêner ses vues, et usurper sur son domaine. Plus il sera obsédé par sa folie de domination universelle, et plus deviendront tyranniques les ombrages d'un despote qui voulait étendre sa suprématie sur toutes les consciences, et protégeait les prêtres catholiques de la même façon qu'il avait ménagé les imans, ou les sectateurs de Mahomet.

Musulman en Égypte, philosophe devant le Directoire, et catholique à Rome, il aurait donc pu dire avec Zaïre :

J'eusse été près du Gange esclave des faux dieux.

Outre que ses actes en témoignent, ses aveux nous apprennent que, s'il avait été libre d'accomplir tout ce qu'il méditait, il eût gouverné le monde religieux aussi impérieusement que le monde politique. « Pie VII, dit-il avec impertinence, était vraiment un agneau : si nous eussions été laissés à nous seuls, je l'eusse amené à ne plus regretter son temporel ; j'en aurais fait une idole ; il fût demeuré près de moi ; Paris serait devenu la capitale de la chrétienté : mes conciles en auraient été la représentation. J'aurais eu mes sessions religieuses comme mes sessions législatives. Les papes n'en eussent été que les présidents, j'eusse ouvert et clos ces assemblées, approuvé et publié leurs décisions, comme l'avaient fait Constantin et Charlemagne. » Voilà le rêve qui peut-être traversait déjà son imagination vers l'époque du Concordat. Car il écrivit plus tard qu'ayant alors à choisir entre la foi luthérienne ou catholique, il se décida pour celle-ci, parce que le conquérant de l'Italie ne désespérait pas d'exercer un jour sur le Saint-Siége une influence prépondérante qui deviendrait pour le maître du monde un irrésistible « levier d'opinion ». Bref, il eût voulu faire manœuvrer l'Église comme un régiment.

Nous ne prendrons pas à la lettre ces paroles datées de Sainte-Hélène, et prononcées à distance des événements avec un charlatanisme inconscient ou calculé qui prétendait éblouir la postérité par l'extraordinaire. Mais il nous est permis, du moins, d'affirmer qu'en ouvrant les temples Napoléon pensait à lui-même encore plus qu'à la France. Lorsque, précédé par un cortége épiscopal, il se dirigea vers Notre-Dame au milieu de sa garde musulmane, il préparait le décor de la scène impériale; et, suivant le mot de M. de La Fayette, il songeait alors à la sainte ampoule.

Des mobiles personnels se mêlèrent donc à un bienfait qui eut sa triste rançon; et pourtant il est équitable de reconnaître qu'après dix ans de persécution, d'exil ou d'oubli, ce coup d'État, accueilli par les rires étouffés des uns et la colère des autres, pouvait seul, du matin au soir, restituer à la religion l'autorité légitime dont la violence l'avait dépouillée. D'un trait de plume, en dépit des mœurs encore rebelles, le christianisme rentrait ainsi d'emblée en possession de ses presbytères et de ses églises, sous les yeux des profanateurs dont la mauvaise humeur, désormais impuissante, ne tarda pas à subir le châtiment du mépris public. Quelques-uns jugeront peut-être qu'il eût été préférable de voir la Croix reconquérir peu à peu le sol populaire, au lieu de revenir, comme une émigrée, sous l'abri de la pourpre, par la faveur d'un patronage qui l'exposait, tôt ou tard, à se trouver l'obligée d'un homme, ou la vassale d'un sceptre exigeant. C'est une question de décider s'il n'y eut pas un péril dans cette situation. Au moins est-il manifeste qu'il ne suffisait point d'un décret pour ranimer les croyances, ni d'un contrat pour les maintenir. C'était beaucoup, sans doute, d'avoir rendu à l'Église la sécurité de son utile ministère ; mais il fallait rallier le troupeau dispersé, déconcerter l'impiété frémissante, enhardir le respect humain, désarmer des préjugés tenaces, raviver des souvenirs effacés, ou des traditions éteintes, incliner doucement les âmes vers une foi qui s'ignorait elle-même, ménager aux frivoles l'attrait d'une émotion, en un mot, annoncer la bonne nouvelle à des âmes disponibles, mais qui, après tant de secousses, se reposaient de leur lassitude dans l'asile provisoire de l'indifférence.

Or, cette cure difficile, nous en sommes redevables au *Génie du christianisme ;* et ce fut Chateaubriand qui contribua le plus efficacement à la convalescence d'une société malade. Puisqu'il y eut tant d'opportunité dans l'apparition d'un livre où toute une génération salua son initiateur et son interprète, cherchons dans les origines et le caractère de l'écrivain les causes qui le prédestinèrent à comprendre les vœux du siècle, et à le charmer par un prestige tout-puissant.

II

Chateaubriand appartenait à cette race celtique dont le tempérament se prête si volontiers au mysticisme et aux élans chevaleresques. Né le 4 septembre 1768, à Saint-Malo, dans une des plus nobles familles de la catholique Bretagne, il eut pour premier horizon l'orageuse immensité de cet Océan qu'Homère appelle infini, retentissant et stérile. Entre la roideur d'un père féodal, et la dévotion un peu sèche d'une mère grondeuse dont la sollicitude chagrine se partageait entre dix enfants, son premier âge s'écoula triste et délaissé. Cadet d'une nombreuse lignée, il connut de bonne heure, dans la gêne d'une médiocre fortune, les amertumes d'une âme froissée que l'abandon forçait à se replier de plus en plus sur elle-même. Au spectacle des vagues bruissantes, et aux mirages de leur lointain nébuleux succédèrent bientôt les silencieux ombrages de Combourg, sombre manoir situé près d'un lac, parmi des forêts, au milieu d'une solitude où un cœur passionné qui s'éveillait à la vie ressentit prématurément, dans le voisinage troublant de sa chère Lucile, la douce fièvre qu'il nommait « *un ennui enchanté* ». Puis vinrent les années studieuses. Au modeste collége de Dol, où, après le supplice du rudiment, il étudia les mathématiques, en vue d'un examen de marine, la lecture du quatrième livre de l'*Enéide* lui fit entendre la voix de la Muse qui l'invitait à déserter les landes arides de la géométrie. Tandis que les *Confessions* de Jean-Jacques suscitaient pour la première fois dans son imagination mille songes inquiets, sa fière nature connaissait aussi déjà par ses révoltes les délicates susceptibilités de l'honneur. Un jour, se refusant à subir un châtiment qui l'humiliait, il sortit la tête haute d'une maison dont la règle pesait à son indépendance. Langueurs douloureuses qui se tournent en voluptés, effervescence romanesque et prompte à s'éprendre pour l'idéal, ou à s'enflammer d'un fugitif désir, fidélité native aux sentiments de la vieille France, humeur altière et généreuse d'un gentilhomme pauvre qui se sent le fils des preux, et gardera toujours son nom pur de toute tache, tels sont les traits sous lesquels se montre sa jeunesse dans ces *Mémoires d'Outre-Tombe*, où un vieillard attristé par l'expérience se plaît à nous raconter des visions dont l'intensité précoce était déjà un brillant et dangereux présage d'avenir.

Tel nous le retrouvons à Brest, sous l'uniforme d'aspirant, contemplant éperdument, à la pointe de ce cap extrême, les perspectives vers lesquelles s'élancent ses ambitions avides d'agir, ou plutôt tourmentées par l'aiguillon de l'inconnu. « Il ressemblait, dit Sainte-Beuve, à un de ces cygnes dont les ailes n'ont pas encore assez d'essor, et qui, vers la saison des migrations, souffrent d'un inexprimable malaise ». Cet instinct aventureux ne l'abandonnera plus : nous pressentons ici, dès l'abord, l'inconstance du voyageur qui, en Grèce comme en Italie et en Palestine, brûlera le pays, mettra sur les dents guides ou janissaires, et, à peine arrivé dans un lieu de pèlerinage ardemment désiré, s'empressera de courir avec une égale impatience vers d'autres régions bientôt délaissées. Déjà même René sent les inexprimables atteintes d'un mal dont il ne guérira jamais. Bien plus ; si des souvenirs posthumes ne nous trompent pas, il lui serait arrivé de nourrir en son adolescence de sinistres projets de destruction. Ne fut-il pas tenté de rejeter la coupe à peine portée à ses lèvres, et de la lancer vers le ciel ?

Bref, après de vagues incertitudes, il allait, faute de mieux, s'embarquer pour les Grandes-Indes, quand un brevet de sous-lieutenant au régiment de Navarre le détourna soudain de ses noires pensées vers Paris et Versailles. C'était en 1788. En ce milieu nouveau, l'officier breton qui montait dans les carrosses du roi ne manqua pas de relations flatteuses. Il fréquenta la société de Ginguéné, de Lebrun, de Chamfort et de Fontanes ; il entrevit quelques cénacles littéraires, et s'essaya furtivement à devenir le confrère des écrivains dont l'exemple l'avertissait de sa vocation. Il eût même pu s'égarer à la suite de fâcheux modèles si son admiration pour Jean-Jacques et Bernardin de Saint-Pierre n'avait été l'heureux préservatif d'un talent qui, sans avoir encore conscience lui-même, se fécondait par la lecture enthousiaste des maîtres qu'il devait égaler, ou surpasser un jour.

En ce moment, aux environs de 89, l'élite de la jeunesse, exaltée par le récit des glorieuses infortunes de Cook et de Lapeyrouse, tournait allègrement ses regards vers ce nouveau monde où venait de briller l'épée libérale de la France. N'ouvrait-il pas carrière aux constructeurs de ces belles utopies dont la vogue remontait aux plaidoyers où la misanthropie de Rousseau célébra l'état de nature, et l'innocence primitive? Ajoutons que le jeune chevalier de Chateaubriand avait assisté au triomphe des vainqueurs avinés de la Bastille. Des fenêtres de son hôtel, il put voir les têtes de Berthier et de Foulon portées au bout de deux piques par des assassins déguenillés. Ce fut sous ces influences que l'ancien aspirant de marine fit voile pour l'Amérique du Nord, le cœur tout plein de ces ardentes chimères qui souriaient à un siècle honteux de sa corruption raffinée. Fuyant les horreurs qu'il appelait « des festins de cannibales », il allait, aussi lui, chercher le Paradis terrestre de la vie sauvage.

Selon toute vraisemblance, il avait déjà conçu le plan des *Natchez* qui devaient faire oublier *les Incas* de Marmontel. Il se proposa donc de visiter la scène de son poëme, et le peintre emportait avec lui ses pinceaux, mais sans l'avouer. Car le prétexte de son expédition fut l'espérance de se frayer un passage entre les deux Océans. Était-ce sérieux ? Toujours est-il que le premier Américain auquel il parla de cette fantaisie se mit à en rire, et lui conseilla d'apprendre l'iroquois avant de tenter l'aventure. Le conseil fut compris ; et, oubliant le pôle Nord, Chateaubriand se contenta de visiter les confins du Canada jusqu'à la cataracte du Niagara, sans faire d'autre découverte que celle de son propre génie. Il nous a souvent redit cette odyssée ; mais son *Journal de voyage* est encore le témoin le plus sincère de ses impressions. C'est la naïve explosion d'un talent qui en était à l'heure matinale d'un irrésistible épanouissement. Dans ces cartons crayonnés sous le coup de sensations vives, l'immortel paysagiste est déjà tout entier, bien qu'à demi voilé sous des réminiscences qui trahissent le commerce familier de Jean-Jacques. Jugez-en par cet hymne qui lui échappa comme un cri de ravissement, en présence des solitudes vierges dont il prenait possession :

« Qui dira le sentiment qu'on éprouve en entrant dans ces forêts plus vieilles que le monde, et qui seules donnent une idée de la création telle qu'elle sortit des mains de Dieu ? Le jour tombant d'en haut à travers un voile de feuillage répand dans la profondeur du bois une demi-lumière changeante et mobile, qui donne aux objets une grandeur fantastique. Partout il faut franchir des arbres abattus sur lesquels s'élèvent des générations d'autres arbres. Je cherche en vain une issue dans ces solitudes ; trompé par un jour plus vif, j'avance à travers les herbes, les orties, les mousses, les lianes et l'épais humus composé des débris des végétaux ; mais je n'arrive qu'à une clairière formée par quelques pins tombés. Bientôt la forêt redevient plus sombre ; l'œil n'aperçoit que des troncs de chênes et de noyers qu se succèdent, et semblent se serrer en s'éloignant. L'idée de l'infini se présente à moi. » Alors éclate comme un chant plein d'ivresse : « Liberté primitive, je te retrouve enfin ! Je passe comme cet oiseau qui vole devant moi, qui se dirige au hasard, et n'est embarrassé que du choix des ombrages. Me voilà tel que le Tout-Puissant m'a créé, souverain de la nature, porté triomphant sur les eaux, tandis que les habitants des fleuves accompagnent ma course, que les peuples de l'air me chantent leurs hymnes, que les forêts courbent leur cime sur mon passage. Courez vous enfermer dans vos cités, allez vous soumettre à vos petites lois; gagnez votre pain à la sueur de votre front, ou dévorez le pain du pauvre ; égorgez-vous pour un mot, pour un maître ; doutez de l'existence de Dieu, ou adorez-le sous des formes superstitieuses : moi, j'irai errant dans mes solitudes ; pas un seul battement de mon cœur ne sera comprimé, pas une seule de mes pensées ne sera enchaînée ; je serai libre comme la nature ; je ne reconnaîtrai de Souverain que celui qui alluma la flamme des soleils, et qui, d'un seul coup de sa main, fit rouler tous les mondes. »

Aux échos du souvenir se mêlent ici les accents d'une voix personnelle et distincte. Le coloris de ces ébauches est vrai jusqu'à la crudité. Rien de plus expressif que ces bulletins d'un conquérant qui rend sienne la terre où il laissera sa trace ineffaçable. Désormais, l'Amérique lui appartient du même droit que les îles de l'Inde sont à Bernardin de Saint-Pierre, et les Alpes à Rousseau. Plus tard, il parcourra d'autres contrées, il saura décrire aussi d'autres cieux, la campagne romaine, les rivages de l'Attique, et la vallée du Jourdain : mais si, dans ces tableaux, la ligne est plus nette et le procédé plus sûr, il ne surpassera pas la fraîcheur et la vie de ces esquisses tracées en courant d'un trait enflammé, dont les négligences mêmes ont une grâce incomparable. C'est ainsi qu'il va de forêt en forêt, de savane en savane, de tribus en tribus, admire des effets de lune et de soleil, écoute l'harmonie des vents et des eaux, vogue sur les grands lacs, suit le cours majestueux des fleuves, explore les solitudes, interroge les vestiges des peuplades disparues, s'enivre de poésie, et arrive enfin au pays des Natchez, où il s'arrête pour méditer, avec son élégie de *Réné*, son épopée d'*Atala*.

Ce fut au milieu de cette existence nomade qu'un soir, sous la hutte d'un planteur, à la lueur d'un feu de bivouac, un fragment de journal anglais rencontré par hasard lui apprit la fuite de Louis XVI, l'arrestation de Varennes, la captivité du Temple, et le rendez-vous pris par les officiers de l'armée royale qui couraient en foule à Coblentz, sous le drapeau des princes. En lisant ces tragiques nouvelles, le gentilhomme qui s'attardait au delà des mers crut entendre l'appel de l'honneur. Au sentiment du devoir sa mêla peut-être aussi le mal du pays, l'épuisement de la curiosité satisfaite, ce besoin de nouveauté qui devait être un de ses plus vifs stimulants, le désir de revoir un théâtre où il se distinguerait par l'originalité de ses aventures, enfin l'espoir d'attirer l'attention par une œuvre où ses souvenirs serviraient de cadre à la peinture d'une passion touchante. Voilà comment, parti pour l'Amérique en avril 1791, après la mort de Mirabeau, il en revint le 10 décembre de la même année, au plus fort de la tourmente qui allait l'obliger à un autre exil, celui de l'émigration. A peine arrivé, il se marie brusquement, sans trop consulter son cœur, « pour complaire, dit-il à sa sœur Lucile » ; et, le lendemain de cette union, il rejoint bride abattue un de ses frères au camp de Condé. Il fit avec lui la campagne de 1792, assista au siége de Thionville, y fut blessé grièvement, laissé pour mort au fond d'un fossé, puis jeté dans un fourgon du prince de Ligne, et sauvé comme par miracle. Après les plus pénibles traverses, à l'âge de vingt-six ans, il se retrouvait à Londres, malade, sans amis, sans ressources, réduit, pour vivre, à faire des traductions, et à donner des leçons de français dans cette ville qui plus tard devait le revoir ambassadeur de la monarchie restaurée.

Mais les épreuves du proscrit profitèrent à l'artiste; car ce fut alors qu'inspiré par ses malheurs et ceux de son pays, il improvisa, sous le titre d'*Essai sur les Révolutions*, un livre incohérent, sceptique et amer qui, parmi des aperçus souvent contestables, mais curieux, nous révèle déjà sinon un penseur, du moins un écrivain.

Bien que sa loyauté chevaleresque eût partagé les périls du parti auquel l'enchaînait sa naissance, il n'en avait adopté jusqu'alors ni les opinions, ni les passions. Au moment où un caprice de poëte le poussa vers l'Amérique, il ne suivait guère d'autre guide que Jean-Jacques ; et, au retour de ce voyage qui l'avait isolé de la France monarchique sur une terre républicaine, les disgrâces de sa cause ne le rendirent pas plus fervent qu'au départ. Entre les royalistes et leurs ennemis qui lui parurent également aveugles, il crut aussi peu aux fictions du droit divin qu'aux promesses de la liberté. Ses propres infortunes l'avaient aigri contre l'humanité, mais non contre des adversaires devenus moins odieux depuis qu'il avait vu de près ses compagnons d'armes. Irrité de son inaction, impatient de l'ombre où il languissait, farouche et désabusé, il entreprit de demander au spectacle de l'histoire universelle des enseignements et des consolations, ou plutôt la revanche d'un dédain stoïque et superbe qui se plut à railler la stérile activité des hommes. « Il faut, disait-il, étudier la carte, afin qu'en cas de naufrage on se sauve sur quelque île où la tempête ne puisse nous atteindre. Cette île-là, c'est une conscience sans reproche. » Persuadé qu'il n'y a rien de nouveau sous le soleil, il se figura donc un peu témérairement que les révolutions antiques lui livreraient le secret de la nôtre, de celle qui sollicitait alors sa curiosité comme un douloureux problème. « Émule de Franklin, dit Sainte-Beuve, s'exerçant en plein orage à des expériences scientifiques faites sur l'élément qui embrasait le ciel », il voulut, aussi lui, sous les coups mêmes de la foudre qui incendiait l'Europe, saisir la loi de la tempête sociale, et en apprécier les conséquences avec le sang-froid d'une réflexion qu'il crut désintéressée.

Dans ce sujet trop vaste et mal défini, mais susceptible de s'accommoder à toutes les saillies de son humeur, sa verve indisciplinée se trouvait à l'aise ; elle pouvait circuler librement à travers l'espace ou le temps, et se permettre tous les jeux de la couleur ou de la lumière. Aussi, sous prétexte d'écrire pour lui seul, versa-t-il pêle-mêle en ce moule flexible le trop-plein de ses sentiments et de ses pensées : tout un trésor de descriptions et d'images fermente au sein de ce chaos que n'organise aucune vue d'ensemble. Si une érudition hâtive s'y étale avec un luxe équivoque, des lueurs illuminent pourtant cette matière confuse. Il a le don de l'intuition, et devine d'un coup d'œil rapide ce que d'autres apprennent seulement par les lenteurs d'une laborieuse recherche. Il excelle en ces rencontres heureuses qui échappent aux plumes privilégiées, lorsqu'elles se livrent sans frein aux accès de leur fougue. Parmi des formes déclamatoires, et les indécisions d'un art inconscient qui passe à côté de la muse sans la reconnaître et la fêter, on aime ici une imagination grandiose, la candeur d'une sensibilité puissante, une mélancolie sincère, mais déjà maladive, je ne sais quelle sauvagerie d'expression dont l'inexpérience nous agrée lorsqu'elle ne va pas jusqu'aux bizarreries préméditées pour l'effet, en un mot, les préludes d'une lyre qui s'essaye à des motifs harmonieux.

Quant au fond des idées, il se dérobe à l'analyse par ses contradictions ou ses caprices. Ce qui domine, entre de nombreux écarts, c'est un ton de découragement hautain s'alliant à une ironie cavalière qui n'exclut pas les effusions d'un caractère généreux. Dédié « à tous les partis », ce livre ne pouvait en satisfaire aucun. Car Chateaubriand attaque la Révolution en la déclarant inévitable. La République lui semble à la fois séduisante et impossible. Il admet le principe de la souveraineté populaire, et en répudie l'application. Il avoue bien sa prédilection pour les gouvernements mixtes qui lui paraissent les meilleurs, « parce que l'homme est complexe, et qu'à la multitude de ses passions, il faut donner une multitude d'entraves ». Mais il nous refuse la liberté civile, ne nous accorde guère que l'indépendance individuelle, et voit dans l'existence des lois une servitude dont le joug lui pèse. Philosophe par ses tendances, il n'est pas éloigné non plus, tantôt de croire à l'avénement d'une religion nouvelle, tantôt d'incliner vers un christianisme que ses vœux concilient avec je ne sais quel idéal de simplicité primordiale, où tant d'âmes déclassées pourraient enfin retrouver le bonheur. Les conclusions de cet ouvrage sont d'un Alceste prêt à fuir au désert. « La vérité, dit-il, n'est pas bonne aux méchants ; elle doit demeurer ensevelie dans le sein des sages, comme l'espérance au fond de la boîte de Pandore. Si j'eusse vécu du temps de Jean-Jacques, j'aurais voulu être son disciple, mais j'eusse conseillé le secret à mon maître. »

Ces années de lutte ingrate qui devait se prolonger encore furent un salutaire apprentissage pour celui qui les subit sans défaillance. Elles sauvegardèrent du moins son originalité. Car, dans la solitude, et à distance de toute imitation, il put suivre ses penchants naturels, au lieu d'être emporté par les courants du siècle. Cette obscurité nous dérobe aussi les tâtonnements d'un talent qui, cherchant son issue, n'apparaîtra plus tard au grand jour qu'enfermé pour ainsi dire dans ses rives, comme un beau fleuve dont les eaux se déroulent majestueusement, loin de leurs sources ignorées.

III

De l'*Essai sur les Révolutions* au *Génie du Christianisme* la distance n'est pas d'ailleurs aussi grande qu'il paraît au premier abord. Car l'incrédule de 1797 regrettait la foi perdue ; et, si le néophyte de 1802 devint catholique, il le fut surtout par l'imagination. Deux influences, d'un côté les conseils d'un critique judicieux, et de l'autre une perte cruelle nous expliquent cette prochaine métamorphose. Tandis que Chateaubriand faisait à Londres ses débuts de publiciste, un proscrit de Fructidor, poëte élégant, chrétien par sentiment et royaliste de cœur, M. de Fontanes, était aussi jeté par un coup de vent sur la même plage. Déjà les deux émigrés s'étaient connus à Paris, vers 1787 ; et, rapprochés par des malheurs communs, ils renouèrent facilement une amitié qui dut contribuer à changer la direction d'une intelligence jusque-là flottante, mais désireuse de se fixer, pourvu qu'on lui offrît un emploi retentissant. En même temps que l'homme de goût, fidèle aux traditions classiques, tempérait par ses scrupules l'audace du novateur dont il reçut les confidences, et qu'il admirait avec une certaine inquiétude, il lui suggéra sans doute la pensée, je ne dis pas d'une conversion, mais d'un retour sentimental vers les croyances auxquelles le conviaient ses affections de famille et des tristesses récentes.

Un double deuil fut l'occasion qui détermina la crise dont témoigne cette lettre écrite en 1798 : « Après avoir été jetée à soixante-douze ans dans des cachots où elle vit périr ses enfants, ma mère expira dans un lieu obscur, sur un grabat où ses malheurs l'avaient reléguée. Le souvenir de mes égarements répandit sur ses derniers jours une grande amertume ; elle chargea en mourant une de mes sœurs de me rappeler à cette religion dans laquelle j'avais été élevé. Ma sœur me manda ce vœu suprême ; et, quand la lettre me parvint au delà des mers, ma sœur elle-même n'existait plus : elle était morte aussi des suites de son emprisonnement. Ces deux voix sorties du tombeau, cette mort qui servait d'interprète à la mort m'ont frappé. Je n'ai point cédé, j'en conviens, à de grandes lumières surnaturelles ; *ma conviction est sortie du cœur ; j'ai pleuré, et j'ai cru.* » Bien des consciences pouvaient alors se reconnaître dans ce langage, et nul n'a le droit d'en mettre en doute la sincérité. S'il y eut des calculs sous la pensée de l'œuvre qui suivit, ils procédèrent d'un groupe où se trouvaient des habiles dont le zèle politique plus encore que religieux conspira très-activement au succès d'un livre sur lequel on fondait bien des espérances, et qui fut célèbre avant d'être public. Au premier rang de ces auxiliaires ardents à préparer les voies au défenseur d'une noble cause, mentionnons avec honneur un juge raffiné de toutes les délicatesses, le plus compétent des guides, l'oracle d'un salon tout dévoué, l'adorateur de Mme de Beaumont, le platonicien Joubert dont la censure fut aussi précieuse que l'éloge, quand il répétait avec tant de clairvoyance : « Ce sauvage me charme ; il faut le débarbouiller de Rousseau, d'Ossian, des vapeurs de la Tamise, des révolutions anciennes et modernes, et lui laisser la croix, les couchers de soleil en plein Océan, les savanes de l'Amérique ; et vous verrez alors quel poëte nous allons avoir pour nous purifier des restes du Directoire, comme Épiménide avec ses rites sacrés et avec ses vers purifia jadis Athènes de la peste. »

Parler ainsi, c'était comprendre merveilleusement et les aptitudes de Chateaubriand, et les conditions psychologiques de l'heure présente. Car il importait bien moins de prêcher un dogme précis que d'inviter des profanes aux douceurs de la sensibilité mystique. Il s'agissait de toucher des intelligences endurcies par l'ironie, et de ménager aux cœurs arides les sources d'une émotion qui pouvait, par ses voluptés mêmes, devenir un principe de foi. En dépit d'une indifférence apparente, beaucoup en effet ne demandaient qu'à se laisser faire. Car, sans être conquis à l'Évangile que l'on connaissait à peine par ouï-dire, la plupart de ceux qui avaient été victimes de ses persécuteurs le regardaient au moins comme une garantie d'ordre social. Mais, sous l'influence de cette lâcheté morale que produit la contrainte exercée par une prévention longtemps régnante, ils n'osaient professer à ciel ouvert sinon un symbole universellement délaissé, du moins des sentiments auxquels les inclinaient leurs haines politiques. Pour les décider, il fallait un entraînement d'opinion, j'allais dire un accès de faveur mondaine. Oui, pour ces pusillanimes que retenaient des habitudes, des arrière-pensées d'amour-propre et la crainte des sourires voltairiens, la robe d'un prêtre venant solliciter leurs âmes engourdies eût été comme un épouvantail. Toute prédication austère aurait effarouché cette incrédulité routinière qui n'était que l'esclavage du préjugé. En exigeant tout, on risquait de ne rien obtenir. Aussi fut-il bon que l'apostolat vînt d'un laïque, d'un gentilhomme, et d'un artiste plus soucieux de poésie que de propagande orthodoxe, ayant les séductions du talent et non l'autorité d'un caractère sacré, pouvant par là même s'assurer d'autant plus d'ascendant que sa parole s'insinuait sous les dehors d'un plaisir, et ne semblait recouvrir aucun intérêt d'église. Grâce à l'exemple donné par un indépendant qui défiait les railleurs, et osait opposer l'enthousiasme au sarcasme ou à l'injure, les moins braves furent pris d'un soudain courage. Se sentant raffermis contre leurs propres défaillances, et tout aises d'un signal auquel applaudissaient tant de vaincus, ils voulurent avoir leur part du triomphe, et furent les premiers à se donner, eux aussi, je ne sais quel air chevaleresque, en s'enrôlant dans cette croisade organisée par une élite qui allait bientôt devenir une foule.

Joubert eut l'instinct de cette situation, lorsque, justement alarmé des savantes recherches qui, dans le premier feu de la conception, tourmentèrent un instant son ami, et menaçaient d'égarer un poëte parmi les buissons épineux de l'érudition ou de la scolastique, il lui dit impérieusement : « Non, non, ce n'est pas là ce qui touchera le public : un souvenir de voyage, un trait de passion, une belle pensée vous vaudront plus de lecteurs que toute la science des Bénédictins. » Cet avis ne fut pas perdu, et Chateaubriand, fermant les in-folio qu'il aurait dû ne jamais ouvrir, se contenta de démontrer que le christianisme a toujours été favorable aux enchantements de l'intelligence comme aux progrès de la civilisation, ou aux plus intimes besoins de notre nature. S'attachant bien moins à la vérité de la doctrine qu'à la magnificence du culte, il ne songea plus qu'à orner l'autel, et à l'embaumer de tous ses parfums. Pour réfuter les diatribes de ces diffamateurs qui s'étaient fait un jeu d'affubler la religion d'un masque odieux ou d'un travestissement ridicule, il prouva par des raisons victorieuses qu'elle fut, dans tous les âges, la mère et la bienfaitrice du monde moderne. N'est-ce pas elle qui défricha tout d'abord un sol stérile, adoucit la rudesse des races barbares, conserva dans ses cloîtres les reliques de Rome et d'Athènes, fonda les premières écoles, offrit des asiles à toutes les souffrances, brisa les chaînes de l'esclave, affranchit la femme de son servage, et fit passer dans les mœurs ou les lois ces principes de justice et de charité dont l'Évangile est l'inépuisable source? Si rien n'est plus divin que sa morale, rien n'est plus gracieux ou plus imposant que l'appareil de ses cérémonies. Que dire des monuments qu'elle a suscités? Elle créa toutes les merveilles de l'architecture gothique; nous lui devons les temples construits par Michel-Ange et décorés par Raphaël; partout et toujours, elle a secondé le génie, épuré le goût, provoqué de sublimes pensées ou des actes héroïques, en un mot, inspiré non-seulement les vertus qui honorent l'humanité, mais toutes les splendeurs de l'art, de l'éloquence ou de la poésie.

Devant ces horizons qui leur apparaissaient tout à coup, bien des âmes tenues dans l'ignorance et le mensonge tressaillirent d'une joie analogue à celle de l'exilé qui, de la haute mer, entrevoit enfin à travers la brume le rivage de la patrie. On ne rendra donc jamais assez pleine justice à la féconde originalité de cette initiative. C'était rajeunir la croyance antique par des nouveautés imprévues pour les fidèles eux-mêmes. Car jusqu'alors les plus éclairés semblaient n'avoir jamais soupçonné la valeur de ces aperçus étrangers aux temps d'universelle ferveur. Il est vrai du moins que ces arguments secondaires avaient été dédaignés par l'Église, lorsque maîtresse du nécessaire elle pouvait se passer du superflu. Mais ils devenaient une ressource précieuse, après la trop longue éclipse qui fit craindre une nuit définitive. Disons plus : des yeux accoutumés aux ténèbres eussent été certainement offensés par de trop brusques lumières. Il fallait donc leur ménager des transitions adoucies, et comme le demi-jour d'un crépuscule. Si la vérité pure est d'ordinaire trop forte pour la moyenne des courages, il convenait alors d'autant plus d'engager les cœurs par d'agréables détours, et comme par surprise, à l'assentiment préliminaire qui devait les conduire au parvis du temple. Ils eussent été bien malavisés ceux dont l'ombrageuse orthodoxie aurait préféré le ton de l'infaillibilité dogmatique à ces procédés insinuants qui avaient tant de vertu persuasive. A ces imprudents il eût suffi de répondre avec saint Paul : « Je vous ai donné du lait, parce que vous n'étiez pas capables de supporter des aliments plus nourrissants. » Après tant de dissertations où le pour et le contre avaient été si vainement débattus par le démon de l'analyse, chacun désirait d'ailleurs, ne fût-ce que par dégoût et satiété, couper court à l'ennui séculaire d'une logique ingrate, et à l'assoupissante monotonie des controverses interminables. Aussi fut-on vraiment ravi d'entendre, vers la fin d'un sombre hiver, comme un chant printanier dont la mélancolie consolatrice pacifia les cœurs, tourna les contradictions en harmonie, changea les regrets en espoir, et rendit aux plus découragés l'allégresse d'une subite Renaissance.

Est-ce à dire qu'en dehors de l'à-propos qui fut un de ses mérites presque providentiels, l'œuvre de Chateaubriand ait aujourd'hui conservé la puissance d'action qui en fit un événement considérable? Non; cette question est maintenant jugée. Avouons donc d'aimables défauts que le temps a rendus sensibles, en leur ôtant l'excuse du milieu social auquel ils s'accommodaient si bien. Nous reconnaîtrons d'abord que le *Génie du christianisme* donna, sans le vouloir, le périlleux exemple d'un genre impatientant qui consiste à justifier une opinion bien moins par des preuves solides que par des ornements de style, et l'à-peu-près des belles apparences. A la suite du maître, des imitateurs ont pu se croire en droit de déplacer comme lui les questions, et de transporter ce qui ressort de la raison dans le domaine de l'imagination ou de la sensibilité. De là nous est venue toute une école d'historiens assez épris du pittoresque pour vouloir nous ramener au moyen âge par amour de la couleur locale. Combien n'avons-nous pas vu de publicistes archéologues prosternés devant la poussière des ruines, passant leur vie en pieux pèlerinages, maudissant leur siècle, ne pouvant se résigner à en respirer l'air, et prenant les nécropoles pour les cités de l'avenir ! Sans être responsable des romantiques fadeurs qui furent la parodie de son talent, Chateaubriand a du moins mis à la mode quelques-uns de ces travers par le succès d'un plaidoyer où le théologien et le peintre confondent trop souvent leurs rôles, échangent des arguments un peu disparates, et se gênent mutuellement par une complication qui trouble et déconcerte.

Il en résulte que son christianisme a comme un faux air de fantaisie personnelle. Il peut paraître aux uns trop large, aux autres trop étroit. Ou bien il s'évapore et se dissout en vagues rêveries, ou bien il se réduit soit à des formes liturgiques, soit à des légendes dont la floraison ressemble à ces plantes parasites qui croissent sur les vieux chênes, ou voilent la tristesse des ruines. Parfois aussi la trame résistante du sujet disparaît trop sous les broderies qui l'étouffent. Tel chapitre rappelle ces manuscrits gothiques où le texte se loge à grand'peine entre les arabesques de la vignette, et les miniatures enluminées qui envahissent tout le parchemin. Ailleurs, on dirait qu'il ouvre à la curiosité du dilettante une exposition de tableaux plus admirables qu'édifiants. Aussi, a-t-on pu se demander si la pureté de la foi n'est pas compromise par les jeux de ce prisme trompeur qui fait dévier le rayon surnaturel. Nous accorderons du moins qu'il y eut trop d'alliage dans une doctrine dont les caprices prennent volontiers l'imagination pour la conscience, et l'esprit pour le cœur.

Ajoutons qu'en s'ingéniant à revendiquer en faveur de sa poétique le privilége d'une supériorité universelle, un docteur trop complaisant pour sa thèse se laisse aller à des illusions ou à des erreurs qui sentent le paradoxe, et nous mettent en défiance contre un parti pris plus ingénieux que persuasif.

Sans doute on ne contestera point que, dans l'ordre littéraire, le christianisme soutient sans désavantage de redoutables comparaisons. Mais n'est-il pas encore plus évident que l'excellence morale est sa fin essentielle? Or, si la vérité lui sied mieux que la beauté, nous oserons dire que lui demander avant tout des voluptés intellectuelles serait faire tort à sa vertu pratique, et sacrifier le principal à l'accessoire. Il pouvait être utile de plaider ainsi une cause qui eut besoin de précautions oratoires pour surmonter les obstacles que lui opposa l'endurcissement des cœurs. Mais ce qui fut alors de l'habileté deviendrait un signe de faiblesse, si les défenseurs de la foi s'habituaient à dérober l'austérité de leur enseignement sous des fleurs de rhétorique. Outre que le style religieux est par inclination, ou même par devoir, modeste, uni, sobre et dépouillé d'ornements artificiels, il ne faut pas qu'on rencontre dans les œuvres d'apostolat les compromis d'un politique, ou les ruses d'un avocat. Tout en tenant compte de la différence des temps, sachons bien que l'éloquence de Pascal fut à la fois plus franche et plus efficace, lorsque, au lieu d'étudier des paysages et de prodiguer d'éblouissantes couleurs, il s'agenouillait au pied de la Croix, comme un naufragé en détresse, pour méditer sur l'homme intérieur, pour déplorer le dramatique contraste de grandeur ou de misère qui lui révélait la nécessité de la chute, et celle de la rédemption. Voilà, ce me semble, le véritable génie du christianisme. Quant à l'autre qui s'attarde dans le vestibule du temple, a peur de ses mystères, et ne contemple le Saint des Saints qu'à travers le voile de la nature ou de l'art, il agit moins sur les volontés que sur les imaginations, et il intéresse la forme plus que le fond des choses. Ses victoires peuvent être éclatantes, mais non décisives. Car il ne contribue directement ni à la conduite de la vie, ni à la réforme des mœurs; et, s'il finissait par prévaloir, il ne serait plus que la parure décente d'une société où la religion déploierait encore ses pompes, mais cesserait peut-être de posséder intimement les âmes.

Sans abuser de ces considérations générales qui invitent chacun à une sorte d'examen de conscience, bornons-nous à indiquer les parties fragiles d'un monument trop composite. Les chapitres qui trahissent le plus certains procédés factices sont évidemment ceux où l'incompétence théologique d'un grand poëte se risque, non sans indiscrétion, sur le domaine réservé aux dépositaires du dogme. Lorsqu'il aborde la révélation proprement dite, et porte sur le tabernacle une main parfois téméraire, il remplace trop souvent les raisons par des images, et manque tout à fait d'autorité. Aussi superficielle que partiale ou approximative, son érudition de hasard ferait sourire les Pères de l'Église. Elle justifie donc les défiances de Joubert engageant son ami à s'abstenir de ce qu'il ne sait pas, « à filer la soie de son sein, et à chanter son propre ramage ».

Il est vrai que ces occasions sont rares ; et le peintre retrouve ses facultés supérieures dans les rencontres où il ne songe plus qu'à s'abandonner à son plaisir, pour charmer nos yeux par les merveilles de la création. Mais pourtant, nous regretterons aussi qu'il ait alors exagéré l'argument des causes finales par telle ou telle subtilité qui en diminue le crédit légitime. Oui certes, Montaigne était sage quand il nous conseillait « de juger sobrement les ordonnances divines ». Car nous sommes exposés à de singulières méprises par la prétention d'expliquer le comment et le pourquoi de toutes les choses naturelles, d'après le sentiment vague de l'utilité relative que nous en pouvons tirer. Bernardin de Saint-Pierre ne s'était-il pas avisé de découvrir que les puces sont brunes, afin qu'on puisse les distinguer aisément sur des bas blancs ? Dans ses *Lettres sur la physique*, Aimé Martin ne nous apprend-il pas que, si les corbeaux ont un plumage noir, c'est pour être aperçus de loin sur la neige par les perdrix et les lièvres dont ces oiseaux se nourrissent pendant l'hiver ? Chateaubriand ne va point jusque-là : le ridicule, il l'évite, mais il ne se garde pas suffisamment de l'écueil que nous signalons.

Car, dans son livre, il est plus d'une page où l'auteur des *Essais* prendrait en faute « un de ces interprètes et contrôleurs ordinaires des desseins de la Providence, faisant état de trouver des causes aux moindres accidents ». Il faut par exemple beaucoup de complaisance pour admirer avec lui, dans les crocodiles, les marques de la bonté divine; et l'on se demande aussi, non sans un peu d'étonnement, quel rapport existe entre la poule d'eau, la poule sultane, le héron, le butor et le génie du christianisme.

Mais insister sur ces détails serait irrévérence. Soyons plutôt reconnaissants pour l'inimitable écrivain qui, dans sa prose descriptive, surpasse à la fois Buffon par la vivacité de ses couleurs, Bernardin de Saint-Pierre par les coquetteries d'un pinceau prêt à toutes les nuances, et Jean-Jacques par la profondeur de sa mélancolie. Jamais le sentiment de la nature ne fut plus éloquent, et jamais la langue française n'a été plus éblouissante, ou plus riche en trésors d'harmonie. Il ne faut donc pas traiter cet ouvrage comme un système théologique, mais comme un poëme; et alors, les éléments qui paraissaient discordants retrouvent leur unité dans la physionomie de l'enchanteur qui fascina son siècle par la magie de sa parole. Il réussit en effet à lui imprimer des impulsions qui se prolongèrent. Ce fut lui, comme nous le verrons plus tard, qui lança toutes les idées dont le train rapide devait nous mener au romantisme. Ce fut lui qui jeta brusquement les esprits hors de l'ornière où s'était arrêté l'âge précédent. Désormais l'époque voltairienne est close, n'en déplaise à ceux qui, s'obstinant à continuer les traditions d'une ironie frivole, ne feraient plus qu'un anachronisme. Ce n'est pas que la guerre contre l'Évangile soit finie; il est trop vrai qu'elle dure encore; mais quiconque voudra la poursuivre devra changer de tactique, et user d'autres armes. La Harpe, qui venait de brûler ses premières idoles, comprit donc bien la portée d'un livre réparateur lorsqu'il écrivait : « Ah! Messieurs les philosophes, vous avez affaire à plus fort que vous ! » Oui, le critique voyait juste. Car ils se sentirent blessés au cœur, et poussèrent des cris de colère, mais qui se perdirent parmi les acclamations du triomphe auquel fait allusion ce mot de M. de Bonald : « Dans l'ouvrage de M. de Chateaubriand, la vérité est comme une reine au jour de son couronnement. »

Si nos impressions ne sont plus aussi vives, c'est que, par ingratitude pour le service rendu, nous perdons trop de vue l'opportunité des circonstances historiques au milieu desquelles se produisit l'avénement d'un écrivain dont le prestige, aujourd'hui trop amoindri, ne souffrit pas d'éclipse durant un demi-siècle. Malgré les vicissitudes qui renversèrent les trônes autour de lui, trois générations ne cesseront pas de respecter désormais jusqu'au silence de ses hautaines tristesses. Sa royauté, qui va succéder à celle de Voltaire, ne connaîtra ni un rival, ni un héritier. Mais jamais elle ne fut plus populaire qu'à cette heure vraiment unique où le *Génie du christianisme* apparut comme l'arc-en-ciel après le déluge.

C'était au printemps de 1802, au lendemain de ce traité d'Amiens qui consacrait une paix glorieuse, et à la veille du pacte d'alliance qui allait réconcilier la religion avec la France. Un *Te Deum* venait d'être chanté à Notre-Dame, le 18 avril, durant les solennités de Pâques, en présence de Bonaparte escorté de tous les corps de l'État, lorsque, dans *le Moniteur*, M. de Fontanes annonça ce livre que le Souverain accueillit comme l'auxiliaire de ses grands desseins. Le nom du jeune chevalier breton volait déjà sur toutes les lèvres. Car le gracieux épisode d'*Atala*, qu'on avait lancé d'avance, ressemblait « à la colombe envoyée de l'arche avec le rameau d'olivier qui promettait la sérénité du ciel[1] ». La conscience publique, éclairée par tant de calamités, appelait de tous ses vœux une ère nouvelle qui mît fin aux années d'oppression et de douleur. Croyants et politiques se trouvaient d'accord, les uns pour fêter le retour de ce qu'ils aimaient, les autres pour assurer à l'autorité monarchique son plus ferme appui. Y eut-il jamais un concours de conditions plus propices à l'entrée en scène d'un personnage destiné manifestement à la gloire, et au rôle privilégié que lui réserva son génie entre les deux révolutions qui bornent sa carrière, depuis la radieuse

---

1. M. John Lemoinne. *Études critiques et biographiques.*

aurore du Consulat jusqu'aux néfastes journées de Juin, après lesquelles il disparaîtra, persuadé peut-être que la France devait périr avec lui? S'il a parfois manqué à sa fortune, il eut du moins alors l'insigne honneur d'inaugurer la restauration de nos mœurs, de nos croyances, de nos arts et de nos lettres, par les préludes de cette voix inspirée qui plus tard se fit encore entendre parmi les périls d'une autre crise sociale, et sut prolonger ainsi la séduction de son immortel souvenir.

LIVRE II

Restauration de la philosophie spiritualiste.

CHAPITRE Ier

I. Discrédit de la philosophie; indifférence, ou hostilité dont profitera l'Empire. Isolement des libres penseurs. Les héritiers de Condillac. Les Idéologues se relèvent devant l'opinion par leur opposition politique. — M. DESTUTT DE TRACY; esquisse biographique. Dignité de son attitude. L'homme, l'écrivain. — II. Les précurseurs du spiritualisme. — M. LAROMIGUIÈRE. Onction de sa parole. — MAINE DE BIRAN. Son *Mémoire sur l'habitude*, 1801. *Essai sur la décomposition de la pensée*, 1803. Le libre arbitre. Les droits de la personne morale. Le métaphysicien psychologue. Son *Journal*. Confidences d'un esprit pur. Indécisions d'une âme en peine. Le monde de la Grâce. — Le mysticisme et la Révolution. SAINT-MARTIN. Il proteste contre le matérialisme. Il défend la Providence. — BALLANCHE, le Socrate lyonnais. Ses beaux songes chrétiens et platoniciens. Enthousiasme contemplateur, confusion de la métaphysique et de la poésie.

I

Tandis que la religion s'alliait à la poésie pour reconquérir les âmes délaissées ou perdues, la philosophie, elle aussi, s'associait à cette œuvre bienfaisante par une transformation qui prouve que des affinités naturelles uniront toujours les croyances spiritualistes aux garanties d'ordre social, et surtout à la renaissance du sentiment chrétien. Le sensualisme avait séparé la liberté de la règle, le droit du devoir, et l'homme de Dieu. Si les propagateurs de ces doctrines ingrates défendirent plus d'une fois des causes généreuses avec un zèle qui nous oblige à honorer nos adversaires, ce sont là de louables inconséquences qui profitent au caractère des personnes, sans recommander leurs principes. Car, en fondant la morale et par suite la politique sur des intérêts et des appétits, ils avaient, sans le savoir ni le vouloir, encouragé d'avance les conséquences brutales qui ne tardèrent pas, en bas comme en haut, à trahir le vice de leurs systèmes. Malgré des intentions philanthropiques, ils eurent donc leur part de responsabilité lointaine et indirecte dans les excès qui leur eussent fait horreur s'ils avaient pu les prévoir, mais par lesquels la passion populaire croyait logiquement mettre leurs théories en pratique.

Aussi devaient-elles tomber tôt au tard dans un discrédit qui ressemblait à un châtiment. Si les gouvernements finissent par devenir des causes dont l'influence agit sur les mœurs publiques pour les réformer ou les pervertir, ils commencent presque toujours par être des effets, et répondre à des besoins. Il serait donc injuste d'attribuer seulement au Pouvoir l'esprit général dont il n'est souvent que l'interprète et le représentant. On le vit clairement au début de notre siècle. Il y eut alors, et avant l'établissement de l'Empire, une réaction universelle contre tout ce qui était suspect de libre pensée. N'aspirant plus qu'au repos, après tant de secousses, et prête aux plus lâches abdications, à celles qui n'ont que des dédommagements perfides, la société se défia de toutes les idées qui éveillaient le souvenir des orages récents. Si les jouissances du monde, des lettres et des arts furent recherchées avec ardeur, c'est que chacun vit dans ces biens retrouvés des signes ou des promesses de sécurité prochaine. Mais les problèmes politiques et métaphysiques obtinrent à peine une attention distraite : on les évitait comme des trouble-fête, et les regards se détournèrent par instinct de toute recherche importune qui pouvait inquiéter par des vues d'avenir l'insouciance de l'heure présente. La génération qui désirait une dictature ne voulait donc plus se préoccuper d'affaires sérieuses, et susceptibles de gêner l'assoupissement qui suit les crises. Cette langueur égoïste, qui se désintéressa des grandes questions, eut même un faux air de sagesse, dans cette France malade qui ne demandait que le silence et la diète.

Nous savons trop comment l'Empire profita de cette inertie. Ceux qui aimaient l'obéissance et la discipline furent servis au delà de leurs souhaits; et, lorsque le calme intérieur parut assuré, les événements qui éclatèrent au dehors permirent peu de loisir à la spéculation pure. En face des luttes redoutables dont l'Europe était devenue le théâtre, les disputes des idéologues durent en effet sembler bien creuses, ou bien mesquines. D'ailleurs, la guerre ayant suspendu toute communication entre les esprits, le commerce des intelligences subissait, aussi lui, une sorte de blocus infranchissable. Pas un écho ne venant d'Édimbourg, de Munich ou de Kœnigsberg, la psychologie écossaise et l'idéalisme de Kant passèrent donc inaperçus pour ces héritiers de Condillac qui, de plus en plus casaniers, ne se doutaient pas des changements accomplis loin d'eux dans le monde philosophique. Déconcertés par l'isolement, ils demeurèrent pourtant fidèles à leur routine traditionnelle comme à une habitude que l'âge tourne en manie. S'amusant aux jeux innocents de l'analyse, ils continuèrent à traiter obscurément leurs éternelles questions de grammaire ou de logique, et à débrouiller ou embrouiller l'écheveau des sensations transformées. Mais ces travaux restaient ensevelis dans l'ombre. Car si quelques cercles, entre autres ceux de Mme d'Houdetot, de M. Suard et de l'abbé Morellet, furent encore des asiles où l'esprit du siècle précédent se déployait à l'aise et non sans grâce, rien, en dehors de ces centres distingués, ne rappela le mouvement de ces salons où fermentèrent d'abord sans péril apparent les idées qui plus tard descendirent dans la rue, et devinrent la Révolution. Elles comptaient encore de nombreux dévots, mais qui n'avaient connu l'ancien régime que pour le renverser. Or la bonne compagnie d'autrefois n'eut rien de commun avec ces raisonneurs farouches qui, mêlés à des événements terribles, avaient vécu dans les assemblées, les clubs ou les camps, et ne s'y étaient guère façonnés à l'agrément des relations sociales. « Jusque dans les réunions de la Décade, nous dit un contemporain [1], Montesquieu, Voltaire, Buffon, Turgot, Diderot même et Rousseau, les moins mondains de leur temps, se seraient sentis dépaysés et comme étrangers. Ils y eussent trouvé plus d'aigreur que d'élévation, je ne sais quoi de méfiant, d'envieux et d'insociable, des haines de faction s'unissant aux préjugés de coterie, tous les ridicules des lettrés de province vivant seuls et entre eux, sans parler d'une certaine discordance de manières tour à tour familières et tendues, dépourvues de réserve et d'abandon. »

Bien que les contempteurs de l'âme et de Dieu semblent prêts à s'accommoder du despotisme, et que l'Empire n'ait jamais négligé de faire à tous les partis des avances intéressées, il opéra pourtant peu de conversions parmi ces idéologues convaincus, qui presque tous avaient combattu dans les rangs républicains. La plupart eurent le mérite de ne pas renier leurs regrets, sinon leurs espérances ; et, dans un pays où la politique entre partout, cette constance finit à la longue par donner un faux air de popularité aux derniers disciples d'une École qui, n'ayant régné que pour détruire, était par sa victoire même condamnée à périr. A mesure que le sceptre du maître parut plus pesant, l'opinion se montra donc moins rigoureuse pour des noms associés à nos malheurs, mais amnistiés par l'air d'opposition dont ils offraient l'exemple peu contagieux.

---

1. M. Guizot. *Mémoires sur l'histoire de mon temps.*

Par un de ces revirements ordinaires à notre mobilité, on leur sut gré d'une indépendance qui faillit réhabiliter des doctrines mal famées. Dans un temps où les intelligences, impatientes d'échapper aux liens de la centralisation administrative, se sentaient comprimées de toutes parts, on eut comme un respect d'étonnement pour ces débris du passé qui s'obstinèrent à former un groupe dont les rancunes ne manquaient pas de fierté. D'ailleurs, après le Concordat, l'incrédulité devint une ressource pour les mécontents. Car ils se persuadèrent, ou affectèrent de croire que les idées libérales étaient intéressées à la fortune des abstractions inoffensives qu'arboraient comme un drapeau quelques maussades continuateurs de l'esprit encyclopédique.

Telles furent les causes qui honorèrent une décadence inévitable. Toutefois, des germes nouveaux s'épanouissaient jusque dans les œuvres des penseurs qui avaient eu pour parrains Locke et Condillac. Mais, avant d'assister à ce travail de rajeunissement, arrêtons-nous un instant devant le plus célèbre représentant des idées qui allaient s'évanouir comme des brouillards aux premières lueurs du jour.

Nous voulons parler de M. de Tracy, qui mérite entre tous l'estime et le souvenir de la postérité. Car sa vie et ses écrits témoignent des heureuses contradictions qui, chez les sensualistes les plus endurcis, existaient d'ordinaire entre les théories du philosophe et les prédilections de l'homme public ou privé. S'il professa des opinions contraires à notre dignité morale, s'il asservit l'intelligence aux organes, et borna notre destinée à la vie terrestre, il n'en fut pas moins un publiciste soucieux de mettre sa politique en harmonie avec un idéal du droit et du devoir. En cette arrière-saison, ses qualités et ses défauts nous offrent donc l'expression choisie d'une doctrine qui, venue d'outre-Manche, proposée sans succès par Hobbes et Gassendi à un âge croyant, réduite en système par Condillac, vulgarisée par Saint-Lambert et Volney, travestie en physiologie par Cabanis, répondit pendant un demi-siècle aux besoins de la curiosité ou aux passions des partis, exerça son action dissolvante sur les abus de l'ancien régime, et se trouva parmi les morts, au soir de la bataille livrée à l'ordre social qu'elle détruisit en voulant simplement le réformer. Sans entrer dans les débats techniques auxquels se rattache la mémoire d'un penseur considérable, esquissons du moins la physionomie de la personne et de l'écrivain.

Né dans une famille patricienne et militaire, au fond d'un vieux manoir dont la tour portait cette devise : *Bien bien acquis*, M. de Tracy, tout jeune encore, avait été séduit, comme les meilleurs, par les perspectives que firent entrevoir ces hardiesses philosophiques dont l'influence atteignit plus ou moins toutes les classes, aux environs de 89. Quand s'ouvrirent les États-Généraux, il y figura donc parmi ces députés de la noblesse qui soutinrent le parti des nouveautés, aux dépens de leurs plus antiques prérogatives. A la Constituante, il siégeait dans le voisinage des tribuns, mais sans autre ambition que de régler pour le bien de tous, selon la justice, une société trop longtemps dominée par le privilége : nobles illusions que suivirent de près des mécomptes cruels! Car, s'il n'est rien de plus cher à de pures convictions que les joies d'un patriotisme désintéressé, l'épreuve dut être douloureuse pour le citoyen, quand il vit succéder si brusquement à ses rêves optimistes la tyrannie sous prétexte d'émancipation, des échafauds dressés au nom de l'humanité, en un mot, un naufrage où s'engloutissait tout à coup la vieille France. Jeté lui-même au fond d'une prison d'où chaque jour il voyait partir pour le supplice un compagnon de ses espérances, il se réfugia dans l'étude de l'homme qui lui déroba les maux du présent et les menaces de l'avenir.

Parmi des temps prospères, il avait aimé la philosophie par une sorte d'élan chevaleresque. Sous la Terreur, il la mit en pratique, et l'Empire lui offrit aussi l'occasion de confirmer ses paroles par des actes. Car, soit à l'Institut où l'appela sa renommée, soit au Sénat où il se laissa porter sans l'avoir désiré, son attitude et ses votes ne furent jamais complices du plébiscite aveugle qui, entraînant vers des abîmes le génie d'un grand homme et la fortune d'un grand peuple, poussa l'un au despotisme et l'autre à l'oubli de ses libertés. Toutefois, s'il prévit les périls et voulut les prévenir, les dissentiments et le blâme de sa froide raison n'allèrent pas au delà de ce que sa dignité lui commandait; et, quand la guerre déclarée à l'idéologie atteignit dans sa personne les droits de la conscience, il se retira sans éclat d'une scène où il se sentait impuissant, ou importun. Réduit, en 1811, à faire imprimer et publier en Amérique son commentaire sur cet *Esprit des lois* dont Montesquieu, en 1750, avait vu paraître vingt-deux éditions en moins de deux ans, il s'enferma de plus en plus dans sa solitude d'Auteuil ; et, dès lors, tout entier à ses livres ou à ses amis, il ne sortit guère de la retraite qu'au jour où nos désastres lui imposèrent la douloureuse nécessité de voter la déchéance d'un pouvoir qu'il avait subi, mais sous lequel il sut également parler avec franchise, et se taire avec indépendance.

Si, dans ses ouvrages, M. de Tracy dédaigna trop les communes croyances, reconnaissons donc que sa conduite ne cessa pas d'être inspirée par ce qu'on peut appeler le spiritualisme pratique. Oui, il eut le cœur plus haut que la doctrine ; et, à ce titre seul, nous devions le signaler, ne fût-ce que pour réfuter ses erreurs par ses vertus. Il se recommande aussi par la probité logique de ses écrits où nous aimons, en dépit de tendances regrettables et d'une certaine sécheresse, la sûreté d'une analyse judicieuse, une exposition limpide qui rend accessibles au bon sens les sujets les plus ardus, et surtout l'élégance d'un langage simple qui « transporte je ne sais quoi d'exquis des manières dans les idées[1] ». Disciple

---

1. M. Mignet, *Portraits et Notices*. Libr. Acad. Didier et Cº.

original d'un maître qu'il fit presque oublier, il conduisit à ses dernières conséquences un système qui devait disparaître avec lui. Car il en avait comme épuisé la séve, et ne laissa plus guère à ses admirateurs mêmes que l'alternative ou de marcher sur ses pas, ou de l'abandonner pour tenter l'inconnu.

Ce mouvement rénovateur se produisit en effet au sein même de l'école dont il avait été le chef par l'autorité d'un caractère auquel Mme de Staël rendit cet hommage : « Vous me dites, Monsieur, que vous ne me suivez pas dans le ciel, ni dans les tombeaux. Il me semble qu'un esprit aussi supérieur que le vôtre, et détaché de tout ce qui est matériel par la nature de ses travaux, doit se plaire dans les idées religieuses. Car elles complètent tout ce qui est grand, elles apaisent tout ce qui est sensible; et, sans cet espoir, il me prendrait je ne sais quelle invincible terreur de la vie et de la mort. » Ce vœu, d'autres l'accomplirent ; et leur raison, en suivant sa pente, les conduisit tout doucement hors des voies étroites où s'étaient égarés beaucoup d'honnêtes gens qui valurent mieux par leurs actes que par leurs livres.

II

Parmi ces précurseurs du spiritualisme, convient de distinguer deux noms qui nous rappelleront, je ne dis pas une influence dont l'action souveraine change brusquement le cours des esprits, mais une de ces déviations insensibles qui préparent sans secousse les progrès décisifs. Il s'agit de MM. Laromiguière et Maine de Biran. Nous les saluerons comme les messagers de la bonne nouvelle attendue par cette élite à laquelle ne pouvait suffire une philosophie énervante qui, tout en dégradant l'homme, l'enivra d'orgueilleuses ambitions, et prétendit vainement concilier la justice absolue avec le culte de la matière, le progrès avec la négation de la Providence, la philanthropie avec l'égoïsme.

Ami de Garat, membre de l'Institut, professeur au Prytanée, puis à la Faculté des lettres, M. Laromiguière donna le premier signal d'une réforme désirée. En revendiquant les droits de cette activité libre qui constitue la personne morale, il réveilla des instincts assoupis qui ne demandaient qu'à se transformer en convictions vaillantes. Prononcées devant un petit nombre de jeunes gens qu'avaient épargnés les rigueurs de la conscription, ses leçons de 1811 et 1812 réussirent à se faire entendre, malgré le bruit des combats; et, à la veille des désastres qui devaient soumettre tant de consciences à de périlleuses épreuves, il invoqua, non sans un à-propos bienfaisant, ces vérités éternelles dont la lumière est si précieuse en ces heures sombres où s'éteint splendeur du Juste. Au lieu de soulever d'irritantes controverses, il se plut à prendre pied sur un terrain pacifique où se rencontrent toutes les âmes de bonne volonté. Interprète d'immuables principes, il savait du moins faire passer dans les cœurs l'émotion d'une parole pénétrante, comme on en jugera par l'accent de cette page : « Plaisirs des sens, plaisirs de l'esprit, plaisirs du cœur, voilà, si nous savons en user, les biens que la nature a répandus à profusion sur le chemin de la vie. Mais qu'on se garde de mettre en balance ceux qui viennent du corps, et ceux qui naissent du fond de l'âme. Rapides et fugitifs, les plaisirs des sens ne laissent que du vide, et tous les hommes en sont dégoûtés avec l'âge. Mais les plaisirs de l'esprit ont un attrait toujours nouveau ; l'âme est toujours jeune pour les goûter, et le temps, loin de les affaiblir, leur donne chaque jour plus de vivacité. Pythagore offre aux dieux une hécatombe pour les remercier d'un théorème qui porte encore son nom. Képler ne changerait pas ses règles contre la plus brillante couronne. Est-il jouissance au-dessus de telles jouissances ? Oui, Messieurs, il en est de plus grandes. Quels que soient les ravissements que fait éprouver la découverte de la vérité, il se peut que Newton, rassasié d'années et de gloire, Newton qui avait décomposé la lumière et trouvé la loi de la pesanteur, se soit dit en portant ses regards en arrière : « Vanité ! » tandis que le souvenir d'une bonne action suffit pour embellir les derniers jours de la plus extrême vieillesse, et nous accompagne jusque dans la tombe. »

Cette candeur et cette bonhomie patriarcale ont encore un charme qui tient à je ne sais quelle onction secrète. Un de ceux qui connurent M. Laromiguière nous dit que son enseignement ressemblait à un dialogue[1]. En parlant seul, il avait l'air de répondre à un interlocuteur, tant il y eut d'intimité dans cette éloquence tempérée qu'animait une chaleur communicative. S'il ne posséda pas ces dons qui éclatent au loin et enlèvent l'applaudissement, s'il ne fut pas non plus un de ces constructeurs qui savent édifier de fragiles théories, il eut et conserve l'attrait des sympathies durables. Caractère heureux et digne de l'être, sincère sans passion, et conciliant sans faiblesse, il tourna contre le sensualisme les qualités qu'il tenait des meilleures traditions de son école, à savoir la clarté d'une méthode circonspecte et déliée. Passant du connu à l'inconnu, enchaînant strictement toutes les idées, ne se permettant ni l'équivoque ni les vagues définitions, il parla toujours une langue saine, et ne cessa pas de ménager au moins un plaisir littéraire à ceux qui résistaient aux conclusions d'un dialecticien plus ami du bon sens que de la polémique et des abstractions stériles.

Tandis que Laromiguière se détachait d'une secte caduque avec la discrétion d'un Philinte jaloux de son repos comme de son indépendance, un psychologue profond, un métaphysicien de premier ordre, Maine de Biran, rompant, ou plutôt déliant aussi les mêmes entraves, s'élevait par un libre essor à des hauteurs où commence la science de l'âme et de Dieu.

Né à Bergerac, le 29 novembre 1766, fils d'un

---

[1]. M. de Sacy, *Variétés littéraires et morales.* Didier.

médecin, garde du corps à la cour de Louis XVI, administrateur de la Dordogne, après le 9 Thermidor, député au conseil des Cinq-Cents, exclu comme royaliste par le coup d'État de Fructidor, nommé par l'Empire sous-préfet de sa ville natale, il reparut en 1813 au Corps législatif, y exerça les fonctions de questeur, et fut un de ceux qui, dans la fameuse commission présidée par Lainé, protestèrent contre le despotisme impérial. Sous la Restauration, vers laquelle l'inclinaient ses vœux, il fit partie de la Chambre *introuvable* où, tout en défendant les priviléges de la Couronne, il vota toujours avec la minorité. Voilà ce que nous savons sur la vie de ce philosophe qui mourut à cinquante-huit ans, et dont M. Royer-Collard disait : « Il est notre maître à tous. » Ce ne fut point un éloge d'oraison funèbre. Car, bien que Maine de Biran n'ait philosophé que pour son plaisir, et dans ses moments perdus, nul guide n'a contribué plus efficacement à dégager les esprits de l'ornière sensualiste ; et nul, au terme de sa courte carrière, ne s'est trouvé plus éloigné de son point de départ. De 1802 à 1815, n'a-t-il pas franchi toute la distance qui sépare Condillac de Fénelon, et la morale égoïste du renoncement absolu ?

Il nous propose donc le rare exemple d'un disciple qui ne craint pas de s'affranchir aux dépens de son propre repos, je veux dire de cette sécurité que donne la certitude, et que j'appellerais volontiers le bonheur de la pensée. Lorsqu'en 1801 l'Institut couronna son *Mémoire sur l'habitude,* déjà se manifestaient à des yeux clairvoyants les signes d'une métamorphose prochaine ; et, bien qu'il se crût idéologue, ou fût accepté pour tel par ses juges, il ressemblait (si l'on nous passe une comparaison familière) à un oiseau de race étrangère couvé par une poule domestique. Il ne prit pas encore son vol, mais alors pourtant ses ailes préludaient à un affranchissement involontaire. Il ne tarda pas à en avoir conscience ; et, deux ans plus tard, quand il parut devant le même tribunal, avec son essai sur la *Décomposition de la pensée,* ce fut pour abjurer les dogmes auxquels se refusait la sincérité de son intelligence. Adversaire résolu de la sensation, il ne songera désormais qu'à rétablir le libre arbitre et l'âme humaine dans leurs droits méconnus.

« *Je veux, donc je suis* », telle est la formule qui résume les patientes enquêtes de son analyse. Par la vertu de cette vérité, il restaura l'édifice cartésien, ou du moins les fondations du monument qui se relèvera de ses ruines, quand paraîtront les architectes. Avant lui, d'autres sans doute avaient gémi sur l'immoralité du sensualisme ; mais des homélies ou des protestations n'étaient pas un remède, et MM. de Bonald ou de Maistre professèrent trop le mépris de la raison pour que leurs anathèmes fissent fortune dans un temps et un pays où l'on veut voir les choses, les toucher, et les comprendre. S'ils prouvèrent leur courage par de grands coups d'épée, ils abusaient trop du paradoxe pour avoir jamais autorité contre l'erreur. Au contraire, chez Maine de Biran, l'on ne soupçonnait aucun parti pris, aucun calcul politique. Nul ne put donc refuser sa confiance à cet homme de bonne foi qui, s'écoutant et se regardant vivre, semblait s'être retiré si profondément en lui-même qu'il n'avait plus le goût d'en sortir.

En effet, ses écrits paraissent s'adresser bien moins au public qu'à sa conscience, et au Dieu caché qu'il découvrit en elle. Métaphysicien du *moi*, il nota les phénomènes les plus fugitifs du monde intérieur avec cette inquiétude d'attention que mettent certains malades à interroger les moindres symptômes de leurs mystérieuses souffrances. Les incertitudes mêmes de sa recherche donnaient plus de crédit à ses affirmations. En lisant les pages du *Journal* intime qui fut le confident quotidien d'un observateur tourmenté par le besoin de connaître et d'aimer les vérités capables de guérir, de fortifier ou de consoler, on entend comme le monologue d'un pur esprit qui raconte le drame de sa vie contemplative. Plongé tout entier dans ses méditations, prompt à fixer les nuances les plus ténues, toujours en éveil et sur le qui-vive, « il s'amusait, dit-il, à voir couler les diverses fluctuations de son âme ». C'étaient comme les tressaillements de cette curiosité candide qu'éprouvent tout ensemble le savant et l'enfant. Ce qui passe inaperçu pour le vulgaire lui devenait un sujet de surprise émerveillée. Lors même qu'il ne résout pas toutes les énigmes, il nous émeut encore par des angoisses où Pascal eût presque reconnu son cœur. A plus forte raison est-il radieux quand il se fait une éclaircie dans ses brumes. On dirait alors un sourd qui perçoit subitement un son, ou un aveugle que réjouit la lumière retrouvée.

A force de chercher l'âme, il trouve Dieu dans ces profondeurs où il s'enfonce, et où le fini touche à l'infini. Tout voisin de l'abîme, et voulant le sonder aussi d'un coup d'œil furtif, il ressent alors l'éblouissement du vertige. Mais ses impuissances sont encore un signe d'élection. Car il est visible qu'il eût pris rang parmi les princes de la science transcendante par excellence, si, tout frissonnant d'un effroi qui n'ose s'aventurer, il ne s'arrêtait au seuil du sanctuaire, et ne baissait les yeux devant l'éclat que des regards plus fermes affronteraient sans trembler. Il ne lui manqua donc qu'une certaine décision ; et voilà pourquoi il erre, comme une âme en peine, autour des questions qui ne livrent leur secret qu'aux audacieux.

Du reste, cet air de souffrance ne lui sied pas mal ; car ses perplexités deviennent un principe d'éloquence, et il se trouve alors écrivain malgré lui, par échappées, en dépit d'un tempérament plus allemand que français, ou d'un vocabulaire qui effrayerait Hégel lui-même. Des barbarismes gothiques éloignent en effet les profanes du trésor qu'ils gardent comme des dragons fabuleux. Mais si, bravant ces abords, on franchit la passé difficile, on en est dédommagé par le vif intérêt d'une doctrine qui va toujours, sinon se fixant, du moins s'épurant sans cesse, jusqu'à l'heure délicieuse où ce stoïcien humble et tendre finit par se réfugier dans une sorte de quiétisme, qui révéla le monde de la Grâce à son cœur plus encore qu'à sa raison. En ces occasions, son style qui se colore et s'échauffe nous fait oublier les fatigues d'une ascension laborieuse, comme en ces hautes montagnes que l'on a gravies péniblement, pour voir le soleil couchant disparaître derrière les splendeurs d'un vaste horizon.

Au lendemain des orages qui ont troublé le ciel et bouleversé la terre, le mysticisme fut d'ordinaire l'asile des penseurs découragés, ou trop impatients pour s'attarder aux lenteurs du raisonnement. Tel avait été, vers la fin du siècle précédent, au sein d'une société sceptique ou impie, le *théosophe* Saint-Martin, *ce philosophe inconnu,* comme il s'appelait lui-même, âme douce et pieuse, toute dévouée à l'idée divine, supérieure par le sentiment et l'intuition, religieuse avec suavité, mêlant ses chimères à la logique éperdue de l'amour pur, mais enflammée par la ferveur d'un apostolat qui justifia cette parole empruntée à l'un de ses écrits : « Tous les hommes peuvent m'être utiles, il n'y en a pas un qui puisse me suffire ; il me faut Dieu[1] ! »

Il est donc juste de lui consacrer un souvenir. Car il resta fidèle à des croyances délaissées, alors que l'athéisme ou l'incrédulité s'étalait partout en plein soleil. On serait tenté de comparer ce rêveur séraphique aux chrétiens des Catacombes. Lui aussi,

---

1. Lisez le bel ouvrage de M. Caro : *Le Mysticisme au XVIIIe siècle.*

dans le triomphe du matérialisme, ne sauva-t-il pas le feu sacré? Ne se fit-il point un devoir de l'entretenir dans l'ombre par l'ardeur d'une propagande qui eut ses heures de courage entreprenant? Car, si l'inclémence des temps lui imposa trop souvent un rôle ingrat et timide, s'il dut faire ses recrues à petit bruit, et garder une sorte d'*incognito* parmi les infidèles dont le flot le submergeait, n'oublions pas qu'en 1790, au moment où les *Ruines* de Volney croyaient donner le dernier mot de toutes les négations victorieuses, Saint-Martin fit entendre publiquement une protestation prophétique, au nom de ce spiritualisme qui ne doit pas, qui ne peut pas mourir.

Plus tard encore, il eut également son jour d'utilité sociale, quand, à cinquante-deux ans, élève des Écoles normales, il sortit de sa solitude silencieuse pour engager un duel contre l'idéologie triomphante, et défier en face le professeur Garat, son plus brillant avocat. Lorsqu'il vint railler ouvertement la dextérité de l'escamotage à l'aide duquel un sophiste se flattait d'expliquer tout l'homme par le mécanisme de la sensation, le trait lancé par sa fronde atteignit Goliath au front; et *le défenseur officieux de la Providence,* comme il disait, eut alors les rieurs pour lui. Il est vrai qu'il compromit parfois le sérieux de sa cause par les utopies d'une imagination qui manqua d'équilibre. Mais, bien qu'il lui soit arrivé, selon l'expression de Joubert, de « monter vers la lumière sur des ailes de chauve-souris », il y aurait ingratitude à ne pas lui savoir gré de l'action occulte qu'il avait exercée, ne fût-ce que par son exemple, sur un mouvement d'idées morales qu'il attendit, et pressentit comme une infaillible revanche.

Puisque nous signalons les courants souterrains qui finirent par mêler leurs eaux en un même lit, comment ne pas rappeler aussi Ballanche, ce Socrate lyonnais, dont la plume rencontra plus d'une parole inspiratrice ? Il est le premier à nous y inviter, lorsque, parlant de lui-même, il termine ainsi sa *Palingénésie sociale :* « Les Muses ne m'élèveront pas de tombeau comme à Orphée, les prêtres des saints mystères ne feront point mon apothéose; et pourtant mes écrits laisseront une trace quelconque, je ne sais laquelle. Car, si rien n'est perdu dans le monde matériel, rien n'est perdu dans le monde moral. Dans tous les ordres d'idées,

Le pas d'une fourmi pèse sur l'univers. »

Ce modeste témoignage nous avertit qu'il ne désira jamais le bruit et le grand jour. Il aimait plutôt à s'envelopper de nuages; mais des éclairs y trahissaient sa présence. Timide comme un Éliacin, candide jusqu'à la naïveté, tout épris de beaux songes chrétiens et platoniciens qui ne devaient point se fixer en un corps de doctrines, voguant toujours vers des rivages auxquels il n'abordait pas, vivant comme entre ciel et terre, dans l'ignorance de lui-même et de toutes les choses sensibles, il eut pourtant une réputation de génie inconnu. Ne couva-t-il pas de grands projets dont on parlait dévotement, à voix basse, dans le cercle d'initiés aux yeux desquels il fut une sorte d'hiérophante ? S'il passa dans le monde à la façon d'un somnambule, si ses apocalypses furent trop inaccessibles à la foule, cependant tout n'est point illusion d'amitié dans la gloire mystérieuse qu'il dut à des œuvres applaudies par le cortége de Mme Récamier, sa belle compatriote, qu'il adora, lui aussi, à distance, comme une Laure ou une Béatrice, c'est-à-dire comme un idéal auquel se dévouait son pur enthousiasme de contemplateur désintéressé.

Doué du sens des choses divines, l'auteur d'*Antigone* et d'*Orphée* nous apprend du moins par quelles affinités la métaphysique se confond avec la poésie, dans une âme expansive où les idées se transforment en sentiments, et les dogmes en symboles. Philosophe inconscient, il nous fait entrevoir, sous l'obscurité de ses rêveries alexandrines, l'avénement prochain de ce spiritualisme lyrique dont les *Méditations* de Lamartine seront la sublime explosion. « Retournons, disait-il, retournons, il en est temps, aux idées religieuses : car les artistes et les lettrés ne peuvent rien sans elles. » Aussi sa muse pacifique s'avançait-elle tenant à la main une lyre couronnée d'olivier, pour réconcilier, par une synthèse quelquefois aventureuse, le paganisme et le christianisme, Platon et l'Évangile, Pascal et Voltaire, sainte Thérèse et Jean-Jacques Rousseau, le passé, le présent et l'avenir, le ciel et la terre, en un mot toutes les doctrines rivales ou ennemies dont les dissonances ou les malentendus provisoires se tourneront peut-être un jour en une symphonie universelle et définitive.

CHAPITRE II

Des influences jusqu'alors isolées avaient besoin d'un centre. Le Pouvoir lui-même allait s'associer à une Renaissance spiritualiste. — Lettre de l'Empereur au ministre de l'Intérieur. — Esprit qui préside à l'institution de l'Université. — M. ROYER-COLLARD. Ses origines; prédilections jansénistes. Son rôle sous la Révolution, pendant et après la Terreur. — Il devient royaliste par raison. Sa correspondance avec Louis XVIII. — Son attitude sous l'Empire. La philosophie est le refuge de son indépendance. — Appelé à une chaire de Sorbonne, il déclare la guerre au sensualisme. Sa métaphysique vise à la morale, et à la politique. L'École écossaise. La première leçon du maitre, mot de l'Empereur. — Il prépare le mouvement libéral de la Restauration. — Esprit de sa méthode. L'homme. L'écrivain. Le politique dans le professeur. Unité de sa vie.

Nous venons d'indiquer les signes avant-coureurs d'une philosophie qui, opposant les traditions si françaises de Descartes à des systèmes importés d'Angleterre, allait remettre en crédit l'autorité du sens commun, et affirmer, au nom de la raison, les vérités sur lesquelles repose toute société. Mais ce ne sont encore que des présages, des tâtonnements isolés, des essais mêlés d'indécision. Aussi l'influence de ces tentatives ne rayonna-t-elle guère au delà de certains groupes. Elle n'atteignit que par hasard les éléments réfractaires, ou même ce milieu flottant sur lequel pesait une léthargie aggravée par un régime dont les contraintes paralysèrent toute faculté d'initiative personnelle. Déçus par les espérances qui avaient fait battre tant de cœurs, les esprits languissaient donc dans une sorte de torpeur. Quelle idée, quel sentiment eût résisté à l'épreuve des mécomptes dont se composait, depuis vingt ans, l'histoire contemporaine? Si la liberté avait démenti ses promesses, la gloire, elle aussi, commençait à ne plus faire de dupes. La politique ne paraissait à la plupart que le jeu sanglant ou perfide de la force ou de la ruse. La morale se réduisait à la pratique des vertus utiles ; elle n'était plus qu'une condition d'ordre. La religion même se voyait traitée comme une garantie de police sociale. Protégée par un patronage défiant qu'elle achetait bien cher, elle avait dû renoncer au droit de controverse et de prosélytisme. Il eût semblé aussi superflu de la discuter qu'inconvenant de la défendre. Depuis que les épicuriens du Directoire s'étaient pliés de bonne grâce à toutes les formes de la servilité, la conscience publique n'avait donc pas cessé de se dépraver de proche en proche ; et le Pouvoir même, alarmé par l'intensité d'un mal dont pourtant il profitait, finit par désirer qu'une philosophie généreuse vînt enfin communiquer aux caractères la dignité de ses principes.

Nous ne ferons pas, en effet, à Napoléon l'injure de supposer qu'il ait eu l'idée fixe de conspirer contre le sens moral de son peuple, dans l'intérêt de sa puissance. Outre que les hommes de son ordre ont des élans de pensée qui leur entr'ouvrent la sphère des hautes vérités, plus d'un acte digne de mémoire témoigne que l'Empereur ne fut point insensible ou étranger à une renaissance spiritualiste dont l'éclat devait rejaillir sur son règne, comme celui de la restauration religieuse qui avait inauguré le Consulat. Sans doute l'autocrate dut avoir des retours de réflexion qui l'avertirent qu'on n'élève pas les intelligences sans les affranchir. Mais ses vues d'avenir étaient aussi trop étendues pour qu'il ne se dît point qu'une nation appelée à de grandes destinées a besoin d'âmes viriles, et ne saurait se passer de convictions. Je me garderai donc de prêter les calculs misérables d'un machiavélisme corrupteur à celui qui écrivit un jour à son ministre de l'Intérieur la lettre que voici : « C'est avec un sentiment de douleur que j'apprends qu'un membre de l'Institut, célèbre par ses connaissances, mais tombé aujourd'hui en enfance, n'a pas la sagesse de se taire, et cherche à faire parler de lui, tantôt par des annonces indignes de son ancienne réputation et du Corps auquel il appartient, tantôt en professant hautement l'athéisme, principe destructeur de toute organisation sociale : car il ôte à l'homme toutes ses consolations et ses espérances. Mon intention est que vous appeliez près de vous les présidents et secrétaires de l'Institut, et que vous les chargiez de faire connaître à ce Corps illustre, auquel je m'honore d'appartenir, qu'il ait à mander M. de Lalande, et à lui enjoindre, au nom du Corps, de ne pas obscurcir, dans ses vieux jours, ce qu'il a fait dans ses jours de force pour obtenir l'estime des savants. Si ces invitations fraternelles étaient insuffisantes, je serais obligé de me rappeler aussi que *mon premier devoir est d'empêcher que l'on empoisonne la morale de mon peuple.* Car l'athéisme est destructeur de toute morale, sinon dans les individus, du moins dans les nations. »

Celui qui parlait en cette circonstance un langage auquel nous reprocherons même l'excès d'un zèle impérieux jusqu'à l'intolérance, comprit mieux encore sa responsabilité souveraine, quand il créa l'Université qui devait, par la force de ses doctrines, contribuer autant aux éveils d'une libre curiosité qu'au maintien de la discipline, et des traditions conservatrices. Ne cherchons donc pas de petites raisons à de grandes choses ; et, sans absoudre les abus du pouvoir personnel, n'envions point à l'Empereur la part qui doit légitimement lui revenir dans l'œuvre de bien public que le haut enseignement allait accomplir par la parole de M. Royer-Collard.

Avant de suivre dans le vieux collége du Plessis le professeur illustre avec lequel le spiritualisme cartésien, cette antique nouveauté, rentra officiellement en France, après une disgrâce qui avait duré plus d'un siècle, il est nécessaire de raviver es traits d'une physionomie trop oubliée. Résumons donc les origines d'un personnage qu'on peut appeler le maître de nos maîtres.

Né en 1763, à Sampuis, en Champagne, dans une de ces familles rustiques où la rigidité d'un christianisme patriarcal s'alliait si bien aux traditions du travail et de l'honneur, Pierre-Paul Royer n'eut sous les yeux, dès son enfance, que l'exemple des justes. Élevé par une mère janséniste, mais plus fidèle aux vertus qu'aux dogmes de ses austères directeurs, il apprit de bonne heure à connaître et aimer les mœurs simples, la gravité, le respect, et une indépendance docile à la règle. De ce foyer sévère il passa chez les Oratoriens, les *doctrinaires,* comme ils s'appelaient alors, sans se douter qu'un jour ce mot transporté par leur disciple dans la langue politique prendrait une acception tout à fait différente. Puis, sa jeunesse s'écoula dans le studieux recueillement d'une vie provinciale. Curieux surtout de logique, de géométrie et de morale, il lut avidement Clairaut, d'Alembert, Euler et les grands docteurs de Port-Royal dont il adopta, non les passions qui sentaient la secte, mais les principes qui fondèrent une École. Nous le retrouvons ensuite à Paris, s'initiant à la science du droit, et mêlé par ses relations à cette bourgeoisie qu'avaient pénétrée les lumières du siècle. Avocat obscur, en 1787, il plaidait à la Grand'Chambre, sous la tutelle de Gerbier, digne parrain de ses débuts, quand éclata la Révolution, dont l'aurore souriait à ses espérances.

Le 17 juillet 1789, quelques jours après la prise de la Bastille, il siégeait à l'Hôtel de ville, comme secrétaire du Conseil de la municipalité. Car, à la suite d'une vive improvisation, il venait d'être porté en triomphe par les électeurs de l'île Saint-Louis qui l'acclamèrent représentant de leur section. Il lui fallut donc subir des rapports quotidiens avec plus d'un fanatique, entre autres Danton, son compatriote, dont il se souvint lorsque, sous le Directoire, devant les Cinq-Cents, il terminait un discours par ces mots : « Aux cris féroces de la démagogie invoquant l'audace, et puis l'audace, et encore l'audace, vous répondrez enfin par ce cri consolateur qui retentira dans toute la France : La *justice*, et puis la *justice*, et encore la *justice*. » Cette devise fut en effet la sienne dans les épreuves qui firent réfléchir tristement sa conscience politique. Membre de la Commune, il était près de Bailly, le maire de Paris, dans la journée sinistre où la royauté fit son premier pas vers l'échafaud. Aussi éloigné des Jacobins par son indignation que des Girondins par son bon sens, qui ne leur pardonnait pas un rôle non moins ambitieux qu'impuissant, il ne tarda guère à passer dans le camp des vaincus, et bientôt des victimes. Réduit en effet à prendre la fuite, il s'abrita dans son village natal; et, s'il ne figura pas sur la liste des suspects, il le dut à la vénération qu'inspirait sa mère. La Terreur s'arrêta sur le seuil de cette maison où la femme forte de l'Écriture osait conserver encore l'image du Christ, sous les regards des inquisiteurs que fit reculer son courage. On raconte que, revêtu de la blouse du laboureur, son fils poussait les bœufs devant lui, tout en lisant un tome de Platon, de Descartes ou de Bossuet placé sur le manche de sa charrue. Toujours est-il que tant de tragiques leçons ne furent point perdues pour un témoin de 89, et de 93. Il sut entendre ce double enseignement. S'il détesta les excès où se jette un peuple sans croyances et une liberté sans frein, il comprit le spectacle d'une nation unie dans une pensée d'affranchissement; et sa raison, étrangère à toute passion, condamnera les attentats, sans en faire porter la peine à des idées dont il va demeurer l'inflexible défenseur.

Mais l'heure de la modération n'était pas encore venue. Pourtant, lorsqu'un long cri de joie annonça la chute de Robespierre, il fut un des premiers à l'œuvre parmi ces bons citoyens que leur patriotisme appelait au poste du devoir et du péril. Député au conseil des Cinq-Cents par le département de la Marne, dont les colléges lui resteront fidèles jusqu'à sa mort, il éleva la voix, quatre ans avant le *Génie au christianisme*, pour demander le rappel des prêtres bannis. Mais l'éloquent avocat du culte persécuté ne réussit qu'à se désigner lui-même aux persécuteurs. S'il ne fut pas déporté par les vainqueurs du 18 Fructidor, ils cassèrent du moins son élection : ce qui était plus facile que de réfuter ses discours. Exclu comme royaliste, il ne l'était pourtant pas encore, mais allait le devenir. Jusqu'alors il avait conservé pour la dynastie proscrite la piété d'un souvenir, sans estimer toutefois que la monarchie fût la seule condition de salut. Mais, après tant de coups d'État, un patriote ennemi de l'anarchie se prit à désirer, moins par sympathique élan que par raison, le retour d'un principe qui pût opposer aux caprices de la foule la permanence du droit, et consacrer par un caractère inviolable un contrat conclu entre nos traditions et nos libertés. Ce fut alors qu'il entra en correspondance avec Louis XVIII, dont il devint le conseiller intime, tout en répudiant une solidarité compromettante avec le parti des émigrés, c'est-à-dire les meneurs d'une coalition étrangère.

Il était aussi trop sage pour devancer les temps que préparait sa prévoyance ; et, l'avénement de l'Empire ayant coupé court à des démarches prématurées qui du reste n'eurent rien de commun avec l'esprit de conspiration, il se soumit sans murmurer à une nécessité qui offrait à ses regrets le dédommagement de la gloire. Si ses instincts libéraux furent blessés, il fut heureux d'applaudir aux conquêtes civiles opérées par le génie d'un homme aussi extraordinaire que sa fortune. Pourtant, quelque chose résistait en lui. Dès l'abord, il regarda comme provisoire une autorité qui, intronisée par l'épée, devait périr par l'épée. Ni l'acclamation du suffrage universel, ni la bénédiction du Saint-Père ne rassura ses craintes ; et son expérience jugea que la vie publique ne lui réservait aucun rôle sur une scène silencieuse à laquelle il voulut rester étranger plutôt qu'hostile.

Dès lors, se réfugiant dans la science qui lui rendait l'indépendance, il tourna toute son activité vers un monde philosophique dont la réforme devait être moins périlleuse que celle de nos institutions. Car le despotisme de Condillac était le seul qu'on pût alors attaquer impunément. L'occasion lui en fut offerte bientôt par le Maître qui, dans les *idéologues*, voyait avec ombrage les survivants refrognés du régime républicain. Assez généreux, ou assez habile pour ne point garder rancune à un personnage qui se tenait à l'écart, et avait toujours refusé de lui être présenté, l'Empereur fut aise de lui donner une marque d'estime ; et, lorsqu'en 1811 M. de Pastoret, promu à la dignité de sénateur, laissa vacante la chaire où il enseignait à la Faculté des lettres l'histoire de la philosophie, aucune objection ne fut opposée au choix que M. de Fontanes soumit alors à l'agrément du Souverain. M. Royer-Collard, qui ne se refusait jamais à un devoir, ne déclina pas non plus un honneur qui, sans inquiéter sa responsabilité, l'invitait à une salutaire influence.

On a raconté que la lecture d'un exemplaire de Thomas Reid rencontré par hasard lui révéla sa méthode, et sa doctrine. Sans nier l'action exercée sur une intelligence disponible par l'étude attentive du psychologue prudent qui restaura l'autorité du sens commun, nous n'admettrons pourtant pas que M. Royer-Collard ait en quelque sorte improvisé sa foi philosophique. Non ; elle était armée de toutes pièces, lorsqu'il monta dans cette chaire à laquelle le prédestinait une éminente aptitude. Habitué à la spéculation, rompu aux sciences exactes, nourri de Descartes et de Leibnitz, il n'eut qu'à se laisser porter pour suivre le courant qui ramenait notre siècle vers des traditions conformes à ses besoins. Le premier germe de ses convictions n'était-il pas d'ailleurs une haine vigoureuse contre ce scepticisme matérialiste qu'il avait vu se combiner avec la démagogie ? Voilà le fléau qu'il se promit de combattre par un enseignement capable de réconforter les cœurs. Trancher la racine du doute, mettre la certitude hors de nos atteintes, discipliner la raison, réprimer ses aventures, imposer des barrières aux témérités, telle était depuis longtemps l'idée constante de ce penseur fait pour gouverner les âmes. Telle fut aussi l'œuvre du professeur. Pour lui, la métaphysique devait viser à la morale, et, par elle, à une politique d'ordre et de sécurité. Aussi ses vues ne se tournèrent-elles point vers d'ambitieuses théories : « La saine philosophie, écrivait-il, est cette *ignorance savante qui se connaît*, et à laquelle il faut arriver, quand on est sorti de l'ignorance naturelle, sous peine de faire les entendus, et de juger tout plus mal que les autres. » Celui qui fit cet aveu ne pouvait manquer de se reconnaître dans le rationalisme solide et modeste qui, venu d'Édimbourg, sut guider et affermir les intelligences, sans leur inspirer l'orgueil. Il y retrouva le tempérament de son esprit à la fois défiant et dogmatique, circonspect et résolu, pratique avant tout, et n'appliquant le raisonnement qu'à des principes évidents, ou à des faits démontrés par l'analyse. Il y eut donc harmonie préétablie dans une préférence qui s'accordait avec son inclination propre.

Les premières paroles de son cours durent étonner un auditoire qu'un préjugé tenace avait habitué à chercher dans Condillac le dernier mot de l'orthodoxie. « Toute la science, disait Royer-Collard, peut se ramener à deux objets, les esprits et les corps. » Puis, il ajoutait, non sans une nuance d'ironie : « Quelle expérience nous assurera que la sensation suffit pour féconder toutes les régions de l'intelligence et du sentiment? Parce qu'elle a précédé l'exercice de nos facultés, celles-ci en sont-elles moins originales, et ne doivent-elles rien à leur propre énergie ? Est-ce la sensation qui perçoit, qui se souvient, qui juge, qui raisonne, ou imagine? Est-ce dans la sensation qu'est tracée la règle éternelle des droits et des devoirs? Quand elle enseignerait l'utile, enseigne-t-elle le beau et l'honnête ? A-t-elle inspiré ce vers :

Summum crede nefas animam præferre pudori? » [1]

Ces vérités qui nous paraissent maintenant élémentaires furent alors inattendues comme un paradoxe. Il y avait même courage à les proclamer ; car, sous le règne de la force, elles étaient malsonnantes. Trop éclairé pour ne pas le sentir, l'Empereur eut l'âme assez haute pour approuver. Il lut ce discours que le bibliothécaire du palais avait mis sous ses yeux; et, le lendemain, à son lever, apercevant M. de Talleyrand : « Savez-vous, lui dit-il, Monsieur le Grand-Électeur, qu'il s'élève dans mon Université une nouvelle philosophie très-sérieuse qui pourra bien nous faire grand honneur, et nous débarrasser tout à fait des idéologues, en les tuant sur place par

---

1. Regarde comme le plus grand des crimes de préférer la vie à l'honneur.

le raisonnement » ? Alors, lui citant quelques passages de cette leçon d'ouverture, il gronda le prince de ne pas la connaître encore. Notons pourtant que le politique s'empressa trop d'y voir avec joie une attaque décisive contre un groupe frondeur auquel il reprochait une opposition clandestine ou déclarée. Car les conséquences de l'impulsion donnée avaient une portée plus lointaine, si j'en crois M. Royer-Collard qui, jugeant ce succès de cour peu philosophique, se contenta de dire à quelques amis : « L'Empereur se méprend. Descartes est plus intraitable au despotisme que ne le serait Locke. Entre nous, la doctrine de l'âme est bien autrement favorable à la liberté que celle de la sensation transformée. Pour les partisans de cette théorie, la résistance morale à la force est une inconséquence généreuse ; pour nous, elle est un devoir irrémissible. »

Oui, le spiritualisme aura sa part dans le mouvement libéral qui sera une des gloires de la Restauration. Le jour est proche où un rayon de soleil va faire germer cette semence féconde. Mais, tout en songeant à l'avenir, M. Royer-Collard ne fut jamais de ces impatients qui, pour provoquer une popularité bruyante, transforment leur chaire en tribune. Bien au contraire, il débuta sans éclat et sans bruit, avec autant de prudence que de fermeté.

La première question agitée devant ses *trois* auditeurs fut même en apparence assez aride. Il se demanda si le raisonnement peut démontrer l'existence du monde extérieur. Mais, en réalité, ce problème ne tendait à rien moins qu'à convaincre ses adversaires de l'impuissance où ils étaient de nous donner même un *criterium* de certitude sensible. Il les attaquait ainsi au cœur par leurs propres armes, l'observation et l'analyse. Si, durant deux années, devant un auditoire de plus en plus nombreux, il concentra tout l'effort de sa logique sur ces préliminaires modestes, ce fut pour nous conduire plus sûrement à des conclusions métaphysiques dont l'évidence pût défier toute objection. Il ne voulait ouvrir le feu contre la place ennemie qu'après l'avoir investie par des travaux d'approche qui fermaient toute issue à l'assiégé. Voilà comment, sans charlatanisme oratoire, sans le moindre souci de remuer la foule, sans avoir la prétention de découvrir un monde et de fonder un système, il devint pourtant le chef d'une École à laquelle il apprit à proscrire toute hypothèse, à constater des phénomènes, à les classer, à en déterminer les lois, à marcher toujours sur le terrain de l'expérience, et à concilier les droits du libre examen avec le respect de ces croyances primitives qui sont le fonds de la raison universelle.

Il faudrait remonter jusqu'à Pascal pour retrouver cet étroit enchaînement de déductions rigoureuses comme des théorèmes, et cette dialectique ardente qui condense toute une série d'arguments dans une de ces formules grandioses où se concentrent les plus essentielles vérités. On voit ses idées se produire comme d'une source qui jaillit à flots clairs et pressés, se grossit de maint affluent, devient fleuve, et se déroule d'un cours tranquille entre les rives que ses eaux fertilisent. Même quand il n'est que l'interprète du sens commun, sa parole a cet accent personnel qui commande l'attention, et je ne sais quoi d'impérieux qui est d'un maître. Bien que ses leçons ne nous soient parvenues que recueillies après coup par les souvenirs émus de M. Jouffroy, il nous suffira donc de lire ces substantiels fragments, pour comprendre l'action dominatrice de son éloquence.

Il avait un verbe à lui, un air de supériorité native, une façon de dire qui faisait sentir le poids des choses, et forçait la mémoire à garder une ineffaçable empreinte. Une fois lancé, le trait s'enfonce, et se fixe pour toujours. Soit que du cercle étroit où il se confina volontairement il ouvrît des perspectives soudaines vers le monde invisible, soit qu'il s'attaquât corps à corps à son antagoniste, il se distingua par un ton qui n'eut rien du docteur, mais semblait faire légitimement office de souveraineté reconnue. On salue donc en lui une de ces intelligences qui règnent par droit de naissance. On aime la décision d'une pensée que passionne son objet, et qui jouit du plaisir d'enseigner une science aussi neuve pour lui que pour les autres. Cette philosophie qu'il n'a point tirée des livres l'intéresse comme la conquête de ses réflexions. S'il séduit, ou plutôt s'il subjugue, c'est qu'il nous communique ses joies austères, je veux dire des convictions dont il a fait l'épreuve, et qui sont la récompense de l'amour qu'il eut pour la vérité.

Peut-être lui reprochera-t-on les défauts de ses qualités, trop de roideur, trop d'âpreté dogmatique, et une franchise qui ne se gêne avec personne. Déjà s'accuse ici ce trait de caractère qui plus tard ira s'exagérant ; car on citera de lui des mots d'une magistrale insolence, et des épigrammes ou des ripostes qui écrasent leurs victimes. Ses réfutations ont l'amertume d'un réquisitoire. Il traite volontiers l'erreur comme un attentat, avec une hauteur de dédain qui l'humilie en la condamnant. Ses arrêts sont d'un magistrat de cour suprême, jugeant sans appel, et en dernier ressort. Mais ces rudesses procèdent d'une foi vaillante que l'on n'a plus aujourd'hui. Au lieu de les blâmer, accusons donc plutôt la mollesse de notre scepticisme.

Sans appuyer sur ces réserves, nous préférons apprécier des mérites qui nous montrent l'homme sous l'écrivain, à savoir une rare alliance de finesse et de force, d'exactitude et d'imagination, de retenue et d'élan. Il sut animer jusqu'à l'abstraction, et, comme l'a dit M. de Rémusat, « mettre du sien dans l'absolu. » Chez lui, pas d'abandon, mais un art savant qui sert de parure à la sévérité d'une argumentation véhémente et acérée, sous laquelle palpite une âme fière. Solennelle comme un axiome, et imprévue comme une impression irrésistible, sa verve s'illuminait tout à coup d'éclairs rapides qui projetaient parfois une lueur éclatante comme sur la sombre profondeur d'un espace immense. Telle est cette comparaison magnifique : « La durée est un grand fleuve qui n'a ni source, ni rive, ni embouchure. Le fleuve coule en nous, et c'est en nous seulement que nous pouvons observer son cours. » Cette vision furtive de l'infini est bien du même orateur qui dira un jour devant la Chambre des pairs : « On déporte les hommes, mais les lois fondamentales d'un pays ne se laissent pas déporter. » Il y avait l'assurance d'un législateur dans l'expression simple et superbe de certaines pensées, par exemple dans cette maxime que depuis on a si souvent répétée : « On ne fait pas au scepticisme sa part; une fois qu'il a pénétré dans l'entendement, il l'envahit tout entier. » A force de tendre à l'irréprochable, il atteignit le définitif, si bien que, de son vivant même, il passa pour un ancien. Ce qu'il disait à ses contemporains s'adressait à la postérité.

Dans ce style si plein on reconnaît celui qui ne fit pas imprimer une seule page dont l'intention ne fût que littéraire, « et n'aurait pas donné une heure de sa vie à un livre dont la lecture ne l'eût point éclairé, ou fortifié ». Il mania naturellement la langue des grands classiques, parce qu'il était de leur race, et avait toujours vécu dans leur commerce. Sa phrase s'en souvient; elle nous fait parfois songer à Bossuet par sa majesté, à Pascal par sa rigueur géométrique, à Montesquieu par sa concision sentencieuse ou piquante, à Rousseau par une logique enflammée qui échauffe les plus froides controverses. L'entrain polémique de son enseignement nous laisse pressentir l'ampleur et la puissance oratoire qu'il déploiera dans les luttes politiques, au service des traditions ou des nouveautés que le philosophe avait déjà prises sous le patronage de sa raison. En passant de la Sorbonne à la Chambre des députés, il n'aura donc pas besoin de changer ses armes. L'homme d'État continuera le professeur. A des ministres hostiles au droit constitutionnel il opposera les mêmes principes qu'à l'empirisme de Condillac. Ses discours sur la loi de sacrilége et la liberté de la presse auront l'autorité d'un devoir social, comme cette leçon célèbre par laquelle il termina sa campagne spiritualiste. Les intérêts et les ambitions des partis trouveront en lui le censeur redoutable qui avait commencé par tenir tête aux sophismes et aux préjugés de secte. Aussi l'opinion finira-t-elle par subir ou accepter ce qu'on pourrait appeler la dictature de son bon sens. En dépit d'un isolement qui ne lui déplaisait pas, il deviendra presque populaire, malgré lui, à force d'estime. Représentant le respect de tout ce qui est respectable, il se verra comme investi de ce pouvoir moral que confère la dignité du caractère, et la vertu d'un exemple.

Sa vie fut donc la confirmation de la doctrine qu'il venait de restaurer, non plus comme Mme de Staël par d'enthousiastes espérances, ou comme Chateaubriand par l'imagination et la poésie, mais par la science condamnant l'erreur malfaisante de ceux qui refusaient à l'homme une âme, et à l'âme un Dieu. Cette victoire devait être d'autant plus sûre que le raisonnement l'avait seul remportée, en dehors de toute alliance susceptible d'inquiéter la société laïque. Par conséquent, la plupart des esprits que n'avait pas entamés la réaction inaugurée par MM. de Bonald et Joseph de Maistre purent applaudir, sans défiance, à une réforme qui les affranchissait en les purifiant, et ne coûtait à personne le sacrifice de sa libre pensée. En restant rationaliste avant tout, M. Royer-Collard faisait plus pour la renaissance du sentiment religieux que les apôtres de la théocratie; car il ne le rendait point solidaire des paradoxes ou des passions qui risquaient de l'altérer ou de le corrompre. Il préparait ainsi ce terrain hospitalier où les consciences s'accordent dans une foi commune dont la tolérance prouve que toutes les vérités sont sœurs.

LIVRE TROISIÈME

La Poésie sous l'Empire.

CHAPITRE Ier

Vues générales. L'Empereur veut gouverner les intelligences comme les affaires. Du protectorat littéraire. — Il y eut une poésie de l'Empire. L'anathème de Lamartine. — Les circonstances atténuantes. — Les préjugés d'école et les traditions poétiques sont chez nous plus vivaces que les dynasties. — Le Temple du Goût après la Révolution. — La prose et les vers. Différence de leurs destinées.

Les chapitres que nous venons d'esquisser n'intéressent l'Empire que d'une façon indirecte. Car, s'il est vrai que le signataire du Concordat et le fondateur de l'Université a secondé le double mouvement dont le succès est dû à Chateaubriand et à M. Royer-Collard, il n'est pas moins certain qu'il se montra souvent hostile ou défiant pour les tentatives accomplies sans lui, ou malgré lui, par l'initiative philosophique, surtout quand elles avaient une portée politique. Ce ne fut pourtant pas indifférence, ou dédain. Car un génie éminemment organisateur, et qui eut tous les grands instincts d'un souverain, ne demandait qu'à rallier les talents comme les partis, et à gouverner les intelligences comme les affaires. Doué d'une activité qui embrassait tout pour tout envahir, il comprit donc, par intérêt personnel autant que par sentiment de responsabilité supérieure, l'importance d'une action exercée sur la pensée publique. Aussi ne négligea-t-il aucune des séductions qu'il jugeait propres à gagner des recrues précieuses pour son cortége. Les ambassades, les dotations, les hauts grades de la Légion d'honneur, le Sénat, toutes les faveurs furent offertes aux réfractaires qu'il voulait enrôler, aux ennemis qu'il espérait désarmer. Mais, habitué à mener les choses en conquérant, il traita les âmes comme les peuples, et protégea les lettres comme la République de Venise, ou la Confédération germanique.

J'entends par là que son sceptre appuya toujours trop, et que ses avances alarmèrent justement tout écrivain soucieux de sa dignité. Il ne vit pas assez que l'indépendance est pour un talent la source même de son inspiration, et que l'aliéner c'est changer l'or en monnaie fausse ou douteuse. Au lieu de laisser l'opinion faire les renommées, et distribuer au mérite, par son estime, la seule récompense qui lui plaise, parce qu'elle ne coûte rien à sa considération, il prétendit apprivoiser jusqu'aux aigles. Or il advint que d'un coup d'aile ils s'empressèrent d'échapper à son atteinte. C'est que l'esprit, puissance libre et fière, veut, avant tout, être aimé pour lui-même. Il ne donne sincèrement sa bienveillance qu'à ceux qui le respectent. Il attend du pouvoir autre chose que ses largesses, et n'est satisfait ou reconnaissant que s'il rencontre des appréciateurs désintéressés de ce qu'il vaut. Mais des libéralités qui ne sont pas vraiment libérales ne font que des courtisans, ou des ingrats. Aussi l'Empire n'eut-il pas le bénéfice d'une bonne volonté qui ne réussit qu'à effaroucher des caractères ombrageux.

Puisque l'excès d'un zèle trop dynastique le rendit étranger à la plupart des principaux événements littéraires qui se produisirent, souvent contre lui, en dehors des régions officielles où il était omnipotent, nous ne saurions lui attribuer l'honneur des impulsions provoquées par les penseurs qu'il persécuta, lorsqu'il vit ses caresses impuissantes. Mais il eut pourtant sa part d'influence sur une floraison artificielle qui servit de parure à la scène où se jouait le drame politique et militaire. C'est ce qu'on appelle la *Poésie de l'Empire,* mots qui évoquent le souvenir distinct d'un concert où des voix, obéissant à une sorte de direction commune, chantèrent sur un certain mode que comportait le goût d'un public particulier. Les genres qui ne relèvent que de l'imagination furent en effet ceux qui, de tout temps, s'accommodèrent le mieux du régime absolu; et, depuis Auguste jusqu'à Louis XIV, les Muses ont manqué rarement au plaisir des cours où régnait un maître. Il est donc naturel qu'il y ait eu un Parnasse impérial.

On en a dit beaucoup de mal; et, parmi ces jugements sévères, chacun de nous se rappelle encore

cet éloquent anathème qui fut la préface des *Méditations :* « Je me souviens, disait Lamartine, qu'à mon entrée dans le monde, il n'y avait qu'une voix sur l'irrémédiable décadence, sur la mort accomplie et déjà froide de cette mystérieuse faculté de l'esprit humain qu'on appelle la Poésie..... Tous ces hommes géométriques, qui seuls avaient alors la parole, et qui nous écrasaient, nous autres jeunes gens, sous l'insolente tyrannie de leur triomphe, croyaient avoir desséché pour toujours en nous ce qu'ils étaient parvenus à tuer en eux, toute la partie morale, divine et mélodieuse de la pensée humaine. Rien ne peut peindre, à ceux qui ne l'ont pas subie, l'orgueilleuse stérilité de cette époque..... Ces hommes nous disaient : « Amour, philosophie, religion, enthou-
« siasme, liberté, poésie, néant que tout cela ! Calcul
« et force, chiffre et sabre, tout est là ! Nous ne
« croyons que ce qui se prouve, nous ne sentons que
« ce qui se touche. La poésie est morte avec le spiri-
« tualisme dont elle était née. » Et ils disaient vrai ; elle était morte dans leurs âmes, morte en eux, et autour d'eux. Par un sûr et prophétique instinct de leur destinée, ils tremblaient qu'elle ne ressuscitât dans le monde avec la liberté ; ils en jetaient au vent les moindres racines, à mesure qu'il en germait sous leurs pas, dans leurs écoles, dans leurs lycées, dans leurs gymnases, surtout dans leurs noviciats militaires et polytechniques. Tout était organisé contre cette résurrection du sentiment moral et poétique ; c'était une ligue universelle des études ma-

thématiques contre la pensée et la poésie. Le chiffre seul était permis, honoré, protégé, payé. Comme le chiffre ne raisonne pas, comme il est un merveilleux instrument passif de tyrannie qui ne demande jamais à quoi on l'emploie, qui n'examine nullement si on le fait servir à l'oppression du genre humain, ou à sa délivrance, au meurtre de l'esprit, ou à son émancipation, le chef militaire de cette époque ne voulait pas d'autre missionnaire, d'autre Séïde..... Il n'y avait pas une idée en Europe qui ne fût foulée sous son talon, pas une bouche qui ne fût bâillonnée sous sa main de plomb. Depuis ce temps, j'abhorre le chiffre, cette négation de toute pensée ; et il m'est resté contre cette puissance des mathématiques, exclusive et jalouse, le même sentiment, la même horreur qui reste au forçat contre les fers durs et glacés rivés sur ses membres, et dont il croit éprouver encore la froide et meurtrissante impression, quand il entend le cliquetis d'une chaîne. Les mathématiques étaient les chaînes de la pensée humaine : je respire ! elles sont brisées. »

Voilà des couleurs dignes d'un peintre que nous admirons. Tacite les eût enviées. Mais peut-être sont-elles trop sombres. Car l'équité veut, ce me semble, qu'on atténue un pessimisme où l'explosion d'une haine longtemps refoulée se mêle aux entraînements de la verve, parfois même de la phrase. Aujourd'hui, du moins, le sourire de l'ironie convient mieux que l'indignation à celui qui s'approche, en simple curieux, de ces versificateurs médiocres dont la collection pourrait se comparer à des statues de cire ayant la forme humaine, mais dénuées du mouvement, et de la vie. Telle est, en effet, l'impression du visiteur qui s'engage dans ce musée, à la porte duquel l'ennui fait si bonne garde qu'il faut un certain courage pour y pénétrer.

Avant d'en franchir le seuil, nous remarquerons d'abord que les grandes époques littéraires furent toujours une exception. C'est une fleur qui s'épanouit à peine tous les cent ans. De plus, les chefs-d'œuvre ne dépendent jamais d'un mot d'ordre. Ils n'attendent pas le geste d'un maître pour se ranger en bataillon, comme des soldats au premier roulement de tambour. Auguste et Mécène auraient eu beau combler d'insignes faveurs Bavius ou Mævius, depuis leur berceau jusqu'à leur tombe; Mævius et Bavius ne seraient jamais devenus ni un Horace, ni un Virgile. Il est donc juste de ne point accuser trop durement les hommes d'État qui n'eurent pas le bonheur de féconder un sol ingrat, ou de faire jaillir du rocher les sources de Castalie. Outre que quinze années, surtout si occupées et si remplies, sont peu de chose dans la vie d'un peuple, ou dans un siècle, il eût été plus facile encore à Napoléon de gagner une seconde bataille d'Austerlitz que d'inspirer *Polyeucte* ou *Andromaque* à Luce de Lancival. Si l'on considère l'histoire universelle trop rare en coups d'éclat, on admettra du moins qu'il faut se résigner aux longs intervalles qui s'écoulent entre les apparitions de ces illustres acteurs dont la pensée joue un rôle immortel. Ces retards sont surtout à craindre au lendemain de ces crises sociales où fermentent les éléments d'un monde nouveau qui n'a pas encore, faute de loisirs, pris conscience de lui-même. Ne lui faut-il pas le temps de se recueillir, et de s'éprouver?

D'ailleurs, les débuts de notre siècle ne nous paraissent pas aussi déshérités que se plaît à le dire une prévention exagérée peut-être par l'animosité politique. Nous inclinerions plutôt à croire qu'en général la somme des talents est à peu près la même en toute saison ; mais, les circonstances contribuant à la répartir inégalement, il arrive tantôt que les lots se concentrent dans quelques mains privilégiées (alors, il y a toute une élite de génies), tantôt qu'ils s'éparpillent entre un grand nombre de partageants (ce qui fait que chacun détient seulement une parcelle du trésor commun). D'un côté, c'est une aristocratie, comme on le vit sous Louis XIV ; de l'autre, c'est une démocratie, une foule, où la quantité remplace la qualité. Telle fut, ce me semble, la condition des rimeurs qui pullulèrent sous l'Empire. Si quelques-uns passèrent pour riches, c'est que, le capital poétique étant trop dispersé, presque tous furent pauvres.

Ajoutons que, dans la vie des peuples comme dans celle des particuliers, la rêverie ne s'associe pas facilement à l'action. Ayant besoin d'heures vacantes et libres que ne dispute aucun autre souci, les contemplateurs ne pouvaient guère se replier sur eux-mêmes, ni se laisser ravir par de beaux songes, dans ce tourbillon de combats, ou parmi ces incessantes surprises qui tenaient toute l'Europe attentive. Les souffrances de la famille et de la patrie ne suffisaient-elles point à épuiser alors les facultés d'émotion? Les jeux de la victoire ne furent-ils pas assez tragiques pour faire une terrible concurrence aux imaginations les mieux douées? Il y avait là de quoi décourager les plus vaillants. Quelle fiction n'eût langui auprès d'Héliopolis et de Marengo? Quel drame, quelle épopée aurait pu rivaliser avec la lecture du *Moniteur*, dans les journées radieuses omme dans les autres?

Au lieu de nous égayer aux dépens de nos pères qui agirent plus que nous, il conviendrait donc plutôt de compatir un peu à une détresse dont fut responsable la gloire coûteuse qu'ils nous ont transmise. Eussions-nous fait meilleure figure si la Révolution, nous surprenant comme eux au milieu des molles occupations d'un siècle insouciant et raffiné, nous avait jetés, brusquement et sans pitié, des boudoirs et des salons à la tribune, à l'échafaud, ou à la frontière? Certains contes de fées parlent de palais merveilleux soumis à un enchantement qui tout à coup suspend pour des années entières toutes les fonctions de la vie. Eh bien, on peut en dire à peu près autant de la poésie française, si on la cherche dans cet interrègne tumultueux qui s'étend de 1789 à 1800. Plongée en un profond sommeil durant toute la Révolution qui avait bien d'autres affaires en tête, elle ne se réveilla qu'après cette laborieuse tourmente, sans s'être un instant doutée (car elle était en pleine léthargie) des secousses qui, près d'elle, venaient de renverser un trône, des autels, des institutions, tout l'édifice du passé. Au lendemain de ce déluge universel, la *Belle au bois dormant* se retrouva donc, ainsi que dans la fable, ce qu'elle était avant sa subite torpeur, revêtue de ses atours comme pour une fête, tout enluminée de fard, et portant galamment les modes d'autrefois. Seulement, le temps et sa poussière avaient fané les parures de la veille.

S'il en fut ainsi, c'est qu'en France les préjugés littéraires, par cela seul qu'ils ne gênent personne, sont plus vivaces que les dynasties. Voilà pourquoi, parmi tant de ruines, l'inoffensive poétique de l'ancien régime resta debout, défiant le flot qui n'avait rien épargné. Tandis que la société se renouvelait de fond en comble, les beaux-esprits revenus de l'exil se mirent donc à chantonner les airs connus qui avaient consolé leur émigration, à balbutier des réminiscences qui leur rendaient l'illusion du passé, en un mot, à répéter avec la mémoire du cœur tous les refrains de leur bon vieux temps. Ces ritournelles parurent même délicieuses à des oreilles étourdies par les clameurs des clubs, et qui avaient oublié toute élégance. Alors que les travaux de Lagrange, de Laplace et de Berthollet ouvraient de si vastes horizons aux sciences exactes et naturelles, aux mathématiques, à l'astronomie et à la chimie, la plupart des lettrés, humbles serviteurs des traditions les plus surannées, ne surent, après la dispersion de la société polie, que se traîner dans l'ornière de la routine, et cela en toute sécurité. Car, autour d'eux, nul n'y trouvait à redire. Bien au contraire, les novateurs les moins scrupuleux en politique eussent jugé malséant qu'un téméraire se permît de ne pas considérer comme inviolables les règles de convention déclarées sacro-saintes par les Aristarques d'Académie, ou d'Athénée. Bien des philosophes qui s'étaient réjouis de voir fermer les églises n'eussent pas souffert qu'un profane touchât au *Temple du Goût*, sur le frontispice duquel ils s'imaginaient lire le nom de Voltaire. Les doctrines respectées par son irrévérence étaient donc devenues l'objet d'un culte superstitieux qui, sans comprendre l'esprit du dogme, en gardait la lettre et les vaines formules avec une dévotion fanatique.

Si Rousseau et Bernardin de Saint-Pierre avaient préparé les voies à Chateaubriand par une réforme décisive opérée dans des genres récents, et qu'une noblesse héréditaire n'obligeait pas à être ennuyeux, c'est que la prose, appartenant à tout le monde comme un instrument d'usage quotidien, pouvait se mêler à la vie populaire dont elle était toute voisine. Il n'y avait pas là scandale de mésalliance. Mais, étant née patricienne, et n'ayant pas daigné descendre des salons sur la place publique, la langue poétique, par crainte de déchéance, vécut en *ci-devant*, et ne cessa pas d'exploiter un fonds qui alla toujours s'appauvrissant jusqu'à l'inanition. Aussi finit-elle par en être réduite à des pratiques d'école, à des artifices d'atelier, aux ruses du procédé qui s'apprend, en un mot, à de puérils expédients qui prolongèrent une décadence. Nous allons en étudier les symptômes, non sans indiquer aussi les inquiétudes, ou les essais de renouvellement que nous laisse entrevoir cette période de transition durant laquelle, malgré la tristesse d'un ciel morne et froid, travaillait sourdement la séve d'une végétation prochaine.

CHAPITRE II

I. Revue des morts; les principaux genres. Tendances prédominantes. Des milliers de poëtes sans poésie. L'âge des bouts rimés. Les romances chevaleresques, les bagatelles d'album. La versification est un talent de société. — La légion des traducteurs. Avant d'innover, on se remet à l'école de l'antiquité. — La manie mythologique, la poésie toute faite. — II. Vogue de l'Épopée. Les Rhapsodes de Lycée et d'Athénée. Les grands écoliers. Triomphe de la rhétorique. LUCE DE LANCIVAL, et *l'Enfance d'Achille*. CAMPENON, et *l'Enfant prodigue*. PIERRE DU MESNIL, et *Oreste*. DENNE-BARON, *Héro et Léandre*. — Sujets tirés de l'antiquité nationale. TARDIEU DE SAINT-MARCEL, et la *France délivrée*. Le vicomte D'ARLINCOURT, et la *Caroléide*. DORION, et la *Bataille d'Hastings*. PHILIBERT MASSON, et les *Helvétiens*. PARNY, et les *Rose-croix*. MILLEVOYE, et *Charlemagne à Pavie*. CREUZÉ DE LESSER, et les romans de chevalerie. Réhabilitation du moyen âge. Un grain de sel gaulois. *La Philippéide* de M. VIENNET. — La poésie fugitive. LEGOUVÉ. — Goût du solennel. Le décorum et l'Empire. — III. La poésie didactique, signe de décadence. Pastorales, Bucoliques, Géorgiques de salon. L'école descriptive. Les lieux communs anonymes. Apprentissage de la forme. — Les épigrammes. Monde de critiques et de régents.

I

Ce qui nous a frappés tout d'abord, c'est la multitude des urnes funèbres qui peuplent les Catacombes de la poésie impériale. Les insectes qu'un jour voyait naître et mourir sur les bords de l'Hypanis ne furent pas, en effet, plus innombrables que les essaims de versificateurs qui voltigeaient alors dans l'air. Ce ne sont partout que dixains, sixtains, quatrains, chansons, ariettes, couplets, boutades, épigrammes, madrigaux, charades, logogriphes, énigmes, contre-énigmes, allégories, inscriptions, impromptus, devises, moralités, pensées, compliments, bouquets, épitaphes, piécines, piécettes, badinages, stances régulières ou irrégulières, bluettes de sociétés savantes, de Jeux Floraux ou de soupers anacréontiques, en un mot, mille riens cadencés, qui foisonnent à l'envi dans tous les recueils lyriques éclos en foule à chaque retour de printemps, sous ces titres engageants : *L'Almanach des Muses, les Saisons du Parnasse, l'Abeille française, les Loisirs de Polymnie et d'Euterpe, les Étrennes des Dames, l'Athénée des boudoirs, le Chansonnier des Grâces.* Les moindres babioles semblaient avoir du prix pour un public longtemps sevré de ces menues friandises qu'on se passait de main en main, comme des dragées dans une bonbonnière. Si vous ne craignez pas d'ouvrir ces répertoires d'où s'exhalent des bouffées de musc qui donnent la nausée, vous rencontrerez à chaque page des fadeurs comme celles-ci : *Les Ailes d'Adonis ou les Dangers de l'amour, le Plaisir et le Bonheur, le Testament de Cupidon, Épître à Damis, la Jeune Thaïs, le Retour du bien-aimé, la Rose et la Violette, Adieux sous le saule pleureur, le Baiser justifié, Aux Mânes de mon épouse, le Souvenir du ménestrel, le Troubadour.*

Ce dernier mot surtout semble avoir eu pour nos pères un singulier prestige ; car on le rencontre à toutes les pages des anthologies. Un des plus sérieux rédacteurs du *Mercure* n'écrivait-il pas « qu'on ne saurait prononcer ce doux nom sans émotion, parce qu'il rappelle les jeux innocents de l'amour et de l'honneur » ? Les ermites aussi sont fort en faveur, mais non ces austères anachorètes dont M. de Montalembert sera l'historien. Ceux qu'on aimait alors ressemblent plutôt à des paladins d'opéra : ils n'ont endossé le froc que par désespoir de cœur ; ou bien, ce sont d'aventureux Don Juan dont la robe de bure cache une cuirasse armoriée, et le rosaire un poignard. Leur barbe postiche est prête à disparaître en un clin d'œil, et ils sont toujours alertes pour les équipées galantes. En un mot, c'est le beau temps des romances chevaleresques et langoureuses. On en roucoule dans tous les salons ; tous les pasteurs d'Arcadie, et tous les bergers du Lignon se sont donné rendez-vous sur les rives de la Seine. On dirait qu'après tant d'années orageuses, dans le voisinage des champs de bataille, toutes les âmes éprouvent le besoin de s'attendrir, et que toutes les imaginations soupirent après un idéal d'oubli voluptueux, ou de félicité sentimentale dont elles cherchent la vision dans je ne sais quelle évocation complaisante d'un moyen âge tout parfumé de lis, fleur symbolique d'une dynastie vaguement regrettée.

Cette mélancolie, pleine d'une confuse attente et comme de vœux secrets, nous explique la vogue de ces petites élégies dont plusieurs firent leur tour de France, de châteaux en châteaux, sur l'aile de mélodies touchantes qui enchantèrent nos bisaïeules. Ici du moins, la musique sauva les paroles. Nous en conviendrons même : ces timides appels faits à une Restauration désirée sans qu'on se l'avouât ont encore retenu le charme indéfinissable des espérances que le malaise d'une affection fidèle mêlait aux banalités du motif lyrique.

Mais en dehors de ce genre qui eut une sorte d'à-propos, parce que sa naïve inconscience répondait à des instincts royalistes et romantiques, on ne voit alors que bagatelles d'album qui encombrent jusqu'aux plus graves Revues, et y suppléent à la politique. Leur profusion égale leur insignifiance, et témoigne que, dans le vide produit par le silence universel, la poésie dépourvue d'aliment devint de plus en plus un petit talent de société. On s'amusait à ce délassement, comme on jouait du clavecin ou de la harpe. On changea de plume ainsi que d'aiguille, pour broder indifféremment de la prose ou des vers, comme on eût fait de la tapisserie ou de la dentelle. Le sens du goût s'était tellement oblitéré qu'il ne subsistait plus aucune notion de l'art, et de ses difficultés. Si encore cette ignorance avait eu la candeur de l'inexpérience qui n'a rien appris! Malgré la gaucherie de ses tâtonnements, elle aurait peut-être rencontré quelques bonnes fortunes. Mais elle se crut savante, et, voulant le paraître, elle ne se rappela que trop les leçons des régents qui maniaient la férule avant 89.

Pour être réputé poëte, ne suffisait-il pas de connaître des recettes de rhétorique, et des éléments de prosodie? La pratique des humanités étant plus que jamais une exception rare, on sortait facilement de pair lorsqu'on avait jadis fréquenté les colléges ; et, la manie de versifier passant pour être l'emploi le plus délicat des loisirs, tous ceux qui visaient au bel air payèrent tribut à ce caprice de vanité. Les historiens et les philosophes s'en mêlaient donc, aussi bien que les mathématiciens ; et l'épidémie s'étendit à tous les échelons de la hiérarchie administrative, depuis les auditeurs au Conseil d'État jusqu'aux commissaires de police, depuis les préfets jusqu'aux juges de paix, depuis les colonels jusqu'aux chirurgiens-majors et aux vétérinaires.

Faute de mieux, la plupart (et ce furent les sages) firent comme ces fonctionnaires en retraite qui, pour se rajeunir et tuer le temps, se mettent à dérouiller leur latin, à lire et relire leurs classiques. Aussi, de tous côtés, s'empressa-t-on de revenir aux anciens. Ce fut à qui traduirait en vers Ovide, Tibulle, Horace, Virgile, Lucrèce, Homère ou Anacréon ; et ces interprètes infidèles se persuadèrent qu'ils embellissaient leurs modèles, en les défigurant par des maladresses dont l'ingénuité nous désarme. Oui, loin de nous en moquer, nous serions tentés plutôt d'éprouver une sorte de compassion sympathique pour cette société convalescente dont la mémoire, affaiblie par une fièvre cérébrale, essayait bravement de raviver à force de travail ses souvenirs disparus. M. Jourdain n'écouta pas avec plus de zèle ses maîtres de grammaire ou de philosophie. Mais ne souriez point de cette bonne volonté. Car, après les catastrophes qui avaient brutalement supprimé les principaux centres d'études libérales, retrouver était plus utile qu'inventer, et apprendre valait mieux qu'imaginer.

Il arriva que plusieurs rencontrèrent ainsi, par accident, ce qui manquait surtout alors, la franchise de l'expression directe; un commerce fortifiant leur fit donc oublier de temps en temps les mensonges d'une rhétorique sénile. Parmi les hésitations de l'à-peu-près, et à travers maintes langueurs, bien des mouvements souples, certains traits heureux, et des façons de dire plus vivantes triomphèrent enfin, par hasard, de ces défaillances natives qu'aggravaient les infirmités de l'École. Tout en éludant, abrégeant, allongeant, et altérant leurs textes, quelques-uns s'échauffèrent à la flamme étrangère; et, même sans être victorieux, ils s'aguerrissaient dans la lutte. On pourrait citer, entre autres, Denne-Baron que ses prédilections avaient conduit vers Properce, dont il sut rendre parfois la grâce voluptueuse, avec un bonheur qui rappelle tout ensemble les accents d'André Chénier, et le pinceau de Prud'hon.

C'est que les plus vaillants se sentirent peu sûrs d'eux-mêmes, et n'osèrent se risquer loin des regards d'un maître. Un ciel libre eût effrayé leurs ailes dépaysées. Du reste, l'exemple venait de loin, et de haut. Car le chef du chœur avait été Delille,

> Du Pinde bijoutier charmant,
> Qui joint le strass au diamant,
> Et brillante l'or de Virgile.

La Harpe, aussi lui, ne s'empressa-t-il pas d'enjoliver, ou d'épurer *la Jérusalem délivrée* par une paraphrase qui lui valut cette malice d'Andrieux :

> Rassurez-vous; mon Armide est de glace,
> Disait La Harpe à son cher directeur;
> Clorinde est plate, Herminie est sans grâce;
> Mes vers dévots ont quelque pesanteur :
> Un saint ennui du plaisir prend la place.
> Car ce n'est point par un orgueil d'auteur,
> C'est en chrétien que je traduis Le Tasse,
> Pour mes péchés, et pour ceux du lecteur.

— Parmi les noms qui surnagent tant bien que mal, entre deux eaux, il faut mentionner encore Baour-Lormian, ne fût-ce que pour ce quatrain spirituel qui lui servit d'épitaphe :

> Ci-dessous gît Baour, le Tasse de Toulouse,
> Qui mourut in-quarto, qui remourut in-douze,
> Et qui, ressuscité par un effort nouveau,
> Pour la troisième fois mourut in-octavo.

Quant aux émules qui, marchant sur leurs traces, se vouèrent à la version latine, les passer en revue serait faire un inventaire après décès. Bornons-nous donc à leur appliquer ce trait satirique lancé contre l'un d'eux par un contemporain :

> On dit que c'est un pauvre sire,
> Mais je n'ose le répéter;
> Pour s'en convaincre, il faut le lire,
> Et j'aime encor mieux en douter.

Nous conclurons en disant que, propagé par les théories de Lessing, de Winckelmann, et de Raphaël

Mengs, le goût de l'antique répondit alors à un engouement universel qui se manifestait aussi dans la peinture. Tandis que David opposait à l'afféterie d'un art dégénéré l'austérité d'une religion classique dont le culte superstitieux s'accorda bien avec le souvenir récent des fêtes instituées en l'honneur de la Jeunesse, de la Vieillesse, de la Reconnaissance, de l'Hymen, de la Raison, de la Liberté, de l'Être Suprême, il était naturel qu'un mouvement analogue se produisît dans l'ordre littéraire. Mais, d'un côté comme de l'autre, cette fantaisie ne suscita que des œuvres artificielles et inanimées. Car la séve intérieure manquait trop à ces cerveaux arides pour que la simplicité des grands modèles ne se tournât pas en vaine déclamation.

De là ce retour de la mode vers les Grecs et les Romains. De là toutes les fictions empruntées à une mythologie fastidieuse, et accueillies avec autant de faveur que l'archaïsme académique des *Horaces*, du *Brutus*, ou des *Sabines*. De là ces lieux communs aussi surannés que les tailles courtes et les turbans de nos arrière-grand'mères, mais qui eurent alors l'avantage d'être une poésie toute faite pour des esprits réduits à improviser ces plaisirs littéraires dont la France se passerait moins facilement que de pain quotidien. On en éprouvait un impérieux besoin, après une si longue disette; et, par suite de leur abstinence forcée, ces affamés trouvèrent de la saveur au plus mince régal. Une renaissance païenne s'associait bien d'ailleurs à celle du césarisme, ainsi qu'aux émotions patriotiques d'un peuple qui avait eu la joie d'assister à ces triomphes où le conquérant de l'Italie reparut dans sa capitale, escorté par les dépouilles de Venise, de Milan, de Florence et de Rome. La vue de ces statues captives dut ramener la curiosité vers les arts d'une cité républicaine à laquelle le Consulat, tout en préméditant l'Empire, avait emprunté les costumes officiels et les titres de ses principales magistratures. On comprendra donc qu'en présence de ces trophées, précieux butin de la victoire, la langue poétique ait été aussi hospitalière que nos musées pour ces dieux et déesses, dont la bienvenue fut si fièrement célébrée dans ces vers de Victorin Fabre :

> Ces illustres bannis que le droit de la guerre
> A deux fois réservés aux vainqueurs de la terre,
> Ont trouvé dans nos murs, pour fixer leurs destins,
> Et l'olivier d'Athène, et l'aigle des Romains.
> Le Capitole même, où n'est plus la victoire,
> A vu passer comme eux du parti de la gloire
> Ses Héros, ses grands Dieux, ses Pénates mortels.
> Sans changer de patrie, ils ont changé d'autels.
> La Rome des Césars n'est plus aux bords du Tibre :
> Rome de Léon X, et Florence encor libre,
> Des chefs-d'œuvre d'un siècle ennobli par les arts
> Ont payé nos succès, enrichi nos remparts.

II.

Malgré l'indigence qu'attestaient de monotones réminiscences, plus d'un aveugle se crut un Homère et eut l'imprudence d'affronter les voies périlleuses que le génie seul a le droit de fréquenter. Parmi les départements entre lesquels se partageait l'*Empire des Muses*, comme on disait alors, l'Épopée fut de beaucoup le plus hanté par les rhapsodes. Il est vrai qu'ils n'avaient guère souci de se mettre en frais d'invention. Ils se portèrent en foule vers les routes battues et rebattues, si bien que leurs perpétuelles redites ont l'air de travaux de collège proposés à des rhétoriciens qui se disputent des prix. On se bornait à faire jouer le lourd appareil des invocations, des songes, des récits, des descriptions, des allégories, des dénombrements, des rencontres, des descentes aux enfers, en un mot, les ressorts d'une machine usée par un service dix fois séculaire. Il y a là toute une légion de grands écoliers, à la tête desquels figurent des professeurs émérites qui, faute de mieux, découvrent une épopée dans tel sujet dont la matière suffirait à peine à un madrigal, ou à une anecdote.

C'est ainsi que Luce de Lancival ne bâtit pas moins de six chants sur le spirituel épisode d'Achille trahissant le mensonge de son déguisement par le choix de l'épée qu'Ulysse mêle à ses joujoux. Une autre plume universitaire, Campenon, délaye en deux mille vers les trente lignes où l'Évangile raconte la parabole de l'*Enfant prodigue*. Que dire de Pierre du Mesnil consacrant aux malheurs d'Oreste quinze mille alexandrins, que l'Institut se crut obligé de lire? Car l'auteur du rapport sur les prix décennaux « s'étonne d'y rencontrer quelques rimes insuffisantes, ou tout à fait fausses », jugement qui prouve qu'alors la critique valut parfois la poésie. C'est encore un ancien qui inspire à Denne-Baron ses quatre chants sur Héro et Léandre, qu'il noya définitivement dans une amplification dont les tirades soporifiques nous gâtent cette fine épigramme de Martial, si gentiment traduite par Voltaire :

> Léandre conduit par l'Amour
> En nageant disait aux orages :
> Laissez-moi gagner les rivages,
> Ne me noyez qu'à mon retour.

Quelques-uns cherchent fortune en pays moins explorés ; mais ils travestissent leurs personnages sous des costumes si étranges que nous admirons seulement ici la patience d'un jury condamné, par devoir, à choisir son lauréat dans ce néant. Ceux-ci pourtant ont du moins l'originalité d'un titre, comme Tardieu de Saint-Marcel qui, dans *la France délivrée*, empruntant à nos annales un motif digne de meilleurs vers, écrase une dernière fois les Sarrasins, avec Charles Martel, dans les plaines de Tours. Mais ne lui demandons point le sens historique ; il ne s'en doute pas plus que le vicomte d'Arlincourt, dont *la Caroléide*, avec ses vingt-quatre chants, n'a guère laissé d'autre souvenir que ce trait :

> L'amour, qu'est-il ?... Un orage cruel,
> Entrecoupé de l'arc-en-ciel.

Notre antiquité nationale n'a donc point alors porté bonheur à ceux qui voulurent y cueillir le rameau d'or. C'est ce qu'atteste encore la *Bataille d'Hastings*, qu'un narrateur prosaïque et diffus, nommé Dorion, perdit obscurément, à l'époque même où Napoléon songeait à envahir « la *perfide Albion* ». Si Voltaire osa dire du chantre de *l'Iliade* :

> Plein de beautés et de défauts,
> Le vieil Homère a mon estime.
> Il est, comme tous ses héros,
> Babillard outré, mais sublime;

qu'eût-il pensé de cet improvisateur qui remplit de ses interminables harangues cinq chants sur dix? Aussi ne troublons pas le repos de la tombe où il repose, à côté de Philibert Masson, l'auteur des *Helvétiens* signalés pourtant à l'attention de l'Empereur, en séance académique, le 15 nivose, an VIII. Les infortunes guerrières de Charles le Téméraire leur avaient seules valu cette distinction. Car je soupçonne que la fureur épique fut encouragée par le goût d'un souverain qui, dans les conceptions de l'art, devait naturellement aimer l'image des combats.

Mais le désir de lui plaire ne conférait point une vocation, et des esprits bien doués le prouvèrent plus d'une fois, à leurs risques et périls : témoin Parny, ce demi-Tibulle, qui, au lieu d'écrire « mollement »

> Des vers inspirés par les Grâces,
> Et dictés par le sentiment,

se prit, aussi lui, dans un piége, lorsqu'il composa ses *Rose-croix*, sorte de lanterne magique où sa spirituelle souplesse ne lui servit pas à dissimuler les longueurs d'une fable dépourvue d'unité, d'action et d'intérêt. La même méprise égara Millevoye qui, dans sa languissante ébauche de *Charlemagne à Pavie*, s'époumona vainement, et dut aggraver sa phthisie par les efforts qu'il fit pour enfler sa trompette. Le grand homme qui releva l'empire romain en Occident ne pouvait manquer d'être en faveur sous l'aventureux capitaine qui prétendit renouveler ses destinées grandioses. Aussi des profanateurs nombreux osèrent-ils attenter alors aux gestes carlovingiens. Mais ils ne méritent qu'une mention posthume dans un catalogue.

Entre ces pâles fantômes, nous ne distinguerons qu'un nom, très-oublié pourtant, celui de Creuzé de Lesser, intarissable trouvère qui a droit à quelque bienveillance, pour avoir un des premiers sauvé de la poussière nos romans de chevalerie, et les cantilènes populaires de la vieille France. Ce chaos, il tenta de l'organiser en un cycle qui ne comprend pas moins de cinquante mille vers. Il en résume ainsi les principales phases :

> J'ai retiré des anciennes archives
> La *Table ronde*, et ses scènes naïves.
> Aux vrais Gaulois plus tard j'ai présenté
> Leur Amadis, et sa fidélité ;
> Et Galaor, preux un peu moins fidèle,
> A fait une ombre à ce brillant modèle.

Mais aujourd'hui, par mon ardeur lancé,
Et pour finir comme j'ai commencé,
Fiers paladins, amour, chevalerie,
Je vous invoque, et toi surtout, Roland,
Toi, dont la gloire est à jamais chérie,
Toi, le patron de tout Français vaillant.

Cette justice rendue à notre littérature primitive lui assure, du moins, une place parmi les vulgarisateurs qui réhabilitèrent le moyen âge trop méconnu par les préjugés dédaigneux des philosophes, ou la morgue des pédants. Il faut aussi lui savoir gré d'avoir déridé par quelque enjouement le sérieux glacial de la muse héroïque. Car il a des pages dont e naturel nous délasse de cette fausse noblesse qui était le ton habituel de ses confrères. Nous citerons, par exemple, ce fragment du sixième chant d'*Amadis*. On en goûtera l'aisance, et le tour familier :

Du temps présent je disais pis que pendre :
Voilà que Dieu, de mes plaintes lassé,
Me transporta soudain au temps passé,
Qu'avec chaleur il m'entendait défendre.
Faut-il vous peindre, hélas! ce que je vis?
De toutes parts, châteaux-forts, ponts-levis ;
De toutes parts, régnait la violence :
Pour les hameaux point de tranquillité,
Point de repos, peu de virginité ;
Chaque donjon était une puissance.
Force seigneurs, d'ailleurs peu délicats,
Touchaient leur bien sur les routes publiques,
Exerçant là, de leurs mains héroïques,
Un beau métier que je ne dirai pas.
Puis disputant et de ruse et de crimes,
Entr'eux sans cesse ils allaient s'égorgeant.
Rentrés chez eux, ils demeuraient veillant,
Ou, s'ils dormaient, rêvaient à des abîmes.

> Dans ces châteaux, la terreur des tyrans
> Vengeait un peu le malheur des victimes.
> En vain pour moi, parmi tant de rreurs,
> Je recherchais les arts consolateurs ;
> Je regrettais tant de plaisirs tranquilles.
> Du temps passé le charme s'effaçait,
> Et las bientôt d'un spectacle effroyable,
> Je dis à Dieu : « Rendez-moi, s'il vous plait,
> Le temps présent qui ne vaut pas le diable. »

Bien que trop lâche, le style de ces vers n'a-t-il pas quelque affinité lointaine avec le badinage de Voltaire, ou plutôt de Gresset ? Il nous ramène à des traditions effacées, à cette ironie malicieuse qui nous réussira toujours mieux que les grands airs, où la voix se force pour monter au sublime.

Il en fut ainsi de M. Viennet[1], et de sa *Philippéide*, œuvre qui date de la même époque, et dont plusieurs passages se font lire encore, non sans un certain plaisir, parce qu'un esprit gaulois s'y débat sous le poids des 16,000 vers qui le tiennent enseveli tout vivant, comme Encelade dans sa prison de l'Etna. Jugez-en par la boutade que voici :

> Quel triste amas de superstitions
> A tourmenté ce monde sublunaire !
> Sur ces fléaux de nos religions
> Le sage en vain nous prêche, et nous éclaire.
> L'homme toujours aura des visions,
> Et les plus fins feront les bons apôtres.

---

1. Ne confondons pas dans la foule un poëte qui eut souvent, et longtemps, l'originalité d'un bon sens très-acéré. Il composa, sous le premier Empire, des *Épîtres* « distinguées, mais qui se sentent de la contrainte du temps. Ce sont de belles fleurs venues en serre chaude », dit M. Cuvillier-Fleury, dans un spirituel article sur *Arobgaste*.

Pour exploiter la sottise des autres.
Une béate en ses rêves pieux
Croit voir un spectre ; une autre s'imagine
Qu'une statue a remué les yeux,
Et va le dire à sa bonne voisine.
Le bruit circule, et s'accroît en marchant
Tout le quartier l'atteste en frémissant.
Un mage alors s'empare du miracle,
Il fait un conte, il y joint un oracle ;
La foule accourt, et porte son argent ;
Les charlatans arrivent à la file :
En moins d'un siècle, on les compte par mille.

Bien qu'irrévérente et un peu vulgaire, la verve de ce passage ou de tel autre nous fait regretter que d'agréables talents, se fourvoyant à la poursuite d'une gloire chimérique, aient alors lâché la proie pour l'ombre. Ces imprudents ressemblent à cet original qui, parti pour la chasse au lion, revint tout aise d'avoir attrapé une cigale.

Bien en prit donc à ceux qui restèrent fidèles à leur aptitude, et au génie d'une race narquoise ; car on pourrait composer une anthologie fort amusante avec de simples pièces fugitives qui ont plus de droits à notre souvenir que tous les triomphateurs des concours décennaux. Qui de nous, par exemple, ne préférera pas à la *Rosamonde* de M. Brifaut, homme d'esprit pourtant, et du plus fin, cette bluette de Legouvé :

Une Laïs perdit l'amant le plus fidèle.
On la disait en pleurs ; un ami court chez elle ;
Il la trouve riant en face d'un miroir :

« Vous me surprenez fort, dit-il à la donzelle
« Je vous croyais au désespoir. »
« — Ah! lui répond soudain la belle,
« C'est hier qu'il fallait me voir !

Qui ne donnerait *la Maltéide, la Davidéide,* ou *la Mérovéide,* pour cette fantaisie de Lebrun :

> Philis n'a point d'esprit, mais sa bouche est si belle
> Qu'à celle de Vénus elle peut s'égaler ;
> Je ne l'écoute point quand je suis auprès d'elle,
> Mais je la regarde parler.

Cette veine si française, on n'osa pourtant l'exploiter qu'à la dérobée. Car le solennel prévalut ; il s'accordait mieux avec le décorum d'une cour où l'on aima trop cette pompe artificielle qui éblouit les yeux. D'ailleurs la poésie légère eut à faire pénitence de ses péchés récents, qui étaient devenus scandale. Vers la fin du Directoire, un de ceux qui contribuèrent le plus à propager le fâcheux exemple de la licence ne fut-il pas réduit à rougir de ses imitateurs, qui lui faisaient injure par un libertinage éhonté? Oui, Parny lui-même disait alors, en reniant ses disciples :

> Quel est ton nom, divin enfant? — L'Amour.
> — Toi! l'Amour! — Oui, c'est ainsi qu'on m'appelle.
> — Qui t'a donné cette forme nouvelle?
> — Le temps, la mode, et la ville, et la cour.
> — Quel front cynique ! et quel air d'impudence !
> Mais qu'aperçois-je? un masque dans la main !
> Des pieds de chèvre, et le poil d'un Satyre !
> Quel changement!...

Reconnaissons-le donc : l'Empire, au lendemain d'une orgie, eut la sagesse de comprendre que la littérature avait besoin d'être assainie par une sévérité réparatrice. S'il ne réussit pas à guérir les vices d'une société trop relâchée pour devenir capable de ces œuvres viriles qui méritent la gloire, il lui imposa du moins certaine bienséance extérieure, et coupa court à la contagion. Voilà ce qu'il faut ne pas trop oublier en face des efforts tentés pour encourager le goût des lettres sérieuses. Les Muses se convertirent même si bien que leur gravité nous fait mourir d'ennui. Ce fut un autre excès ; mais la conscience publique cessa d'être offensée par des outrages qui déshonorent la plume. Si l'épopée concourut à ce résultat, il est donc juste d'en tenir compte à sa médiocrité présomptueuse.

III

Ce défaut, nous allons le retrouver encore, mais sous des formes plus tolérables, dans la poésie didactique, dont la stérile abondance fut la suite d'une impulsion qui datait de l'âge précédent. Plus d'une cause explique le long règne de ce genre qui fleurit à toutes les époques d'épuisement et de décadence. Ressource commode pour qui manque d'invention, ne devait-il pas se développer de plus en plus sous l'influence d'une philosophie qui bannissait Dieu de la nature, et ne vit dans notre intelligence qu'un servile écho du monde extérieur ? La sécheresse de l'esprit critique tendait aussi à substituer l'analyse des phénomènes sensibles à l'étude du cœur humain, et la mémoire à cette inspiration supérieure qui s'alimente de sentiments et de pensées. Ajoutons que la curiosité fut vivement sollicitée par les progrès de la science, et invita les lettrés à s'engager dans une voie qui menait aux succès faciles. Se rapprochant de la prose, pour se faire accepter plus sûrement par des indifférents, le vers se mit donc à enseigner et à disserter, sans renoncer toutefois au désir de plaire. De là tant de poëmes descriptifs éclos vers la seconde moitié du xviiie siècle.

Venues de l'étranger avec Gessner et Thompson, les Pastorales et les Bucoliques s'acclimatèrent sans peine, en un temps où les imaginations blasées s'amusaient volontiers à des rêves d'innocence primitive, et où les économistes prirent l'homme des champs sous le patronage de leurs doléances. Le talent ne fit point défaut à cette école ; car il y en a dans les *Saisons* de Saint-Lambert, comme dans les *Jardins* de Rosset, et les *Mois* de Roucher. Mais ces beaux esprits ne furent que des citadins habitués à demander aux livres l'étude de la nature, et non à vivre près d'elle dans une intimité quotidienne. Aussi n'eurent-ils ni l'exactitude lumineuse de l'expression, ni la candeur d'un accent personnel, ni la naïveté de la rêverie, ni la franchise de l'observation. Ces hommes de salon prétendent nous faire aimer ce qu'ils n'aiment pas eux-mêmes ; et, dominées par un parti pris littéraire, leurs peintures ne sont trop souvent que les jeux d'une fantaisie mondaine. Car ils n'entrevoient les objets qu'à distance, à travers des souvenirs classiques ; ou, s'ils se risquent à les regarder en face, ils sont trop prudes pour ne pas les affadir par des gentillesses de boudoir. Tantôt ils ont l'air de puiser en des cahiers d'expressions des images toutes faites ; tantôt ils s'ingénient en raffinements précieux, ou en minauderies grimaçantes. Vagues et maniérés, tous leurs paysages se ressemblent donc par des couleurs convenues dont l'à-peu-près ne rappelle rien de distinct, ni de précis. Ce ne sont guère que les lieux communs d'un pinceau routinier qui s'étudie laborieusement aux coquetteries d'une grâce fardée. Dans ces tableaux mensongers se rencontre à chaque page soit une emphase sentimentale qui agace les nerfs, soit une timidité qui, n'osant appeler les choses par leur nom, dédaigne, condamne, élimine, ou dérobe comme vulgaire tout détail expressif et familier.

Les travers qu'avaient mis en vogue des noms applaudis ne pouvaient que s'exagérer en passant des maîtres aux disciples; et la dictature d'un brillant esprit que ses contemporains appelèrent trop fastueusement le *Virgile français* ne ramena point le goût vers l'intelligence du simple, du grand, ou du vrai. Delille, en effet, comme toutes les renommées populaires, eut son cortége d'imitateurs. Mais, en le parodiant à leur insu par des pastiches, ils ne réussirent qu'à discréditer ses procédés ; et cette émulation indiscrète transforma ses qualités mêmes en abus dont le ridicule saute aux yeux. L'excès du mal étant toujours voisin du remède, ils nous rendirent du moins, à la longue, un service dont ils ne se doutaient guère ; et, par l'ennui qu'ils inspiraient, ils contribuèrent indirectement à la fortune des talents qui bientôt les firent oublier.

Si ce mérite involontaire n'est point de ceux qui nous obligent à la reconnaissance, ne refusons pas cependant tout à-propos à un mouvement qui eut son utilité relative. Après une crise sociale qui avait dispersé dans l'exil ou dans les camps toute une génération dont les premières études ne purent s'achever, il n'était pas mauvais, ce me semble, que la langue française se remît à des exercices dont l'unique visée fût l'adresse de l'exécution. Avant de prendre un essor indépendant, n'avait-elle pas besoin de s'assouplir, de s'initier aux ruses de la facture, d'essayer les ressources du vocabulaire, de s'enhardir sous la discipline de la difficulté vaincue, et de faire ainsi cette année de rhétorique dont les meilleurs ne sauraient se passer ?

Tel est, à mon sens, le profit des efforts tentés par des plumes qui luttèrent, parfois victorieusement, contre des sujets où la forme était le principal. Le vers français devint donc un apprentissage analogue à la pratique du vers latin. Tous ces motifs de développement, où l'idée ne fut qu'un prétexte à l'industrie du détail, ne ressemblent-ils pas un peu à ces modestes devoirs où l'écolier commence à se faire la main ? Grâce à cette gymnastique, certains poëtes finirent par se dégourdir, et réussirent même à manier leur outil avec une dextérité remarquable. Aussi n'aurait-on que l'embarras du choix, si l'on voulait en offrir de jolis échantillons auxquels s'appliqueraient assez bien, comme un éloge mêlé de blâme, ces vers où Campenon représente les fleurs artificielles :

> Oui, loin des champs, il est une autre Flore,
> Que l'art fait naître, et que Paris adore ;
> Vous ne verrez, dans ses temples trompeurs,
> Que festons secs, que guirlande inodore.
> Là, quand l'hiver nous livre à ses rigueurs,
> Un faux printemps se reproduit sans cesse ;
> Et, sous les doigts de la jeune *prêtresse*
> Qui par son art ose imiter les fleurs,
> Le lin docile en pétale se plisse,
> Se frise en feuille, ou se courbe en calice.
> Sur ces bouquets, *méconnus des zéphirs*,
> Un pinceau sûr adroitement dépose
> L'or du genêt, le carmin de la rose,
> Ou de l'iris nuance les saphirs.
> Puis on les voit, dans nos *folles orgies*,
> Au sein des bals, loin des feux du soleil,
> S'épanouir aux rayons des bougies.
> L'œil applaudit à leur éclat vermeil ;
> Mais sur ces fleurs, enfants d'une autre Flore,
> Je cherche en vain *les pleurs d'une autre Aurore*.

Campenon aurait pu distinguer sur ces fleurs jusqu'à ces gouttes de rosée qu'il n'ose nommer que par périphrase ; car elles s'imitent, elles aussi. Mais ce que nous chercherions en vain, soit en sa *Maison des champs*, soit en d'autres œuvres analogues, c'est l'âme, le sentiment, la vérité, la vie, à savoir le secret de cet art souverain qui est la poésie même[1].

---

[1] Campenon sut tourner en vers faciles des détails secs ou techniques. Jugez-en par cette description du *Paratonnerre* :

> Que si la nue en long sillon tranchant
> Ouvre son sein, le ferme, et l'ouvre encore,

Sans dénier toute estime à un genre protégé par le souvenir de Delille, de Fontanes et de Chênedollé, permettons-nous donc de préférer à la monotonie du style descriptif telle ou telle épigramme dont la pointe réveillait alors des lecteurs assoupis.

Ici du moins, la langue française reprit sa franchise, et sa verdeur. Oui, quand on vient de subir les mignardises de ces agronomes « *qui ornent de fleurs le soc de Triptolème* », on est prêt à faire bon accueil même à des méchancetés trop brutales qui décochent la flèche sans l'enjoliver, par exemple à celle-ci :

> Il m'appelle petit auteur :
> Eh bien ! c'est un petit malheur.
> En attendant que l'on me dise
> De quelle taille est mon censeur,
> Je le mesure à sa sottise,
> Et suis frappé de sa grandeur.

Tel est encore ce coup de boutoir administré à

> Et de nos toits tout à coup s'approchant,
> Semble y porter l'effrayant météore,
> N'avez-vous pas la flèche de Franklin,
> Qui, vers les cieux s'ouvrant un sûr chemin,
> Dresse sa tige, atteint la foudre errante,
> Et de ses feux aussitôt s'emparant,
> Du haut du fer où leur flamme serpente,
> Guide à vos pieds leur courroux expirant ;
> Tandis qu'au loin les cloches du village,
> Que font mouvoir l'ignorance et la peur,
> Vont dans les airs tous noircis de vapeur,
> De leur vain bruit irriter le nuage.

Nous n'en persistons pas moins à dire que l'accent passionné fit trop défaut à tant de redites pastorales. Ces versificateurs oublièrent qu'il en est de la campagne comme de l'amour ; pour la bien chanter,

> C'est peu d'être poëte, il faut être amoureux.

Luce de Lancival par le même écrivain, Fabien Pillet, qui se trouvait du reste en cas de légitime défense :

> J'ai lu les vers dont il m'assomme,
> Mais je les ai lus sans humeur.
> Si tous ses madrigaux sont d'un méchant auteur,
> Son épigramme est d'un bon homme.

On avait la fibre fort chatouilleuse dans ce monde de critiques et de régents, où se coudoyaient tant de vanités rivales et jalouses. En voici un nouveau témoignage qui, pour être anonyme, n'en sera pas moins le bienvenu.

> Du Dieu des arts obscurs persécuteurs,
> Je ris, pédants, de vos complots barbares :
> Je ne crains point vos plats inquisiteurs,
> Vos agrégés, ni vos sots en simarre.
> Je dompterai tous vos grimauds latins ;
> Nouveau Samson, j'en aurai seul la gloire.
> La charge sonne ; avancez, Philistins :
> Et toi, Dorval, prête-moi ta machoire !

Parmi ces duels d'amour-propre figurèrent plus d'une fois des acteurs en vue, notamment Baour-Lormian et Lebrun, dont les épées s'étaient croisées dans cette attaque, et cette riposte :

> Lebrun de gloire se nourrit ;
> Aussi, voyez comme il maigrit !
> — Sottise entretient l'embonpoint ;
> Aussi Baour ne maigrit point.

Puisque l'épigramme servit alors d'asile aux gens

d'esprit, profitons-en pour sauver aussi de l'oubli cette bagatelle d'Andrieux :

> Que de coquins dans notre ville,
> Monsieur Herpin, sans vous compter !
> — Morbleu ! cessez de plaisanter,
> Un railleur m'échauffe la bile !
> — Hé bien ! soit : je change de style ;
> Déridez ce front mécontent.
> Que de coquins en notre ville,
> Monsieur Herpin, en vous comptant !

Cette correction malicieuse n'est-elle pas d'un tour fin et spirituel? Mais j'aime mieux encore la gaieté philosophique de l'impromptu suivant qu'inspirait à la plume d'Andrieux une promenade aux Catacombes :

> De ces demeures redoutables
> Les froids et mornes habitants
> Sont devenus fort bonnes gens :
> Point ennemis de leurs semblables,
> Point serviles, point arrogants,
> Point envieux, point irritables,
> Point menteurs, et point médisants,
> Et point bavards insupportables.
> Ma foi! quand je songe aux vivants,
> Je trouve les morts fort aimables.

On le voit donc : l'arme de l'ironie ne se rouilla jamais en terre gauloise. Mais César ne lui permettait pas de se jouer ailleurs que dans les querelles littéraires, ou contre les travers généraux qu'on peut fustiger sans irriter les puissants. Aussi est-ce à titre de rareté que nous terminerons notre esquisse par ces deux traits qui eurent la chance d'échapper à l'œil vigilant de la censure. L'un est un jeu de mots assez inoffensif :

> Du grand Napoléon je suis l'admirateur ;
> S'il me croit son sujet, je suis son serviteur.

L'autre, intitulé *Dialogue de Bertrand et de Bonaparte*, cache un cri de colère contre les hécatombes des champs de bataille. Le voici :

> Sire, il ne reste plus un seul homme des nôtres.
> — Ami, fais-toi tuer ; je vais en chercher d'autres.

Cette épigramme perdue dans *le Mercure* pourrait être la moralité de notre étude ; car elle explique mieux que toutes les raisons littéraires l'inanité de la poésie impériale.

CHAPITRE III

Poésie officielle. Les Dithyrambes et les Cantates. Les Épithalames. Les Odes baptismales. Le carillon des Anniversaires. — Une leçon de Sorbonne; le commentaire de l'Églogue à Pollion. Virgile prophétisant le siècle de Napoléon. — Les poésies patriotiques et nationales. Un quiproquo. L'imagination ne voit les objets qu'à distance. La légende impériale.

Si l'Empire étouffa les voix satiriques, il n'encouragea que trop un genre qui existait avant lui, mais ne s'épanouit jamais sous un climat plus propice. Je veux parler du dithyrambe et de la cantate, qui jouèrent alors un rôle analogue à celui des feux d'artifice et des grandes eaux, dans les fêtes officielles. L'*Ode sur la Prise de Namur* est le patron d'après lequel se fabriquaient la plupart de ces produits froidement élaborés par un enthousiasme de commande, prêt à célébrer tour à tour les solennités de la paix et de la guerre, les victoires, les traités, les événements de palais, en un mot, tous les fastes dynastiques. Encore l'œuvre de Boileau ne fait-elle pas trop méchante figure dans le voisinage de ces strophes dont les élégances banales rappellent ces vieilles tentures qu'on tire d'un garde-meuble, pour décorer une salle de bal, dans un jour de cérémonie. Nous allons feuilleter un instant ces archives qui n'ont plus pour nous qu'un intérêt archéologique.

Parcourons, entre autres, les épithalames composés à l'occasion du mariage de l'Empereur avec Marie-Louise. Dans les colonnes du *Mercure*, le défilé de ces hommages lyriques ne dura pas moins d'une année. Les noms connus s'y rencontrent à côté des plus obscurs ; mais tous se confondent sous l'habit de cour, et il faut des yeux bien exercés à qui veut discerner ici des physionomies individuelles. Cependant, chacun se travaille et se guinde pour attirer les regards; c'est à qui se signalera le plus par son zèle, au milieu de cette foule où l'on craint d'être perdu. L'un va trouver dans les Champs Élysées les ombres des Bardes, et nous les montre groupées autour d'Ossian, pour chanter le héros dont les exploits éclipsent la renommée de Fingal. Un autre suppose qu'en un songe, Alexandre prédit les triomphes et l'hymen du conquérant qui surpassera sa gloire. M. Michaud prête à Virgile l'idée d'ajouter à son *Énéide* un treizième chant, où il annonce les destinées promises à Napoléon, qui descendra du Troyen Francus, et sera « noble comme Alcide, intrépide comme Achille, sage et grand comme Agamemnon ». Un capitaine d'artillerie, le chevalier Fourcy, évoque Charlemagne, et lui fait débiter un interminable discours, dans lequel, faisant fonctions de chambellan, il présente à leurs Majestés Autrichiennes le continuateur de ses œuvres guerrières et pacifiques. Ailleurs, c'est Dieu lui-même qui, descendu sur la terre, vient bénir dans l'union des deux Aigles l'alliance définitive de deux grands Empires. Campenon offre à l'Impératrice un bouquet de fleurs qu'il a cueillies sans doute dans les jardins de sa *Maison des champs* : car le parfum en est bien fade. Tissot fait pleurer « les Nymphes de l'Ister », consolées par celles de la Seine. Mais n'épuisons pas ce catalogue monotone. Ce ne sont partout qu'apostrophes, exclamations, prosopopées, métaphores vieillottes, allégories fanées ; pas une couleur qui tranche sur ce fond terne et gris, pas une saillie qui attire l'œil. A peine pourrions-nous détacher de l'ensemble un simple couplet, celui-ci, par exemple, qui fut mis en musique pour la Comédie-Française ; il se distingue du moins par un calembour :

> Paris pressé de voir sa Reine
> Accusait le moindre retard ;
> Et Vienne voyait avec peine
> S'avancer l'heure du départ.
> Paris disait : Ah ! qu'elle *vienne !*
> Vienne l'arrêtait par ses cris.
> Tout Paris voulait être à Vienne ;
> Vienne voudrait être Paris.

Voilà l'encens qui fumait sur un autel privilégié ! Par là, jugez du reste.

Les chants d'hymen nous en laissent pressentir d'autres qui n'attendirent pas neuf mois pour se produire. Dès la fin d'avril 1811, parut un poëme sur l'*Heureuse grossesse* de S. M. Marie-Louise, Impératrice des Français, et Reine d'Italie. Ce sont des vers latins composés par N. Lemaire, professeur en Sorbonne. « Car c'est aux Muses du Latium, dit *le Mercure* en l'insérant et le traduisant, qu'il appartient de célébrer la naissance du Roi de Rome ; et ce sera désormais leur fête particulière. » Puis il ajoute : « Mais ces Muses n'ayant parmi nous qu'un petit nombre d'adorateurs, la *plus belle moitié du genre humain* serait privée du plaisir de les entendre, si elles n'avaient eu le bonheur de trouver un interprète parmi les plus illustres *favoris du Parnasse français.* » Cet élan ne s'arrêta pas ; car, avant « l'auguste délivrance », c'est à qui se fait prophète, en deçà comme au-delà des Alpes; c'est à qui s'évertue à tirer l'horoscope « du fils de Jupiter ». Cinquante prix ne furent-ils pas proposés, et disputés par 12,730 candidats ?

« Les muses portugaises, hollandaises, espagnoles, italiennes et autrichiennes, écrit encore *le Mercure*, ont rivalisé de patriotisme avec les nôtres. Elles ont toutes voulu saluer dans le *langage des dieux* un événement qui intéresse le bonheur de la terre. » Un des recueils composés à cette occasion est un choix essayé parmi 1,300 concurrents, entre lesquels nous remarquons Béranger, Madame Dufresnoy, Esménard, Millevoye, Dupaty, Baour-Lormian, Casimir Delavigne, Loyson, et Viennet. Mais leur signature seule les désigne ; car ils éprouvèrent tous l'influence maligne qui semblait paralyser les mieux doués.

Aussi n'exhumerons-nous pas ces méprises. Chez le *vainqueur des vainqueurs*, nommé Barjaud, on ne peut guère citer que cette strophe sur les illuminations :

> Le Jour prête à la Nuit son brillant diadème ;
> Du règne qu'il prolonge il s'étonne lui-même.
> Vesper a déposé son voile accoutumé ;
> Et, sur un char qui fuit dans l'ombre étincelante,
>   La Nuit éblouissante
> Parcourt les cieux surpris de son vol enflammé.

A cette périphrase assez adroitement tournée associons encore ces vers de Tissot ; car Homère leur porta bonheur :

> Ainsi, lorsqu'à l'aspect de l'aigrette flottante
> Sur le casque d'acier du redoutable Hector,
> Le jeune Astyanax pousse un cri d'épouvante,
> Et se rejette au sein qui l'allaitait encore ;
> Le héros indulgent aux frayeurs de cet âge
> Dépose avec bonté son casque radieux ;
> Il berce de ses mains ce fils, sa noble image,
> L'élève vers le ciel, en demandant aux Dieux
>   Un Roi, l'honneur de la patrie,
>   Un Roi digne de ses aïeux :
>   Spectacle touchant et pieux
>   Que son Andromaque attendrie
> Regarde en souriant, et les pleurs dans les yeux.

Quant aux autres, les meilleurs méritent à peine un prix de sagesse.

> *L'art aujourd'hui n'est rien*, et le cœur seul est tout,

disait l'un d'eux. Or, ce qu'affirmait le premier hémistiche de ce vers ne fut que trop démontré par tous les carillonneurs qui mirent bientôt en branle la cloche baptismale de Notre-Dame. Ah ! ce n'était point une sinécure que l'office de juger tous ces vétérans de rhétorique ! Pour moi, je ne saurais à qui donner la palme. Est-ce à Denne-Baron, s'écriant comme Villeroi devant le petit Louis XV :

> Enfant, tu ne sais pas encore
> Que l'univers entier t'adore,
> Et que l'*univers est à toi.*

Ou bien est-ce à M. Viennet, ce voltairien endurci, qui, se rappelant la naissance de Jésus, débutait de la sorte :

> Cieux, répandez votre rosée,
> Et que la terre enfante son Sauveur!

Mais non, ne prenons pas au sérieux des vers oubliés plus tard, même par leurs auteurs; et, ne fût-ce que par égard pour les personnes, voyons-y seulement une erreur dont l'esprit du temps fut seul responsable. Ainsi donc, admettons que ces hyperboles furent alors de simples formules qui ne tiraient pas à conséquence. L'avenir l'a bien prouvé.

Je me plais d'autant plus à le croire que cette manie d'adulation atteignit des noms justement considérés, par exemple, un Doyen de Faculté, latiniste excellent, qui, découvrant un nouveau sens dans l'Églogue à Pollion, publia sa leçon de Sorbonne en une brochure intitulée : *Virgile expliqué par le siècle de Napoléon.* Il faudrait lire d'un bout à l'autre cet incroyable commentaire que *le Mercure* ose appeler, sans sourire, « une discussion lumineuse, éclairée par le flambeau de la critique ». Le morceau étant trop long pour être reproduit, donnons-en du moins une idée par l'extrait suivant :

> « *Magnus ab integro sæclorum nascitur ordo.*

Oui, la Justice exilée par nos crimes redescend sur la terre : elle est rentrée dans son temple ; son Code est dans ses mains, et ses adorateurs se pressent en foule vers son sanctuaire :

Jam redit et Virgo.

Ce Code règne sur nous, et sur les nations les plus éloignées. Napoléon gouverne après l'anarchie, comme Saturne après le chaos :

Redeunt Saturnia regna.

La face de la terre est renouvelée, ses peuples sont ramenés à l'honneur et à la vertu ; c'est une autre race d'hommes,

Jam nova progenies;

et, pour lui imprimer à jamais un caractère de prééminence sur tous les peuples de la terre, un nouveau chef nous est accordé par la Providence ; une dynastie féconde en héros, et consacrée par la Victoire descend des régions célestes :

Jam nova progenies cœlo demittitur alto.

Par lui seul, la férocité des mœurs, la barbarie des langues, les hurlements de la fureur, la tyrannie de l'ignorance, en un mot, l'âge de fer a disparu de nos contrées :

... Quo gens ferrea primum Desinet...

Par lui seul, la tranquillité se rétablit dans l'État, et la concorde dans les familles ; la grâce et l'urbanité française sont rentrées dans les villes et dans les palais ; les lettres, les sciences et les arts travaillent à l'ornement, au bonheur de la France, et ce bonheur est l'âge d'or véritable ;

Ac toto surget gens aurea mundo. »

Si cette tirade passait alors pour une page de haute éloquence, accordons aussi, sans hésiter, le titre de poëtes à ces légions de volontaires que faisait sortir de terre chaque anniversaire du 15 Août ; et disons avec un soldat obscur de cette grande armée :

La chandelle qui luit aux fenêtres du pauvre
Vaut les feux jaillissants au pavillon d'Hanovre.
. . . .
Pour chanter ce qu'éprouve et la cour et la ville,
Tous les vers ont leur prix, même ceux de Merville.

A la même famille, mais avec moins de vénalité secrète, appartiendraient à bon droit les *Poésies nationales* de Ch. J. L. Lœillard d'Avrigny, officier d'administration, qui voulut, lui aussi, « *jeter des fleurs* sur nos trophées militaires ». Certes, le sujet en valait la peine ; mais ce chef de bureau prouva seulement une fois de plus, malgré sa bonne volonté, que la poésie ne s'écrit pas au moment où elle se fait. Oui, les Académies avaient beau tresser des couronnes d'immortelles à tant d'Homères et de Tyrtées, tous ces concours organisés comme une parade au Champ de Mars ressemblèrent à ces salves de canon tirées par les Invalides, pour annoncer nos victoires. Le fracas se tournait vite en fumée.

Faisons pourtant une exception en faveur d'un enfant, de Pierre Lebrun, dont les aptitudes précoces avaient mérité l'attention du Premier Consul, un jour qu'il allait au Prytanée passer la revue de ses futurs sous-lieutenants. Au lendemain d'Iéna, l'Empereur prenait son café dans les salons de Schœnbrunn, lorsque le comte Daru, ouvrant le *Moniteur*, fit un geste de surprise. — « Qu'est-ce donc ? dit Napoléon. — Voilà, sire, une ode sur votre victoire. — Ah ! une ode ! et de qui ? — De Lebrun. — Eh bien, voyons ; lisez-nous cela. » M. Daru se mit alors à déclamer des strophes enlevées aussi vivement que les canons autrichiens. Point de doute. C'est un gage de ralliement offert enfin à l'Empire par un récalcitrant, Ponce-Denis Écouchard-Lebrun, le chantre républicain du *Vengeur*. Il se décide à faire amende honorable ! Le voilà conquis ! Aussi la main souveraine s'empressa-t-elle de signer un brevet qui lui accordait une pension viagère de six mille francs. Hélas ! ce n'était qu'une méprise, et elle ne tarda pas à s'expliquer ; car on sut bientôt que la plume d'un écolier avait écrit ces vers dont l'allure est vraiment assez fière :

> Suspends ici ton vol ; d'où viens-tu, Renommée ?
> Qu'annoncent tes cent voix à l'Europe alarmée ?
> — Guerre. — Et quels ennemis veulent être vaincus ?
> — Allemands, Suédois, Russes lèvent la lance ;
>   Ils menacent la France.
> — Reprends ton vol, Déesse, et dis qu'ils ne sont plus.

Le vieillard atrabilaire et quinteux, qui devait

mourir avec ses rancunes, ne répudia pourtant pas une libéralité qui s'était trompée d'adresse ; et l'Empereur voulut généreusement qu'il profitât de son erreur. Quant au rhétoricien imberbe qui portait le même nom, et depuis le rendit célèbre, sa récompense fut réduite à 1,200 livres, bienfait que sa reconnaissance n'oublia jamais. Sans être excellent, son début avait du moins l'accent d'une émotion involontaire et naïve. Or, voilà ce qui manquait à beaucoup d'autres. Mais viennent les jours à jamais néfastes ; et alors, prompt à oublier ses maux, ou à pardonner des fautes amnistiées par la gloire, le cœur chevaleresque de la France se laissera toucher par des chants qui, ne flattant plus que le malheur, seront impérissables comme le souvenir de nos triomphes et de nos désastres. C'est que l'imagination ne sait voir les objets qu'à distance. Pour que la figure de l'Empereur prenne des proportions épiques, il faudra donc qu'elle apparaisse sur le piédestal de Sainte-Hélène, plus merveilleuse encore dans la majesté lointaine de son douloureux exil, qu'elle ne fut sous le soleil d'Austerlitz. Attendons que ce deuil, exploité d'ailleurs par la passion politique, ait fait tressaillir l'âme de la Patrie ; et des voix éloquentes comme tout sentiment sincère donneront l'élan aux regrets, aux espérances ou aux illusions que l'instinct populaire confondit en une légende dont la grandeur tragique nous a coûté bien du sang, et bien des larmes.

CHAPITRE IV

Conclusions. — Le style faux. — Les puérilités de l'harmonie imitative. Les recettes d'onomatopées. La rage de la périphrase. La routine des expressions toutes faites. — La poésie mécanique et impersonnelle. — La langue morte. La fausse noblesse. Les hypocrisies de la parole. Les classiques de collége. Regain chétif d'une terre épuisée. Radotage d'une poésie sénile. Nécessité d'une Révolution littéraire.

Du résumé rapide qui précède on conclura que la Poésie de l'Empire, celle du moins dont nous avons tracé l'esquisse, fut aussi stérile qu'orgueilleuse en ses prétentions. Non-seulement l'air lui fit défaut dans la prison où elle étouffait; mais, lorsqu'elle voulut en sortir, elle prit une impasse pour le grand chemin, et substitua des règles factices ou étroites à ces lois naturelles et simples, qui seules se concilient avec l'indépendance des génies créateurs. Il y eut alors des échos, mais peu de voix; de pâles reflets, mais pas de centres lumineux; des ouvriers, mais point d'artistes.

Sans doute on connut assez bien le mécanisme de la versification; mais cette science n'alla guère au delà des minuties qui intéressent le doigté, l'oreille, la mesure, la cadence, en un mot le métier. Ce fut le règne de cette mesquine industrie dont les forts et les habiles peuvent se passer. On ne vit donc fleurir que la médiocrité studieuse à laquelle suffisent des audaces de grammairien, des minauderies de ieille coquette, ou des finesses de pédant qui veut faire l'aimable.

C'était, par exemple, le temps où un homme d'esprit et de goût, Fontanes, se félicitait d'avoir su rendre un charmant effet d'harmonie imitative dans ces vers qu'il mit vingt fois sur l'enclume :

> L'enclos où la serpette arrondit le pommier,
> Où la treille en grimpant rit aux yeux du fermier.

Par le redoublement de ces *r*, il s'imaginait communiquer à son lecteur l'impression d'un sourire ! Il ne regarda pas non plus comme perdue toute une matinée qu'il crut devoir employer à traduire ainsi cet hexamètre de Virgile :

> Mitis in apricis coquitur vindemia saxis.
> Sur les coteaux voisins *cuit* la grappe amollie.

En rapprochant les deux terminaisons en *i*, il se flattait d'avoir enfin rencontré, parmi bien des tâtonnements, l'heureux équivalent « de cette *sensation de maturité* que le latin exprime par les désinences en *is* ».

Ces questions avaient alors une importance capitale, ainsi que l'atteste un poëme en quatre parties où l'un des chansonniers de l'ère impériale, Augustin de Piis, enseigna par le précepte et l'exemple comment la combinaison des syllabes peut reproduire tous les bruits de la nature, depuis les éclats de la foudre jusqu'au bourdonnement d'un insecte.

Essayant ce qu'il appelait l'*analyse de l'alphabet*, il continua donc les leçons de philosophie données au *Bourgeois gentilhomme*. Pour nous apprendre la valeur musicale de chaque lettre, ne s'ingénia-t-il pas à fabriquer ces bouts rimés :

> Ici l'M à son tour sur ses trois pieds chemine,
> Et l'N à ses côtés sur deux pieds se dandine ;
> L'M à mugir s'amuse, et meurt en s'enfermant,
> L'N au fond de mon nez s'enfuit en résonnant.
> L'M aime à murmurer, l'N à nier s'obstine,
> L'N est propre à narguer, l'M est souvent mutine ;
> L'M au milieu des mots marche avec majesté,
> L'N unit la noblesse à la nécessité.
> Renouvelé du ξι, l'X excitant la rixe
> Laisse derrière lui l'Y grec jugé prolixe ;
> Et mis, malgré son zèle, au même numéro,
> Le Z usé par l'S est réduit à zéro.

Ces puérilités, les régents de la prosodie les prenaient pourtant au sérieux, et il y eut des admirateurs prêts à s'extasier devant cette cacophonie burlesque :

> Dieux ! Quel charivari ! les castagnettes claquent !
> La guimbarde frémit entre les dents qui craquent ;
> Et, tout près du triangle à contre-temps frappé,
> La vielle, en grinçant, flatte un peuple dupé.

Oui, l'on obtenait une minute de célébrité par l'onomatopée que voici :

> Entendant dans l'Etna retentir les marteaux,
> Dont il tente en trois temps d'attendrir les métaux.

Dans ces laborieux enfantillages, des Aristarques d'Athénée applaudissaient avec enthousiasme

> L'art de peindre à l'oreille aussi vite qu'aux yeux.

À plus forte raison les rimeurs pratiquèrent-ils la périphrase, et avec elle l'art de noyer dans un verbiage diffus le mot d'un logogriphe embrouillé. C'est qu'en dépit de 89, il y avait encore des termes nobles et roturiers. Sans parler du porc et de l'âne déguisés par ces plumes énigmatiques, l'un « *en gras épicurien* qu'on engraisse de glands », l'autre « en utile animal qu'outragent nos dédains, » une vache devint dans leur idiome « *l'indigne rivale de Pasiphaé* », et le veau « *un folâtre enfant* ». Pas un de ces puristes ne se serait permis de dire tout simplement « un paysan », « un villageois ». Non, ils préféraient cette circonlocution :

> L'heureux cultivateur des présents de Pomone,
> Des filles du printemps, et des dons de l'automne.

Au lieu de prononcer le mot « baïonnette », l'un d'eux n'usa-t-il pas de ce détour évasif :

> D'une forêt de dards la pompe meurtrière,
> Renvoie en mille éclats les traits de la lumière.

Un autre, voulant traduire l'idée d'*affiche*, fut tout aise d'avoir trouvé ce beau subterfuge :

> Les murs mêmes, chargés de sanglantes maximes,
> *Semblent prendre une voix* pour inviter aux crimes.

On écoutait sans rire ces vers où Lalanne appelait un *chapon*

Ce froid célibataire inhabile au plaisir,
Du luxe de la table infortuné martyr.

On proposait comme un modèle cette description où Lebrun représenta les jeux du *sabot*, de la *corde*, de la *raquette*, des *barres*, et du *cerf-volant* :

Là, dans sa vitesse immobile,
Le bois semblait dormir, agité par mon bras.
Là, je triplais le cercle agile
Du chanvre envolé sous mes pas.
Là, frêle émule de Dédale,
Un liége sous mes coups se plaît à voltiger.
Là, dans une course rivale,
J'étais Achille au pied léger.
Là, j'élevais jusqu'à la nue
Ce long fantôme ailé qu'un fil dirige encor,
A travers la route inconnue
Qu'Éole ouvre à son vague essor.

C'était encore une suprême élégance d'appeler alors les lycéens « *nourrissons des Muses* », les hommes « des *humains*, ou des *mortels* », de faire d'une épée « un *glaive* », d'un soldat ou d'un cheval « un *guerrier* » ou « un *coursier* ». De cette époque datent aussi la plupart de ces expressions : « les fureurs de Bellone, l'écharpe d'Iris, les ailes du Temps, les dons de Palès et de Flore, le ciseau de la Parque, le champ du repos, les bocages d'Hélicon, l'émail des prairies, le cristal des eaux, les flambeaux de l'hymen, le trident de Neptune, les torches de Mars, les balances de Thémis, le timon de l'État, l'hydre de la discorde, l'astre des jours, les fleurons d'une couronne, le sceptre de la poésie ». Mais il faudrait tout un lexique pour ce catalogue enrichi depuis par M. Prudhomme. Chez ces écrivains, Vénus est toujours, invariablement, la *Mère des Grâces*, Cérès la *Déesse des guérets*, Bacchus le *Dieu de la treille*; l'Amour, Zéphyre et Flore forment une sorte d'inséparable trinité. Virgile ne cesse pas d'être *le pasteur de Mantoue*, Bossuet ou Fénelon *l'aigle de Meaux* ou le *cygne de Cambrai*.

La prose elle-même se barbouilla de ce vernis qu'on croyait poétique, vers l'an 1811 ; jugez-en par cet échantillon : « Les Jeux et les Ris aiment à voltiger sous les lambris dorés. Cloris, Vertumne et Pomone se disputent l'avantage de parer les banquets du riche de leurs plus beaux dons, et c'est sur sa paupière que Morphée se plaît à effeuiller ses plus doux pavots. » Elle est anonyme cette phrase que je rencontre au *Moniteur*, dans un compliment dédié à la Reine Hortense ; mais elle ne l'est pas plus que bien d'autres recommandées alors par des noms connus.

C'est ainsi qu'une littérature sénile tendait à devenir de plus en plus impersonnelle. Voilà son caractère propre. Le style cessa d'*être l'Homme*; il fut une livrée banale qu'endossait le premier venu. Oui, toutes les œuvres furent taillées sur le même patron, dans la même étoffe, comme les uniformes d'un régiment. Tous les vers semblèrent pétris de la même pâte, ou fondus dans le même creuset, ainsi que le remarquait déjà un critique de ce temps, Auger, dans un extrait où je lis cet aveu : « On est vraiment effrayé du nombre de gens qui, aujourd'hui, savent rimer élégamment des idées rebattues, et des images surannées. Tous les mots de la langue se présentent à la mémoire, escortés de leur épithète obligée ; on a fait provision d'hémistiches sur tous les sujets, et le premier soin des poëtes est maintenant non pas de rendre sa pensée, mais d'éviter la rencontre des formes sous lesquelles cette pensée a été rendue cent fois avant lui. » Même en abordant les sujets contemporains, ces plumes de perroquet trouvaient le moyen de les affadir par d'insipides redites, ce qui n'empêchait pas un académicien de louer officiellement un vrai talent dans ces vers tirés d'un poëme sur la campagne d'Autriche :

> Le faible laboureur, quittant ses humbles toits,
> Prête son bras rustique à la cause des rois ;
> Et la faux des moissons en son champ délaissée
> Par le glaive guerrier est par lui remplacée.
> Le savant, à regret fuyant ses doux travaux,
> S'étonne de marcher dans les rangs des héros ;
> Et l'habile artisan, abandonnant la hache,
> Voit son paisible front ombragé d'un panache.
> Ici le fer, le bronze, amollis par les feux,
> Se transforment soudain en glaives belliqueux.
> Le salpêtre arraché dans les flancs de la terre,
> Dans des tubes d'airain va lancer le tonnerre.

Ces symptômes d'appauvrissement progressif n'alarmaient donc point les arbitres du goût. Au contraire, ils voyaient là des miracles opérés par la grâce d'une infaillible orthodoxie. Ils croyaient faire l'éloge de leurs contemporains, en écrivant ce qui suit : « Si on examine aujourd'hui les produits de notre littérature, on conviendra que jamais on ne sut mieux arranger les mots, mieux cadencer la phrase, mieux choisir ses expressions. Aux yeux d'un étranger, tous nos écrivains paraissent avoir le même style. » Hélas ! oui ; et cette épigramme involontaire condamnait, sans le savoir, l'indigence incurable de ces versificateurs qui ne parlaient plus qu'une langue morte.

Ce mal, ne l'attribuons pas seulement à la compression asphyxiante qui pesa sur les intelligences. D'autres causes avaient préparé la décadence que nous constatons. Les germes en sont visibles dès le XVIIIe siècle, jusque dans ces jolis poëtes dont le style si soigné, si méticuleux, si scrupuleusement grammatical, n'offre sans doute aucun prise à la critique, mais nous inquiète déjà par je ne sais quoi de frêle et de fugitif qui échappe à l'analyse, et presque à la perception. Oui, il y a de l'insaisissable dans cette élégance inanimée dont l'accent ne vient pas du cœur et n'y va point, dans cet agréable murmure qui caresse l'oreille, mais ne fait qu'effleurer l'esprit. Soufflez sur ces pages, et il ne vous en restera rien, ou presque rien. C'est comme l'aile d'un papillon froissé : faites voler la poussière diaprée qui la colore, et vous n'aurez plus entre les doigts qu'une pâle membrane, le *ventus textilis* de Pétrone.

Qu'adviendra-t-il donc lorsque, l'âme légère qui

animait encore ce vocabulaire exténué venant à s'évaporer et à disparaître, cette gaze fragile ne sera plus brodée que par des phraseurs qui croiront avoir le monopole du beau langage, ou par des éplucheurs de syllabes qui veilleront en tremblant à la garde de leurs rites sacro-saints? Dès lors, on traitera d'inconvenant et de maussade tout ce qui donne à une langue sa physionomie vivante et sa vertu expressive, les archaïsmes, les idiotismes, les vocables propres, les locutions indigènes qui furent la végétation naturelle de notre sol, tous ces gallicismes dont la saveur est distincte, mille tours vifs et clairs, en un mot, tant de formes ingénues, énergiques ou originales qui naquirent d'elles-mêmes sur les lèvres de nos aïeux.

Aussi, plus de franc parler. On déclare suspecte cette éloquence robuste et souple qui sait allier la verve à la grâce. On proscrit la candeur, la familiarité, les libres saillies, tout entrain, toute hardiesse, tout caprice. Or, cette diète débilita le tempérament d'une race généreuse, et y tarit jusqu'aux sources de la vie. Car l'hypocrisie de la parole décourage peu à peu la pensée même; et, la contagion gagnant de proche en proche, le goût du petit, du faux, ou de l'affecté finit par supprimer celui du simple ou du vrai. On en vint à ne plus comprendre des maîtres encore acceptés par habitude, mais qu'on ne pouvait plus aborder de front, et sans l'aide d'un glossaire.

En revanche, on se rabattit sur les classiques de second ou de troisième ordre, c'est-à-dire, sur ces ternes imitateurs dont le style effacé n'a plus de marque, et ressemble à ces mauvaises épreuves qui sortent d'une planche fatiguée par de nombreux tirages, usée par le jeu de la presse. A force d'être mise et remise dans les mêmes plis, la trame des idées s'était limée, ou coupée. Fané par un long usage, le vocabulaire de la poésie rappela ces costumes de théâtre dont l'éclat s'est tellement flétri sous le feu de la rampe, que, de la noble scène où ils figuraient avec honneur, ils sont descendus, de chute en chute, jusqu'aux acteurs les plus obscurs auxquels ils servent indifféremment, dans n'importe quel rôle. Par eux-mêmes, les mots cessèrent alors d'avoir une signification propre. Il ne leur resta plus qu'une valeur fictive, comme à ces vieilles médailles, frustes et démonétisées, qui, n'ayant ni exergue, ni légende, ni titre, ni revers, n'attendent plus que le balancier et le coin.

Si la prose eut meilleure fortune, elle le dut à la philosophie et à la politique, c'est-à-dire aux luttes dont elle fut l'arme nécessaire. Grâce à Montesquieu, à Voltaire, à Diderot, à Rousseau, à Mirabeau, il se forma un style agissant, valide, plein de choses, qui ne s'apprit ni dans les livres, ni sur les bancs, qui n'appartenait ni à la cour, ni aux salons, ni aux Académies. Il est rare, en effet, qu'une révolution opérée dans les idées ne contribue pas au renouvellement d'une langue. L'italien n'était qu'un bas-latin gothique, lorsque le Dante se leva sur les ruines fumantes des guerres civiles. Shakespeare eut pour berceau les dramatiques discordes qui suivirent le schisme de Henri VIII. Milton avait vu le *pandœmonium* du Parlement, et le sacrifice sanglant de White-Hall. Les sublimes bouffonneries de Rabelais naquirent en pleine réforme religieuse. La Fronde elle-même, cette misérable révolte de couplets et de barricades, ne fut pas étrangère à la sagacité pénétrante du cardinal de Retz, à la profonde misanthropie de La Rochefoucauld, et au scepticisme acrimonieux de Mézeray. De même aussi, la forte trempe des passions populaires rendit comme l'alacrité d'une seconde jeunesse à un idiome qu'avait trop raffiné l'esprit de société. Sans absoudre ni réhabiliter la barbarie d'un temps où il y eut beaucoup de déclamation, nous ne saurions cependant contester que cette rudesse même des mœurs publiques fut une réaction opportune contre les énervantes délicatesses d'un langage cérémonieux jusqu'au mensonge, où coquet jusqu'à l'afféterie. On se trouva du moins forcé de changer de ton, ne fût-ce qu'afin d'être entendu malgré l'orage ; et, si l'agrément se perdit pour un jour, on retrouva la virilité qui valait mieux. C'est que l'acte d'accusation lancé contre une monarchie dont les racines étaient si antiques ne pouvait plus entrer dans le moule d'un panégyrique, ou d'un discours de réception.

Mais, tandis que le volcan faisait éruption, les poëtes continuèrent à tirer leurs feux d'artifice. J'entends par là qu'au lieu de se mêler à la vie publique, ils se tinrent à distance du forum, et ne songèrent plus qu'à remuer des cendres éteintes. De là toute une littérature aussi étrangère à la nation qu'à l'intelligence de l'art, et qui ne fut plus qu'un bruit cadencé, qu'un vain et monotone bourdonnement. Si parfois on flatta l'oreille, on ne sut rien dire à l'âme. Quant aux yeux, ils durent se contenter d'images douteuses, dénuées de relief ou de couleur, de métaphores incohérentes et fausses, de ces esquisses dont le vague dessin n'ose accuser des formes distinctes. Car, dans ces vers timorés et atteints d'irrémédiable prosaïsme, jamais l'idée ne surgit d'un seul jet, avec hardiesse et logique, armée pour ainsi dire de pied en cap. Elle tâtonne, elle bégaye, elle ne parle que de mémoire : tout sent l'étude, l'acquit et l'emprunt. Faite de pièces rapportées, et toute cousue de reprises maladroites, cette langue n'est qu'un jargon insipide où le néologisme même, si parfois il ose s'y glisser, devient une impropriété prétentieuse et maniérée.

Il n'y eut donc pas là floraison ou renaissance, mais regain chétif d'une terre épuisée qui ne produisit sa maigre moisson qu'à force de labeur. En d'autres termes, la plupart de ces poëtes épelèrent l'alphabet de la première enfance; ce ne sont que des écoliers, et ils ne s'élevèrent même pas à la dignité d'une École. « Il existe, disait M. Victor Hugo dans sa préface des *Odes* et *Ballades*, certaines eaux qui, si vous y plongez une fleur, un fruit, un oiseau, ne vous les rendent, au bout de quelque temps, que revêtus d'une épaisse couche de pierre, sous laquelle on devine encore, il est vrai, leurs formes primitives ; mais le parfum, la saveur, et la vie ont disparu. Les pédantesques enseignements et les préjugés scolastiques opèrent le même effet. Si vous y ensevelissez vos facultés natives, votre imagination et votre pensée, elles n'en sortiront pas. Ce que vous en retirerez conservera bien peut-être quelque apparence d'esprit ou de talent ; mais ce sera pétrifié. » Cette comparaison est la conclusion littéraire et morale de notre étude. Car elle dit, mieux que nous n'avons fait, que le sentiment et la pensée sont tout en poésie. Voilà pourquoi celle de l'Empire fut une fin, et non un commencement. Cependant certaines lueurs annoncent que le jour reviendra. C'est ce que nous allons prouver, en distinguant ce qui fut digne de ne pas être tout à fait oublié.

LIVRE QUATRIÈME

La tragédie sous l'Empire.

CHAPITRE 1

Importance sociale de l'art dramatique. Physionomie du théâtre sous la Révolution. Atellanes honteuses. Les grands classiques devant un conseil de révision. Invasion des barbares. — Le théâtre sous le Directoire. Pleine décadence, ses causes. La littérature des réminiscences. L'art devient un problème de mécanique. La nature humaine étudiée dans les livres. Les marionnettes héroïques. Renaissance artificielle de la tragédie. Talma ; il annonce les instincts d'une poétique nouvelle. — Le théâtre sous l'Empire. La raison d'État, et l'intérêt dynastique. Rétablissement de la Censure.

S'il est un genre qui intéresse l'étude de notre vie sociale, c'est, à coup sûr, la poésie dramatique. Car son histoire fut d'ordinaire celle des idées qui révèlent les tendances générales de l'esprit public. Bien que cet art n'ait pas été chez nous, comme chez les Grecs, une sorte d'institution à la fois nationale et religieuse, jamais pourtant il n'a cessé d'être le plus vif plaisir, et comme l'impérieux besoin d'un peuple policé. Tandis que les livres s'adressent au silence de la réflexion, et n'exercent qu'une action lente ou solitaire, les œuvres applaudies sur la scène n'ont-elles pas d'ailleurs le privilége d'une popularité soudaine qu'improvise en quelques heures la puissance communicative de la parole, le prestige du spectacle, et l'explosion de ces mouvements irrésistibles qui peuvent devenir des courants d'opinion?

Aussi, même dans les temps les plus troublés, nos théâtres s'associèrent-ils aux préoccupations ardentes qui dominaient la foule. Sans doute ils fermèrent un instant leurs portes, après la prise de la Bastille ; mais, dès que l'enthousiasme ou la stupeur d'un premier émoi permit à l'habitude de reprendre son train accoutumé, la Révolution n'oublia point qu'elle était née au bruit des acclamations suscitées par *Catilina*, *Mahomet*, et la *Mort de César*. Toutefois, si la curiosité se complut alors à d'autres tragédies que celles du forum, l'effervescence de la rue n'était point un milieu propice à la dignité de la Muse. On ne s'en aperçut que trop, en dépit des impostures qui prétendaient l'affranchir, pour la première fois, de toute entrave. On eut beau proclamer bruyamment la suppression de la Censure, elle ne tarda pas à être remplacée par l'hypocrite tyrannie des inquisiteurs qui allaient transformer la scène soit en un Panthéon où ils couronnaient leurs grands hommes d'une décade, soit en gémonies où ils traînèrent outrageusement les vaincus.

Sous prétexte de propagande patriotique, ils firent donc d'un noble divertissement une école de déclamation, où la sottise le disputait souvent à la folie.

Sur ce champ de bataille, les opinions vinrent se toiser d'un regard menaçant ; mais entre elles la lutte n'était pas égale. Car il eût été dangereux de siffler des platitudes, ou des infamies. Le Caius Gracchus de Marie-Joseph Chénier ne fut-il pas accusé d'être un modéré? Oui, ce cri du tribun : « *Des lois, et non du sang!* » excita l'indignation d'énergumènes qui le dénoncèrent au Comité de Salut public. En revanche, des ovations étaient réservées à ces parodies où l'on chantait la grand'messe avec tout l'appareil sacerdotal, à des Atellanes honteuses comme le *Jugement dernier des rois* par Sylvain Maréchal, ou au grossier répertoire des pièces incendiaires qui se donnaient pour des leçons de civisme.

La liberté des spectacles venait d'être décrétée lorsqu'un membre de la Convention, le citoyen Génissieux, incrimina dans *Mérope* le scandale d'une Reine en deuil pleurant la perte du Roi dont elle était l'épouse. La veuve de Cresphonte fut donc proscrite pour avoir osé rappeler à des régicides la royale prisonnière du Temple. Quelles pouvaient être les franchises du talent, au lendemain des massacres de Septembre? « Les Hébert et les Chaumette, dit un contemporain, n'emploient pas les ciseaux; ils font usage du lacet. » Nos grands classiques eux-mêmes ne sortirent pas sains et saufs de cette épreuve. Le *Cid* fut, il est vrai, toléré, mais à condition que le Roi Don Fernand, pourtant si débonnaire, devînt une sorte de Santerre, un général de la garde nationale au service d'une Espagne républicaine. On interdit *Cinna*, parce qu'au monologue d'Auguste un sans-culotte s'était écrié: « A la lanterne, l'auteur! » Dans *le Menteur*, Cliton ne put dire impunément :

> Elle loge à la Place, et se nomme Lucrèce.
> — Quelle place?... — *Royale*...

A ce mot malsonnant fut substituée *la Place des Piques* ; la prosodie s'y refusait, mais les clubs l'exigèrent. Racine dut se résigner aussi à des épurations. Tandis qu'*Iphigénie* était condamnée, « comme un monument de l'antique superstition qui faisait agenouiller le peuple devant la *femme Capet* », on arrêtait au passage ces deux vers :

> Détestables flatteurs, présent le plus funeste
> Que puisse faire aux *rois* la colère céleste.

Un correcteur ingénieux remplaça le texte par cette leçon nouvelle : *que puisse faire, hélas !* Si l'on consentit à autoriser *Tartufe*, ce fut sous la réserve d'un dénûment dans lequel ce vers :

> Nous vivons sous un *prince* ennemi de la fraude,

serait tourné de la façon suivante :

> Ils sont passés les *jours consacrés* à la fraude.

Un patriote se chargea de remanier *le Misanthrope*. Il en supprima les petits marquis, et le vicomte; il bannit le roi Henri de la chanson, et accommoda tous les détails du style aux impérieux caprices du « *vocabulaire plébéien* ». Quant à Voltaire, qui comptait pourtant bien des amis, il ne put échapper à ce conseil de révision ; et la *Mort de César* ne fut admise qu'après avoir comparu devant un président du tribunal révolutionnaire, le sieur Gohier, qui retoucha le discours d'Antoine.

On peut juger par là des excès inspirés aux courtisans de la populace par cette fureur de basse flatterie. Sauf deux ou trois noms qui se respectèrent, ce fut vraiment une irruption de barbares. Elle parut si méprisable à ceux mêmes qui l'avaient d'abord encouragée que *le Moniteur* finit par y voir « une conspiration de Pitt et de Cobourg », organisée dans le dessein d'avilir la scène française. Nous ne parlerons point ici de ces rêveries malsaines qu'enfanta le délire d'une ivresse. On ne voyait plus guère, même dans la maison de Molière, qu'étalage d'aventures sanglantes, ou de crimes invraisemblables donnés en pâture à des foules blasées par les émotions quotidiennes de la guillotine. Le cœur humain n'eut plus aucun rôle dans cette exhibition de monstres ; et, si un jour le public s'étonna de se sentir touché par des accents assez pathétiques pour lui arracher des larmes, l'honneur en revint à un étranger, à Kotzebue qui offrit à l'hospitalité de la France *Misanthropie et Repentir*.

En donnant quelque relâche aux passions, le Directoire ne rendit pas la santé à des imaginations malades ; et pourtant, jamais telle affluence ne se porta vers les jeux de la scène. Mais ce n'était qu'une cohue d'agioteurs et de parvenus, dont la plupart distinguaient à peine les vers de la prose. Aussi ces rassemblements d'yeux et d'oreilles ne savaient-ils ni voir, ni entendre.

Des causes toutes littéraires contribuent d'ailleurs à expliquer cette inévitable décadence. Je veux dire que l'École classique avait touché ce terme au-delà duquel toutes les choses humaines commencent à décliner. Elle était assurément susceptible encore de penser avec justesse, et d'écrire avec correction ; mais, tous les sujets et toutes les formes ayant été comme épuisés par deux siècles d'invention originale, la pire des littératures, celle des réminiscences, végétait seule, sur un sol appauvri.

On ne créait plus, parce que l'on ne sentait plus. Pour ces versificateurs asservis à des règles mal comprises, la construction d'une intrigue dramatique n'était qu'un problème de mécanique, consistant à combiner des redites déclamées par des fantômes dont le langage ne fut que l'imitation, non des maîtres, mais de leurs pâles imitateurs. Dès lors, nul souffle venu de l'âme ne circula dans ces fictions abstraites d'où la peinture des caractères avait disparu, pour faire place à de creuses tirades. Les triomphateurs du jour furent ceux qui, sans égard pour les situations, les temps, les lieux, ou les personnes, surent le mieux enchâsser dans leurs hémistiches bruyants quelque maxime ronflante dont l'à-propos philosophique ressemblait de loin à une idée. Aussitôt les auditeurs, surpris de voir enfin apparaître dans une pièce en cinq actes l'embryon d'une pensée, s'empressaient de crier au miracle. Pour les ravir, il suffisait donc d'un lieu commun, d'un rébus ampoulé, de quelque antithèse emphatique, tranchant sur le fond ingrat d'un style décoloré.

Quant à l'analyse des sentiments, elle perdit toute vertu. Car, pour devenir éloquente, elle doit être instinctive. Chez Corneille et Racine, la psychologie de la passion avait eu l'intérêt d'une découverte, et l'attrait d'une nouveauté. Mais, le regard de ces maîtres ayant pénétré si avant qu'il paraissait avoir atteint les plus intimes profondeurs de la conscience, les héritiers de leur tradition, faute de pouvoir aller au delà, se bornèrent à exploiter le trésor légué par des modèles dont ils se firent les serviles copistes. Au lieu d'observer directement la nature, ils ne l'étudièrent donc plus que dans les types conçus par leurs devanciers; et, à partir de ce jour, la tragédie ne produisit, comme dit Mme de Staël, que des marionnettes héroïques. Voltaire seul eut assez d'esprit pour simuler la vie par le mouvement de sa verve. Mais il ne transmit pas ce secret à des successeurs dégénérés ; aussi leur stérilité ne réussit-elle point à rajeunir la vieillesse d'un genre qui s'imposait pourtant à la routine littéraire, comme une habitude consacrée tout à la fois par les plus glorieux souvenirs de l'ancien régime, et le patronage des institutions républicaines.

Pour l'approprier aux convenances de l'heure présente, ils se contentèrent, dans le choix de leurs sujets, d'éliminer les personnages monarchiques, au profit des noms qui n'effarouchaient pas la susceptibilité d'un auditoire ombrageux. Léonidas, Brutus, Mucius Scævola, Cincinnatus, Quintus Fabius, Caius Gracchus, Timoléon, et autres héros de même famille, continuèrent ainsi, pendant plus de dix années, à peupler notre scène. Il y eut là toute une apparente renaissance, mais sans avenir ; car on la devait surtout au grand tragédien qui sut prêter une existence factice et provisoire à ces œuvres mortes.

Nommer Talma, c'est presque résumer les fastes de la tragédie sous le Directoire, et l'Empire. Un masque césarien, un regard tendre ou terrible, des attitudes de statue drapée dans sa toge, un geste épique, l'accent d'une voix sourde ou vibrante, assouplie à la gamme de toutes les inflexions, un jeu concentré que traversait l'éclair de la passion, l'alliance de l'inspiration et de l'étude, de l'entraînement et de la mesure, du naturel et de la dignité, le pathétique jusque dans le silence et le repos : telle fut la magie de cet enchanteur qui réussit à sauver l'indigence des poëtes par l'enthousiasme que provoqua son génie.

Parmi ses ressources, signalons surtout les savantes audaces d'un art novateur qui bouleversa victorieusement l'étiquette des traditions, par la fougue ou l'imprévu de son procédé. Il fut en effet le premier que l'on vit marcher et courir, là où se déroulait jadis la pompe réglée des anabases ou des parabases. Il fut le premier que l'on entendit parler et crier, au lieu de s'assujettir à la mélopée d'un récitatif solennellement monotone. Produisant les émotions les plus puissantes par les moyens les plus simples, il ressuscita véritablement l'âme de ces héros qui n'étaient que des ombres inanimées, avant de s'incarner en lui. Dans sa manière s'annoncèrent déjà les instincts d'une réforme qui, en attendant ses poëtes, eut alors son acteur. Ne lui arriva-t-il pas souvent de jouer Racine, comme un interprète de Shakespeare ? Son expression créatrice transfigurait jusqu'aux rôles médiocres qu'elle fit seule valoir par l'illusion d'une fugitive métamorphose. Tous les succès de ce temps furent donc les siens. Parmi bien d'autres preuves, croyons-en ce mot de Raynouard qui, après la mort de Talma, se refusant à la reprise des *Templiers*, dit avec esprit : « Non, non, je ne suis pas si sot ; je ne veux pas qu'on me siffle [1]. »

---

[1]. Talma n'était plus le tragédien de *Charles IX*, inégal et monotone, fatiguant l'oreille d'une voix gutturale que le travail n'avait point encore domptée. Son organe mordant et sonore était maître de toutes les inflexions, depuis les plus douces nuances jusqu'aux accents qui se déchaînent comme l'éclair et la foudre. Il fut aussi le premier à reproduire la stricte fidélité du costume antique, à rechercher la couleur locale dans l'habit, le décor, et l'accessoire. Il opéra donc la transfusion du drame dans la tragédie. Les contemporains de Lekain défendirent vainement les anachronismes d'autrefois, la majesté de la marche, et la musique de la déclamation traditionnelle. La victoire du novateur fut décisive. Elle finit par ouvrir les yeux aux plus aveugles, et l'on peut dire que ce grand artiste fit l'éducation du public. Il rendit ainsi possible une réforme dramatique.

Ces considérations nous conduisent directement à l'Empire, sur lequel ne doit pas peser toute la responsabilité de l'ennui que représente un groupe de rimeurs pleins de zèle, très-appliqués, sachant scander leurs alexandrins, possédant même la recette des horreurs convenables et des catastrophes décentes, mais trop dénués d'initiative, et trop esclaves de préjugés scolaires pour faire autre chose que des amplifications de collége.

Débile postérité des Pradon, des Crébillon et des La Harpe, ils n'inventèrent pas la fausse tragédie; car elle n'existait que trop avant eux : ils eurent seulement le tort d'en prolonger le mensonge. Mais la faute en est bien aussi aux bravos qui saluèrent ces exercices de rhétorique. Lorsque la République eut sombré, on ne fut point en effet délivré de ces Grecs et de ces Romains dont elle avait tant abusé. Si les rois purent revenir de l'exil, si les costumes changèrent, si le personnel des héros parut se modifier, la poétique persista. J'entends par là que les œuvres du lendemain continuèrent à être anonymes, et que toute idée de patrie finit par leur devenir indifférente. Avant de se déguiser en roi d'Assyrie, le *Ninus II* de M. Brifaut n'avait-il pas été d'abord un compatriote du *Cid?* Or, pour opérer ce travestissement, il avait à peu près suffi de changer des noms propres. Car le vocabulaire tragique réalisait la chimère d'une langue universelle. Tous les hommes de tous les temps, chez tous les peuples, s'y exprimaient de la même façon.

Nous ajouterons que l'avénement d'un régime où l'air libre allait manquer aux imaginations ne fut point fait pour enhardir des essais indépendants. N'avait-on pas à craindre les irritables défiances qui cherchaient partout des arrière-pensées politiques, vraies ou supposées? Oui, en un temps où les passions dressaient l'oreille, les mots n'étaient plus laissés à leur innocence première. Ce fut ainsi que le drame d'*Édouard en Écosse* dut être sacrifié à des raisons d'État. Ayant vu dans l'héritier d'une race proscrite des allusions à la Maison de France, les royalistes accueillirent par des applaudissements frénétiques ces paroles du prince répondant au colonel Cope, qui venait de porter un toast à la mort des Stuarts : « Non, je ne bois à la mort de personne. » Aussi, dès la seconde représentation, Fouché ordonna-t-il que le mot fût effacé. On obéit; mais l'acteur protesta par une pantomime dont l'effet dramatique fut plus puissant encore que le trait supprimé. Au lieu de relever le défi qu'on lui lançait, Édouard jeta son verre, et le brisa d'un geste indigné. Or, ce jeu de scène souleva des transports tels que Chaptal crut devoir interdire la pièce. Une autre fois, ce furent les républicains qui se portèrent en foule à la tragédie du *Laboureur et du Roi*, pour y fêter dans la personne de Don Pèdre le spectacle d'une couronne avilie. Il fallut donc que la Censure intervînt de nouveau.

Sortant alors de l'ombre où elle se dissimulait, elle n'hésita pas à instituer ouvertement un tribunal qui ne cessa plus de tenir les partis en respect. Cette intimidation n'eût profité qu'à la concorde publique, si l'intérêt dynastique n'avait trop souvent exagéré des rigueurs d'abord discrètes, ou même justifiées. Reconnaissons toutefois que le Pouvoir fit de sérieux efforts pour rendre de l'éclat aux pures traditions de l'art. Car, dès l'année 1804, des ordres précis imposèrent à la Comédie-Française la reprise trop négligée de notre ancien répertoire, qui retrouva ses honneurs perdus. Mais nul décret n'eut la puissance de lui improviser des émules, et d'inspirer de véritables créations à la timidité d'un goût assez pusillanime pour traiter encore Ducis d'*anglomane* et d'*extravagant*.

CHAPITRE II

Ducis. Premiers symptômes de rénovation. Il avait des lueurs de génie paralysé par le goût de son temps. Il acclimate timidement Shakespeare. — L'homme fut supérieur au poëte. Son silence sous la République. Ame patriarcale et religieuse. Attitude indépendante sous l'Empire. Il refuse le Sénat. — Poésies familières et intimes. Philosophe pratique, il eut l'âme tragique, et fut l'ouvrier de la première heure.

Ducis, voilà l'initiateur duquel datent les premiers symptômes de rénovation. Rappelons donc ici les exemples qu'il avait donnés ; et, bien que son nom appartienne surtout à l'âge précédent, mettons en lumière la mémoire d'un écrivain qui eût été digne de long souvenir, si les préjugés de son siècle n'avaient étouffé ses instincts créateurs. Ses œuvres qu'on ne lit plus nous prouveront combien ses contemporains furent rebelles à toutes les tentatives de réforme dramatique.

En répondant à cette curiosité qui porta les esprits vers l'Angleterre, et se manifestait en politique par les doctrines de Montesquieu, en littérature par les traductions de Letourneur, Ducis eut à lutter contre des résistances dont il ne put triompher qu'à grand'-peine. Lekain ne fut-il pas le premier à refuser les rôles qu'il lui offrait, et cela parce qu'il « ne pourrait faire digérer ces crudités à un parterre nourri des beautés substantielles de Corneille, et des exquises douceurs de Racine » ? Ce n'était que trop vrai ; car lorsque Ducis essaya d'acclimater *Macbeth,* tous les Aristarques poussèrent un cri d'épouvante. Comment eussent-ils toléré cet effroi, ces effarements, ces hallucinations, ces secondes vues, cette diablerie, ces sorcières, cette horreur fantastique, cette autopsie sanglante du cœur humain s'étalant tout vif dans ce drame où la logique du crime et du remords crée une sorte de fatalité qui, précipitant sa victime vers un abîme, l'entraîne comme une paille dans un tourbillon? Ce fut à qui étoufferait le scandale « de cette verve allobroge ». Il fallut donc accommoder à la mode du jour des audaces qu'on taxait de barbarie. Encore ne pardonna-t-on pas les concessions les plus circonspectes. Aussi serait-il superflu d'expliquer plus longuement pourquoi Ducis, perdant toute confiance en lui-même, dut fausser son modèle par des adoucissements qui prétendaient en corriger la sauvagerie.

Ce fut à ce prix qu'il réussit à faire agréer, par surprise, un genre bâtard auquel le jeu de Talma communiqua seul un semblant de beauté. *Hamlet,* aussi lui, fut forcé de se réduire au ton sentimental des *Nuits* d'Yung. Voici du reste une lettre qui témoigne des transes de l'auteur. Il écrivit alors à Garrick : « Vous m'avez trouvé sans doute bien téméraire de risquer une telle pièce sur le Théâtre-Français. Sans rien dire des irrégularités dont elle abonde, le spectre qui parle si longtemps, les comédiens de campagne, et le combat au fleuret m'ont paru des ressorts absolument inadmissibles. J'ai bien regretté pourtant de ne pouvoir y transporter l'ombre terrible qui expose le crime, et demande vengeance. J'ai donc été obligé en quelque façon de créer une pièce nouvelle. J'ai tâché seulement de faire un rôle intéressant d'une reine parricide, et de peindre surtout dans l'âme fière et mélancolique d'Hamlet un modèle de tendresse filiale. Je me suis regardé, en traitant ce caractère, comme un peintre religieux qui travaille à un tableau d'autel. »

De même, *Othello* ne passa qu'à la faveur d'un dénoûment heureux. Dans cette pâle esquisse de *Roméo et Juliette* ne cherchez donc ni l'alouette, ni le rossignol, ni la scène du balcon. L'original ne s'entrevoit ici que de loin, confusément, et à travers un brouillard. Ses hardiesses se noient dans un style inégal ou fade que traversent, comme par hasard, des lueurs fugitives. Ces bégayements aujourd'hui presque ridicules étaient pourtant ce qui rendit autrefois possibles ces œuvres prématurées. Aussi ne leur imputons pas des erreurs communes au temps dont elles gardent l'empreinte. Assurément le poëte se fit trop d'illusion quand il écrivit, à propos de son *Roi Léar :* «J'aime à traverser des abîmes, à franchir des précipices ; je sens qu'au fond je suis indisciplinable. » Avouons encore que son ami Thomas allait trop loin, lorsqu'il disait : « Vous êtes le missionnaire du théâtre ; vous faites la tragédie comme le Père Bridaine faisait ses sermons, parlant d'une voix de tonnerre, criant, pleurant, effrayant l'auditoire, comme on effraye les enfants par des contes terribles. » Mais, s'il faut rabattre quelque chose de cet éloge, Ducis, par d'heureux mouvements et des scènes pathétiques, n'en a pas moins justifié cette boutade de La Harpe : « C'est bien heureux que cet homme n'ait pas le sens commun ; car autrement il nous écraserait tous. »

Obligé d'approprier à son auditoire un génie auquel on était réfractaire, il a donc quelque droit à notre gratitude, pour avoir tenté de révéler le théâtre de Shakespeare à une nation qui, suivant son expression, « exige tant de ménagements, quand on veut la conduire par les routes sanglantes de la terreur ». Aussi n'avons-nous point envie de sourire, lorsque, le jour de la Saint-Guillaume, nous le voyons orner sa maison de fleurs, comme s'il célébrait une fête de famille. Sans surfaire sa valeur, n'oublions pas non plus que, malgré des couleurs un peu trop romanesques, sa tragédie d'*Abufar* ou la *Famille arabe* se recommande par la sincérité de l'inspiration biblique, et l'accent d'une âme toute patriarcale. Après la chute de Robespierre, entre le voyage de Volney et l'expédition d'Égypte, dans l'intervalle qui sépare Bernardin de Saint-Pierre et Chateaubriand, Ducis sut émouvoir un âge de fer par cette image embellie de la vie pastorale ; et sa touchante peinture répondit bien aux vagues appels des imaginations qui commençaient à s'attendrir.

L'homme ne nous sera pas moins sympathique, et vaut bien la peine qu'on en dise un mot. Comment ne pas aimer en lui le philosophe qui conserva son ingénuité de cœur au sein d'une société corrompue ? Écoutez l'anachorète qui, du fond de sa Thébaïde, disait un jour : « En vérité, il ne nous faut qu'une cabane dans ce lieu d'apparition où nous ne sommes que des ombres occupées à en voir passer d'autres, et où les mots d'établissement, de projets, de gloire, de grandeur ne peuvent exciter que la pitié... Mais, sur ce grand fleuve de la vie, parmi tant de barques qui le descendent rapidement pour ne le remonter jamais, c'est encore un bonheur que d'avoir trouvé dans son batelet quelques bonnes âmes qui mettent leur cœur en commun avec vous. On entend le bruit de la vague qui nous dit que nous passons, et l'on jette un regard sur la scène variée du rivage qui s'enfuit. »

Comment ne pas estimer aussi le républicain qui, transporté par les magnanimes espérances de 89, laissa pourtant échapper bientôt de sa conscience indignée ce cri de courageuse douleur : « Que me parles-tu, Vallier, de m'occuper à faire des tragédies? La tragédie court les rues. Si je mets le pied hors de chez moi, j'ai du sang jusqu'à la cheville. J'ai beau secouer en rentrant la poussière de mes souliers, je me dis comme Macbeth : *Ce sang ne s'effacera pas.* Adieu donc la tragédie; *j'ai vu trop d'Atrées en sabots pour oser jamais en mettre sur la scène.* C'est un rude drame que celui où le peuple joue le tyran. Mon ami, ce drame-là ne peut se dénouer qu'aux Enfers. Crois-moi, Vallier, je donnerais la moitié de ce qui me reste à vivre pour passer l'autre dans quelque coin du monde, où la Liberté ne fût point une Furie sanglante. »

Comment enfin ne pas admirer le chrétien fidèle à ses croyances dans un siècle impie, et qui « baisait les degrés de l'autel où avait officié *saint Fénelon*, ainsi que les pierres d'un sanctuaire domestique » ? Qui n'envierait surtout la sérénité de cette admirable page où l'amertume d'un deuil cruel s'associe à la douceur d'une résignation religieuse : « J'ai embrassé ma mère pour la dernière fois, à cinq heures et demie du soir, le 30 du mois dernier (juillet 1787), sans qu'elle ait pu me voir, ni m'entendre. Elle a rendu à Dieu son âme pure et chrétienne, après soixante-dix ans d'une vie exemplaire. Vous savez, mon ami, combien elle m'aimait. Elle a été ma mère dès mon enfance, et presque dans ma vieillesse. Elle m'a toujours porté dans son cœur, comme elle m'a porté dans son sein... Grâce à Dieu, mon ami, j'ai presque fini ma carrière, qui n'a été qu'une suite d'embarras et de douleurs. J'ai appris de ma mère la grande leçon de l'homme et du chrétien ; j'ai appris à souffrir. Si je sens une longue épine se tourner sur mon cœur avec tous ses piquants, je me tairai ; et j'espère que mes douleurs secrètes me seront comptées dans un monde où tout est justice et vérité. Mon cher ami, j'ai mis ma confiance dans le Dieu de ma mère ; je lui demande de me conserver à jamais cette foi profonde, et de mourir comme elle sous la bénédiction céleste. Je n'aimerai jamais personne, sans lui souhaiter, du fond de mon cœur, une mort aussi douce, et aussi sainte. »

Sous le Consulat et l'Empire, sa tenue ne fut pas moins digne. Il était de ceux que leur renommée désignait à une flatteuse attention ; et, dès ses premières campagnes, le général Bonaparte fixa ses regards sur un poëte dont il goûtait en connaisseur le verbe héroïque et grandiose. Au retour de l'expédition d'Italie, il voulut même assister avec lui à une représentation extraordinaire de *Macbeth;* et, dans sa loge, il donna la première place au grand tragique derrière lequel il affectait de s'effacer. Plus tard, lorsqu'il se disposait à partir pour l'Égypte, le conquérant désira vivement l'enrôler dans son escorte de savants et de lettrés. Mais celui qui, tout jeune, n'avait point osé franchir le détroit pour voir, face à face, Shakespeare joué par Garrick, recula, cette fois encore, devant la glorieuse aventure qui eût pourtant découvert à ses yeux l'horizon de ce désert auquel il venait d'emprunter les personnages du vieil Abufar, du brûlant Far-Han, et de la mélancolique Zuléma. Les avances de Bonaparte ne furent pas refroidies par cet échec. Campenon nous raconte en effet qu'invité à la Malmaison Ducis eut un jour avec le Premier Consul la conversation suivante : « Comment êtes-vous donc venu ici, Ducis ? — Dans une bonne voiture de place qui m'attend à votre porte, et me ramènera ce soir à la mienne. — Quoi ! un fiacre ! à votre âge ! cela ne convient pas. — Général, je n'ai jamais eu d'autre voiture, quand le trajet m'a paru trop long pour mes jambes. — Non, non, vous dis-je, cela ne se peut pour un homme de votre âge. Je veux tout arranger. — Général, repartit le poëte apercevant une bande de canards sauvages qui traversaient un nuage au-dessus de sa tête, vous êtes chasseur. Voyez-vous cet essaim d'oiseaux qui fend la nue? Il n'y en a pas là un seul qui ne sente de loin l'odeur de la poudre, et ne flaire le fusil du chasseur. Eh bien, je suis un de ces oiseaux ; je me suis fait canard sauvage. »

Ses actes ne démentirent point ces paroles. Car trois numéros du *Moniteur* annoncèrent en vain qu'il était nommé sénateur. Mais ce refus, ne l'attribuons pas à un parti pris d'hostilité farouche, ni à une tapageuse ostentation d'indépendance. Lui-même, il nous éclaire sur les motifs de son attitude par une lettre fort belle, où nous lisons ces aveux : « Je pourrais dire avec Corneille, en reconnaissant la distance infinie qui me sépare de lui :

> Mon génie au théâtre a voulu m'attacher,
> Il en a fait mon fort ; je dois m'y retrancher.
> Partout ailleurs, je rampe, et ne suis plus moi-même.

Il m'est impossible de m'occuper d'affaires ; elles me répugnent, j'en ai horreur. Le mot *devoir* me fait frémir. Si j'étais chargé de grandes et hautes fonctions, je ne dormirais pas. Mon âme se trouble aisément, et ma sensibilité est pour moi un supplice. Mes principes religieux me rendraient plus propre à une solitude des déserts qu'à toute autre condition.... Je suis catholique, poëte, républicain, et solitaire. Voilà les éléments qui me composent, et ne peuvent s'arranger avec les hommes en société, ou avec les places. Je vous donne ma parole d'honneur que j'aimerais mieux mourir tout doucement, à Versailles, dans le lit de ma mère, pour être déposé ensuite auprès d'elle, que d'accepter la place de sénateur. Je n'aurai qu'une physionomie, celle d'un bonhomme, et d'un auteur tragique qui n'était pas propre à autre chose. » Béranger ne dira pas mieux; peut-être même n'a-t-il pas dit aussi bien.

On le voit: aucun calcul de popularité n'entra dans ce *non* qu'il articula d'une voix si ferme. Pour lui, ce fut affaire de tempérament, et amour décidé de la retraite. Il eut sans doute le sentiment de ce qu'il valait, puisqu'il lui arriva de dire, avec une sorte de candeur : « Il y a dans mon clavecin des jeux de flûte et de tonnerre. Comment cela va-t-il ensemble? je n'en sais rien; cependant cela est ainsi. » Mais, tout en se mettant à son rang, il ne cessa pas de préférer à l'éclat des honneurs l'ombre de l'ermitage où il ne lui déplaisait point de se laisser oublier, si j'en crois ces confidences adressées à un ami : « Il m'est fort indifférent que les hommes du jour me fassent passer pour un imbécile. C'est me rendre mon rôle facile jouer, si j'étais homme à en jouer un. Je ne ferai aucuns frais, ni pour soutenir, ni pour détruire cette belle réputation. Je trouve cela trop commode pour y rien changer. »

Dans cet asile où s'abrita sa fière pauvreté, il

vécut heureux de ce bonheur « qui n'est qu'un malheur plus ou moins consolé ». Nulle inquiétude d'avenir n'y troublait la paix de ce sage qui écrivit avec tant de simplicité : « Je ne dois rien à personne, j'ai du bois pour une moitié de mon hiver, un quartaut de vin dans ma cave, et dans mon tiroir de quoi aller pendant deux mois. Mon petit dîner, qui est mon seul repas, est assuré pour quelque temps, comme vous voyez ; et je le prendrai chez moi, à la même heure.... Mais le chapitre des accidents, des maladies ?... A cela je réponds que Celui qui nourrit les oiseaux saura bien aussi venir à mon aide. »

N'eut-il pas d'ailleurs pour compagne sa Muse toujours fidèle, non celle de la terreur et de la pitié, comme autrefois, mais une muse d'intérieur, toute familière, qui rêvait, elle aussi, à perte de vue, pour son plaisir, « les pieds appuyés sur les vieux chenets du roi Dagobert, et du bon évêque saint Éloi » ? Ce fut elle qui lui rendit si délicieuses ses promenades « à travers les plaines de rose bruyère, ou bien entre des buissons couverts de fleurs, et *qui chantent* ». Elle lui murmura tout bas de jolis vers où brille plus d'un paysage dont la fraîcheur justifie ce mot de Ducis, disant à propos de La Fontaine :

Je ne l'apprenais pas, je le savais par cœur.

Ce fut elle qui, sous la charmille, improvisa, sans le moindre soupçon d'amour-propre, ces petits poëmes d'arrière-saison où, par des notes tantôt plaintives et tantôt enjouées, il fit pressentir soit le spiritualisme religieux de Lamartine, mais comme par d'inconscients préludes, soit la philosophie pratique de Béranger, mais radieuse de certaines clartés que l'épicurien et le frondeur sceptique ne connut jamais. Ici, le novateur se révèle encore par échappées ; car sa description du *Presbytère de Rocquencourt*, son *Caveau*, ses *Pénates*, sa *Musette*, son *Ruisseau*, et son *Testament* procèdent de sources ignorées jusqu'alors. Même quand la langue faiblit, on y sent je ne sais quoi de cordial et de sain, de la candeur, des sentiments naturels, l'effusion d'un cœur ouvert aux joies innocentes, une sérénité souriante, et parfois les douces amertumes du croyant visité par l'épreuve, mais réconforté par la Foi et par l'Espérance. De ces opuscules on pourrait détacher d'ingénieux motifs auxquels manque seulement l'industrie d'une expression définitive. La sienne va trop à l'abandon ; mais, si le tissu de son style est lâche, il n'a rien d'artificiel, et s'égaye de fleurettes qui ont une grâce toute champêtre.

Bien que ces fantaisies nous agréent plus que son théâtre, il serait pourtant ingrat de dédaigner ce Shakespearien de hasard qui eut l'âme vraiment tragique. Mal servi par des instruments insuffisants pour la téntative qu'il osa, réduit à des moyens prosodiques dont la fausse noblesse fut un obstacle à son essor, déconcerté par l'ironie ou les révoltes de l'opinion, il eut, malgré tout, le mérite de s'être laissé ravir par un attrait irrésistible vers le poëte extraordinaire qu'il entrevit, sans avoir pu l'approcher directement.

C'est quelque chose d'avoir éprouvé cette inquiète curiosité de l'inconnu. Sans doute, le souffle divin ne fit qu'effleurer son front, et il en ressentit à peine le lointain frisson ; mais les maladresses mêmes de son instinctive émulation furent au moins un de ces signes qui intéressent l'histoire. Nous n'irons pas jusqu'à dire avec un homme d'esprit que Ducis « accomplit une révolution sans le vouloir, comme cela est arrivé parfois à la garde nationale » ; mais nous lui saurons gré d'avoir été l'ouvrier de la première heure, de cette heure ingrate où la vérité du lendemain n'est d'ordinaire qu'une utopie exposée aux sarcasmes de la routine. Quand les suffrages de l'estime publique le désignèrent à l'Académie pour le siége où il remplaça Voltaire, il put donc à bon droit paraître le patron d'un genre nouveau. Car ses élans indécis furent un pas décisif vers des voies inexplorées.

CHAPITRE III

MARIE-JOSEPH CHÉNIER. Disciple de Voltaire, il fut trop soucieux de transformer la scène en tribune. *Charles IX* et Louis XVI, le chancelier de l'Hôpital et M. Necker, l'amiral Coligny et La Fayette. — Le Tyrtée de la République. Les pièces de circonstance. *Henri VIII, Calas, Caius Gracchus, Fénelon, Timoléon.* — Les deux frères : *Épitre sur la calomnie*. — L'homme dans le poëte. Jugement de Mme de Staël. — Le satirique. *Les nouveaux saints.* — Attitude de Chénier au 18 Brumaire, ses tentations. Le brevet de sénateur, et les palinodies de *Cyrus*. Revanche d'une disgrâce ; *Tibère*. La scène de Saint-Cloud. *Épitre à Voltaire*. Destitution, noble vengeance de M. de Talleyrand. Les blessures cicatrisées. — Conversion tardive. *Rapport sur les prix décennaux.* Justice rendue à ses ennemis ; Chateaubriand lui porte malheur. — Conclusion. Son héritage académique.

A la figure avenante de Ducis s'oppose naturellement celle d'un autre poëte dont le nom, encore très-retentissant sous l'ère impériale, finit par s'éteindre peu à peu dans un silence aujourd'hui plus profond qu'il ne sied. Nous voulons parler de Marie-Joseph Chénier qui, loin de se tenir en dehors et au-dessus des orages, ne s'obstina que trop à mettre son improvisation au service d'un intérêt politique. L'éclat bruyant de sa popularité passagère n'étonnera pas notre siècle qui sait par expérience combien les partis sont indulgents et prodigues pour ceux qui les flattent, sauf à les oublier quand ils n'ont plus besoin de leurs complaisances. Or, ce talent plein d'ambitions remuantes fut un des premiers à donner l'exemple périlleux d'une muse qui se compromet, aux dépens de l'art, dans la mêlée des colères et des violences.

Propager des doctrines de combat, transformer ses œuvres en professions de foi, et la scène en tribune ; adapter la tragédie nationale de Laurent du Belloy aux thèses historiques de Mably, et la tragédie romaine de Voltaire aux fureurs emphatiques de Lebrun ; accommoder *le Siége de Calais* et *la Mort de César* aux lieux communs qui transportaient d'enthousiasme les héros du Jeu de paume et les vainqueurs de la Bastille, telle fut la poétique de cet agitateur qui courtisa le peuple sous prétexte de l'éclairer, et le suivit en croyant le conduire. Une idée fixe domine son théâtre. Il voulut ameuter le parterre contre les rois et les prêtres. Supprimant, sans qu'on les regrette, les confidents et la mythologie, se réduisant à une action austère d'où l'amour était proscrit, mais acceptant le moule classique et toutes ses servitudes, il y fit entrer non la peinture des caractères, mais des dissertations, des tirades, des manifestes, des harangues, et des plaidoyers.

Tel avait été son *Charles IX*, long pamphlet où un apôtre de la tolérance faisait appel au fanatisme de la rue contre celui du palais. Il put en effet dire avec orgueil : « J'ai conçu avant la Révolution une pièce que la Révolution seule pouvait faire représenter. » Oui, il fallait que les tyrans d'alors fussent vraiment bien débonnaires pour permettre ce prologue, ou plutôt cette proclamation anticipée de leur chute prochaine. Mais peut-être y eut-il moins de courage que ne le pensait Chénier dans le signal dont il s'applaudit. Car la monarchie était déjà blessée au cœur. Aussi fut-il prophète à coup sûr dans ces vers :

> Ces tombeaux des vivants, ces bastilles affreuses
> S'écrouleront un jour sous des mains généreuses.

Danton le comprit, lorsque assistant à cette soirée, comme au prélude de la bataille, il dit à haute voix : « Si *Figaro* a tué la noblesse, *Charles IX* tuera la royauté. » Camille Desmoulins ne fut pas moins clairvoyant; car il s'écriait en plein foyer : « Cette pièce avance plus nos affaires que les journées d'Octobre. » Et pourtant, combien toute cette lave nous semble aujourd'hui refroidie ! En dépit de certaines touches vigoureuses, et de quelques effets dus à la mise en scène, par exemple, le tocsin qui sonne au IVe acte, la bénédiction des poignards, et l'explosion indignée du jeune roi de Navarre, qui de nous supporterait sans impatience tant d'interminables discours, et surtout ces anachronismes perpétuels qui personnifient Louis XVI dans Charles IX, M. Necker dans le chancelier de l'Hôpital, et La Fayette dans l'amiral Coligny ? Mais ces défauts mêmes furent des beautés éloquentes pour des haines qui guettaient l'occasion de s'exalter jusqu'à l'ivresse. Aussi le triomphe de Chénier fut-il une de ces dates qui allaient prendre rang dans les fastes de la Révolution.

Celui qui, la veille, débutait au bruit des sifflets, avec *Edgar et Azémire*, entra donc de prime-saut dans la gloire. En lui, la République reconnut d'avance le Tyrtée dont les strophes devaient bientôt traduire *le Moniteur*, adresser des politesses banales à l'Être suprême, fêter la Raison par des rimes trop raisonnables, et célébrer de loin des victoires dont l'allégresse donna du moins au *Chant du départ* un faux air d'inspiration. Mais, en attendant l'heure du lyrisme officiel, *Henri VIII*, qui ne tarda pas à suivre *Charles IX*, continuait la guerre commencée, en livrant aux injures de la foule un tyran bêtement atroce, moitié bouffon et moitié Barbe-bleue, qui gesticule durant cinq actes, pour démontrer qu'il est ce qu'un mari ne saurait être sans encourir un peu de ridicule. Et pourtant, les intransigeants d'alors jugèrent mauvais qu'un des leurs se fût oublié jusqu'à rendre intéressantes les infortunes d'un personnage royal, d'Anne de Boulen, dont la figure sympathique rappelle vaguement certaines héroïnes de Racine. Aussi, pour obtenir son pardon, Chénier s'empressa-t-il de revenir aux déclamations sûres de plaire. Son drame de *Calas* n'eut pas seulement le tort d'envenimer des colères qui n'avaient plus aucun à-propos. Disciple servile de l'étiquette classique, ne s'avisa-t-il pas de l'imposer à un sujet contemporain, de faire parler à des bourgeois de Toulouse la langue solennelle d'Agamemnon, de prêter même à la servante de son héros des élégances renouvelées de Théramène, et le jargon prétentieux d'une métaphysique voisine de l'*Encyclopédie?*

Bien que nos sympathies soient peu cordiales

pour un poëte qui exploita les passions de la multitude au profit de sa vanité, ou se drapait dans sa toge de tribun, il est cependant juste de reconnaître que les crimes de 93 firent reculer d'horreur un jacobin jusque-là trop aveugle. Oui, en face de l'échafaud où son frère allait mourir noblement, il osa protester enfin contre les malfaiteurs dont il avait été si longtemps je ne dirai pas le complice, mais tout au moins la dupe. Sous la dictature de Robespierre, *Caius Gracchus* se permit en effet des vérités tardives, mais périlleuses, qui nous paraîtraient plus louables encore, si elles n'étaient point gâtées par la contagion du pathos révolutionnaire. Son *Fénelon* se recommande aussi par des sentiments d'humanité qui rachètent l'ennui d'une idylle trop béate, où la sentimentalité de Numa Pompilius se mêle à la philanthropie larmoyante de La Chaussée, aux fadeurs de Gessner, et à des sermons qui eussent fort surpris l'archevêque de Cambray. Quant à *Timoléon*, le meilleur éloge de cette pièce est la date de sa représentation. Destinée à braver la Terreur, elle ne put que la flétrir, après sa chute. Car elle dut attendre le 9 Thermidor pour faire applaudir impunément ces vers :

> La tyrannie altière et de meurtres avide,
> D'un masque révéré couvrant son front livide,
> Usurpant sans pudeur le nom de Liberté,
> Roule au sein de Corinthe un char ensanglanté.

Voilà des témoignages qui protègent Joseph Chénier contre des accusations offensantes pour sa mémoire. Aussi n'écouterons-nous pas les cruelles diatribes qui portèrent cette épigraphe : « *Caïn, qu'as-tu fait de ton frère ?* » Non, un si odieux mensonge n'a plus besoin d'être réfuté. Pour nous en convaincre, il suffira de lire l'*Épître sur la Calomnie*. Par l'accent d'une poignante douleur, elle persuadera les plus prévenus. Le jour où d'un cœur ulcéré s'échappèrent ces cris d'indignation, leur éloquence fut une démonstration d'innocence ; et il n'est plus permis de conserver un doute sur la sincérité des sentiments qui dictèrent cette riposte :

> Ceux que la France a vus ivres de tyrannie,
> Ceux-là même, dans l'ombre armant la calomnie,
> Me reprochent le sort d'un frère infortuné,
> Qu'avec la calomnie ils ont assassiné !
> L'injustice agrandit une âme noble et fière.
> Ces reptiles hideux, sifflant dans la poussière,
> En vain sèment le trouble entre son ombre et moi.
> Scélérats, contre vous elle invoque la Loi.
> Hélas ! pour arracher la victime aux supplices,
> De mes pleurs chaque jour fatiguant vos complices,
> J'ai courbé devant eux mon front humilié ;
> Mais ils vous ressemblaient, ils étaient sans pitié !

Croyons donc à l'amitié des deux frères entre lesquels se dressa la Furie des guerres civiles. Après tout, le plus à plaindre n'est pas la pure victime dont la mort fut aussi belle que ses chants. Car, sans nier les larmes de celui qui eut le malheur de survivre, avouons que, par la témérité de ses actes ou de ses paroles, il a pu donner prise, un instant, à d'injustes soupçons. « Caractère atrabilaire et vindicatif, il était, dit Mᵐᵉ de Staël, à la fois violent et susceptible de frayeur, plein de préjugés, quoique enthousiaste de philosophie, inabordable au raisonnement quand on voulait combattre les *passions qu'il respectait comme ses dieux pénates*, et tellement possédé par l'amour-propre, qu'il *s'étonnait sans cesse de lui-même*, au lieu de travailler à se perfectionner. » Voilà bien le tempérament d'un fanatique, je veux dire d'un esprit aveugle, étroit, entêté de son infaillibilité, toujours prêt à prendre de grands mots pour de grandes idées, nourri d'illusions et de phrases, jusqu'au jour où, la leçon du malheur profitant à son talent, l'homme parut enfin sous le rhéteur, et put, à bon droit, *s'étonner* alors d'une verve originale que lui avait refusée sa Melpomène chancelante sur un cothurne usé.

Si Michaud put dire de Joseph Chénier, « que le peuple avait pleuré plus de ses lois que de ses tragédies », ceux mêmes qui ne partageraient pas les préventions d'un voltairien à outrance ne sauraient pourtant contester le mérite de ses représailles satiriques. Ils estimeront en elles, avec la constance d'une conviction, la franchise du style, une ironie qui emporte la pièce, et la fierté d'un vaincu qui put dire de lui-même :

> Oh ! qu'aisément comblé d'éphémères honneurs,
> De tous nos grands braillards j'aurais fait des prôneurs,
> Si, désertant la France, et flattant l'Angleterre,
> Ma Muse eût mendié l'or qui nous fait la guerre,
> De la cause publique affiché l'abandon,
> Acheté par la honte un scandaleux pardon,
> Et, quittant le drapeau de la Raison proscrite,
> Étalé sans pudeur un cilice hypocrite !

Mais, ferme dans ma route, et vrai dans mes discours,
Tel je fus, tel je suis, tel je serai toujours.
Gorgé de honte et d'or, un impudent Maurice,
Du Pouvoir, quel qu'il soit, adorant le caprice,
De tout parti vaincu mercenaire apostat,
Peut vendre ses amis comme il vendit l'État.
Lorsque la trahison marche sans retenue,
Lorsque la République est partout méconnue,
Dédaignant de flatter ses ennemis puissants,
A son autel désert j'apporte mon encens.

Dans sa guerre d'épigrammes contre ces libellistes « *qui dînent de mensonge, et soupent de scandale* », l'esprit ne lui fit pas défaut, non plus que le courage. Car, sous le Directoire, c'était vraiment une puissance que ces folliculaires dont il disait :

Nul n'a besoin d'honneur, tous ont besoin d'argent.

Ses coups d'étrivières flagellèrent donc justement les roués parmi lesquels se cachaient ses diffamateurs anonymes. Mais qui reconnaîtrait le barde rayonnant de 1790 dans ce duelliste pâle et fiévreux qui, les traits contractés par une sourde rage, en est alors réduit à combattre sans trêve toute une meute d'insaisissables ennemis? Il exerçait du moins son droit de légitime défense, quand, au plus fort d'une réaction religieuse dont il méconnut la portée, à la veille du Concordat, et au lendemain du jour où apparaissait le *Génie du christianisme*, il publia, en quelques semaines, cinq éditions successives de ses *Nouveaux Saints*, boutade qui se soutient encore par des méchancetés amusantes dont la finesse fait sourire ceux mêmes qui regrettent d'y rencontrer certains traits d'impiété surannée.

Mais, tout en affectant le stoïcisme, il n'était qu'un faux puritain. Aussi n'aurons-nous pas la simplicité de voir un martyr de la foi républicaine dans cet épicurien fastueux et dissolu qui, sous ses apparences de Spartiate, ne se fit point prier pour applaudir au 18 Brumaire, comme l'attestent des vers où il ne ménageait pas l'encens au Premier Consul. Il est vrai que bientôt il changea de ton, lorsqu'en 1802 il s'irrita d'être inscrit sur la liste des vingt membres éliminés du Tribunat. Ses goûts dispendieux ne furent peut-être pas, non plus, étrangers aux rancunes de cette disgrâce qu'adoucit bientôt, en 1803, le poste d'inspecteur général de l'Université. En effet, quand Fouché lui fit espérer un brevet de sénateur, le conventionnel de 93 se laissa tenter encore, et oublia facilement qu'il avait dit autrefois:

> De scandaleuses voix que hait la Liberté,
> Aux yeux républicains, chantent la Royauté.

Pour flatter un caprice du Souverain, il consentit même à terminer par la cérémonie d'un couronnement cette tragédie de *Cyrus*, où des allusions transparentes se tournèrent en hommages rendus à la fortune de César. Ajoutons que, pour obtenir le pardon d'une apostasie, le courtisan maladroit laissa traîner encore çà et là, dans quelques scènes, ses oripeaux de tribun. Mais ce fut peine perdue; car il ne réussit à satisfaire ni le maître, ni le public.

L'indifférence de l'un dédaigna des avances sans crédit, et que démentait un long passé. Quant à l'autre, il châtia cette palinodie par des murmures, et par une tempête de sifflets dont l'explosion retentit jusque dans la rue. Le brevet de sénateur resta donc en portefeuille, et Chénier finit comme il avait commencé, par une chute, mais bien cruelle, puisqu'elle atteignait la personne même.

Il le comprit, et ne songea plus qu'à réparer une faute humiliante. Aussi mécontent de lui-même que des autres, il refoula ses amères tristesses, et relut Tacite avec l'âpreté d'un cœur qui cherchait la revanche, sinon de son honneur, du moins de son amour-propre. Or, le sujet de *Tibère* lui parut un sûr instrument de vengeance; et, cette fois, ses rancunes le servirent bien. Car, sous une imitation d'ailleurs trop froide et trop savante, on retrouve cette mélancolie que donne aux âmes l'impatience de la servitude. Dans une facture rigide et nue, on aime à surprendre ici

> Ces tons maîtres de l'âme, et ces mots pénétrants
> Qui, jusque sous le dais, font pâlir les tyrans.

Ce fut donc son œuvre maîtresse, et pourtant elle n'est pas irréprochable; car il y a là plus de discours que d'action, et les personnages y sont trop souvent les confidents de l'auteur; une érudition indiscrète y parade avec complaisance, et la satire y fait digression. Mais l'ensemble n'en est pas moins un beau moulage exécuté d'après l'antique par un des meilleurs élèves de Voltaire. En somme, malgré certaines longueurs, cette peinture du despotisme reste assez digne de son modèle.

La preuve en fut la colère de l'Empereur. Il se fit lire la pièce, à Saint-Cloud, par Talma. Les trois premiers actes passèrent sans accident; Napoléon s'agitait même sur son fauteuil, en répétant à plaisir : « C'est beau, très-beau ! » Mais, quand vint, au quatrième acte, ce dialogue de Cneius et de Pompée, où tant de sombres allusions surgissent comme des Euménides vengeresses, tressaillant tout à coup, il se leva brusquement, et ne cessa plus de marcher à grands pas. Enfin, la lecture achevée : « Chénier est fou ! s'écria-t-il, en saisissant le bras de l'acteur. Non, cette pièce ne saurait être jouée ! Dites-lui bien cela. » Il n'y avait pas de recours contre un pareil arrêt, et l'auteur de *Cyrus* dut se résigner à perdre ses chances de réhabilitation.

Un autre eût courbé la tête, mais Chénier n'était pas homme à déserter sitôt la lutte ; et, sans renoncer à l'espoir de ramener l'opinion, ses représailles se firent jour dans l'*Épître à Voltaire*, avec un talent dont la verve correcte et la précision élégante n'eurent jamais plus d'énergie. Sous l'entrain de cet opuscule philosophique frémit la fureur concentrée d'un ennemi,

> Qui conserve le droit de parler en secret,

et brave même ouvertement la foudre par cette provocation :

> Tacite en traits de flamme accuse nos Séjans,
> Et son nom prononcé fait pâlir les tyrans.

Une attaque aussi directe ne pouvait rester inaperçue; et, malgré l'intervention de Daunou, Joseph Chénier fut brutalement destitué « *dans l'intérêt de la morale* ». C'était Fouché qui osait parler ainsi dans les considérants de l'arrêté! Ce coup fut douloureux pour un prodigue qui se vit réduit à vendre sa magnifique bibliothèque. Mais il fit bonne contenance, et une épreuve dignement supportée lui valut du moins ce retour de faveur populaire qui est le bénéfice de la persécution. Les enchères furent poussées avec ardeur, et M. de Talleyrand, qui avait pourtant à venger des griefs personnels, acheta gracieusement, sans compter, toute la splendide édition de Voltaire que le poëte besogneux venait de publier, pour parer aux premières nécessités d'une détresse imprévue.

Cette libéralité lui permit de tenir tête à la trombe qui, du reste, passa comme un éclair. Car l'Empereur, regrettant peut-être la brusquerie d'un premier mouvement, ne tarda pas à pourvoir le fonctionnaire déchu d'une sinécure devenue vacante aux Archives. Une pension annuelle de 8,000 francs, et une indemnité régulière de 6,000 francs, servies sur la cassette impériale, finirent par cicatriser définitivement la plaie d'argent. C'était là, disons-le, se montrer magnanime pour un adversaire qui, la veille encore, écrivait en toutes lettres ce vers outrageant :

Un Corse a des Français dévoré l'héritage.

Aussi la reconnaissance finit-elle par désarmer un irréconciliable. Il eut même le bon sens de comprendre qu'il était temps de faire oublier, ou pardonner les torts de son humeur ; et la pensée d'une fin prochaine vint en aide à cette métamorphose qui eût été plus méritoire, si elle avait paru tout à fait désintéressée.

Ses collègues de l'Académie furent les premiers à lui savoir gré de ce repentir. Car, lorsque Napoléon chargea l'Institut de rédiger un rapport sur les progrès accomplis, depuis la Révolution, dans les sciences et les lettres, ils en confièrent le soin à la plume que cet honneur semblait inviter à donner publiquement un gage de modération inattendue. Cette occasion ne fut point perdue, et bien en prit à un écrivain habitué jusqu'alors à ces controverses ardentes où la voix se fausse ; car sa prose y gagna ce qu'il ignorait auparavant, la mesure et la simplicité.

Devenue circonspecte, elle sut distribuer l'éloge avec courtoisie, même à des adversaires qu'étonna très-agréablement sa justice bienveillante. L'atticisme de Chénier fut donc une nouveauté pour ceux qui l'avaient vu si souvent transporter dans les débats littéraires l'acrimonie des querelles politiques. Ce qui, chez tout autre, ne serait qu'une qualité de l'esprit parut presque un acte de vertu chez un polémiste d'ordinaire si dénigrant, et si dénigré. Delille, Suard, Morellet et Michaud furent tout confus d'une impartialité dont ils ne lui avaient pas eux-mêmes offert le bon exemple. Tandis qu'il louait avec chaleur Mme de Staël proscrite, il eut aussi le bon goût de signaler aux suffrages du jury l'œuvre de son plus implacable détracteur, *le Lycée* de La Harpe ; et il le fit en des termes si flatteurs que l'Académie, ratifiant les conclusions du rapport, ne voulut rien changer à la formule d'un jugement équitable. Chateaubriand seul lui porta malheur. Car, plus conservateur en littérature qu'en politique, Chénier ne nuisit qu'à lui-même par le pédantisme d'une diatribe qui accusait son manque de clairvoyance, et un esprit fermé à tout instinct de réforme poétique. Dans une révolution dont le sens lui échappait, il ne vit qu'une émeute. Or, en se refusant à faire généreux accueil à l'esprit nouveau, ce louangeur du vieux temps se condamna d'avance à subir bientôt la peine du talion.

Il ne se doutait guère, parmi ses entêtements d'école, de la distance qu'un avenir prochain allait établir entre les deux noms de Joseph et d'André. Aujourd'hui, passer de l'un à l'autre, n'est-ce pas aller de l'ombre à la lumière ? Et cependant, il fut un jour où le favori de l'opinion était celui dont on ne parlerait plus guère, s'il n'avait pour patronage la gloire protectrice du doux poëte qui chanta *l'Aveugle*, et *le Jeune Malade*. L'erreur d'autrefois est donc réparée. Elle l'est si bien que cette réparation ne nous paraît pas exempte de quelque injustice. En effet, si le Jacobin a été légitimement renversé des tréteaux où se démena son personnage de théâtre, s'il convient de ne pas tirer de l'oubli le Classique enragé qui ne sut emprunter à Voltaire que la déclamation, et à Lebrun que l'emphase, Joseph Chénier n'est pourtant pas mort tout entier avec les faux dieux qu'il a trop encensés ; et l'on se plaît à relire encore bien des pages où

> Il para la Raison du charme des beaux vers.

On a même tant abusé de la rêverie, du pittoresque, et de la couleur que ce style si ferme et si sobre a pour nous un prix singulier. Nous y retrouvons les plus saines traditions de notre langue, ravivées par une verve de bon aloi, dont la sincérité vaut parfois la verdeur gauloise de Boileau. Son élégie de la *Promenade*, ses discours sur *l'Erreur*, ou *l'Intérêt personnel*, l'*Épître à Voltaire*, et la plupart de ses satires sont réellement dignes de l'écrivain qui a dit :

> Le goût n'est rien qu'un bon sens délicat,
> Et le génie est la Raison sublime.

Il est vrai toutefois d'ajouter qu'à ses yeux la Raison fut un mot trop étroit ; car il confondit avec elle bien des préjugés qui l'aveuglent, et il eut toutes les superstitions de ceux qui n'adoraient en elle qu'une ennemie de l'ordre politique ou religieux. En cela, il se crut philosophe, et ne le fut pas plus qu'il n'était poëte dans ses tragédies. Mais n'imitons pas son intolérance, en lui reprochant d'avoir, comme tant d'autres, trop abondé dans l'esprit de son siècle. Après tout, cet excès eut des excuses, et nous semble préférable aux révoltes de ceux qui, maudissant leur temps, s'en exilent avec colère. Plaignons donc seulement un talent qui eut le tort de s'amoindrir par ses partis pris trop exclusifs. C'est une des causes qui expliquent le discrédit rapide de sa réputation [1].

Lorsque Chénier mourut, en 1811, à quarante-six ans, l'Empereur, par une sorte d'ironie qui ressemble à un calcul, voulut donner l'héritage de son fauteuil académique à l'auteur du *Génie du christianisme*. Le duc de Rovigo fut chargé de la négociation. M. de Chateaubriand se fit un peu prier; car les libres penseurs étaient en majorité à l'Institut, et « *cette tanière de philosophes* l'effrayait ». Mais enfin, il se décida, envoya ses cartes, et l'élection eut lieu. Il ne restait plus qu'à prononcer le discours où le royaliste et le catholique devait faire l'éloge d'un républicain et d'un voltairien. Qu'advint-il de cette situation fausse? Écoutez ici les *Mémoires d'outre-tombe*:

---

[1]. Chénier a traduit avec exactitude deux chefs-d'œuvre de Sophocle, l'*Œdipe-roi*, et l'*Œdipe à Colone*. Dégagé du souci de l'invention, tout entier au soin de la facture, il réussit à reproduire l'aisance, la simplicité, le nombre et l'harmonie du modèle antique. Aussi son style se distingue-t-il ici par des mérites qui manquent souvent à ses productions originales. Malgré certaines faiblesses de détail, on pourrait dire que ces études, aujourd'hui trop ignorées, sont, à elles seules, préférables à tout son théâtre. Les chœurs eux-mêmes ont été rendus fidèlement, et avec une heureuse souplesse. Il serait à désirer que l'attention revînt à cet essai dont quelques parties rappellent l'industrieuse imitation d'André Chénier. Elles ont une fraîcheur de jeunesse, une fleur de nouveauté qui ne se rencontre point dans ses autres créations. C'est au moins une œuvre toute désintéressée, ce qui fut rare chez ce déclamateur entêté de politique, et habitué à ces anachronismes dont les mensonges passionnés altèrent l'histoire, aux dépens de l'art ou de la vérité.

« Le discours fut porté à Saint-Cloud par M. Daru, et Bonaparte déclara que, s'il eût été prononcé, il aurait fait fermer les portes de l'Institut, et m'eût jeté dans un cul de basse-fosse pour le reste de ma vie. M. Daru me rendit le manuscrit çà et là déchiré, marqué *ab irato* de parenthèses et de traces au crayon. L'ongle du lion était enfoncé partout, et je croyais le sentir dans mes flancs. M. Daru ne me cacha pas la colère de Napoléon; mais il me dit qu'en conservant la péroraison, sauf une douzaine de mots, et en changeant presque tout le reste, je serais reçu avec de grands applaudissements. On avait copié le discours au Château; quelques phrases y furent supprimées, d'autres interpolées; et, peu de temps après, il parut dans les provinces imprimé sous cette forme. » Si ce récit est fidèle, Joseph Chénier n'imagina jamais un plus beau sujet de satire.

CHAPITRE IV

Le patronage du Pouvoir fut aussi redoutable que ses colères. Henri IV banni de la scène ; convenances diplomatiques ; *le Roi de Cocagne*. — Essai d'un théâtre national et d'un art nouveau. M. RAYNOUARD. *Les Templiers*, 1805. Jugements de Geoffroy et de l'Empereur. Illusions d'un faux novateur. La bonne volonté de construire un Panthéon à la France. *Les États de Blois* (1810) sont supprimés par ordre. Retraite du poëte.

En voyant intervenir dans les questions littéraires l'omnipotence du caprice impérial, nous ne pouvons que compatir à la condition de ces écrivains auxquels le patronage du Pouvoir n'était pas moins à craindre que ses colères. Oui, ses caresses mêmes faillirent être parfois aussi périlleuses que ses violences. Le théâtre surtout fut alors semé d'écueils. Car l'histoire qui sera toujours sa plus féconde ressource dévie facilement vers la politique. Or les rôles empruntés soit à la monarchie, soit à la république, risquaient, même contre le gré des auteurs, d'offrir prétexte aux regrets ou aux espérances des partis, et, par ces émotions, d'inquiéter un maître qui se défiait des œuvres les plus inoffensives.

Un souverain de si fraîche date ne put en effet tolérer des sujets sous lesquels se soupçonnaient des arrière-pensées hostiles à la dynastie qu'il prétendait fonder. C'est ainsi qu'il dut bannir de la scène le panache blanc du Béarnais, parce qu'il était un signe de ralliement pour certain groupe de mécontents qui, après avoir contribué à faire l'Empire contre la République, rêvaient une Restauration, sauf à la renverser ensuite par une coalition libérale et bonapartiste. Des scrupules de haute bienséance ne permirent pas non plus que des personnes royales fussent compromises en des aventures tragiques et comiques dont l'impression eût été pénible pour le patriotisme d'une nation, ou offensante pour la majesté des couronnes. Un jour, par exemple, Napoléon interdit un drame qui représentait le règne de Charles VI. Une autre fois, il fit remanier une pièce dans laquelle François Ier ne figurait point à son avantage. En 1810, au moment où Georges III venait de tomber en démence, on défendit encore la reprise d'une comédie dont le héros, le *Roi de Cocagne*, passait pour fou. Bien d'autres faits analogues prouvent combien le tact, la prudence ou l'adresse durent être alors nécessaires aux poëtes qui cherchaient fortune en dehors de Rome ou d'Athènes.

Cependant, la force des choses les invita de plus en plus à déserter un sol épuisé. Ce qui n'avait été d'abord qu'un instinct de l'ennui devenait déjà le conseil réfléchi de la critique. En 1804, un article du *Mercure* ne disait-il pas : « Est-ce qu'on n'a point vu chez nous, comme chez les Grecs, des familles royales dévouées aux Furies offrir aux contemporains muets de terreur des morts suspectes, et des successions ensanglantées ? Que manque-t-il donc à nos héros tragiques? Les noms de Frédégonde, de Clotaire, de Mérovée, de Clovis et de Clodomir ne sont-ils pas aussi beaux que ceux d'Étéocle, de Polynice, d'Atrée, et de Thyeste? Les règnes de Chilpéric et de Brunehaut ne valent-ils pas ceux d'Agamemnon et de Clytemnestre?» Cet appel fut entendu. Sans énumérer toutes les tentatives qui le démontrent, nous en distinguerons une qui fit événement, à savoir la tragédie des *Templiers* qui parut, le 14 mai 1805, au milieu d'un enthousiasme égal à celui qui, en 1797, avait accueilli le dernier triomphe de l'école classique, l'*Agamemnon* de Lemercier.

Si le public s'abusait en saluant dans cette œuvre aujourd'hui démodée l'inauguration d'un art nouveau, le vainqueur de cette soirée mémorable, M. Raynouard, avait du moins eu le mérite de l'à-propos. Dans un temps où l'on commençait à être las des redites mythologiques, il eut en effet l'habileté d'aborder résolûment l'histoire nationale, et rompit ainsi cette espèce de maléfice qui, depuis tant d'années, semblait condamner la poésie dramatique à n'être que le plus fastidieux de tous les genres. Ce n'était pourtant là que le brillant début d'un homme d'esprit devenu poëte par la volonté plus que par entraînement, moins propre à l'invention qu'à l'érudition, élevé dans les idées du dix-huitième siècle, et fidèle aux doctrines de l'âge strictement classique. Aussi les esprits éclairés ne s'y trompèrent-ils pas; et, dans un feuilleton où bien des réserves atténuaient l'éloge, Geoffroy se trouva d'accord avec un autre juge, qui, sans être littérateur, avait la pénétration d'un génie prompt à deviner sûrement tout ce qu'il ignorait.

« Cette pièce, dit Napoléon, m'a semblé très-froide, parce que rien ne vient du cœur, et n'y va. Oubliant que le véritable objet d'une tragédie est toujours d'émouvoir, l'auteur s'est trop soucié d'avoir une *opinion* sur un fait qui ne cessera pas d'être enveloppé de ténèbres. A cinq cents ans de distance, comment serait-il possible de prononcer que les Templiers furent innocents ou coupables, lorsque les contemporains eux-mêmes se contredisaient les uns les autres? Tout ce que l'on peut dire, c'est que cette affaire fut monstrueuse. L'entière innocence des Templiers est aussi incroyable que leur entière perversité. » Cette remarque allait droit au défaut de l'œuvre; car son tort principal fut d'être une thèse plutôt qu'une peinture, et de soutenir un procès en réhabilitation, au lieu de faire revivre les mœurs d'une époque, ou de conserver aux personnages leur physionomie, aux événements les couleurs de la réalité. Cette apologie sentimentale d'un Ordre frappé par un arrêt illégal ou inhumain rappelait donc trop qu'avant de vouer tardivement aux lettres son âge mûr, Raynouard avait exercé, pendant vingt ans, la profession d'avocat, pour assurer l'indépendance à ses doctes loisirs. Ici, l'homme du Palais n'avait point encore quitté sa robe; il croyait plaider devant la Cour de cassation.

Très-expert dans la science du pouvoir absolu,

l'Empereur chercha vainement aussi dans ce tableau d'histoire le prince impérieux, violent, et implacable, qui, indifférent au mal comme au bien, faisait tour à tour l'un et l'autre, par intérêt, sans le moindre scrupule, et alliait aux intrigues d'une politique froidement égoïste les calculs de la cupidité, les élans de l'audace, ou les éclats de la passion. Il ne le reconnut point dans les hésitations clémentes de « ce personnage qui tremble devant un inquisiteur, et semble ne demander aux Templiers que pour la forme un acte de soumission, ou de respect ». Ces défaillances ne pouvaient plaire à celui qui entendait si militairement les rapports du Pouvoir spirituel et temporel. Il ajoutait d'ailleurs que les héros de tragédie ne doivent pas être « tout à fait coupables, ou tout à fait innocents », mais offrir des contradictions et des faiblesses qui les rapprochent de nous. Or, cette observation était juste. Car il est certain que le Grand-Maître nous eût émus davantage, si, moins idéal et plus humain, il s'abandonnait un instant à ces troubles qui se concilient avec les résolutions courageuses. Quant au jeune Marigny, qui a le tort d'être amoureux sans que l'on sache l'objet de son amour, l'inutilité de ce rôle n'est pas suffisamment rachetée par l'hémistiche tant applaudi dans ces vers :

> Tous marchent à la mort d'un pas ferme et tranquille;
> On les égorge tous. *Sire, ils étaient trois mille.*

On peut encore regretter que le style soit trop lâche, qu'il manque de nouveauté, qu'il abonde en formes vagues, communes, abstraites ou déclamatoires, et qu'il n'ait pas retenu le vif accent de nos vieilles chroniques. Mais, en dépit de ces notes fausses ou indécises, on se sent touché par le spectacle de ces victimes innocentes qui subissent le sacrifice suprême avec la sérénité du martyre. On ne saurait non plus contester l'effet pathétique de quelques beaux vers dont l'accent rivalise, comme un écho lointain, avec le sublime de Corneille. Dans les dernières scènes s'élève du moins un cri d'éloquente protestation qui va droit au cœur, et le récit grandiose du supplice se termine par un trait qui s'impose au souvenir de la postérité. *Les chants avaient cessé :* voilà un de ces mots admirablement simples et expressifs qui assurent le gain d'une bataille. Aussi convient-il de ne point décrier à distance un légitime succès, que rend très-vif le contraste de l'indigence universelle où languissaient alors les imaginations.

Mais Raynouard se fit illusion lorsque, se croyant en possession d'un genre, il en essaya bientôt la théorie. Dans son discours de réception à l'Académie française, où il entra le 24 novembre 1807, considérant l'action exercée par la tragédie sur l'esprit d'un peuple, ne proclama-t-il pas avec une certaine emphase qu'elle devrait s'associer parmi nous à tous les sentiments qui peuvent agiter le cœur d'un citoyen ? Il aurait donc voulu transformer « le temple de Melpomène » en un Panthéon national ouvert à toutes nos gloires, et il se flattait secrètement d'en être l'architecte. En approuvant ces vues générales, nous ne serons pas de son avis sur ce dernier point. Tout au plus posa-t-il la première pierre. Quant à la seconde, c'est une autre question ; et, lorsque Raynouard y mit la main, il prouva seulement combien les exemples sont plus malaisés que les préceptes.

Impatiemment attendus, *les États de Blois*, qui virent le jour en 1810, ne furent en effet qu'une galerie de portraits, sous apparence d'action dialoguée. Si l'historien s'y retrouve dans l'exactitude des détails, son inexpérience de la scène est flagrante ; et ce défaut s'aggrave d'une diffusion dont le prosaïsme n'est relevé par aucune saillie. La renommée du poëte n'eut donc pas à souffrir de l'interdiction que prononça l'Empereur, après avoir fait jouer la pièce sur son théâtre de Saint-Cloud. Dans cet épisode de la Ligue il avait vu de sérieux inconvénients. « Les éloges prodigués aux Bourbons sont les moindres, dit le *Mémorial* ; les diatribes contre les révolutionnaires sont bien pires. Si j'autorisais cette tragédie, on pourrait m'apprendre le lendemain que cinquante personnes se sont égorgées dans le parterre. De plus, l'auteur a fait d'Henri IV un vrai Philinte, et du duc de Guise un Figaro : ce qui est par trop choquant. Car le duc de Guise était un des plus grands personnages de son temps, avec des talents supérieurs auxquels il ne manqua que d'oser pour commencer dès lors la quatrième dynastie. D'ailleurs, c'est un parent de l'Impératrice, un prince de la maison d'Autriche, avec qui nous sommes en amitié, et dont l'ambassadeur était présent, ce soir, à la représentation. » Au fond, ces griefs plus ou moins sincères, où l'accessoire cachait à dessein le principal, ne recouvraient qu'une raison, la crainte de cette cabale royaliste qui avait adopté d'avance un sujet sympathique à ses vœux et à ses aversions.

Du reste, Raynouard prit son parti d'un mécompte qui n'altéra pas sa belle humeur, et lui rendit plus chères les études de philologie pour lesquelles il était éminemment doué. Il se résigna donc sans peine à patienter, et attendit avec sa philosophie ordinaire une heure plus favorable à des espérances que partageaient les admirateurs de ses *Templiers*. En 1814, il pensa tenir enfin l'occasion désirée ; mais la froideur de l'accueil fait à un revenant qui n'était plus jeune l'avertit qu'il se trompait encore ; et, comme il avait autant de finesse que de sens pratique, il se garda bien d'insister davantage. Il rentra donc prudemment « sous la remise », suivant son expression, et revint, pour ne plus le quitter, à son dialecte provençal qu'il entendait mieux que la langue tragique.

CHAPITRE V.

Népomucène Lemercier. — I. L'Initiateur inconscient et incompris. Débuts d'un petit prodige. *Méléagre, Clarisse Harlowe, le Lévite d'Éphraïm. Le Tartufe révolutionnaire.* — Le triomphe d'*Agamemnon*, 1797. Les Atrides et la Terreur. *Pinto* et *le Barbier de Séville*, 1800. Ombrages politiques. *L'Ostracisme*, et *la Journée des Dupes*. Aventures d'un éclaireur qui se risque à la découverte. — Les épopées d'*Homère* et d'*Alexandre*. — La tragédie de *Charlemagne*. Ami du général Bonaparte, Lemercier se refuse aux avances du Premier Consul. Conditions périlleuses d'un novateur entre deux despotes, la Routine et l'Empereur. — Le drame de *Christophe Colomb*, 1809. — Son chef-d'œuvre comique, *Plaute*. Attitude de victime. — Les lubies d'une humeur fantasque. — II. *Les Quatre métamorphoses, les Trois fanatiques, la Mérovéide, les Ages français, l'Atlantiade*; la mythologie scientifique. *La Panhypocrisiade*, pandémonium du XVIe siècle. Confusion des genres. — *Cours analytique de littérature ;* contradictions du critique et du poëte. Isolement, et oubli.

I

Bien que défectueuse, la conception des *Templiers* n'en est pas moins une date qui aura plus d'importance encore si nous la rattachons au souvenir d'un autre nom, de Népomucène Lemercier, esprit versatile, fantasque, irrégulier, disputé par mille tendances contraires, grand admirateur de Voltaire et de Dante, recherchant le neuf sans trouver le beau, moins capable de volonté patiente que de velléités capricieuses, prompt à naviguer sans lest et sans boussole sur toutes les mers, au risque de maint naufrage; mais pourtant doué de facultés rares qui eussent fait merveille, si, partagé entre des instincts hardis et les énervantes timidités du goût contemporain, il n'avait pas manqué de cet équilibre sans lequel toute destinée est incomplète. Malgré les lacunes d'une intelligence aussi féconde à imaginer qu'impuissante à exécuter, il y eut donc des traits fort expressifs dans la physionomie de cet écrivain diffus, mais ardent, qui retrouva la tragédie grecque avec *Agamemnon*, la comédie latine avec *Plaute*, et soupçonna, dans *Pinto*, l'existence d'un monde dramatique dont il nous aurait ouvert les voies, s'il avait eu plus de suite dans ses desseins, ou plus de sûreté dans sa facture.

Né à Paris, le 21 avril 1771, filleul de la princesse de Lamballe, réputé prodige dès son enfance, il n'avait que seize ans lorsque le patronage de la reine Marie-Antoinette valut à sa *Méléagre* la faveur d'être jouée à la Comédie-Française. La Révolution vint brusquement interrompre les succès d'un Chérubin qui faisait déjà les délices de la cour et de la ville. Mais, jusque dans le voisinage des jours sinistres, quand la tragédie cessa d'être au théâtre, il fut encore assez heureux pour imposer à l'attention publique le drame sentimental de *Clarisse Harlowe*, qui attendrit les plus impitoyables. Son *Lévite d'Éphraïm* affronta même la Terreur; ou plutôt, ce sujet ne pouvant paraître sans l'aveu de Robespierre, l'auteur ne voulut point s'abaisser à une démarche qui lui coûtait, et se réserva pour des temps meilleurs.

Après le 9 Thermidor, il se dédommagea d'un silence forcé par une explosion de gaieté satirique, *le Tartufe révolutionnaire*, bouffonnerie audacieuse que le Directoire ne tarda pas à interdire, peut-être parce qu'il s'y était reconnu.

Tels furent les préludes d'un talent qui ressentit le contre-coup d'une commotion sociale. Sa clairvoyante sagacité comprit en effet que la sécheresse d'un art réfractaire à tout changement ne pourrait plus suffire à cette nation qui, au lendemain de sa délivrance, applaudissait le vainqueur d'Arcole et des Pyramides. Pourtant, des entraves respectées le retenaient encore ; car son premier pas dans la carrière fut une tragédie grecque. Acclamé par l'enthousiasme populaire, le 27 avril 1797, et couronné plus tard par l'Institut, son *Agamemnon* donnait du moins un démenti glorieux à la spirituelle malédiction lancée par Berchoux contre la race des Atrides. C'est qu'Eschyle avait fait passer dans l'âme d'un interprète ému comme un souffle de son génie, je veux dire une majesté singulière, je ne sais quoi de grandiose et de sombre. Oui, sous des langueurs de diction, nous sentons ici la puissance d'une séve généreuse. Or, cette verve intérieure, qui triomphait de la poétique des Saurin et des Marmontel, ne s'explique pas seulement par une inspiration directe, et puisée aux sources vives de l'antiquité ; elle se souvient aussi des visions sanglantes qui avaient laissé leur trace ineffaçable dans le cœur d'un poëte. Représentée à deux pas de l'échafaud, devant les témoins d'un régicide, la légende d'Argos retrouva donc comme un air de jeunesse dans la mélancolie, la pitié, l'épouvante ou l'horreur des attentats récents.

Mais Lemercier ne tiendra guère les promesses de cette héroïque journée. Bien que, possédé d'une fougue vaillante, il ne cessât pas de se lancer en conquérant dans toutes les directions, il y eut toujours plus de témérité que de bonheur en ses hautes visées, qui provoquèrent cette épigramme de Lebrun :

> Lemercier est-il bien l'auteur d'*Agamemnon ?*
> *Le Prude* répond non ; *Ophis*, non ; *Pinto*, non.

Après avoir honoré d'une dernière et digne offrande l'autel de la Muse tragique, il le déserta pour encenser d'autres dieux. Parmi les entreprises dont la fécondité ne fut qu'apparente, parce que leur caprice était déréglé, bornons-nous à signaler *Pinto*, drame comique dans lequel est mise en scène la conspiration qui assura le trône au duc de Bragance.

Improvisée en vingt-deux jours, l'esquisse de cette amusante intrigue semble tracée par la plume de Beaumarchais. Nous y aimons la franchise d'une plume incisive, le tour alerte du dialogue, la finesse d'un observateur malicieux, et la dextérité d'une main adroite à embrouiller ou débrouiller l'imbroglio des incidents. Entre Pinto et Figaro, le duc de Bragance et Almaviva, Vasconcellos et Bartholo, il y a certains airs de famille. Léger et brillant, le style est, aussi lui, comme un feu d'artifice dont les fusées se croisent, étincellent, éclatent, et éblouissent les yeux. Mais, si cet entrain nous fait penser au *Barbier de Séville*, l'analogie ne dégénère point en pastiche ; et c'est bien une création personnelle que ce vivant croquis d'une révolution durable accomplie, en quelques heures, par le courage et le sang-froid d'un personnage assez habile pour délivrer un peuple de ses oppresseurs, et faire d'une province une nation. L'ambition de la duchesse de Bragance, si digne du trône que lui doit son époux, l'indolence d'un prince qui devient roi sans le savoir et sans le vouloir, l'optimisme benêt et fanfaron de l'archevêque de Brague, les manéges d'un génie inventif qui va gaiement au péril comme à une fête : voilà des motifs qui se prêtaient aux plus piquants contrastes. Or, Lemercier réussit à mêler ingénieusement le plaisant au sérieux dans une pièce qui serait allée loin si le Premier Consul, conspirateur émérite, n'avait jugé prudent d'étouffer les allusions suscitées par cette ironique peinture d'une usurpation. Impatient de se couronner lui-même, il ne pouvait être sympathique aux scrupules de ce Duc pusillanime qu'il faut introniser malgré lui. Aussi, pour mener les choses en douceur et sans bruit, s'empressa-t-il d'accorder des congés à la plupart des principaux acteurs. Grâce à cette dispersion de la troupe, l'œuvre dut bientôt rentrer dans l'ombre, sans avoir l'air d'y être poussée de force.

Du reste, Lemercier ne perdit point courage ; et,

quelques mois après ce déboire, *l'Ostracisme*, comme *la Journée des Dupes*, nous montre encore l'éclaireur qui court de l'avant, mais à l'étourdie, et sans avoir cette confiance intrépide qui, chez un chef d'école, est un signe d'élection, une grâce d'état. Outre qu'il ne crut point assez en lui-même pour entraîner des fidèles, l'autorité lui fit défaut, parce qu'un coin de manie gâtait ses meilleures intentions ; il rappelle ces inventeurs qui, faute d'avoir le sens du possible, se ruinent en découvertes excentriques. Il n'avait pas non plus cette force qui tient à la constance d'une idée fixe. Trop prime-sautier pour se vouer à un genre spécial, il aima mieux voltiger de droite à gauche ; et cette ubiquité ne lui permit jamais le recueillement indispensable à l'artiste.

C'est ainsi que deux récits épiques, un *Homère* et un *Alexandre*, firent diversion aux échecs qu'il voulait réparer. En même temps, il consacrait une tragédie à *Charlemagne*. Or, Bonaparte, qui en eut la primeur, y vit une occasion d'interroger l'opinion, aux approches de l'heure décisive où il s'apprêtait à revêtir la pourpre impériale. Aussi laissa-t-il entendre qu'il y avait lieu d'introduire dans le dénoûment de la pièce une députation pontificale, venant offrir au vainqueur des Saxons et au champion du Saint-Siége le titre d'Empereur d'Occident. Mais un caractère indépendant et fier ne pouvait se plier à une telle flatterie. Lemercier fit donc la sourde oreille, et ce fut sagesse autant que dignité ; car on sait quel accueil reçut le *Cyrus* de Joseph Chénier, qui, malgré ses engagements passés, se chargea de rendre un service équivoque.

Ce trait honore la personne, et vaut mieux, à lui seul, que toute la tragédie. Si le poëte n'eut pas toujours une tenue assez correcte, il n'en fut point ainsi du républicain modéré qui ne pardonna jamais au général Bonaparte d'avoir préféré la gloire de César à celle de Washington. Il oublia même trop, ce me semble, l'hospitalité familière de la Malmaison où on le traitait si gracieusement; et la convenance n'exigeait peut-être pas qu'il s'aigrît jusqu'à la plus âpre amertume. Si un grain de mauvaise humeur était légitime chez un homme de cœur qui, perdant un ami, refusa de se donner un maître, n'a-t-il pas excédé la mesure en renvoyant sa croix de la Légion d'honneur, le jour où le Premier Consul s'appela Napoléon Ier ?

Ajoutons, pour être justes, que la politique ne fut pas seule responsable de ses disgrâces littéraires. Car il ne faut point oublier que le rôle de novateur est souvent dangereux; or, le despotisme de la routine pourrait bien avoir été plus hostile à un insoumis que celui du Souverain qui n'eût pas marchandé sa bienveillance à des pièces dignes d'éloge. « Quand donc nous donnerez-vous quelque chose ? » lui dit un jour l'Empereur qui était son collègue à l'Institut. — « Bientôt, Sire; j'attends », répondit Lemercier. Riposter à de sincères avances par cette spirituelle impertinence, était-ce équitable ? J'en doute, et j'incline à croire que, de bonne foi, d'ailleurs, un auteur malheureux aimait à se tromper lui-même en imputant au Pouvoir quelques-unes de ses mésaventures.

Ce qui le prouve, c'est, par exemple, la chute de son *Christophe Colomb*, joué en 1809. S'il n'obtint point alors des suffrages mérités, le tort n'en fut-il pas aux classiques dont l'orthodoxie s'indigna de voir un hérétique braver l'unité de lieu, et mettre en scène l'intérieur d'un vaisseau? Un orage éclata, quand on entendit ces vers :

> Je réponds qu'une fois saisi par ces coquins,
> On t'enverra bientôt au pays des requins.

Dans la bagarre qui suivit, il y eut un mort, et plusieurs blessés. Pour faire représenter la pièce, il fallut la protéger par des baïonnettes.

Nul mauvais vouloir n'intervint non plus contre le vif succès de *Plaute*, dont Lemercier disait : « Le sujet de Molière, c'est un avare qui perd un trésor; mon sujet à moi, c'est Plaute qui trouve un avare. » La faveur éclata dès ce joli prologue où Thalie défend Molière contre Mercure, qui lui en veut de l'avoir traité en Scapin. Dans une intrigue un peu trop légère, mais attachante, on fêta franchement des caractères touchés avec finesse, un dialogue pétillant et naïf, l'à-propos des réparties, et le naturel d'un style aussi limpide qu'allègre. Cette imitation de l'antique fit donc son chemin sans le moindre obstacle.

Par conséquent, ne disons pas trop haut que l'Empire coupa les ailes à Népomucène. La vérité serait plutôt qu'il fut un de ces ombrageux auxquels ne déplaît nullement l'attitude de victime, ou de récalcitrant. Royaliste en 89, réactionnaire en 93, il s'aperçut, en 1804, qu'il était libéral, et, sous la Restauration, se persuada tout à coup qu'il regrettait l'Empire. Ce travers nous explique pourquoi il envoyait ses pièces à la censure comme un général lance ses soldats à l'assaut. Il eut ainsi plus de cinq grands drames tués sous lui, et il se parait de ces blessures comme d'une décoration reçue au champ d'honneur. Or, cette habitude de contrarier ou de taquiner tantôt le pouvoir, tantôt le public, finit par devenir un de ces plis qui ne s'effacent plus.

II

Après avoir nargué « le tyran », qu'il ne cessa pas d'aimer à son insu, malgré ses airs boudeurs, il finit par se moquer du sens commun en des poëmes qui firent scandale. Telles étaient déjà ses *Quatre Métamorphoses*, dont la licence avait effarouché même le Directoire, tant la Vénus qui inspira cette fantaisie malsaine ressemblait peu à celle qui préside au chœur des Muses décentes ! Tels furent encore ses *Trois Fanatiques*, lubie philosophique, aujourd'hui presque introuvable, et qui n'a de valeur que pour des bibliophiles. Que dire de sa *Mérovéide*, où, profanant la légende de sainte Geneviève, comme Voltaire l'histoire de Jeanne d'Arc, il blesse toutes nos délicatesses par une impiété qui n'a pas même le sourire de l'esprit? Jugez-en par ce sermon qu'il prête à la mère d'Attila, voulant convertir son fils au matérialisme :

> Moroeéphale alors rassure
> Son fils qu'elle enhardit au mal :
> « Tu vois qu'il n'est dans la nature
> Que feu, vent, eau, terre et métal.
> Tout est matière qui s'attire,
> Et qui se repousse au hasard ;
> Et tout ce qui meurt est la part
> D'un nouvel être qui respire.
>
> Les animaux organisés,
> Se rendant à la masse inerte,
> Renaissent métamorphosés,
> Se transforment sans nulle perte.
> Des corps qu'elle vient enflammer
> La vie est à peine chassée,
> Qu'aux plantes, aux vers dispersée
> Elle sert à les ranimer.
>
> Ne crains pas qu'aucun Dieu te damne :
> Sois, si tu veux, sans nul remords,
> Méchant, fourbe, impie ou profane ;
> Les morts sont en paix, et bien morts.
> Les mânes n'ont leurs domiciles
> Que dans les cerveaux vaporeux.
> Toi, politique songe-creux,
> Laisse un tel rêve aux imbéciles.

On le voit, le fond et la forme se valent dans cette indigeste rapsodie, comme aussi dans les quinze chants du manuel historique intitulé par sa fantaisie *les Ages français*.

Mais ne faisons pas l'inventaire d'un portefeuille

si encombré. Remarquons seulement dans *l'Atlantiade* le projet bizarre de substituer à la mythologie grecque un merveilleux emprunté à la physique moderne. Travaillé dès sa jeunesse par l'ambition de marcher sur les traces de Lucrèce, et engagé de plus en plus dans ce dessein par l'amitié qui l'unissait à Laplace, au baron Thénard et à Dupuytren, Lemercier voulut être l'Hésiode d'une théogonie newtonienne. Il imagina donc tout un nouvel Olympe où *Psycholie*, *Barythie* et *Proballène* personnifient l'âme du monde, l'attraction et la force centrifuge. Filles de *Nomagène*, Déesse de l'équilibre, ces deux dernières divinités ont pour frère le demi-dieu *Curgyre*, qui préside à la course elliptique des astres. Dans leur cortége figurent encore *Syngénie*, *Lampélie* et *Pyrophore*, qui représentent les affinités électives, la lumière et le calorique ; *Phoné*, le Dieu du son, père des échos ailés ; la nymphe *Électrone*, son époux *Pyrotone*, *Sider* ou le fer, marié à *Magnégyne*, l'aimant, *Ménie* la lune, *Hélion* le soleil, *Sulphydre* ou l'hydrogène, et le vieux *Métrogé*, dans lequel s'incarne le Génie de la géométrie. Voilà les fantômes allégoriques auxquels s'amusait un paganisme extravagant, dans le voisinage de Chateaubriand et de Lamartine. C'était s'exposer tout au moins au ridicule d'être incompris, ce qui fut regrettable ; car certain levain poétique fermente encore dans ce chaos. Des éclairs sillonnent la nébuleuse.

Ce n'était, du reste, que la préface d'une autre

méprise encore plus étrange, *la Panhypocrisiade*, monstre à trois têtes, Chimère qui chante, rit et aboie, mélange de délire et de talent, colossal fouillis où s'entre choquent des éléments étonnés de se rencontrer, mais qui auraient pu s'organiser en une création remarquable, si la raison et le goût n'y étaient comme submergés sous la marée montante d'une verve tantôt magnifique, tantôt folle ou grossière. Telle page ne serait pas indigne d'Aristophane, ou de Lucien ; mais telle autre n'est plus qu'une parodie de Chapelain. L'absurde y heurte le sublime, si bien qu'il y aurait là de quoi sauver un nom de l'oubli, ou le discréditer à tout jamais. En dépit de cette incohérence et de ces écarts, on ne saurait donc dédaigner sans réserve ce pandémonium où toutes les splendeurs et tous les crimes d'un âge fanatique se déroulent en des épisodes qui parfois égalent soit les *Tragiques* d'Agrippa d'Aubigné, soit le Pantagruélisme de Rabelais.

Ne pouvant analyser un pêle-mêle où l'art n'apparaît que pour disparaître, indiquons pourtant la pensée qui préside à ces jeux dont la fantaisie trop vagabonde met en scène les éléments et les animaux, des passions et des abstractions, la Mort, l'Éternité, l'Espace, la Conscience, le Courage, la Peur, les anciens et les modernes, Tibère et saint Bernard, Attila et Copernic, Soliman et Christophe Colomb, Thémis et saint Augustin, La Trémouille et Satan, en un mot, le ciel, la terre et l'enfer tourbillonnant autour d'un héros moitié renard et moitié lion, qui sert de centre aux contrastes d'une époque féconde en surprises.

Témoin sceptique de plusieurs révolutions où il vit si souvent « *mettre les lois hors la loi* », Lemercier avait pu observer de près les chétives et odieuses figures auxquelles l'illusion de la perspective donnait seule des semblants de grandeur. Désabusé par l'expérience, et assombri par des colères longtemps refoulées, il entreprit donc de peindre la caricature de tous les rôles hypocrites joués ici-bas par la Gloire, le Pouvoir et l'Amour. Transportant sa fiction dans les régions infernales, il suppose que les démons, affranchis un moment de leurs supplices, profitent de cette trêve pour assister au spectacle de ces sottises humaines dont le xvie siècle fut un des principaux théâtres. La rivalité de Charles-Quint et de François Ier est le cadre de ce poëme qu'il appelle *Charlequinade*. Mais l'humanité, avec ses misères et ses hontes, paraîtra le véritable héros de cette fable misanthropique, où la trivialité de la farce s'associe à des accents de haute raillerie ; car il y a là du Faust arrangé par M. Jay, et du Milton revu par Callot. Sous une fougue trop dévergondée, se reconnaissent donc les membres épars d'un poëte.

Parmi les pages qu'on voudrait sauver, nous citerons le Dialogue de la Conscience et du connétable de Bourbon, la Plainte du chêne abattu par des soldats, la Dispute de Luther et du Diable, la Conversation de Rabelais et de la Raison, ou bien encore le Discours de la Mort répondant ainsi à une fourmi, dont la république vient d'être bouleversée par le pied d'un cheval :

> . . . . Ce colosse superbe
> N'est qu'un cheval mortel qui broute, et qui pait l'herbe.
> Aveugles l'un pour l'autre, et d'instincts séparés,
> Vous existez ensemble, et vous vous ignorez.
> Il échappe à tes yeux par sa grandeur extrême,
> Ta petitesse aux siens te dérobe de même.
> Ainsi, tant d'animaux, diversement produits,
> Sont au gré du hasard l'un par l'autre détruits.
> Tour à tour l'un de l'autre utile nourriture,
> A tous également je les livre en pâture,
> Et les cède sans choix à l'aveugle appétit.
> L'aigle est en proie aux vers, et le fort au petit.
> Te souvient-il d'un monstre à tes yeux si terrible,
> Au long dos écaillé d'émeraudes flexibles,
> Le lézard, dont la gueule effrayait vos cités?
> Un serpent en dîna dans ses trous écartés.
> Ce pivert, qui dardait une langue affilée
> Sur votre colonie à sa faim immolée,
> Fut mangé d'un vautour; et son sanglant vainqueur
> Fut pris d'un épervier qui lui rongea le cœur.

Non, Joseph de Maistre ne désavouerait pas ce motif. En l'agrandissant, on peut y entrevoir, avec la philosophie désolée de Lucrèce, l'impression de ces guerres européennes qui semblaient livrer le monde à la merci du hasard et de la violence.

Lamartine aussi retrouverait, à l'état d'ébauche, un de ses élans d'éloquence dans le Chant du Soleil inondant de sa sereine lumière les morts de Pavie, et s'écriant alors :

> Fixe et tranquille au sein de tout mon univers,
> Je répands mon éclat sur les mondes divers;
> Et j'aime à contempler la constante harmonie
> Des sphères traversant l'étendue infinie!

Il est encore plus d'une heureuse rencontre dans ce monologue où la ville de Paris, ensanglantée par l'émeute, déplore ainsi les révolutions dont elle est la victime :

> Comme on me traite, hélas ! Que n'ai-je pas à craindre ?
> Si je me plains sans cesse, ai-je tort de me plaindre ?
> Quand je cède à mes rois, je me sens ruiner ;
> Quand je sors de leurs mains, sais-je à qui me donner ?
> Ceux que j'appelle à moi sont espions ou traîtres,
> Ou se font mes flatteurs pour s'ériger en maîtres.
> L'hydre que je nourris, épouvante de tous,
> S'apprivoise au Pouvoir qui caresse ses goûts.
> On la soûle de vin, de lard et de saucisses,
> On l'attire béante à des feux d'artifices ;
> Je prévois leurs complots, et n'y peux échapper ;
> Je passe ainsi pour folle, ou facile à duper.
> Voilà donc mes chagrins dont j'affecte de rire,
> Ce qui soulève en moi mon levain de satire,
> Et pourquoi je chansonne en de malins couplets
> Mes bourreaux décorés, et leurs altiers valets.

Ces fragments, et d'autres perdus dans le médiocre ou l'absurde, sont les premiers symptômes de cette indiscipline qui renversera plus tard toutes les barrières élevées entre des genres jusqu'alors incompatibles. Les sourds murmures d'une révolte grondent en effet dans

> Ce dialogue en vers, qui, plaisant et tragique,
> Descend à la satire, et s'élève à l'épique ;
> Où chacun des acteurs, en ses mœurs et son rang,
> A son propre langage, et son ton différent ;
> Un style qui descend du tour noble au vulgaire,
> Évitant mieux l'ennui qu'en un mode ordinaire.

Les témérités d'*Ahasvérus*, et de *la Légende des*

siècles, ont été dépassées d'avance par ce poëme où, non contente d'évoquer les allégories de la Nature, de la Loi, de l'Église et de l'Anarchie, une imagination scolastique comme le *Roman de la Rose* prête la parole à l'Ivresse, à la Louange, à la Frayeur, à la Honte, et va même jusqu'à faire converser la Métempsycose et la Méditerranée, sans compter les requins, les phoques et les baleines. N'allez pourtant pas regarder Lemercier comme un provocateur, et un révolté ; car c'est presque à son insu qu'il s'émancipe, et ses timidités égalent ses audaces.

On le vit bien lorsque, plus tard, dans son *Cours analytique de littérature*, il se déclara si résolûment l'adversaire d'une école encouragée par ses bons et ses mauvais exemples. Au lieu d'avouer pour héritiers ceux qui lui faisaient l'honneur de le considérer comme leur devancier, ne devint-il pas subitement hostile à des entreprises qu'il réprouva ? On lui disait un jour que les nouveaux venus étaient ses enfants : « Oui, répliqua-t-il malicieusement, mais des enfants trouvés. » Il déclina donc cette paternité fortuite, et s'obstina même à refuser sa voix à M. Victor Hugo, sans se douter qu'il lui laisserait son fauteuil à l'Académie française. Voilà comment finit celui qui, sous l'Empire, avait subi les excommunications des Grands Prêtres classiques !

Mais ces brusques soubresauts trahissent un des travers de son humeur. Il prétendit toujours être seul de son avis. Aussi se tourna-t-il contre ses sentiments de la veille, dès qu'ils cessèrent d'être son monopole, et son privilége. Malgré la ferveur d'un zèle soudain pour « les saines et austères doctrines », qu'il foula si souvent aux pieds, il n'en avait pas moins écrit, avant la *Préface de Cromwell :* « On répète, par routine, que la langue est fixée ; or, loin d'applaudir à cet axiome banal, j'affirmerais non-seulement que chaque écrivain se distinguera toujours par un style particulier, mais que chaque genre comporte le sien, dont le secret est la mobilité des sentiments et de l'imagination. » On ne saurait mieux dire, et toute une révolution désirable est ici renfermée comme en son germe.

Tant que sa plume obéit à ce principe, ses écrits tranchèrent sur le fond terne de la littérature régnante. Mais, alors même, une forme rude, inégale et barbare ne soutenait point l'essor d'un inventeur dont la faconde souvent déclamatoire est bien contemporaine de cette génération qu'animèrent les fiévreuses ardeurs de Danton et de Camille Desmoulins. Chez lui, tout ne fut-il pas improvisation et hasard ? N'obéissant qu'à des boutades, sa turbulente facilité se prodigua, sans choix ni mesure, en des expériences contradictoires qui déroutent l'observateur. Comment fixer un jugement sur ce poëte qui, tour à tour, renia les classiques, après s'être signalé par la dernière de nos grandes tragédies, et les romantiques, lorsque leurs victoires eurent, à ses yeux, le tort impardonnable de faire concurrence à sa *Frédégonde*, à son *Charles VI*, à son *Louis IX*, à son *Charlemagne*, à son *Richard III*, en un mot, à tous ces héros qui avaient souhaité de si bon cœur la chute de l'Empire, pour s'élancer enfin librement sur la scène? Ils durent en vouloir à une École qui venait tout à coup accaparer, à leurs dépens, l'attention du public. Au lieu de montrer leur dépit, ils auraient dû se dire plutôt que ces années d'attente avaient vieilli la plupart d'entre eux. Mais, s'ils ne s'en aperçurent pas, on ne le vit que trop clairement autour d'eux, jusqu'au jour où la mort de Talma ruina les dernières espérances d'un poëte qui, moins que tout autre, pouvait se passer d'un grand acteur. De là l'isolement volontaire où se retrancha sa vieillesse. Or, le silence est frère de l'oubli. L'auteur d'*Agamemnon* et de *Pinto* reste pourtant la figure la plus curieuse d'une époque ingrate. Pour briller au premier rang, que lui manqua-t-il? L'à-propos. Il naquit trop tôt, et mourut trop tard. Voilà pourquoi il ne fut qu'un original, auquel nous refuserons, mais à regret, l'originalité véritable.

CHAPITRE VI

GABRIEL LEGOUVÉ. Opportunité pathétique de *la Mort d'Abel*. — *La Mort d'Henri IV*, et ses parties touchantes. Allusions courageuses d'*Épicharis et Néron* ; elles éveillent des échos sympathiques aux victimes de la Terreur. *Le Mérite des Femmes* coupe court à la licence de la poésie, sous le Directoire. — M. ARNAULT. *Marius à Minturnes, Lucrèce, Cincinnatus. Les Vénitiens*, 1799. — M. Brifaut, et *Don Sanche*. Conclusion.

Cette revue des talents dramatiques ne serait pas complète si nous ne terminions notre rapide esquisse par un mot de commémoration sympathique à deux écrivains auxquels notre scène doit un souvenir.

Le premier d'entre eux est Gabriel Legouvé, dont le nom doublement célèbre est encore cher aux lettrés d'aujourd'hui, comme il le fut à ceux d'autrefois. Il représenta les grâces de l'esprit inspiré par les délicatesses du sentiment, et souvent avec un à-propos qui eut ses heures brillantes ou courageuses. Il le prouva dès son début. *La Mort d'Abel*, qui date de 1793, n'avait-elle pas une opportunité qui parut aussi ingénieuse que pathétique aux témoins de la Terreur ? En transportant les imaginations aux premiers jours du monde naissant, cette sombre pastorale s'associait à la pitié comme à l'indignation suscitée par les fureurs d'une tyrannie fratricide. Oui, c'était ouvrir de furtives échappées à la révolte de toutes les âmes ; et l'accueil qui saluait le poëte devint le cri de la conscience publique, protestant contre les forcenés qui versaient à flots le sang de la France. Ce fut donc un indirect mais pressant appel à cette Fraternité qu'affichaient en vain les menteuses formules d'une dictature hypocrite.

La même pensée clémente et vengeresse dut aussi contribuer au succès d'*Épicharis et Néron* ; car toutes les voix généreuses acclamèrent les vœux secrets de leur propre colère dans la mort d'un tyran réduit à tourner son poignard contre lui-même. Il y eut là comme un arrêt prophétique de la justice prochaine ; et les applaudissements que ce spectacle fit éclater de toutes parts furent autant d'imprécations contre l'abominable pouvoir dont la chute tardait trop longtemps à l'impatience de la vindicte universelle. Si Robespierre fut assez politique pour dissimuler son ressentiment, il ne faut pas lui en savoir gré : honorons plutôt les prudentes hardiesses, et les détours adroits dont usait un précurseur de Thermidor, pour offrir impunément prétexte à une légitime explosion de haine.

Cette éloquence a d'autant plus de prix à nos yeux que, par une prédilection naturelle, la plume de Legouvé se prêtait plus volontiers, ce me semble, à des motifs spirituellement familiers, et à des sourires tempérés par une sensibilité discrète. C'est ce que témoigne *le Mérite des Femmes*, poëme dont l'idée fut aussi neuve que touchante. Bien que la forme en ait vieilli, du moins par endroits, nous y goûtons encore, ainsi qu'au premier jour, la chevaleresque franchise d'une inspiration étrangère à la frivolité sensuelle des Chaulieu et des Parny. On y surprend, en effet, l'influence exercée sur le ton de la Muse par la leçon des événements qui lui apprirent à être enfin sérieuse. Aux fadeurs de la galanterie succédait une émotion digne des héroïnes dont le grand cœur avait justifié par de vaillantes vertus cet hommage de tendre et pieuse reconnaissance. Si les détails d'un style qu'on aimait alors n'ont plus maintenant toute leur fraîcheur, l'ensemble vit pourtant par la sincérité de l'accent. On s'y plaît surtout à ces instincts psychologiques dont les fines nuances vont prendre de plus en plus un caractère de confidence personnelle, et seront bientôt une des fécondes ressources de l'art contemporain.

Chez un littérateur dont l'agrément égalait la souplesse, ces notes intimes s'allièrent au sens dramatique de l'histoire, et de ses beautés les plus sévères. Toutefois, on peut regretter que, dans sa tragédie sur la *Mort d'Henri IV*, il n'ait pas eu la touche assez ferme pour un sujet d'ailleurs choisi très-heureusement en dehors du cercle banal où s'attardaient alors tant de faux imitateurs. Mais s'il est fâcheux que la fable compromette à la légère le duc d'Épernon et la reine Marie de Médicis dans un assassinat qui dut être un deuil pour elle comme pour le pays, de belles scènes, toutes voisines de nos annales, excusent cette erreur, ou ce défaut; et ces instincts de rénovation furent un bon exemple que les meilleurs auraient pu suivre utilement.

L'autre poëte auquel nous devons une mention est M. Arnault, que distinguent aussi ses élans de verve, et ses ressources inventives. Il n'avait que vingt-quatre ans lorsqu'en 1791 il s'annonça par sa tragédie de *Marius à Minturnes*. C'était la première fois, depuis le *César* de Voltaire et le *Philoctète* de La Harpe, que toute intrigue d'amour se trouvait exclue de notre théâtre. Si cet essai trahit des signes de jeunesse, il se recommande cependant par quelques vers cornéliens, des tirades sonores, un certain air de grandeur, et la fameuse scène où le Cimbre, reculant devant la majesté d'un front consulaire, jette son épée pour s'enfuir avec épouvante, en s'écriant :

Je ne pourrai jamais égorger Marius.

Bientôt proscrit à son tour, puis rappelé par un décret d'amnistie, Arnault produisit coup sur coup une *Lucrèce* et un *Cincinnatus*, où se manifesta l'influence de la réforme que David et Talma venaient d'introduire dans le style romain. Ces pièces appartiennent à un genre dont la nudité trop roide et trop abstraite ne manqua pourtant ni de force, ni de noblesse.

Mais à ces froides réminiscences de l'antiquité nous préférons le drame passionné qui, sous le titre de *Blanche et Moncassin*, ou *les Vénitiens*, fut une des principales soirées du Consulat. A la date où parut cette tragédie, le 16 octobre 1799, on put voir en elle une véritable nouveauté. Sans doute, on ne doit pas songer ici à l'*Othello* de Shakespeare. Il s'y rencontre encore bien des anachronismes d'expression, notamment lorsque, voyant Blanche prête à voler au secours de son amant, sa nourrice lui dit ces mots : *Crains la publicité;* puis, quand celle-ci répond :

> . . . . C'est mon unique espoir ;
> L'*opinion publique* est mon dernier refuge.

Mais ces traits dont il est permis de sourire ne nous rendront pas indifférents à des qualités attendrissantes qui firent alors couler bien des larmes. Le cinquième acte, qui ravit tous les suffrages, avait eu pour collaborateur le général Bonaparte. On raconte, en effet, que l'intention de l'auteur était d'accorder la vie à son héros sauvé du supplice par un rival. Or, dans une lecture faite à la Malmaison, ce dénoûment déplut à un juge qui avait en littérature des idées aussi absolues qu'en politique. Le bonheur des deux amants lui paraissant fade et romanesque : « Il faut, s'écria-t-il, que votre héros meure ; il faut le tuer ; oui, tuez-le. » Moncassin fut donc mis à mort par ordre de Napoléon, et le public confirma cette sentence par ses bravos unanimes.

Nous ne pousserons pas plus loin l'analyse des œuvres qui, continuant la traduction de Ducis, associèrent au procédé classique plus de vraisemblance, plus de naturel et de simplicité. En prenant congé de la tragédie, rappelons seulement que le *Don Sanche* de M. Brifaut fut réduit à plier bagage, au moment où nos légions franchissaient les Pyrénées. Pour éviter un terrain trop glissant, le Roi de Léon et de Castille dut, comme on le sait, émigrer au fond de l'Assyrie avec tout son personnel, et toutes ses figures de rhétorique. Au besoin, si les circonstances l'avaient exigé, il aurait quitté les Chaldéens pour les Chinois, ou ceux-ci pour les Américains ; et ces différents exils ne lui eussent coûté qu'un changement d'état civil. Voilà où en était la succession de Corneille et de Racine !

Si nous voulions nous attarder à l'honnête médiocrité, nous n'en finirions pas. Il nous faudrait subir le *Warwick* de La Harpe, l'*Artaxerce* de Lebrun, l'*Omasis* de Baour-Lormian, le *Bélisaire*, le *Sylla*, et le *Tippo Saëb* de M. de Jouy, en un mot, les plus pâles représentants d'une École qui allait disparaître. Laissons-la donc mourir de sa belle mort. Jusqu'à la fin, le fard qui dissimulait sa vieillesse trompa les contemporains, et des amis dévoués assistèrent ses derniers soupirs. C'était justice ; on devait bien ces égards à sa gloire passée. Mais l'avenir n'appartenait plus aux disciples superstitieux d'une poétique d'où la vie s'était retirée. C'est ce que prouvent les inquiétudes dont nous avons recueilli les symptômes. Dans l'ombre s'accomplissait donc le travail d'une Renaissance. Le jour approche où la curiosité du siècle adolescent va se porter sur tant d'œuvres étrangères que nous avions trop longtemps ignorées. Une génération vaillante apprendra bientôt de Shakespeare, de Schiller et de Gœthe, à s'affranchir enfin des règles étroites, à renoncer aux stériles contrefaçons, à peindre tous les contrastes de la nature humaine, à respecter la vérité de l'histoire, en un mot, à rendre quelque séve aux racines d'un tronc desséché. Or, cette transformation, l'Empire contribua, sans le vouloir, à l'opérer. Car, outre qu'il nous fit prendre en horreur la fausse tragédie, ses quinze années de guerres devaient mêler les nations, croiser les races, et abaisser les frontières. Mais ce service nous coûta si cher que nous ne sommes pas tenus à la reconnaissance.

LIVRE CINQUIÈME

Le drame et la comédie.

CHAPITRE Ier.

Le DRAME et ses prétentions. Il annonçait le voisinage d'une révolution sociale. La *Mélanie* de LA HARPE. *Calas* et *Fénelon*, de MARIE-JOSEPH CHÉNIER. L'orgie de la Terreur.—LOUIS LAYA, et *l'Ami des lois*.—Le dramaturge MERCIER. Son *Essai sur l'art dramatique*. Il devance les romantiques. Ses cinquante pièces. *Le Déserteur*. Indignation de Geoffroy. — *Misanthropie et Repentir* de KOTZEBUE. *Les Deux Frères*. — FRANÇOIS DE NEUFCHATEAU. *Paméla, ou la Vertu récompensée*. — Recrudescence de sensibilité, après Thermidor. Le *Poëte lacrymal*, NICOLAS BOUILLY. *L'Abbé de l'Épée*.— ALEXANDRE DUVAL. Son répertoire. *Édouard III. Le Lovelace français. Guillaume le Conquérant*, et le camp de Boulogne. *Le Menuisier de Livonie. La Jeunesse d'Henri IV*. Ses comédies. *Le Tyran domestique. Le Chevalier d'industrie*, et les mœurs du Directoire.

De la tragédie à la comédie, le drame nous est une transition directe, puisqu'il a toujours prétendu confondre l'une et l'autre dans un genre mixte où allaient figurer, non plus des héros et des rois, mais des personnages empruntés à la vie commune. Après s'être appelé d'abord la comédie larmoyante, puis la tragédie bourgeoise, ce nouveau venu aurait pu justifier ces deux titres, si, au lieu de viser à cet intérêt secondaire qui tient à des combinaisons d'incidents romanesques, il avait cherché dans l'analyse des passions ou des caractères les éléments d'une action naturelle, simple et pathétique. En associant, aussi lui, la Terreur et la Pitié à la peinture des mœurs, des vertus ou des vices, c'est-à-dire à l'étude du cœur humain, il aurait eu l'attrait d'un plaisir populaire que le choix de ses sujets et de ses personnages eût rapproché des plus humbles spectateurs. Tel fut le rêve de Diderot. Mais, lorsque l'auteur du *Père de famille* et du *Fils naturel* mit ses théories en pratique, il prit la vulgarité pour la naïveté, le tapage pour le mouvement, et l'emphase pour l'éloquence. Ces vices originels se retrouvent également dans *la Mère coupable* et l'*Eugénie* de Beaumarchais, mais dissimulés par une industrie et un savoir-faire qui leur donnèrent le crédit d'un exemple. La vogue du drame s'expliquait d'ailleurs par l'influence d'une révolution qu'inspira surtout le sentiment de l'égalité. Au moment où la scène politique s'ouvrait enfin à toutes les classes, celle du théâtre devait aussi renouveler son personnel et ses aventures. Il y eut là comme un impétueux courant qui finit par devenir assez irrésistible pour entraîner jusqu'aux docteurs les plus entêtés dans le culte des traditions.

On sait en effet que, malgré les scrupules de son goût, La Harpe lui-même, payant tribut à la mode, succomba, dans sa *Mélanie*, à une tentation d'autant plus fâcheuse que, ne voulant pas déroger, il demeura fidèle encore à la majestueuse monotonie de l'alexandrin, méprise qui lui valut ce trait satirique de Lebrun :

> Maudit curé de Mélanie,
> Bavard sans raison et sans fin,
> Tu fais schisme avec le génie;
> Puis-je donc avoir la manie
> De communier de ta main,
> Lorsqu'Apollon t'excommunie?

C'est alors que les poëtes dramatiques, exploitant les haines d'un siècle parfois intolérant sous faux air de tolérance, se transforment en propagateurs d'une orthodoxie philosophique dont les dogmes devinrent, chez quelques-uns, superstition et fanatisme. On était sûr de plaire à l'opinion en flattant des colères qui, dans le premier feu des représailles, visèrent à la ruine de toute croyance et de toute institution religieuse. Aussi Joseph Chénier ne manqua-t-il pas cette occasion de succès facile; mais, lui du moins, en produisant ses lieux communs dans *Calas* et *Fénelon*, il conserva toujours les scrupules d'un artiste qui se respectait. Or, le jour va venir où le drame tombera si bas que la critique se détourne avec dégoût de ses tréteaux envahis par des pièces sans nom : *les Victimes cloîtrées, les Vœux forcés, les Religieuses danoises, le Couvent, le Comte de Comminges, les Moines japonais, le Despotisme renversé, la Journée de Varennes, la Papesse Jeanne, les Rois et les Prêtres, les Crimes de la noblesse*, et autres produits d'un dévergondage cynique. Non, nous ne saurions explorer ces bas-fonds où des miasmes éteignent toute lumière ; il y a des choses qui sont au-dessous du mépris.

Tandis que ces saturnales s'étalaient impunément, la Conciergerie s'ouvrit pour l'auteur de *l'Ami des lois*, Louis Laya, qui ne craignit pas de stigmatiser les assassins de septembre, en ces vers où éclatait avec énergie la sourde révolte de la conscience publique :

> Patriotes? Eh qui? Ces poltrons intrépides
> Qui, de leur cabinet, prêchent les homicides;
> Ces Solons nés d'hier, enfants réformateurs,
> Qui rédigent en lois leurs rêves destructeurs.
> Loin de nous ces jongleurs, patriotes de places,
> D'un faste de civisme entourant leurs grimaces,
> Prêcheurs d'égalité, pétris d'ambition ;
> Ces faux adorateurs dont la dévotion
> N'est qu'un dehors plâtré, n'est qu'une hypocrisie ;
> Ces bons et francs croyants, dont l'âme apostasie,
> Qui, pour faire haïr le plus beau don des cieux,
> Nous font la Liberté sanguinaire comme eux !
> Non, non : la Liberté, chez eux méconnaissable,
> A fondé dans nos cœurs son trône impérissable.
> Que tous ces charlatans, populaires larrons,
> Et de patriotisme insolents fanfarons,
> Purgent de leur aspect cette terre affranchie !
> Guerre, guerre éternelle aux faiseurs d'anarchie !
> Royalistes tyrans, tyrans républicains,
> Tombez devant les Lois : voilà vos Souverains !
> Honteux d'avoir été, plus honteux encor d'être,
> Brigands, l'ombre a passé; songez à disparaitre !

Parmi les plumes honnêtes qui restèrent dignes d'attention, on ne doit pas oublier un écrivain plus connu par son *Tableau de Paris* que par les œuvres auxquelles il dut le titre de *dramaturge*. Mentionnons donc l'esprit original, mais assez mal réglé, que désigne plaisamment cette épigramme :

> Reicrem ! quel est Reicrem ? c'est Mercier à l'envers ;
> Et c'est, comme à l'endroit, un esprit de travers.

Oui, ce reproche, Mercier l'encourut trop souvent par ses incartades, et sa manie de contredire le sens commun ; mais il eut pourtant quelques intermittences de raison, et sut même plus d'une fois parler avec à-propos, ou se conduire avec courage. Par exemple, dans le procès de Louis XVI, il n'hésita pas à voter contre la peine de mort ; et, après la journée du 31 mai, son attitude lui mérita l'honneur d'être mis au rang des suspects qu'attendait la prison ou l'échafaud.

Ne dédaignons pas non plus trop légèrement son *Essai sur l'art dramatique*, puisque cet ouvrage est un manifeste qui devance bien des doctrines accueillies plus tard comme des nouveautés sans précédents. Publiées en 1776, ces saillies d'indépendance sont au moins curieuses par la date de leur apparition. Aussi nous semble-t-il qu'on doit un souvenir à ce précurseur, ou plutôt à ce prophète du romantisme. Ne fut-il pas le premier à proscrire l'imitation servile des anciens, à guider les poëtes vers les sources de l'histoire nationale et de la société contemporaine, à opposer, non sans partiale injustice, le sublime de Corneille à l'élégance trop discrète de Racine, à traiter Malherbe de grammairien, à narguer la rudesse dogmatique de Boileau, à railler la sécheresse lyrique de Jean-Baptiste Rousseau, à célébrer Shakespeare, Caldéron, Lope de Véga et Schiller comme des génies révélateurs d'un nouveau monde, en un mot, à s'insurger contre la routine avec l'entrain d'un chef d'école? Voilà donc les symptômes les plus lointains et les plus précis de l'émancipation trop irrévérente qui prétendit réformer l'ordre littéraire, mais sans avoir la sagesse de s'arrêter aux exigences commandées par le changement des mœurs, et le progrès des temps. Or, ces violences de l'avenir sont déjà contenues en germe dans les hardiesses du novateur.

A des aperçus judicieux se mêlent en effet chez lui tant de témérités, et tellement irréfléchies que sa turbulence passa pour la fièvre d'un cerveau malade, ou travaillé par la fureur de dénigrer tous les grands noms. Comment pouvait-on prendre au sérieux les boutades d'un insolent qui s'acharnait à décrier la gloire de Newton, et s'était fait le détracteur du Rossignol? Outre que le critique eût compromis les meilleures causes par le charlatanisme de ses paradoxes, l'auteur dramatique n'était pas de taille à ébranler les colonnes du temple que sa main débile essaya de renverser.

S'il se distingue dans la foule, c'est donc seulement par la trompeuse fécondité d'une improvisation assez médiocre pour discréditer ses jugements et ses théories. Parmi les cinquante pièces qui lui valurent une renommée aussi bruyante qu'éphémère, nous ne saurions guère signaler aujourd'hui que *le Déserteur*, dont le succès dura jusque sous l'Empire, et fut un scandale pour les arbitres officiels, entre autres pour Geoffroy, qui s'écriait avec consternation : « Depuis que le théâtre est en proie aux barbares, tout est perdu. La littérature est maintenant la cour du roi Pétaud. Les applaudissements sont prostitués à des rapsodies qui déshonorent la scène. » Un style faux ou rocailleux, des tirades ampoulées, un étalage de vertus romanesques, des sophismes outrecuidants, des péripéties invraisemblables, et des catastrophes fabuleuses, tels furent, en effet, les défauts qui firent, à bon droit, murmurer des juges sourcilleux. Mais ils eurent beau fulminer l'anathème contre ce « Diogène du théâtre et ce singe de Rousseau »; les cœurs se laissaient prendre à l'émotion de quelques scènes poignantes ; et c'en fut assez pour rendre ces grossières ébauches plus vivantes que bien des tragédies strictement classiques, mais solennellement ennuyeuses.

Les lettrés se liguèrent donc en vain contre un genre que *le Mercure* appelait « un monstre »; leurs colères n'empêchèrent pas l'intrus de conquérir son droit de cité. S'il n'eut point pour lui les délicats, la faveur des autres, c'est-à-dire du plus grand nombre, le vengea des feuilletons où se répétait à satiété, sur toutes sortes de variantes, cet arrêt injurieux : « Non, ce n'est pas enrichir notre scène que de la flétrir par des créations informes où l'on se flatte de plaire sans obéir à des règles. Aux pures jouissances du goût, c'est *substituer la crapule;* et, s'il arrive ainsi qu'on réussisse, *c'est un malheur*. »

Parmi ces malheurs déplorés par plusieurs qui les enviaient pour leurs œuvres délaissées, il faut compter le triomphe de *Misanthropie et Repentir*. Ingénieusement imité de Kotzebue par Julie Molé, ce drame fit couler un déluge de larmes. Jamais fiction n'avait suscité pareil concert de soupirs et de sanglots. Pour les femmes surtout, ce fut un point d'honneur d'aller s'évanouir à cette pièce. Elles crurent sans doute se décerner ainsi comme un brevet de sensibilité, peut-être même de vertu. Tout en faisant la part de l'excès qui se mêle à l'engouement parisien, on ne saurait pourtant nier la valeur littéraire de cette fable que recommande l'intérêt d'une situation habilement analysée par un talent adroit à démêler des nuances morales, et à substituer l'entrain de la vivacité française aux lenteurs d'un modèle trop germanique. Mais, après avoir victorieusement réconcilié les deux époux que séparait une faute irréparable, Kotzebue fut moins heureux quand il s'avisa de leur donner pour pendant ces *Deux Frères* dont les cœurs désunis par un malentendu se rapprochent, tout à coup, dans un élan de mutuel repentir, et d'affection subitement retrouvée. Il y a là trop de bavardage et de déclamation, une importance puérile attribuée à des riens, je ne sais quelle pleurnicherie un peu niaise, enfin un abus de morale édifiante qui nous écœure. Aussi le public ne se mit-il pas en frais d'émotion.

Et pourtant, la source d'attendrissement n'était point tarie, comme le prouva bientôt la reprise de *Paméla, ou la Vertu récompensée*. Car, cette pièce alla droit aux nues, sans autre mérite que d'avoir fait incarcérer son auteur, François de Neufchâteau, sous le règne de Robespierre, qui n'avait pu tolérer ce vers :

> Souvenons-nous d'aimer, oublions de punir.

C'est qu'au lendemain de la Terreur, on ne demandait qu'à se livrer sans résistance aux souffles cléments qui semblaient épanouir les âmes. Il y eut donc alors une recrudescence de sensibilité toute prête à profiter du moindre prétexte pour s'épancher. On le vit bien encore lorsque après la représentation de *l'Abbé de l'Épée*, ce chef-d'œuvre du genre, Nicolas Bouilly, le *poëte lacrymal*, comme disaient en vain les railleurs, fut acclamé par un légitime enthousiasme qui réduisit les plus récalcitrants au silence. Geoffroy lui-même faillit être emporté par le flot, et dut se résigner, d'assez mauvaise grâce, à n'opposer aux transports dont il s'irritait que la protestation d'une ironie timide.

Nous ne pouvons prendre congé du drame, sans feuilleter en passant le répertoire d'Alexandre Duval, qui, parmi les hasards d'une veine inégale, ne cessa pas d'être une des imaginations les plus actives de l'époque impériale. Tour à tour soldat, marin, ingénieur, architecte, député des États de Bretagne, comédien et directeur de troupe, puis académicien, il avait pu, dans ces conditions diverses, recueillir bien des traits de caractère ou de passion qui ne furent point perdus pour la scène. En lisant les notices où il nous raconte en quelque sorte la biographie des principaux essais que lui suggéra la bonne fortune de ses rencontres, nous aimons en effet un observateur qui dut ses meilleures inspirations à l'expérience d'une vie aventureuse. A la vérité des physionomies, au tour naturel du dialogue, et à la chaleur du sentiment s'alliait aussi, chez lui, l'art si rare d'ordonner un plan, et de nous tenir toujours en éveil par des coups de théâtre sûrement combinés. Dans ce talent se reconnaît le praticien qui débuta par la profession d'acteur, ainsi que Molière, Baron, Dancourt et Picard.

Il nous offre donc plus que tout autre les garanties d'une vocation éprouvée, comme l'attestent ses ouvrages, dont la liste serait longue à parcourir ; car il s'exerça dans les genres les plus variés, et avec une remarquable dextérité, qui fut vraiment fort opportune, sous un Pouvoir si prompt aux défiances irritées. Mais son adresse ne le sauva pourtant pas des périls qui menaçaient alors les plus circonspects. Nous avons déjà dit un mot du *veto* brutal qui supprima le drame d'*Édouard en Écosse*. Il y eut danger si pressant que l'auteur crut devoir quitter précipitamment Paris, puis la France. Une disgrâce analogue entrava bientôt la première représentation du *Lovelace français*. Car l'Empereur, qui s'empressait d'ouvrir ses antichambres aux débris de l'ancien régime, refusa d'autoriser une pièce qui prêtait un rôle malséant à l'un des plus grands noms de France, au duc de Richelieu. Quant à *Guillaume le Conquérant*, qui semblait avoir l'avantage de l'à-propos, vers le temps où s'organisa le camp de Boulogne, il lui fallut aussi battre en retraite devant la malveillance des courtisans qui, dans les louanges données à un prince normand devenu souverain d'Angleterre, virent des intentions hostiles à la politique impériale. Les choses s'envenimèrent à ce point que l'intervention de l'Impératrice put seule conjurer la foudre; et, sans ce gracieux patronage, Alexandre Duval en eût été réduit à s'expatrier une seconde fois.

Si *le Menuisier de Livonie*, dont le héros était Pierre le Grand, put se jouer sans obstacle, c'est que le Maître ne songeait point encore à sa campagne de Russie. Mais *la Jeunesse d'Henri V* n'obtint un passeport qu'à force d'instances. Ce drame s'appelait d'abord *Charles II*. Or, la censure craignit que cet épisode d'une restauration ne ravivât le souvenir des Bourbons : elle ordonna donc de changer le titre; et, devant cette injonction, Duval, reculant de deux siècles en arrière, dut choisir un personnage qui monta sur le trône en 1413, au lieu de 1660. De là, bien des anachronismes pour lesquels l'indulgence n'est que justice. Telle est, par exemple, la scène où l'on s'étonne d'entendre parler de *pistolets* et de *montres*, dans un langage plus approprié à la cour de Louis XIV qu'à celle de Charles VI. Mais ces oublis de couleur locale n'empêchent pas la fiction d'être agréable, et ingénieusement construite. Dans ce sujet scabreux, qui roule sur les fredaines d'un mari libertin, et corrigé par sa femme, l'homme d'esprit réussit à égayer le parterre, sans blesser aucune convenance. On lui en sut d'autant plus de gré que ce même canevas avait tout récemment porté malheur à Mercier, dont la liberté se tournait si volontiers en licence. Cette finesse discrète fut bien digne d'un littérateur qui fit partie du groupe que le comte Daru prit l'habitude de réunir toutes les semaines, en un déjeuner dominical, sous le patronage d'Horace.

Dans ces drames où le sentiment du ridicule se combine avec la peinture des mœurs, nous pressentons déjà l'instinct comique auquel nous sommes redevables de fantaisies animées d'une verve enjouée, *les Héritiers, les Projets de mariage, la Fille d'Homère, la Manie des grandeurs*, et surtout *le Tyran domestique*. Cette dernière bluette est la satire d'un mari contrariant, brusque et bourru, qui gourmande à tout propos femme, enfants et valets. Au lieu de subir ces bourrasques, ou de leur résister, ses victimes se décident à céder le champ de bataille. Un beau matin, toute la famille déserte ; alors, dans son isolement, l'insociable, qui est bon homme au demeurant, n'ayant plus d'autre ressource que de tempêter contre lui-même, ouvre enfin les yeux, fait son *meâ culpâ*, regrette ses torts, promet de les réparer, et signe un traité de paix qui ramène les fugitifs. Ce motif, que Brueys avait déjà traité dans son *Grondeur*, est spirituellement rajeuni par l'idée de la punition qui devient ici le remède du malade. Peut-être n'était-il pas très-urgent de décourager ainsi la vigilance des maris et la sévérité des pères, surtout en un temps où les liens de la discipline domestique ne se relâchèrent que trop, s'il faut s'en rapporter à plus d'un témoignage. C'était presque inviter les ménages à divorcer pour incompatibilité d'humeur. On n'accepte pas non plus sans objection l'optimisme du dénoûment, je veux dire cette conversion foudroyante qui paraît assez invraisemblable. Molière eût préféré l'impénitence finale. Quand son misanthrope fuit au désert, il s'emporte plus que jamais contre l'espèce humaine. Tartufe subit un châtiment, mais il ne s'amende pas. Si Harpagon fait mine de capituler, c'est encore par avarice, et pour les beaux yeux de sa cassette. Le Malade imaginaire se désabuse de sa femme, et non de la médecine. Voilà le train ordinaire des choses. Mais toutes ces réflexions, Duval ne laissa pas au public le temps de les faire ; il sut émouvoir, amuser son monde, et la gageure fut gagnée.

Son *Chevalier d'industrie* est encore une comédie de caractères. Dans l'ancien théâtre se rencontrent déjà souvent ces types d'aigrefins, dont l'imperturbable effronterie gruge quelque vieille folle, et réussit à capter sa fortune en échange d'un nom. Mais il n'est plus ici question de ces coquettes surannées, ou de ces bourgeoises vaniteuses qui veulent à tout prix se pourvoir d'un mari, ou s'affubler d'un titre. Nous avons affaire à un maître fripon, dont la rouerie savante fait courir des risques sérieux à l'inexpérience d'un cœur tendre et honnête. Après les secousses qui avaient confondu tous les rangs, et bouleversé l'ordre social de fond en comble, l'heure pouvait être propice aux entreprises de ces intrigants dont le poëte disait :

> On en trouve partout, et surtout à Paris ;
> Ils ont beaucoup de noms, sont de tous les pays,
> Toujours Français à Londre, Anglais en Italie.
> Avec des airs polis, un ton de courtoisie,
> Ils arrivent chez vous : là, ces joueurs heureux,
> Sans même les savoir, gagnent à tous les jeux.
> Ils se montrent jaloux de l'honneur des familles,
> Courtisent les mamans plus que les jeunes filles,
> Et, dépensant par an plus de vingt mille écus,
> Des revenus d'autrui forment leurs revenus.

Nous ne refuserons donc pas un air d'opportunité piquante au portrait qui démasque un de ces aventuriers. Avouons pourtant que l'escroquerie, fût-elle un prodige de souplesse diplomatique, est un ressort fâcheux, et dont l'emploi peut entraîner plus d'un inconvénient. Cette industrie ne s'exerçant d'ordinaire qu'aux dépens des sots, il est malaisé, soit d'intéresser en faveur des dupes, soit de grandir un scélérat jusqu'à des proportions tragiques, comme le fit Molière pour tempérer l'odieux de l'hypocrisie religieuse. Quoi qu'il en soit, si le choix du sujet fut une erreur, elle est du moins d'un habile qui, par l'entrain d'une action bien menée, dissimula le défaut de sa fable.

Alexandre Duval nous introduit donc de plain-pied au cœur de la comédie impériale. Mais, avant de l'aborder de plus près, voyons où cet art en était vers la fin de la Révolution.

CHAPITRE II.

La comédie vers la fin du XVIIIᵉ siècle. Ce qu'elle devint sous Robespierre. CHARLES DEMOUSTIER. — Revanche du rire sous le Directoire. Égosillement d'oiseaux après l'orage. La comédie s'ajourne en ce pêle-mêle; on ne songe qu'à s'étourdir. Restauration de la gaieté gauloise; le *Caveau*, AUGUSTIN DE PIIS, DÉSAUGIERS. — L'Empire met la sourdine à ces explosions de verve. Les originaux s'effacent. Règne de l'uniforme. Peu d'hommes, et de caractères.

La Muse comique fut celle qui resta le plus constamment fidèle au génie de notre race; et, depuis 1715 jusqu'aux environs de 89, on pourrait suivre les métamorphoses successives de la société française dans une suite de fins croquis dont l'ensemble paraîtra comme la chronique indiscrète des générations évanouies. C'est ainsi que Dancourt, Dufresny, Marivaux, Lesage, Destouches, Piron, Gresset, Sedaine, et Beaumarchais nous conduisent d'étape en étape au seuil de l'âge nouveau qu'inaugurent les revendications de Figaro, ce fils adoptif d'un peuple frémissant, qui reconnut en lui ses rancunes, ses révoltes, et ses ambitieuses espérances.

Mais la gaieté de l'esprit, chose légère et fragile, devait sombrer, elle aussi, dans le tourbillon qui emporta l'ancien régime. La Terreur n'épargna pas même le seul poëte comique de la Révolution, celui qui avait donné le plus de gages aux violents, Fabre d'Églantine, qui partagea le sort d'André Chénier, mais sans avoir mérité nos sympathies par le courage de ses vertus civiques. Robespierre ne pouvait manquer d'être l'implacable ennemi de la satire : elle lui faisait peur ; il n'aimait que les idylles et les bergeries. Aussi se laissa-t-il dérider par les doucereuses fadaises de Charles Demoustier, ce Grandisson galant, ce Berquin de l'Amour, cet aumônier de Cythère qui avait enjolivé jusqu'aux Enfers, et marivaudait si joliment, à quelques pas de la guillotine. Son *Conciliateur* ne fut-il point contemporain des massacres de septembre ? Oui, c'est alors qu'il roucoulait sur la scène les froids madrigaux dont voici un échantillon :

> Les fleurs sur votre teint meurent à peine écloses ;
> J'y vois encor des lis, mais j'y cherche des roses.

Ces gentillesses eurent sans doute la saveur d'un contraste, et réussirent aussi bruyamment que les *Lettres à Emilie*. Mais si, dans le voisinage de la prison et de la mort, le rire n'était plus de saison, il ne tarda pas à prendre sa revanche ; car nous avons eu de tout temps la faculté de secouer aisément l'impression des mauvais rêves, et les bacchanales du Directoire le prouvèrent même plus qu'il ne convenait.

Dans une société bariolée, bouffonne, intrigante,

babillarde et sensuelle, qui courait au plaisir du même élan qu'à la frontière, que de ressources pour un moraliste dont le regard eût observé de près cette parodie qui semblait concilier la Grèce de Périclès, la Rome des Césars, et la France du Régent! Parvenus affichant leur sottise et leur morgue, émigrés rentrant à petit bruit, mais sans avoir perdu ni leurs préjugés ni leurs illusions, conventionnels décriés, mais non résignés à n'être plus rien, Alcibiades de club ou de caserne, Brutus déchus qui ne demandaient qu'à se relever de leur néant, n'importe à quel prix, démagogues sans foi ni loi, licencieux et prodigues, disposés à toutes les bassesses pour vivre encore quelques jours, aussi ardents à s'enrichir par l'agiotage qu'à se distraire, par l'orgie, de leurs propres remords, et s'imaginant peut-être que la contagion des mauvaises mœurs ferait oublier au pays le devoir de les maudire, toutes ces physionomies n'étaient-elles pas autant de modèles qui attendaient leur peintre?

Et pourtant, le peintre ne parut pas. C'est que, dans ce chaos où flottaient pêle-mêle toutes les épaves de la guerre civile, l'œil ne savait plus à quel objet se prendre. Tous ces éléments disparates et mobiles, qui n'avaient pas eu le loisir de se fixer ou de s'organiser, ne pouvaient que déconcerter l'attention. Les cœurs étaient encore trop troublés pour lui permettre ce recueillement sans lequel nulle œuvre d'art n'est possible. Aussi tous ces originaux purent-ils dormir tranquilles. Lesage n'était point là pour livrer les Turcarets à la risée publique.

Si le talent n'eût pas fait défaut, peut-être le courage n'aurait-il rien osé ; car un frisson d'effroi restait aux survivants de 93, et les plus irréprochables avaient contracté, dans ces épreuves, comme le germe d'une involontaire lâcheté. Non, un fouet vengeur n'allait pas à des mains tremblantes. D'ailleurs, après tant de crimes ou de fautes, dont une aveugle fatalité sembla s'être mêlée, chacun se sentit plus ou moins coupable ; et l'on préférait une amnistie à des représailles. Il fallait enfin une trêve à ces imaginations encore obsédées par de sinistres visions. On ne chercha donc plus qu'à s'étourdir, et tristesses ou craintes s'évaporèrent bientôt en joyeux oubli. Comus, Momus et Bacchus, comme disaient les chansonniers d'alors, succédèrent à la déesse Raison. Leurs jeux se ressentirent d'abord un peu trop de cette barbarie qui venait d'étouffer toutes les élégances ; et des polissonneries de carrefour calomnièrent parfois l'esprit français. Mais il y eut aussi de jolis motifs dans le carillon de tous ces grelots. C'était comme un égosillement d'oiseaux secouant leurs plumes, sous la feuillée, après l'orage. Farces et folies, parades et parodies pullulèrent donc à l'envi, de toutes parts, sous l'influence du furtif rayon de soleil dont le bienfait inattendu, mais trop précaire, rendit à nos pères, avec l'espérance, le bonheur de renaître, c'est-à-dire de retrouver l'usage du plaisir libre et facile.

N'est-ce point alors que tant d'honnêtes gens, tout heureux de s'épanouir, s'associèrent en confréries, dont les réunions gastronomiques et chantantes rappelèrent la tradition des Enfants sans souci, les dîners du Temple, et ces soupers d'Auteuil, où Chapelle ne laissait pas dormir le refrain? L'ancien Caveau qui, dès le 2 fructidor, an IV, avait rallié ses membres dispersés, s'adjoignit donc de jeunes recrues, et rétablit enfin le règne de la gaieté gauloise par une restauration plus durable que bien d'autres. On vit à l'œuvre toute une légion de bons vivants, dont la philosophie souriante fut un symptôme rassurant et consolateur. Nommons les plus connus : Barré, Radet, Laujon, Dumersan, Philippon de la Madeleine, les deux Ségur, Deschamps, Dupaty, Gentil, surtout de Piis et Désaugiers ; car leur veine ne tarissait pas.

L'un était l'héritier direct d'un genre où Collé, Piron et Favart avaient fait merveille. On raffola de ses lutineries espiègles ; ses couplets volèrent de bouche en bouche ; ils furent les délices du salon, et de l'atelier. On le proclama le Corneille du vaudeville. L'autre éveille encore aujourd'hui bien des échos populaires ; car il représenta par excellence la franche malice du bon vieux temps, et cette hilarité cordiale qui s'éjouit innocemment, à gorge déployée, sans aucune arrière-pensée d'amertume ou de colère. Anacréon grivois, et de gaillarde mémoire, il ne cessa pas non plus d'improviser pour la scène quantité de facéties qui défrayèrent la belle humeur de ces années insouciantes. C'est par centaines que l'on compterait les bagatelles badines auxquelles il mit la main. Des types qui ne sont point encore oubliés, M. Vautour, M. Pinson, M. Dumollet, Cadet-Roussel, Cadet-Buteux et Jocrisse, ne sont-ils pas les fils de sa leste et naïve fantaisie? Il fut vraiment intarissable, ce Molière de la gaudriole, qui chansonna, le verre en main, jusqu'à son épitaphe :

>   Ci-gît, hélas! sous cette pierre,
>   Un bon vivant, mort de la pierre.
>   Passant, que tu sois Paul ou Pierre,
>   Ne va pas lui jeter la pierre.

Non certes, malgré des vivacités un peu lestes, nous ne lapiderons point ce gentil esprit qui eut le cœur sur les lèvres. Mais cette jovialité, qui débordait à pleines rives, dut se contenir sous un régime d'autant plus soucieux d'étiquette et de décorum que, voulant faire oublier la brusque nouveauté de son origine, il prétendit imposer le respect par la gravité de son attitude. Les échappées de la verve ont d'ailleurs besoin d'un milieu qui les provoque, et les encourage. Or, elles eussent détonné dans le silence universel qui se fit tout à coup, après Brumaire. Il leur fallut au moins mettre une sourdine à des explosions qu'allait étouffer bientôt le bruit des batailles; car, lorsque, bon gré mal gré, toute la jeunesse courut aux armes, la France redevint tragique.

S'il y eut encore quelques épicuriens endurcis

parmi les célibataires qui purent échapper aux levées brutales de la conscription, ils ne fredonnèrent donc plus qu'à mi-voix, et dans l'ombre, leur ritournelle favorite :

> Aime, ris, chante, et bois;
> Tu ne vivras qu'une fois.

L'égoïsme de cette sécurité voluptueuse eût été plus qu'une dissonance parmi les émotions viriles qui faisaient battre le cœur de la Patrie, parmi les souffrances dont le deuil affligeait tant de familles. Des revues militaires, des parades, des manœuvres au Champ-de-Mars, des distributions d'aigles et de drapeaux, des *Chants du départ*, d'allègres ou sombres défilés, escortés par des vœux, des regrets et des larmes, le concert des *Te Deum*, l'enthousiasme des ovations, le retour triomphal des légions décimées par la victoire, puis les muettes douleurs des foules consternées, partout, en un mot, l'image des combats : voilà les spectacles dont l'intérêt toujours croissant et les péripéties redoutables vont être pour les fictions du théâtre une concurrence à laquelle le génie lui-même n'aurait pu facilement tenir tête.

Ajoutons que les originaux disparurent de plus en plus, à mesure que la main d'un maître étendit sur tous le niveau de l'obéissance. On a reproché quelquefois, et très-injustement, à M. Thiers d'avoir tracé peu de portraits, dans son *Histoire de l'Empire*. Or, la faute (si faute il y a) n'en serait-elle pas au vice même d'une institution qui exagéra la discipline jusqu'à la servitude ? Il y eut sans doute alors beaucoup de personnages officiels, c'est-à-dire un grand nombre d'uniformes. Mais en dehors des camps, où le sacrifice de toute volonté propre était la première des vertus, combien compterait-on d'hommes et de caractères ? Cette cause ne fut-elle pas une de celles qui nous expliquent le mieux pourquoi cette époque dut souvent puiser au répertoire comique des devanciers ?

CHAPITRE III

Répertoire des devanciers. I. FABRE D'ÉGLANTINE. *La Suite du Misanthrope. L'Intrigue Épistolaire. Les Précepteurs.* Imagination atrabilaire. L'homme et l'écrivain. Défauts de style et d'humeur. — II. COLLIN D'HARLEVILLE. Alceste, et Philinte. Sa gaieté discrète eut de l'à-propos sous l'Empire. *L'Inconstant.* La comédie de caractères reparaît avec l'*Optimiste*, figure originale parmi tant de mécontents. Procès intenté par Fabre d'Églantine. Tour personnel d'une invention un peu monotone. *Les Châteaux en Espagne*; fable appropriée au temps. *Les Mœurs du jour. Le Vieux Célibataire.* La postérité est optimiste pour Collin d'Harleville. — III. ANDRIEUX et Collin d'Harleville. Les inséparables. *Anaximandre, ou le Sacrifice aux Grâces. Les Étourdis. Helvétius. La Suite du Menteur. Le Souper d'Auteuil. Les Deux Vieillards.* Le Conteur. L'Attique. L'Aristarque, et l'homme de goût. Modération et indépendance. Influence du caractère sur le talent.

I

Entre les succès récents qui eurent un lendemain, il est juste de signaler au premier rang la *Suite du Misanthrope*, pièce qui mentait à son titre (car Molière ne peut s'y reconnaître), mais dont on ne saurait trop louer la savante structure ; car tous les incidents y naissent sans effort du cœur des personnages, et l'égoïsme de l'un, ou la générosité de l'autre sont ici les seuls ressorts d'une action logique comme la nature. Si Fabre d'Églantine fut téméraire en altérant deux types consacrés, Philinte et Alceste, s'il rendit le premier trop odieux et le second trop magnanime, il a du moins soutenu la vraisemblance de cette métamorphose avec autant de sûreté que d'adresse. Il eut surtout l'ingénieuse idée de nous montrer son triste héros puni par la fraude même qui lui semblait excusable, lorsqu'elle tournait seulement au dommage d'autrui. Or, voilà un dénoûment qui n'est point l'expédient d'un art vulgaire.

Regrettons toutefois que ce tableau pessimiste, où le rire n'est qu'un ricanement, laisse trop soupçonner dans l'âme du peintre la haine et l'orgueil d'un tribun qui ne pardonna pas aux nobles sa naissance obscure, aux riches son indigence, aux heureux ses disgrâces, et les chutes dont il était tout meurtri. Sous les murmures qui lui échappent, nous sentons en effet l'intention secrète de persuader aux spectateurs que la société ressemble à une caverne de brigands, ou, tout au moins, est peuplée de méchants et de fripons. Le même fiel envenime encore les autres essais de cette imagination âpre et vindicative. Dans *l'Intrigue épistolaire*, imbroglio tantôt burlesque, et tantôt déclamatoire, l'auteur se travaille à être plaisant, et se guinde pour paraître philosophe. Quant à ses *Précepteurs*, cette contrefaçon de *l'Émile* ne cesse d'irriter notre goût par les quolibets d'un jacobin dont la voix s'est enrouée dans les clubs, et d'offenser notre bon sens par les paradoxes d'un sophiste qui, plagiaire de Rousseau, prétend rendre l'homme parfait, en le ramenant à l'état de nature, c'est-à-dire à la barbarie.

Un levain de rancune personnelle compromet donc

l'autorité de ces satires outrées comme la passion. D'ailleurs, si la droiture est la première garantie de tout talent qui s'érige en censeur des vices, il faut bien rappeler aussi que le sens moral fut singulièrement médiocre chez ce réformateur, qui discrédita son puritanisme de théâtre par des actes où il perdit toute considération. Oui, cet étalage de vertus spartiates recouvrait mal les noirceurs d'une plume jalouse. Ne lança-t-il pas contre Collin d'Harleville un réquisitoire assez perfide pour désigner son rival aux pourvoyeurs du tribunal révolutionnaire? Il porta du reste la peine de ces torts, qui tenaient au caractère; car son style en témoigne. Dur, ténébreux, incorrect et impropre, il n'eut pas meilleure tenue que la personne publique ou privée. Mais ce prosaïsme habituel est pourtant racheté par un mouvement et une fougue qui touchent à l'éloquence, lorsque, par hasard, il respecte les lois du langage. Faute de mieux, nous goûterons donc en lui la force et l'ardeur d'une conception qui serait parfois magistrale, si, chez cet écrivain, la puissance des dons naturels avait été servie constamment par cette rigueur d'exécution patiente qui est comme la probité du talent.

II

Passer de Fabre d'Églantine à Collin d'Harleville, c'est sauter d'un pôle à l'autre; car, autant le premier nous rebute par une misanthropie âcre et bilieuse qui n'excuse aucune faiblesse, tire le mal du bien lui-même, et trouverait du poison jusque dans le plus pur froment, autant le second nous agrée tout d'abord par la sérénité, la bonhomie, la quiétude et l'indulgence d'une âme expansive qui appelle la sympathie. Ne fut-il pas si estimé que l'envie dut se contraindre au silence, et si modeste que ses amis eux-mêmes n'osèrent jamais le flatter ? Il est vrai que ces qualités avaient leur rançon ; car, outre qu'elles paraissent à la longue un peu monotones, nous pouvons affirmer sûrement que les Catilinas, les Verrès ou les Aspasies qui se pavanaient alors en plein Forum, n'eurent jamais rien à craindre d'une raillerie trop tempérée. Observateur délicat, mais timide, Collin ne sut que se jouer autour des ridicules offerts à ses bénignes épigrammes par les petits travers de la vie privée. Aussi Lebrun a-t-il pu le louer ainsi, non sans une piquante justesse :

> J'aime à voir Collin d'Harleville,
> De Regnard émule charmant,
> Attraper, dans son vers facile,
> L'esprit des Grecs, leur enjoûment.
> Mais chez les nymphes d'Aonie,
> Collin d'Harleville, au hasard
> Voulant attraper le génie,
> Me semble un peu Collin-Maillard.

Né en 1755, et mort dans les premiers mois de 1806, il ne produisit sous l'Empire que deux opuscules, *Malice pour malice*, et *les Querelles des deux frères*, l'un qui se relit avec plaisir, l'autre qui dut en partie son succès posthume au deuil causé par la perte d'un talent regretté. Mais il n'en fut pas moins adopté par une époque instinctivement favorable à la discrétion d'une gaieté prudente qui ne faisait ombrage à personne.

Il avait débuté, vers 1786, par *l'Inconstant*, agréable fantaisie, qui pourtant rappelait trop *l'Irrésolu* de Destouches, et se prêtait malaisément à une intrigue suivie; car l'inconstance et l'unité d'action sont choses incompatibles. Ajoutons qu'une perpétuelle instabilité finit par nous impatienter, et que ses caprices risquent fort de fatiguer l'attention, comme le va-et-vient d'une girouette qui tourne à tous les vents. Ce coup d'essai réussit pourtant par de gracieux détails, et une simplicité à laquelle notre scène n'était plus habituée. En effet, depuis *la Métromanie* (1738), *le Méchant* (1745), et *la Gouvernante* (1747), la comédie ne parlait plus guère que le jargon de Dorat et de ses imitateurs. A peine excepterons-nous de cette contagion *les Fausses infidélités*, (1768), bonne rencontre dont le hasard donna des espérances trop vite dissipées par *la Mère jalouse*, et *l'Homme personnel*. Au lieu d'être une école de mœurs, la maison de Molière devenait de plus en plus une sorte de musée où des pastels et des tableaux de genre amusaient un instant la frivolité des oisifs. Au milieu de cette décadence qu'aggravèrent bientôt des drames lugubres ou des farces licencieuses, tous les lettrés fêtèrent donc la bienvenue d'un esprit aimable, qui semblait annoncer un retour vers des traditions oubliées. On se flatta de voir enfin renaître la comédie de caractères; et *l'Optimiste*, qui suivit de près, ne démentit pas trop ce présage.

Dans un siècle de frondeurs mécontents de tout ordre social et politique, on devait accueillir avec surprise et plaisir la physionomie d'un philosophe pacifique, bienveillant, heureux à force de raison, et décidé par inclination à voir partout le beau côté des choses. Au lieu de déclamer contre l'inégalité des conditions, Plainville n'est-il pas en effet toujours prêt à déclarer que tout va bien, et à justifier en toute occasion l'ordre du monde, comme en témoignent ces vers :

> Je suis émerveillé de cette Providence
> Qui fit naître le riche auprès de l'indigent.
> L'un a besoin de bras, l'autre a besoin d'argent.
> Ainsi, tout est si bien arrangé dans la vie
> Que la moitié du monde est par l'autre servie.

Tandis que le maître fait cette profession de foi, survient Picard, son serviteur, qui entend ces derniers mots, et les relève par une brusque riposte ; mais elle ne restera pas sans réponse ; écoutez cet échange d'arguments :

> — Bien arrangé pour vous ; mais moi, j'en ai souffert.
> Pourquoi ne suis-je pas de la moitié qu'on sert?
> — Parce que tu n'es pas de la moitié qui paie.
> — Et pourquoi par hasard ne faut-il pas que j'aie
> De quoi payer? — Eh mais! pouvons-nous être tous
> Riches? — Je pouvais, moi, l'être aussi bien que vous.
> — Tu ne l'es pas enfin! — Voilà ce qui me fâche ;
> Je remplis dans ce monde une pénible tâche,
> Et depuis cinquante ans! — Tu devrais en ce cas
> Être fait au service. — Eh! l'on ne s'y fait pas :
> Lorsque je veux rester, vous voulez que je sorte ;
> Veux-je sortir, il faut que je garde la porte.
> Vous êtes maître, enfin ; et moi, je suis valet.

Ce dialogue, qui se prolongeait innocemment, sans flatter les idées du temps, se fit cependant applaudir, un an avant l'assemblée des États-Généraux.

L'accueil fut même d'autant plus cordial que le public voulut condamner par cette protestation les diatribes indécentes d'un ennemi auquel Collin d'Harleville se contenta de répondre plus tard par ces clémentes paroles : « Je m'interdirai toute réplique qui lui serait personnelle ; je veux seulement me souvenir de son talent qui était mâle, énergique, et dont il nous reste un gage distingué. »

Détracteur envieux, Fabre d'Églantine n'osait-il pas reprocher à un confrère inoffensif « le dessein formel de justifier les méchants, d'attribuer des droits naturels à tous les abus, et d'encourager les privilégiés à la dépravation ou à la tyrannie » ? C'était vraiment diffamer un galant homme. Tout au plus était-il permis de dire que l'optimisme est parfois une chimère, ou la faiblesse d'un égoïsme inconscient qui achète la paix à tout prix, et prend son parti du mal, pour n'avoir pas à le combattre. Encore serait-il injuste d'infliger un pareil blâme au poëte qui eut soin d'éviter cet écueil; car son héros n'est point, comme celui de Pope, un philosophe raisonneur qui voit dans nos misères une pièce indispensable à l'ordre universel, et s'y résigne par système. Il ne ressemble pas non plus au docteur Pangloss, qui, pauvre et malade, sans argent ni santé, jure pourtant que tout est pour le mieux dans le meilleur des mondes possible. Non ; la douleur, il la voit, et en souffre tout comme un autre ; mais alors même, par bonté d'âme, il aime mieux se faire encore des illusions qui atténuent la plainte, et en adoucissent l'amertume. Ici donc, la fibre morale n'est pas engourdie par l'indifférence, ou relâchée par de molles complaisances. Il s'agit plutôt d'un personnage sensible, généreux et désintéressé jusqu'à l'excès. C'est même par là qu'il devient comique ; car, manquant d'équilibre, la sagesse trop débonnaire dont il s'entête se change en une sorte de manie, celle d'un caractère trop avenant, auquel tout agrée, tout, même la maladie, parce qu'elle est suivie de la convalescence. Jugez-en par ces vers :

> Oui, c'est un vrai sommeil que cette maladie.
> Mais en revanche aussi que le réveil est doux !
> Nous renaissons alors, et le monde avec nous...
> J'éprouve une langueur ; mais elle n'est point triste;
> Et ma faiblesse même est une volupté
> Dont on n'a pas idée, en parfaite santé.
> La santé peut paraître, à la longue, un peu fade;
> Il faut, pour la sentir, avoir été malade.
> Je voudrais qu'à ton tour tu pusses l'être aussi ;
> Et tu verrais, alors ? — Ah ! monsieur, grand merci !
> Ma santé me suffit ; je la trouve assez bonne ;
> Et puis, si je mourais ! — Bon, il ne meurt personne.

Vous le voyez : le bon sens sourit, mais le charme l'emporte si bien qu'on ne saurait se fâcher. Pour peindre ce travers, Collin n'eut qu'à regarder en son cœur. Il y vit l'optimisme jaillir de source ; et ce tour d'humeur lui fut si familier qu'on le rencontre encore dans ses *Châteaux en Espagne*, une esquisse, mais un peu frêle, pour un sujet qui devait avoir plus de portée morale, en un temps où la France tout entière faisait tant de beaux rêves de concorde sociale, et de liberté politique. N'est-ce pas alors que le chevalier de Boufflers, en son discours académique, comparant la monarchie au phénix renaissant, se plaisait à dire : « Lorsque cet oiseau favorisé du ciel est averti par ses forces déchues, et ses ailes moins légères que le cours des destins est prêt à s'arrêter, ce n'est point aux flammes des incendies, ce n'est point au tourbillon des volcans qu'il épure les principes de son existence. Mais il s'élève au-dessus des vapeurs de cette sphère tumultueuse, au-dessus de la région des vents ou du tonnerre ; et c'est dans le séjour du calme et de la sérénité, c'est aux rayons les plus clairs de l'astre du jour qu'il allume ce bûcher mystérieux où il prend un nouvel être. » Nous aimerions à retrouver ici l'écho de ces sentiments ; mais, dans le personnage de Dorlange, on n'entrevoit même pas la mélancolie des illusions familières à chacun de nous, ni la décevante douceur de ces songes qui nous trompent si cruellement, lorsque nos châteaux en Espagne s'écroulent, et nous meurtrissent sous leurs ruines. Bref, nous n'avons affaire qu'à une de ces bluettes fragiles dont on peut dire avec Diderot : « C'est une pelure d'oignon brodée en paillettes d'or. »

Reconnaissons pourtant que la vie et la fraîcheur ne manquent pas à cette fiction trop romanesque, dont les aventures, nouées d'une main légère, se jouent entre ciel et terre, à la tombée de la nuit, dans une région pleine d'enchantements, sur la frontière indécise de l'idéal et du réel, comme *le Songe d'une nuit d'été*. Au lieu de chicaner des invraisemblances qui nous amusent, louons donc plutôt l'art ingénieux qui sut, pour ainsi dire, envelopper cette vision d'une brume vaporeuse dont les ombres à demi transparentes se prêtent bien aux complaisances de l'imagination, et aux mensonges d'une scène chimérique.

Dans une autre pièce, *les Mœurs du jour*, l'action est aussi trop mince ; mais nous en sommes dédommagés par des mots étincelants, des saillies plaisantes, un dialogue souple et aisé, plusieurs situations vives, une candeur sincère, et des traits naïfs qui paraissent neufs à force de naturel. Du reste, ici comme ailleurs, l'ensemble ne vit que par le détail. C'est toujours une longue suite de conversations entre des fantômes. On pourrait leur appliquer ce vers de Collin :

Il n'est pas de raison pour que cela finisse.

A tout prendre, le meilleur ouvrage de ce poëte anémique pourrait bien être *le Vieux célibataire* qu'on goûterait davantage, si *le Légataire universel* de Regnard n'était pas à jamais dans toutes les mémoires. Il ne faut donc point nous attendre à retrouver, dans cette pâle épreuve, des incidents variés, un style vigoureux, une inépuisable gaieté, en un mot, le génie comique d'un maître auquel on n'ose même pas reprocher ce dénoûment où triomphe l'impunité d'un fripon. On prévoit trop que le vieux garçon du bon Collin fait chétive figure à côté de l'immortel Géronte, livré en proie aux convoitises qui se disputent l'héritage d'un moribond. Aussi, n'abusons pas d'un parallèle écrasant. Mieux vaut goûter l'adresse qu'il fallut pour affronter, sans trop de péril, un si grand souvenir. Un homme d'esprit se tire toujours d'un mauvais pas ; et cette occasion en fut une nouvelle preuve, d'autant plus que la bienveillance d'un public gagné d'avance vint en aide au téméraire : car il paraît que l'optimisme porte bonheur.

Celui de Collin avait conquis tous les cœurs, et cela si définitivement que chaque essai de sa plume était applaudi, les yeux fermés. D'un ennui, il eût fait un plaisir ! Il est vrai que la postérité lui est aujourd'hui moins indulgente. Elle ne s'aveugle pas sur les négligences d'une facture un peu lâche, ou sur les vides d'une conception trop artificielle. Mais je ne sais quel attrait qui procède de la personne même agit encore à distance, et profite à la réputation de l'écrivain. Aussi entre-t-il un soupçon d'amitié dans l'estime qui reste fidèle à ce talent trop effacé, dont on a pu dire, avec une persistante faveur, qu'il fut parfois un demi-Térence. *Demi!* c'est beaucoup dire : mettons un *tiers*, ou un *quart*.

Quoi qu'il en soit, l'ensemble de son œuvre a perdu la vivacité de son intérêt. Mais la faute en est peut-être à cet ancien régime dont il sut amuser élégamment les loisirs par des bagatelles très-littéraires, et plus faites pour la lecture que pour la scène. Le milieu qui le fêta n'offrit en effet à ses pinceaux que des couleurs un peu fanées, comme il arrive d'ordinaire à tout ce qui s'épuise. Dernier peintre d'une société qui expirait, et des années languissantes qui en furent la clôture, il appropria la douceur de ses nuances à cet affaiblissement d'énergie qui caractérisait ses contemporains. Plus soucieux de flatter la mollesse des mœurs que de la corriger, il vit briller, et refléta les lueurs défaillantes d'une civilisation qui allait s'éteindre. En le lisant, on pressent que les salons vont se fermer, et que la bonne compagnie se dispersera bientôt avec toutes ses grâces rapidement démodées. Aussi n'y a-t-il plus, dans son théâtre, que des clartés vacillantes, des parfums qui s'évaporent, des fleurs qui se flétrissent, ou s'effeuillent. C'est l'heure des adieux. Elle n'aura pas de lendemain. Le bruit de la rue commence ; il étouffera toutes les voix aimables. Mais Collin ne s'en douta pas. Car il fut de ces heureux que possèdent tout entiers leurs oublieuses rêveries, et auxquels les illusions plaisent d'autant plus que le ciel devient plus sombre. Le monde croula sans le réveiller. Sous l'Empire, comme sous la Terreur, il sommeillait encore, le sourire sur les lèvres, dans un de ses *Châteaux en Espagne*.

III

Collin d'Harleville nous annonce Andrieux. Car

ces deux noms sont inséparables ; croyons-en ces vers de Ducis :

> Exprès, Dieu pour Collin te fit un Aristarque,
> Sûr, instruit, mais sévère. A sa campagne, hélas !
> Que de fois sur ses vers tu le désespéras !
> — « J'ai lu votre acte. — Eh bien ? — Il n'est pas net
> [encore.
> — Et le style ? — Un peu pâle ; il faut qu'il se colore.
> — Ma grande scène, au moins, je la crois assez bien ?
> — Non, je vois qu'il y manque. — Eh bien, quoi ? —
> [Presque rien ;
> Il faut y revenir. — La patience s'use.
> — Bon ! La persévérance est la dixième Muse.
> — Ce qu'on a fait sept fois faut-il le répéter ?
> — Sept fois ! dix fois ! vingt fois ! on ne doit pas compter.
> — Cruel homme ! — Au talent je me rends difficile...
> Si vous en aviez moins... — Et moi, je suis docile. »
> Le lendemain matin, il revient : — « La voilà,
> Lisez, qu'en dites-vous ? — Ah ! très-bien, c'est cela ;
> Votre scène à présent doit réussir, et plaire :
> Je l'avais bien sentie. — Et vous l'avez fait faire.
> — Tenez, lisez ce conte, afin de vous venger ;
> Critiquez, montrez-moi ce que j'y dois changer.
> — Voyons, je trouve là plus d'un trait à reprendre.
> — Prêtez-moi quelques vers, je pourrai vous en rendre. »
> D'une amitié parfaite ô spectacle enchanteur,
> Que ne troubla jamais l'amour-propre d'auteur !

Ce n'est pas seulement par ce bel exemple qu'Andrieux se recommande. Arbitre des élégances, humaniste tout imbu des parfums de l'antiquité, critique ingénieux dont les jugements eurent longtemps l'autorité d'une tradition, il s'est aussi classé, mais sans idée de rivalité, parmi les poètes dont il fut le conseiller intime, et parfois le collaborateur anonyme.

Anaximandre, ou *le Sacrifice aux Grâces*, fantaisie galamment tournée, mais trop précieuse, et un peu froide, comme toute allégorie, avait été, en 1782, le prélude d'un lettré qui, bientôt après, s'inspira du voisinage de l'École de Droit pour représenter, dans sa comédie des *Étourdis*, une de ces folies de jeunesse qu'on pardonne à la vingtième année. C'est un tour d'étudiant qui, réduit à la détresse, s'avise de se faire passer pour mort, afin d'attendrir un vieil oncle trop récalcitrant, et de l'obliger à payer ses dettes. Voilà l'intrigue assez leste qu'il anime par l'entrain d'un dialogue pétillant, et la gaieté d'un vers agile, où semblait s'annoncer enfin l'introuvable successeur de Regnard. Mais si cette ambition vint, ce qui est douteux, le souffle manqua pour la justifier. *Helvétius* ne fut qu'une antienne chantée en l'honneur d'un saint de l'église encyclopédique. Qu'un philosophe pardonne à un calomniateur; c'est de la philosophie. Qu'au lieu de se venger, il le comble de bienfaits; c'est de la charité chrétienne. Mais ces beaux exemples n'ont rien de comique, et l'on s'en aperçut trop.

La Suite du Menteur n'eut pas meilleure fortune; elle ne réussit qu'à marquer par un estimable échec la distance d'un modèle à une copie, de Corneille à son continuateur. Ici, la fable pèche par le fond: car la vertu s'associe mal au vice; et l'habitude incorrigible du mensonge répugne à l'acte magnanime par lequel le poëte transfigure Dorante. On voudrait l'admirer lorsqu'il s'expose à l'échafaud pour garder sa foi ; mais comment ne pas mépriser un imposteur? En revanche, on serait tenté de rire à ses dépens, lorsqu'il s'embarrasse dans ses propres filets ; mais comment oublier la générosité de son héroïsme? Il en résulte donc je ne sais quoi d'indécis et de faux qui déconcerte le spectateur. Quant au *Souper d'Auteuil*, il n'attesta que la bonne volonté de prêter à Molière un rôle ou un langage digne de lui. Et pourtant, M. Andrieux avait là, comme toujours, beaucoup d'agrément. Mais, outre qu'il ne sied pas de montrer des grands hommes en goguette, l'esprit ne suffit point à la scène. C'est ce que témoignent encore ses *Deux vieillards,* satire un peu grimaçante d'un Adonis sexagénaire qui oublie trop le mot du poëte : *Turpe senilis amor*[1].

En somme, M. Andrieux avait peu d'invention dramatique. C'est donc dans un cadre plus modeste qu'il faut chercher l'expression originale de sa physionomie. Conteur espiègle qui moralise avec enjouement, il n'eut qu'un filet de voix, mais qui lui venait de la Muse attique : *Graiæ tenuem spiritum Camenæ.* Nul, en de courts récits, ne sut faire un plus sobre et plus habile emploi d'un talent un peu grêle, mais qu'assaisonnait un grain de sel piquant et pur. Est-il besoin d'en citer un exemple? Qui ne connaît son apologue du *Meunier sans souci?* Ce chef-d'œuvre demeure un délicieux pendant au *Roi d'Yvetot;* c'est, comme disait Sainte-Beuve, « un brin de thym à côté du brin de serpolet ».

---

1. L'amour, chez un vieillard, est une honte.

Érudit sans pédantisme, Aristarque souriant, disciple d'Horace qu'il traduisait de cœur avec une sorte de fraternelle tendresse, admirateur de La Fontaine auquel il voulut ressembler, de loin, sinon par le génie, du moins par la bonhomie de certaines malices trop étudiées, causeur fertile en anecdotes bien menées et bien dites, philosophe dont le bon sens aiguisé donnait à des vérités banales chez d'autres l'agrément du caprice et le tour léger d'un badinage, il fut par-dessus tout un homme de goût ; et, si ce mot garde encore une signification précise, le souvenir d'Andrieux ne périra pas.

Mais son nom rappellera de plus l'élite de cette génération qui resta fidèle à l'esprit du dix-huitième siècle en ce qu'il eut de social et d'humain, sans alliage de sarcasme et d'impiété, avec cette mesure qui est le meilleur gage de foi constante aux principes, parce qu'elle les préserve de tout excès compromettant. N'ayant exagéré aucune doctrine, il n'eut jamais besoin de se démentir, ou de déguiser sa pensée ; car il resta toujours maître de lui, en dehors ou au-dessus des partis, qu'il eut le droit de juger avec l'autorité d'une modération étrangère à toute passion comme à toute faute.

Aussi, quelle tenue parfaite dans sa conduite ! Non moins habile qu'honnête, également propre à des aptitudes diverses, administrateur, juge, député, tribun, il sut occuper ces postes avec distinction, et, ce qui est plus rare, les quitter avec honneur. Quand le Premier Consul qui, par distraction, ou pour sauver les apparences, avait laissé la parole aux membres du Tribunat, vit, non sans impatience, qu'ils en usaient pour penser autrement que lui, et s'en plaignit comme d'un abus, Andrieux, son collègue à l'Institut, lui dit un jour, avec autant de courage que de finesse : « Vous êtes de la section de mécanique, et vous savez qu'on ne s'appuie que sur ce qui résiste. » Un tel mot est de ceux qui appartiennent à l'histoire. Cette discrète indépendance qui concilia toujours le respect et la franchise, le professeur au Collége de France devait la porter plus tard dans un enseignement qui fut une influence. Quand il revint à des études qui avaient été son refuge sous la Révolution, et ne cessèrent pas d'être son délassement, j'allais dire sa volupté, parmi les devoirs qu'il fit toujours passer avant son plaisir, il put alors offrir à la jeunesse la meilleure des leçons : celle de l'exemple. En même temps que ses œuvres, par l'élégance et la pureté de la diction, étaient déjà la censure du faux, de l'étrange ou de l'affecté, l'estime imposée à tous par sa vie tout entière lui donna prise sur les cœurs comme sur les intelligences ; et sa parole, « entendue à force d'être écoutée », garda cette vertu persuasive qui assure crédit à la vérité. Car sous les douces remontrances du maître les auditeurs les plus *étourdis* reconnaissaient un ami.

CHAPITRE IV

PICARD. Les amis d'Horace. Incessante improvisation. Esprit d'à-propos. Les ridicules de l'heure présente. Tableaux de mœurs. *Médiocre et rampant*, vivante esquisse de la société française sous le Directoire. *Entrée dans le monde. Le Contrat d'union*, satire contre l'agiotage. La comédie bourgeoise, seule ressource du poëte comique sous l'Empire. *La Petite Ville*, chef-d'œuvre du genre. *Les Provinciaux à Paris*, récidive malheureuse. *Monsieur Musard. Les Marionnettes. Les Ricochets*. Conclusion.

Nous n'avons pas besoin de longs détours pour aller d'Andrieux à Picard. Outre qu'un lien académique devait un jour les unir, ils appartenaient à une famille d'heureux esprits pour lesquels Horace fut comme le Dieu du foyer. Ces prédilections de goût sont toujours le signe de certaines affinités morales qui rapprochent aisément les cœurs, et cimentent des amitiés durables. Aussi, dès que les circonstances s'y prêtent, ces fidèles d'une même religion vont-ils, comme par attraction naturelle, les uns vers les autres, et se comprennent-ils à demi-mot, par une sorte d'harmonie préétablie.

C'est ce qui fit qu'Andrieux, déjà célèbre, s'empressa de tendre la main à Picard, son jeune confrère. Dès son premier signe de vocation, il se plut à lui faciliter l'accès du théâtre, par un dévouement désintéressé qui ne tarda guère à devenir une intimité cordiale. Entre eux pourtant il y eut de notables différences. Picard ne fut point, en effet, une de ces imaginations économes qui se contiennent, se ménagent, font adroitement valoir leur petit trésor, et vivent, à peu de frais, sur une renommée de salon, sans aimer à franchir certains cercles choisis. Pour lui, la plume n'était pas un plaisir de luxe, un jeu de société, la distraction des heures disputées aux affaires. Non : le démon dramatique le posséda tout entier ; ses impérieux appels ne lui permirent pas un instant de relâche, et plus de quatre-vingts pièces démontrent la fécondité d'une invention qui, toujours prompte à l'à-propos, ne laissa pas chômer la curiosité du public, mais l'accapara presque sans partage. Or, dans cet immense répertoire où l'on compte presque autant de succès que de productions, les motifs furent si variés, les idées si ingénieuses, et leur développement si personnel, qu'il put prodiguer sa verve sans l'épuiser, et n'a jamais été soupçonné d'aucun emprunt.

Il ne lui suffit point de se multiplier ainsi en tous sens ; il voulut aussi remplir lui-même ses principaux rôles, et n'hésita pas à monter sur la scène. A Louvois, à la salle Favart, ou à l'Odéon, dont il prit la direction en 1801, il fit aimer l'acteur comme l'auteur ; et, s'il finit par renoncer à la profession qu'ont illustrée Shakespeare et Molière, ce fut encore pour se vouer plus exclusivement à une intarissable improvisation, qui, en dehors de la comédie, du vaudeville ou de l'opéra, s'épancha même en poésies fugitives, ou en fictions romanesques.

Durant une trentaine d'années, il demeura donc

toujours sur la brèche ; et, soit en vers, soit en prose, il n'eut pas alors son égal pour la prestesse, le naturel, la bonne humeur, l'entrain d'une action bien conduite, et surtout ce fin coup d'œil qui saisit au vif les ridicules de l'heure passagère. Voilà ce qui lui vaut la mémoire de l'avenir. Car, si la comédie de caractères est plus sûre de charmer tous les âges, parce qu'elle exprime les traits permanents de la nature humaine, les tableaux de mœurs ont également du prix pour la postérité, ne fût-ce qu'à titre de témoignage transmis sur la vie privée des générations éteintes. Sans doute il est préférable de puiser le rire à des sources plus profondes, c'est-à-dire de nous proposer l'image même de notre cœur. Mais, les types généraux étant peu nombreux, la satire finirait par tourner dans le même cercle, si, pour se renouveler, elle ne s'attaquait encore à ces travers quotidiens que chacun de nous peut coudoyer dans la rue. Or ces esquisses légères composent comme un journal instructif où nous aimons à retrouver l'impression changeante des régimes divers essayés par une nation que son tempérament, surtout dans notre siècle, prédestinait à tant de vicissitudes.

Cet intérêt particulier, le théâtre de Picard nous l'offre aujourd'hui. C'est ainsi qu'un de ses premiers et de ses plus francs succès, *Médiocre et rampant*, qui date de 1797, représente au vrai le pêle-mêle de la société française surprise en pleine débâcle, dans la déroute de toutes ses traditions. On y entrevoit le désarroi des usages, des sentiments et des idées, la cohue des audacieux, des fourbes, des parvenus insolents et des intrigants prêts à tout, un discordant mélange de luxe et de brutalité, je ne sais quel vertige d'esclaves affranchis qui se ruent au plaisir, la coalition des vices arborés comme des opinions par l'émeute tapageuse des muscadins et des mirliflors, cette plèbe dorée de laquais improvisés millionnaires, mais embarrassés de leur métamorphose, en un mot, tout un carnaval de Margots et de Gothons déguisées en grandes dames, mais qui se dénoncent, sans le savoir, par leur tournure, leurs manières ou leur langage. Voilà bien l'époque où il n'y a plus ni centres distingués, ni bonne compagnie : les salons s'y ouvrent au premier venu, comme un bal du Ranelagh ou de Tivoli. Des actrices y font vis-à-vis aux femmes des Directeurs. Mlle Lange y trône à côté de Mme Tallien. Ces gens-là semblent vivre en plein air, et au jour le jour : c'est un tourbillon dans un chaos. Car tout est devenu provisoire, même la famille, où le divorce invite à l'infidélité conjugale, et la légalise.

Tel est aussi le fond sur lequel se détachent deux autres pièces, *l'Entrée dans le monde*, jouée en 1799, et *Du Hautcours ou le Contrat d'union*, qui parut en 1801. Nous y reconnaissons le voisinage de ces années folles où la licence fut telle qu'il n'y avait plus de fruit défendu. C'est un milieu propice au scandale de ces fortunes soudaines qu'édifiait ou renversait, du matin au soir, la bascule de l'agiotage spéculant sur l'instabilité sociale. Le haut du pavé est encore disputé par ces fournisseurs et ces agents d'affaires, dont l'impardonnable opulence insulte à la misère publique. Après avoir ouvertement affiché, sous le Directoire, leurs dilapidations impunies, ils tentent de se perpétuer sous le Consulat; et leur nombreuse clientèle s'agite dans l'ombre, pour paralyser par ses menées clandestines les ressorts d'une administration vigilante qui veut en finir avec les pillards et les concussionnaires. Mais ils se sentent menacés, et jouissent de leur reste : car Napoléon va faire une guerre d'extermination à ces éhontés, qui sont la peste de l'État. Or, dans cette œuvre de châtiment, il a pour auxiliaire le poëte courageux qui devance l'action de la loi. Au risque de se voir sifflé par des coquins, Picard les démasque en effet d'une main vengeresse dans la personne d'un maître fripon, dont le sang-froid et l'hypocrite rouerie se mettent au service des banqueroutes d'autrui, parce qu'il n'a plus le moyen d'en faire pour son propre compte.

Quant à la vulgarité qui attriste tant de vifs croquis, elle est moins imputable à l'écrivain qu'à ses modèles. Après la représentation des *Trois maris*, on lui reprochait déjà de s'attarder trop en des régions équivoques. Mais comment donc aurait-il pu faire autrement? La haute société n'existant plus, et ce qu'on appelle le *Monde* n'étant guère alors qu'un souvenir, il ne restait à l'observateur que la ressource de représenter cette grossièreté qui s'étalait partout, sans prendre même souci de sauver les apparences. C'est ce qu'attestent les préfaces de

Picard. Dans l'une d'elles, ne disait-il pas :
« En 1799, les femmes galantes ou ruinées, comme
Mme Saint-Allard, montaient une maison sur le ton
de l'opulence, et trouvaient moyen de fournir à leurs
dépenses par le produit de la bouillotte ou du trente-
et-un. Des jeunes filles, comme Mlle Aglaé, jouaient
l'amour ou la sensibilité pour trouver un établissement; les salons de ces sortes de maisons offraient
un singulier mélange, ou plutôt une étrange confusion de toutes les classes. On y voyait des députés,
comme M. Beaupré, qui fréquentaient les restau-
rants et les théâtres, courtisaient les dames, et spé-
culaient à la Bourse; de nouveaux enrichis, comme
M. Dumont, bien insolents, bien grossiers, se
plaignant d'être mal servis, et oubliant qu'ils avaient
été laquais avant les assignats.....; des ferrailleurs,
comme Derlange, ayant des maîtresses qu'ils appelaient leurs femmes, et se donnant ridiculement un
air de bonne compagnie dans les cafés qu'ils ne
quittaient que pour aller au jeu. » Ce qui nous
semble cynique ou trivial n'était donc que la vérité
prise sur le fait; et, si ces tableaux vieillirent vite, la
faute en est aux changements à vue que le va-et-vient
des mœurs devait produire, du jour au lendemain,
sous un régime social aussi précaire que ses institutions.

Ajoutons que les conditions de l'art vont bientôt
changer avec celles du Pouvoir. Lorsque l'Empire
eut imposé à tous les réfractaires la discipline du
silence, il n'admit plus qu'une censure, la sienne; et

ne toléra désormais aucun contrôle susceptible d'inquiéter ses actes, ou de gêner ses ministres. On sait avec quelle rigueur fut proscrite toute allusion, même lointaine, à ce qui touchait l'établissement de l'ordre nouveau. Le zèle des serviteurs exagérant, comme toujours, les volontés du maître, non-seulement le Trône, mais tout ce qui l'approchait devint donc inviolable. Le Conseil d'État ne se crut-il pas offensé, parce que Picard avait introduit deux jeunes auditeurs dans son *Lendemain de fortune*? Les plus innocentes libertés risquaient d'être dangereuses en un temps où, à propos d'un discours académique, une voix partie des Tuileries s'écria : « Depuis quand donc l'Institut se permet-il de devenir une assemblée politique? Qu'il fasse des vers, et juge les fautes de langage. Mais qu'il ne sorte pas du domaine des Muses ; ou bien, je saurai l'y faire rentrer. » Par suite de ces interdictions qui fermaient à la comédie l'enceinte de la vie officielle et publique, il lui fallut se rabattre sur des sujets moins périlleux, et chercher ses modèles au foyer domestique. Picard ne manqua point à ce devoir de prudence. Or les mœurs privées lui furent une mine d'autant plus riche qu'une forme régulière de gouvernement venait de rendre à la famille la stabilité perdue, et que les fleuves débordés rentraient enfin dans leur lit. Toutes les classes reprenant des habitudes, les originaux se fixèrent donc en des poses assez définitives pour tenter l'observateur, et se prêter à sa curiosité.

Ce genre fut inauguré par *la Petite Ville*, qui

égaya les Parisiens aux dépens des provinciaux. Picard sut y railler agréablement leurs manies et leurs préjugés, le penchant à se décider en tout par étroite prévention, la crainte du qu'en dira-t-on, le souci perpétuel de ce que pense le voisin, les mesquines vanités de clocher, l'asservissement aux prétendues convenances qui singent les façons du grand monde, le décorum des hobereaux sots et guindés, la gaucherie des dadais empesés, les grimaces des Agnès en quête de maris, les timidités provoquantes des Bélises quadragénaires, enfin ces rivalités, ces caquets, ces médisances, ces commérages ou ces tracasseries que La Bruyère avait déjà si joliment effleurés de son ironie. Toute cette parodie gravite autour d'un jeune homme, « mauvaise tête et bon cœur », qui, sous l'impression d'un dépit jaloux, est allé chercher, loin de Paris, le bonheur et la vertu.

Sans raconter ses mécomptes, indiquons seulement les grotesques dont l'essaim bourdonne dans ce nid de frelons : Riflard, ce lourdaud qui papillonne en folâtrant, avec ses airs de Don Juan bellâtre ; Mme de Senneville, la vieille coquette entichée de qualité, digne pendant de la comtesse d'Escarbagnas ; Vernon, le chicaneur et le bretteur, aussi poltron que fanfaron ; la sensible Nina, une ingénue de trente-cinq ans, qui s'imagine que chaque diligence lui amène un époux ; enfin Mme Guibert, la mère enragée, qui guette une proie, je veux dire un gendre. Si dure et si glaciale pour Desroches, tant qu'elle le croit un pauvre diable, elle se jette brusquement à son cou, avec une sorte d'effronterie, dès qu'elle avise ses trente mille livres de rentes. Il faut l'entendre alors recommander à sa fille la simplicité, tout en lui mettant du rouge, et la modestie, tout en écartant son fichu, avant l'heure de l'entrevue qu'elle prépare, et voudrait bien rendre à tout prix décisive! Quant à sa chère Flore, que pourrions-nous en dire? C'est une poupée à ressort qui ne sait que répondre : *Oui, maman ;* ou, si vous aimez mieux, c'est une boîte à musique qui joue des romances. Telles sont les figures qui se meuvent dans cette action adroitement variée par des surprises ingénieuses, et semée de saillies naïves qui font éclater le rire à toute volée. Picard avait touché si juste qu'il fût accusé de satire personnelle par plusieurs petites villes à la fois. Il faillit avoir des procès en diffamation !

Mis en goût d'applaudissements, il voulut récidiver, et, dans ses *Provinciaux à Paris,* aborda le panorama de la *Grande ville.* Mais ce sujet trop vaste entrait mal en un cadre trop exigu. Nous n'essayerons donc pas l'analyse d'une telle bouffonnerie. On pourrait se perdre dans le labyrinthe des épisodes à travers lesquels une bande de filous promène, en l'exploitant, cette famille de bons villageois, dont le cœur trop combustible ou la crédulité trop niaise ne rappelle guère les défiances du paysan ordinairement si matois et si retors. D'ailleurs, les Parisiens devaient faire froide mine à un tableau qui ne les flattait pas, puisqu'il les représentait comme des faiseurs de dupes. Fabre d'Églantine n'avait-il pas jadis été rudement sifflé pour un moindre délit, lorsque, dans ses *Gens de lettres*, il sembla défier, au nom de la province jalouse, les coteries puissantes qui régnaient dans les académies et les salons? Picard subit donc le même sort, et sa pièce ne fut point sauvée par les détails plaisants qui demandaient grâce pour un plan défectueux.

Mais il prit sa revanche par le succès incontesté de *Monsieur Musard* (1803), type excellent d'un travers qui n'exclut ni l'esprit, ni la bonté, ni l'honneur, et que l'amour-propre le plus susceptible peut même avouer sans souffrance. Loin d'en rougir, quelques-uns ne vont-ils pas jusqu'à tirer vanité d'un défaut dont ils se font une sorte de décoration, parce qu'il fut toujours le privilége des indépendants et des oisifs? C'est à Paris, surtout, que pullulent ces désœuvrés qui laissent leur vie inconsciente s'écouler, sans qu'ils y pensent, comme ces eaux de la Seine que les badauds regardent passer, bouche béante, du haut des ponts. On y compterait par milliers ces flâneurs affairés qui, n'étant bons à rien, se persuadent qu'ils eussent été propres à tout, si, au lieu de se gaspiller de caprice en caprice, ils avaient su le prix du temps.

M. Musard appartenait à une trop nombreuse confrérie pour n'être pas fêté par tous ceux qui reconnurent en lui leur voisin. Picard n'écrivit-il pas en sa préface : « Que de femmes m'ont répété : C'est mon mari que vous avez voulu peindre »? L'idée de ce caractère venait pourtant de plus loin; car elle semble avoir été suggérée par *le Négligent,* de Dufresny. Nous retrouvons même ici la scène où l'amateur de babioles, parmi ses innombrables distractions, s'amuse à troquer des porcelaines, au moment où il devrait solliciter un de ses juges pour un procès qui va lui faire perdre deux cent mille livres. Mais ce qui n'était là qu'une silhouette se transforme en un portrait que rend plus expressif encore le contraste d'un personnage alerte et entreprenant, maître Lerond, qui a toujours l'œil au guet, et croque à belles dents tous les marrons tirés du feu par le malencontreux Musard. Cette antithèse, vivement poussée, fait donc valoir deux rôles auxquels on sourit comme à des visages de connaissance.

Chaque moraliste est doué d'un sens particulier qui décide de son aptitude. C'est ainsi que Picard triompha dans le diagnostic de la vanité, de la sottise, et des ridicules qui distinguent les parvenus. Or, il y en eut à foison dans ce monde où les jeux de la fortune étaient plus capricieux que jamais, à la suite d'une révolution qui avait mobilisé la richesse, et bouleversé tous les rangs. Fustiger d'un bon coup de férule l'impertinence d'un maître d'école subitement affolé par un million qui lui tombe du ciel, et grouper autour de cet extravagant les flatteries ou les intrigues des affamés qui prétendent avoir une part du gâteau, telle est l'intention des *Marionnettes,* pièce assez ingénieusement philosophique pour être tout à fait digne de ce vers d'Horace, qui lui servit d'épigraphe :

Duceris ut nervis alienis mobile signum [1].

Cette vérité si vieille, il réussit à la rajeunir, et en fit une comédie très-allègre qui enleva les suffrages des plus frivoles comme des plus sérieux. Mais ces bravos retentissants ne tournèrent point la tête solide d'un homme de sens qui, dans une spirituelle préface, disait de lui-même : « Ne suis-je pas aussi une vraie *marionnette*? Eh bien, je ne saurais m'en défendre, et ne prétends point faire exception. »

Non, Picard n'eut rien de commun avec son héros, et sa popularité ne l'étourdit pas; car, plus il se sentait porté par la faveur universelle, plus il s'étudiait à plaire aux exigeants. Voilà ce qui ressort de la correspondance qu'il entretenait avec le comte Daru, pour lui soumettre ses scrupules, et s'éclairer de précieux conseils. Visant à se surpasser lui-même, il y réussit en ses *Ricochets,* satire d'un ordre plus élevé : car il ne s'y renferme point dans le petit monde bourgeois de la rue Saint-Denis; mais c'est à des étages supérieurs qu'il va chercher ses nouvelles girouettes qui tournent à tous les vents.

On ne peut enchaîner et dénouer avec plus d'adresse les fils d'une action où de petites causes, qui produisent de grands effets, concourent à démontrer cette vérité, que « l'insolence est une médaille dont

---

1. Tu te laisses mener, comme une marionnette, par des ressorts étrangers.

le revers est la bassesse. » Voilà ce que prouvent les scènes amusantes où nous voyons un jockey se courber devant un valet de chambre, ce valet devant son maître, le maître devant un colonel, et ce colonel devant une baronne dont il s'est fait le chevalier servant. Puis se déroule une autre série de contre-coups inverses, dont le branle est donné par la perte d'un épagneul, accident fortuit qui met successivement en jeu la colère de la baronne ricochant sur le colonel, celle du colonel sur l'amant, celle de l'amant sur le valet de chambre, celle du valet de chambre sur le jockey. C'est comme une suite de cascades qui dégringolent de degrés en degrés, jusqu'au moment où, grâce au serin qui remplace l'épagneul dans un cœur inconstant, tous les personnages font une fois encore volte-face, se réconcilient les uns avec les autres, et finissent par fêter un double mariage, qui est le dernier de tous ces ricochets.

Le Collatéral, l'Homme qui veut faire son chemin, la Vieille Tante, l'Ami de tout le monde, la Manie de briller, en un mot, tout un album de croquis finement crayonnés d'après nature mériterait aussi d'être étudié de près. Mais comment résumer en quelques mots l'œuvre si complexe de ce Gavarni bourgeois qui ressuscite, sous nos yeux, toute une société disparue? Une rapide analyse ne pouvant donner au lecteur que de faibles impressions, il nous suffira donc d'avoir réveillé le souvenir d'un peintre de mœurs qui contribua plus que tout autre, au lendemain de nos malheurs, à nous rendre cette gaieté native dont le retour n'a jamais cessé d'être parmi nous le plus rassurant symptôme de convalescence, ou de santé rétablie.

Terminons en disant que Picard se fait estimer jusque dans ses échecs. Quand il osa tenter une comédie en cinq actes et en vers, il perdit la bataille; car il était écrit que la prose seule lui serait heureuse. Mais, alors même, nous rendons justice au lettré constamment épris de son art. Aussi n'est-ce point surfaire ce talent si français par la justesse, l'esprit, l'aisance et la clarté, que de voir en lui le premier de ces comiques de second ordre dont le nom se soutient, au-dessous de Molière, mais non loin de Regnard, à côté de Dancourt, près de Lesage et de Scribe, dont il reste le devancier le plus direct.

CHAPITRE V

M. Étienne. *Le Rêve. Le Chaudronnier homme d'État. Le Pacha de Suresnes. Les Deux Mères. La Petite École des Pères. La Jeune Femme colère. Brueys et Palaprat.* — Le directeur des *Débats*.— *Les Deux Gendres.* Il y rajeunit avec verve d'anciens motifs. Les caractères. Le revers de la médaille. Découverte de *Conaxa*. Une question de plagiat. Confrontation du modèle et de la copie. Trop d'habileté nuit. — *L'Intrigante*. Un censeur censuré. Sous l'Empire, la comédie fut relativement supérieure à la tragédie. Conclusion.

Voulant caractériser les auteurs qui, sous l'Empire, représentèrent le mieux la littérature dramatique, nous en trouverons l'expression la plus vraie dans le théâtre de M. Étienne. Car sa réputation s'épanouit sous le plein éclat de l'astre impérial, vers 1810, entre l'allégresse de nos récentes victoires et le deuil des désastres imminents. Suivons-le donc dans la carrière qu'il parcourut depuis le Consulat jusqu'à la chute du régime qu'il servit avec un dévouement aussi sincère que bien récompensé.

Né le 6 janvier 1778, à Chamouilly, dans la Haute-Marne, M. Étienne débarquait à Paris, en 1796, sans autres ressources qu'une physionomie avenante et une intelligence très-souple qui s'annonça bientôt, sur des scènes secondaires, par des impromptus où s'essayait, sous un air de folie, la malice d'un bon sens avisé qui cherchait fortune. Si *le Rêve* et *le Chaudronnier homme d'État* sentent trop la farce ou même l'arlequinade, dans *le Pacha de Surènes* s'accusèrent déjà des intentions qui eurent quelque portée pratique. Ne s'y moque-t-il pas finement de la vaniteuse manie qui, dans l'éducation des filles, attribue aux arts d'agrément une importance exagérée? Sa seconde pièce, *les Deux Mères* (1802), trahit aussi de sérieux instincts. Elle s'en prenait à la négligence de ces femmes trop mondaines qui, par amour du plaisir et coquetterie coupable, oublient les devoirs de la maternité. Du même fond procède la *Petite École des Pères*. C'est tout un sermon de pédagogie domestique. Il y inflige une verte remontrance aux parents qui prétendent devenir les camarades de leurs fils, et, sous prétexte qu'un père doit être l'ami de ses enfants, ne se font aucun scrupule de les associer à leurs dissipations les plus équivoques. Une leçon vivante signale donc ici les périls de cette indulgence aveugle dont la suite serait le mépris d'une légitime autorité.

Dans *la Jeune Femme colère*, la morale est encore en jeu. Son rôle y consiste à corriger un défaut par une imitation qui l'exagère, à la façon d'un miroir grossissant. Cette méthode homœopathique avait inspiré déjà les *Adelphes* de Térence qui nous offraient l'exemple de Déméa faisant comprendre à son frère Micion, par ses folles largesses, les dangers qu'entraîne une faiblesse complaisante jusqu'à la complicité. Ici, c'est un mari qui, pour guérir le caractère irascible de sa jeune femme, oppose à ses emportements des éclats plus furieux encore. Peut-être jugera-t-on que ce remède violent ne convient guère à la douce température d'une lune de miel, et qu'un traitement persuasif serait alors plus vraisemblable. Si l'élève s'avisait de crier plus fort que son maître, il s'ensuivrait un véritable charivari. Lorsque Fénelon entreprit la cure du duc de Bourgogne, il ne pacifia ses accès qu'en lui montrant des visages abattus et consternés. Pourtant, malgré ces objections, l'idée reste plaisante ; et, comme le spectateur n'eut pas le loisir de la réflexion, il se laissa divertir sans résistance. Nous en dirons autant d'une autre fantaisie intitulée *Brueys et Palaprat* (1807). Ce n'est qu'une anecdote ; mais elle se recommande par une tournure toute parisienne, l'agilité du dialogue, un dénoûment agréable, et des vers bien venus qui se retiennent d'emblée.

Cependant, ce n'étaient là que des levers de rideau, et M. Étienne ne leur devait encore que la faveur d'une administration attentive à tirer parti des plumes circonspectes et accommodantes. Les prémices de sa verve attirèrent en effet sur lui les regards de M. Maret, duc de Bassano, qui distingua le jeune auteur, alors employé dans les fourrages de l'armée, au camp de Boulogne. Il l'approcha donc de sa personne comme secrétaire ; et ce fut en cette qualité que M. Étienne accompagna bientôt un des plus laborieux commis de l'Empereur dans sa mission de Pologne. On l'y chargea spécialement de surveiller les feuilles instituées pour incliner les esprits vers la médiation française. Ce noviciat politique, dont le zèle fut très-intelligent, le désignait d'avance à un poste de confiance intime. Aussi, lorsque l'Empereur crut devoir mettre la main sur l'ancien *Journal des Débats*, s'adressa-t-il à l'habile serviteur qui venait de faire ses preuves de discrétion et de docilité. On s'empressa de lui confier une censure délicate qu'il déroba sous le titre de Directeur. Il ne tarda pas non plus à remplacer Esménard comme chef de division de la Presse, au ministère de l'Intérieur ; et il occupait cette situation considérable, quand l'éclatant succès des *Deux Gendres* lui ouvrit à deux battants les portes de l'Académie : bonne fortune que ses amis lui annoncèrent par un billet portant ce verset emprunté aux actes des Apôtres : *Et elegerunt Stephanum, virum plenum Spiritu*[1].

Ce jeu de mots ne disait rien de trop. Car cette comédie fut incontestablement la meilleure qu'aient vue se produire les premières années du siècle. Ce n'est pas que l'intrigue en soit très-originale, ou très-serrée. Toute la question se réduit à savoir si un beau-père, indignement exclu du domicile de ses deux gendres, va coucher à la belle étoile, ou trouver ailleurs quelque honnête abri. L'arrivée d'un ami tranche ce nœud ; et les deux égoïstes finissent par restituer, non sans un peu trop de précipitation, les biens qui leur avaient été donnés avec trop de légèreté. Voilà toute la fable, et elle n'est pas neuve. Car, sans parler du roi Lear, ni remonter à un conte

---

[1]. Et ils choisirent Étienne, homme plein de l'Esprit, *ou* plein d'esprit.

du xiiie siècle, où se rencontre le germe de ce sujet, l'ingratitude filiale avait inspiré déjà plus d'un grave et piquant réquisitoire, entre autres *l'École des Pères*. Piron, s'y faisant le défenseur des vieilles mœurs bourgeoises, s'élève, en effet, mais avec plus d'honnêteté que d'éloquence, contre cette tendresse malentendue qui dégrade le caractère paternel, et habitue les enfants à un égoïsme assez ingrat pour renier un jour les plus rigoureux devoirs. La moralité naïve du vieux fabliau se reconnaissait dans la mésaventure du trop débonnaire Géronte, qui a le tort de nous faire rire, et parfois bâiller, aux dépens de sa dignité. Bref, il n'y avait là qu'une grossière ébauche, tracée à la hâte par un improvisateur qui n'eut jamais la patience de mûrir ses conceptions.

Ce motif était donc disponible encore, et n'attendait, pour paraître avec avantage, que l'industrie d'une main expérimentée. Se l'approprier fut le mérite de M. Étienne. D'abord, il crut devoir tempérer l'odieux d'un tableau qui révolte : il y réussit très-adroitement en substituant aux trois fils deux gendres, dont nous détestons la vilenie, mais sans que la nature ait droit d'en murmurer. Pour les rendre plus vivants, il sut donner à chacun d'eux une physionomie personnelle. Ce ne sont plus simplement ici des avares dont l'avidité brutale s'accuse au grand jour, mais des fourbes qui voudraient tromper les honnêtes gens ; car ils visent soit à la considération et au crédit, soit aux honneurs et aux emplois.

L'un, Dervière, se déguise en philosophe humanitaire. Il s'est fait bienfaisant pour être quelqu'un, ou quelque chose. Grand auteur de brochures déclamatoires, grand orateur de comités bruyants où l'on parade, sans qu'il en coûte rien,

> Il a poussé si loin l'ardeur philanthropique,
> Qu'il nourrit tous ses gens de soupe économique.

Mais les principes n'y perdent rien ; car ses écrits font tapage de généreux sentiments.

> S'il ne sait pas chez lui garder un domestique,
> Sans cesse il plaint le sort des nègres d'Amérique.

L'autre, Dalainville, est un vaniteux remuant qui s'est mis en tête d'arriver à un ministère, ou tout au moins à une direction générale. Or, pour parvenir à ses fins, il lui faut séduire l'opinion, c'est-à-dire les salons où s'accréditent les noms, où se concertent les influences. Il s'arrange donc de façon à en imposer par de beaux dehors, qui lui prêtent des semblants de vertus, ou de talents. Surtout, il entend à merveille l'art d'éviter le scandale, ou le ridicule.

Voilà les espèces en faveur desquelles Dupré, leur beau-père, s'est imprudemment dépouillé de tout son patrimoine. Il en est réduit à résider six mois chez l'un, six mois chez l'autre : encore est-il traité comme un parasite gênant, ou un témoin importun. Mais il ne se laisse pas humilier longtemps par les drôles qui le font repentir de son aveugle confiance.

Au lieu de se résigner à être dupe, il se révolte donc, et songe à s'affranchir, surtout quand son vieil ami Frémont est venu lui monter la tête. C'est alors qu'il prépare une revanche dans laquelle triomphe la dextérité du poëte.

En effet, tandis que Piron se borne à expliquer par une raison d'intérêt le piége où tombent les fils dénaturés que l'espoir d'un héritage imprévu décide à se dessaisir du gage dont ils étaient nantis, M. Étienne use d'un ressort tout à fait conforme aux caractères de ses charlatans. Il les punit par la crainte de la rumeur publique, et c'est leur hypocrisie même qui devient l'instrument d'une juste déconvenue. Dalainville est sur le point de toucher au but que poursuit son ambition ; il croit tenir enfin son portefeuille ; il reçoit de tous côtés des compliments, même de son beau-frère qui le déteste ; sa femme en est toute transportée, elle se voit déjà trônant dans son hôtel, s'étalant dans ses équipages et ses loges, quand éclate soudain une lettre de M. Dupré, déclarant à ses gendres que leurs procédés honteux ont poussé sa patience à bout, que les ressources dont il dispose encore lui permettent de reprendre son indépendance, et qu'il va produire au grand jour une noire ingratitude. On se figure les conséquences de cette menace : elle est comme un coup de foudre. Pris d'un effarement tout à fait comique, voici que les deux Tartufes se jugent perdus, tremblent pour leur pot au lait qui se brise, et se gourmandent à l'envi de mutuels reproches.

Prenez garde, dit le philanthrope au ministre désigné :

> Tous les yeux aujourd'hui semblent fixés sur vous ;
> Votre élévation a fait bien des jaloux ;
> Vous sentez que pour eux l'occasion est belle.
> De tout Paris, demain, ce sera la nouvelle.
> Aux mots de fils ingrat, de père abandonné,
> Je crois voir contre vous le public déchaîné.
> Pour l'homme qui s'élève, il est impardonnable ;
> C'est un besoin pour lui de le trouver coupable.
> La foule des méchants va, vous le pensez bien,
> Dire qu'un mauvais fils est mauvais citoyen.

Mais Dalainville est en fond pour la riposte : car il a beau jeu contre Dervière. Ne répond-il pas :

> Si je dois du public redouter l'injustice,
> Il peut aussi sur vous exercer sa malice :
> « Le voilà, dira-t-on, ce mortel bienfaisant,
> Appui du malheureux, soutien de l'indigent !
> De ses nombreux bienfaits il a rempli la terre ;
> Il fut humain pour tous, excepté pour son père. »

C'est ainsi que chacun rejette la faute sur son complice. Madame Dalainville, la mondaine, la frivole, l'oublieuse, a sa part, elle aussi, dans les récriminations communes, et ne manque pas d'être châtiée par où elle a failli. Jugez-en d'après ce joli portrait, esquissé par Comtois, le valet qui venge à bon droit ses griefs, et ceux de son maître dépossédé. Car, si l'un souffre au salon, lui, il pâtit à l'office. N'est-il pas le domestique des domestiques, le premier levé, le dernier couché ? On lui refuse une livrée, on le tient pour un goujat! Mais il se rattrape bien, dès que sa langue peut impunément se délier! Écoutez :

> Le désir de briller, l'amour de la parure,
> Fait taire dans son cœur la voix de la nature.
> Elle vous aime au fond ; mais cent futilités
> Occupent tout son temps. Si vous vous présentez,
> Elle répète un pas, ou bien elle étudie
> Quelque rôle nouveau dans une comédie.
> Car la mode du jour est d'apprendre aux enfants
> Tout, hormis le respect qu'on doit à ses parents.
> Le jour de votre fête, elle n'est point venue.
> Je n'en suis pas surpris. Comment l'auriez-vous vue ?
> Madame, à son hôtel, avait spectacle et bal ;
> Le soir, elle jouait dans *l'Amour filial* ;
> Et vous concevez bien qu'une si grande affaire
> Ne lui permettait pas de songer à son père.

Aussi Dalainville a-t-il quelque raison de lui adresser cette mercuriale :

> N'étiez-vous pas d'un père et l'espoir, et l'appui?
> Qui donc, si ce n'est vous, eût dû veiller sur lui ?
> Accablé de travail, était-ce à moi, madame,
> De lui donner un temps que le public réclame?

A ces réprimandes elle ne répond que par des pleurs, ce qui redouble l'émoi plaisant de son mari; car il a grand monde chez lui, et il ne faut pas qu'on s'aperçoive de ces larmes : elles l'accuseraient !

> . . . . Essuyez-les, madame ;
> C'est fort essentiel, je vous en avertis :
> Ceux qui dînent chez moi ne sont pas mes amis.

Ce sont là des traits excellents, parce qu'ils jaillissent tout naturellement des passions et des caractères. Quelques-uns ont la justesse d'un proverbe, notamment celui-ci :

> La charité jadis s'exerçait sans éclat ;
> A Paris, maintenant, on s'en fait un état.

Agile et net, incisif et franc, le dialogue est à l'unisson. Nous voudrions tout citer, car chaque détail a son prix. Parmi tant de légères peintures où sont fixées en passant les mœurs du jour, détachons au moins la piquante description de ces dîners d'apparat, où se rencontrent

> Des hommes en faveur, de graves personnages,
> Qu'on a soin d'inviter, pour avoir leurs suffrages ;
> Quelques seigneurs venus des pays étrangers,
> Et s'efforçant en vain de paraître légers ;
> Certains mauvais plaisants courant par tout le monde,
> Et flairant un repas d'une lieue à la ronde,
> Misérables bouffons, parasites connus,
> Des Lucullus nouveaux courtisans assidus ;
> D'autres dont l'industrie est la seule ressource,
> Vrais courtiers de bureaux, politiques de Bourse,
> Chaque jour, de scandale et de propos méchants
> Fabriquant un recueil, pour divertir les grands ;
> Hommes perdus d'honneur, avides mercenaires,
> Qui, tour à tour agents de plaisirs et d'affaires,
> Par leur impertinence indignent tout Paris,
> Et se sont fait un nom, à force de mépris.

N'oublions pas non plus l'allusion lancée contre ces faillites qui ne ruinent que les créanciers, et après lesquelles, s'élançant dans un brillant équipage, l'escroc millionnaire dit nonchalamment :

> Je vais m'ensevelir au château de ma femme.

Bref, ce fut un de ces événements qui mettent un

nom hors de pair; mais ces joies d'une victoire qu'enviaient des regards jaloux furent bientôt troublées par un incident dont le bruit fit tempête dans le silence universel de l'Empire. Le prétexte de tout cet émoi fut la découverte d'une pièce de collége, intitulée *Conaxa, marchand d'Anvers,* composée en 1673 par le jésuite Jacques Rinold, et dénichée dans la bibliothèque du duc de La Vallière. Des rivaux qu'impatientait un concert de louanges s'empressèrent tout à coup d'affirmer que *les Deux Gendres* étaient une nouvelle édition de l'ancien scenario. Ce ne fut d'abord qu'une sourde rumeur, circulant à voix basse dans les cafés, les athénées et les théâtres. Puis, la malveillance politique envenimant la question (car il était doux de surprendre en faute un personnage officiel, et constitué en dignité), on prononça tout haut, et on imprima tout vifs les gros mots de *plagiat* ou de *vol*. L'orage prit de telles proportions que le protégé du duc de Rovigo dut enfin s'expliquer. Dans une spirituelle préface, il commença par éluder une accusation qu'il traitait avec le sans-façon leste et dégagé d'une conscience forte de son innocence. Il reconnaissait seulement qu'il avait reçu d'un ami, M. Lebrun-Tossa, le canevas d'une pièce en trois actes. Mais, loin de lâcher prise, la cabale, qui soupçonna quelque embarras sous ces réticences, n'eut rien de plus pressé que d'offrir au public l'occasion de confronter le modèle et la prétendue copie.

Le 3 janvier 1812, *Conaxa* (que M. Étienne

s'obstinait à appeler *Onaxa*) eut donc les honneurs d'une représentation au théâtre de l'Impératrice, alors dirigé par Duval, le concurrent aux dépens duquel M. Étienne portait les palmes vertes de l'Institut. Sur ces entrefaites, M. Lebrun-Tossa, opérant subitement une manœuvre assez équivoque, passa du côté de l'ennemi, et vint divulguer plus d'un secret de ménage dans une brochure qui se terminait ainsi : « Quoi ! je vous ai donné trois aunes de bon drap d'Elbeuf, et vous jurez n'avoir jamais reçu que l'échantillon d'un échantillon de drap ! »

En résumé, la situation devint fausse pour l'inculpé qui, tout bien considéré, demeure convaincu d'avoir trop usé de finesse, et de discrétion intéressée. Il eût été plus habile d'avouer ce qui n'ôtait rien à son mérite. Car, outre que ce n'est point une idée unique et merveilleuse de fonder un motif dramatique sur un partage entre-vifs, on reste toujours original, lorsque d'une mauvaise comédie on en tire une bonne, à l'exemple de Molière, qui prenait si volontiers son bien où il le trouvait. C'eût été le cas d'appliquer cette épigramme du xviiie siècle :

> Un jour Regnard et de Rivière,
> En cherchant un sujet que l'on n'eût point traité,
> Trouvèrent qu'un *Joueur* serait un caractère
> Qui plairait par sa nouveauté.
> Regnard le fit en vers, et de Rivière en prose :
> Ainsi, pour dire au vrai la chose,
> Chacun vola son compagnon.
> Mais quiconque aujourd'hui voit l'un et l'autre ouvrage
> Dit que Regnard a l'avantage
> D'avoir été le *bon larron*.

Si M. Étienne eut quelques torts de conduite en cette affaire, le plus grave fut, à coup sûr, de tomber au-dessous de lui-même, lorsqu'en 1813 parut *l'Intrigante,* pièce qu'une interdiction préserva seule de mort naturelle. Il y mettait en scène un honnête négociant qui refusait d'accepter pour gendre un homme de cour introduit dans sa maison par les manéges de sa sœur. Au fond, rien de plus inoffensif que les doléances de ce bourgeois, dont le bon sens s'écriait :

> Mon respect pour la Cour a souvent éclaté,
> Et nul n'est plus soumis à son autorité.
> Mais que peut-elle faire à l'hymen de ma fille ?
> Je suis sujet du prince, et roi dans ma famille.

Pourtant, le ministre de la police générale n'en jugea pas de la sorte; et dans ce passage, comme en d'autres semblables, on voulut voir une protestation contre certains caprices omnipotents qui mariaient d'autorité des filles nobles, ou de riches roturières, aux officiers brillants qu'improvisait la fortune de nos armes. Aussi l'ordre fut-il donné de suspendre des représentations où l'animosité des partis pouvait chercher malice.

L'écrivain qui, Censeur lui-même, fut alors censuré, se trouva donc puni par où il avait péché. C'était lui pourtant qui venait de dire très-haut, en son discours académique : « Si tu revivais parmi nous, divin Molière, quel vaste champ s'ouvrirait devant toi ! Sans doute, on t'opposerait de nouveaux obstacles; mais ton courage serait digne de ton génie. Tu saurais peindre le courtisan sans offenser la cour, l'ambition sans atteindre l'homme qui se dévoue au service de la patrie, le flatteur sans outrager le sujet qui rend un légitime hommage à son Prince... Et, si, malgré tant d'efforts, tes travaux étaient méconnus; si, malgré tant de génie, tes chefs-d'œuvre étaient proscrits, *tu te réfugierais au pied du trône*, et tu y trouverais encore un grand monarque pour te protéger. Ah! sans doute le héros qui d'un bras victorieux rouvrit le *Temple des Muses* sourirait au plus *cher favori de Thalie*. Le Souverain qui associe tous les talents à la gloire de son règne est l'appui de l'écrivain qui en accroît la splendeur; le *Législateur* qui réforme son siècle est le soutien du *moraliste* qui l'éclaire. Non, Molière, tu ne l'implorerais pas en vain ce monarque invincible!... »

Interprétée par la disgrâce de *l'Intrigante*, cette tirade contient la moralité de notre chapitre sur la comédie. Non, quoi qu'en ait dit l'homme heureux que son bonheur rendit optimiste, et le haut fonctionnaire obligé par la reconnaissance, non! Molière n'aurait point eu, sous Napoléon Ier, les mêmes priviléges que sous Louis XIV. S'il en avait usé avec les anciens jacobins devenus barons de l'Empire aussi librement qu'avec les marquis de son temps, il est vraisemblable que le *monarque invincible* n'eût pas invité le poëte à partager sa table, et se fût bien gardé de tenir l'enfant d'un acteur sur les fonts baptismaux. Sans doute, il est téméraire d'affirmer, par conjecture, que nous serions à jamais privés de certain chef-d'œuvre auquel fut nécessaire un patronage tout-puissant ; mais nous estimons que la Providence eut ses raisons pour ne point ajourner la venue de notre grand comique jusqu'au sénatus-consulte de 1804. L'expérience de M. Étienne est décisive. Car, lorsque voulant éclairer son siècle, le *moraliste* invoqua « le *Législateur* qui l'avait réformé », on ne lui répondit que par une suppression qu'il fallut subir, sans aucune chance d'appel ; le *Législateur* avait si bien réformé le siècle que pas une voix n'eût osé défendre le *moraliste*.

Faut-il en conclure que « Thalie », comme on disait, ne compta plus alors de fidèles ? Assurément non, et l'étude qui précède démentirait ce pessimisme. Que serait-ce donc si, au lieu de visiter seulement un état-major, nous passions en revue l'armée régulière qui tenait journellement la campagne, et tous les francs-tireurs qui voltigeaient, à droite et à gauche, sur les ailes de cette infanterie poétique ? Mais n'évoquons pas ces inconnus, ou ces oubliés : Monvel et son *Amant bourru*, Cailhava et ses pastiches de Molière, Dumaniant et ses imbroglios, Riboutté et son *Ministre anglais*, Eugène de Planard et sa *Nièce supposée*, Creuzé de Lesser et son *Secret du mariage*, Charles de Longchamps et son *Séducteur amoureux*, Lafontaine et sa *Courtisane amoureuse*, Dieulafoy et son amusant quiproquo de *Défiance et Malice*, Hoffman et son *Original*, François Roger et son *Avocat*, qui, cette fois, gagna brillamment sa cause, puisqu'il lui valut un fauteuil d'immortel.[1]

Laissons aussi dormir en paix tous les héros des innombrables vaudevilles qui peuplèrent alors tant de scènes grandes et petites : les Belmont, les Dorimont, les Dermont et les Florimont; les Belville, les Doriville, les Derville et les Floriville; les Belcourt, les Doricourt, les Dercourt et les Floricourt. Ne réveillons pas non plus les ombres des Célestines, des Carolines, des Alexandrines, des Cidalises, des Estelles, des Sidonies ou des Pamélas, qui firent alors battre tant de cœurs. Ces noms si impersonnels, et qui ne varient guère, paraîtraient bien démodés à notre goût dédaigneux, et blasé par l'habitude des sensations violentes. Il n'en est pas moins vrai que la comédie fit alors assez bonne contenance, surtout si on la compare à la tragédie. C'est que,

[1]. Empruntons à un Maître regretté, à M. Patin, qui remplaça M. Roger à l'Académie française, quelques traits de l'analyse judicieuse qu'il consacre à la pièce dont nous parlons : « On y voit une orpheline obligée de réclamer devant les tribunaux la fortune et le nom de son père qu'on lui conteste, offrant pour obtenir l'un de renoncer à l'autre, s'abstenant généreusement de produire une lettre propre à établir ses droits, parce que cette pièce compromettrait la sûreté du parent abusé qui la méconnaît ». — D'autre part, un jeune homme, espoir du barreau par l'éclat de son talent, engagé à plaider contre une femme dans laquelle il reconnaît avec une douloureuse surprise celle qu'il aime, et dont il est aimé, persiste, par devoir et honneur, à retenir une cause que maintenant il déteste. Il en poursuit, il en assure le succès. Puis, quand il a tenu héroïquement parole, vainqueur et désespéré de sa victoire, « il vient offrir à celle qu'il a ruinée par vertu, sa main que par vertu aussi elle refuse, jusqu'à la péripétie heureuse et prévue qui rend à l'infortunée une famille, et lui permet d'accepter un époux ». On le voit, M. Roger représente la *comédie romanesque*.

plus naturelle et moins ambitieuse, elle ne s'ingénia pas à chercher fortune hors de son temps. La bonne humeur et l'esprit n'ayant jamais déserté la terre française, il lui suffit d'être de race gauloise pour conserver encore sa grâce et sa gaieté, jusque sous des entraves qu'elle avait l'air de porter sans trop de gêne.

A défaut des grands sujets d'où l'écartait la crainte de déplaire, elle effleura donc légèrement des surfaces. Au besoin, elle se faisait honneur d'une maligne réponse de Marton, d'une bonne effronterie de Crispin, d'une naïveté de Lucas, des finasseries de Champagne, du rire argentin de Lisette, des maladresses d'Arlequin, de la sottise de Dubois, du flegme de L'Épine, en un mot d'une pochade enlevée de verve. Si des liens trop serrés comprimèrent et ralentirent ses mouvements, si elle vit se fermer devant elle bien des régions qu'eût explorées avec profit sa curiosité frondeuse, elle sut du moins badiner avec agrément et décence. Or, c'est un mérite qui a sa valeur, surtout pour qui sait qu'à la fin de l'Empire le plus populaire de tous les théâtres, et le moins sujet à la censure, fut peut-être le *Cirque Olympique,* institué par Franconi.

LIVRE SIXIÈME

Les poëtes de transition.

CHAPITRE Ier

La fin d'une école ; poëtes intermédiaires. ÉCOUCHARD LEBRUN, le *Pindare français*. Il entrevit de loin un nouvel Olympe. Son originalité provisoire. L'hiérophante de la Révolution, le Tyrtée Jacobin. L'infirmité du caractère porte malheur au talent. Habile artisan de mots, il sut défendre les prérogatives de la langue lyrique. Il eut la passion de son art. L'ode du *Vengeur*.

Étant impersonnelles par nature, les œuvres de la scène intéressent l'histoire des mœurs plutôt que celle de l'Art proprement dit. Aussi convient-il d'étudier ailleurs les modes littéraires qui furent en vogue à une époque où la poésie n'était pas le culte solitaire de quelques rêveurs perdus parmi des indifférents, mais un plaisir d'habitude, familier à un grand nombre d'intelligences, ou, si l'on veut, une distraction élégante, presque aussi répandue que l'est aujourd'hui la pratique du piano. Dans un chapitre préliminaire, nous avons indiqué déjà les symptômes généraux qui, sous l'Empire, signalèrent les tendances du goût, et les entreprises de l'imagination.

Mais ce tableau sera plus fidèle si nous isolons certaines figures que distingue la célébrité de leur nom, ou l'autorité de leur influence. Groupons donc, comme dans une salle d'honneur, les talents qui doivent être mis en vue, pour avoir les uns illustré d'un dernier éclat le déclin des traditions classiques, les autres enrichi notre langue, assoupli notre prosodie, et même soupçonné, par accident, les voies où s'élanceront bientôt les véritables maîtres du siècle présent.

Aux approches d'une Renaissance se rencontrent d'ordinaire des esprits agités, à leur insu, d'une inquiétude pour ainsi dire prophétique. Mais, chez eux c'est moins une force qu'une faiblesse. Car ces instincts, que rien n'encourage dans le milieu contemporain, s'ignorent trop eux-mêmes pour s'affranchir des servitudes qui les paralysent. S'ils essayent de s'épanouir, en dépit de l'air glacial qui les tient engourdis, ces germes, aventurés avant l'heure printanière, sont surpris par les vents, les pluies ou les gelées, et se dessèchent, ou ne produisent qu'à grand'peine des fruits malingres auxquels la rigueur du ciel refuse une pleine maturité. Aussi, malgré leur sève native, n'ont-ils qu'une amère saveur, ou même tombent-ils en poussière sous la main qui voudrait les cueillir.

Tel est aujourd'hui le sort d'Écouchard Lebrun, qui subit plus que tout autre l'inclémence d'une âpre saison. Il doit compter pourtant parmi les précurseurs qui entrevirent de loin les cimes d'un nouvel Olympe. Il donna du moins l'exemple d'accents fiers et superbes qui ne manquent pas d'une originalité provisoire, en un siècle de raisonnement et de bel esprit, dans le voisinage des fades pastorales, ou des petits vers musqués dont la mièvrerie faisait les délices des salons et des boudoirs.

Au lieu de courtiser le caprice de la faveur mondaine, il se montra vraiment épris d'une gloire austère ; car, animé, par accès, d'une flamme intérieure, il eut l'ambition d'être une de ces voix harmonieuses qui vibrent à l'unisson des foules. Bien qu'il se soit souvent exalté de propos délibéré, sans que son délire trop rassis rappelle l'enthousiasme de l'ode primitive, il y aurait donc une certaine ingratitude à railler cruellement ce surnom de *Pindare français*, qui lui fut décerné par une génération trop étrangère au sentiment de l'antique. Dans cette méprise voyons plutôt un hommage aveugle rendu par l'illusion reconnaissante de nos pères à la bonne volonté d'une Muse qui, pour la première fois, s'associait enfin à l'allégresse de nos victoires, aux pompes de nos fêtes civiques, ou au deuil des grandes funérailles, c'est-à-dire aux émotions qui faisaient tressaillir tout un peuple.

Quoique ces visées aient été compromises par de fâcheuses défaillances, elles témoignent pourtant de facultés qui n'étaient pas vulgaires ; et, sans être dupes de la rhétorique artificielle qui déconcerte des élans dignes d'une meilleure fortune, nous avouerons que sous ces erreurs mêmes se manifeste la vaillance entreprenante avec laquelle Lebrun disait un jour :

> Ceux dont le présent est l'idole
> Ne laissent point de souvenir.
> Dans un succès vain et frivole
> Ils ont usé leur avenir.
> Amants des roses passagères,
> Ils ont les grâces mensongères,
> Et le sort des rapides fleurs :
> Leur plus long règne est d'une aurore.
> Mais le Temps rajeunit encore
> L'antique laurier des Neuf Sœurs.

Oui, il y eut un véritable courage à concevoir ainsi, parmi les inconstances d'un monde si dissipé, l'idée d'une vocation recueillie, et à parler de long avenir, en face des insouciants qu'emportaient à la dérive tous les souffles de la fantaisie passagère.

Toutefois, nous avons le regret d'ajouter que l'estime à laquelle le poëte a droit ne va pas jusqu'au panégyriste officiel, dont la complaisance fut si prompte à saluer de ses dithyrambes toutes les causes victorieuses, ou à lancer contre les vaincus d'outrageantes imprécations. Ancien secrétaire du prince de Conti, protégé par Louis XVI qui l'honora de ses bienfaits, Lebrun ne devint-il pas l'hiérophante de la Révolution; et, après avoir été l'adulateur de Robespierre, n'a-t-il pas vendu son encens à l'Empire, comme à la Terreur? Cette inexcusable versatilité justifia presque ce trait sanglant :

> Oui, le fléau le plus funeste
> D'une lyre banale obtiendrait les accords.
> Si la Peste avait des trésors,
> Lebrun serait soudain le chantre de la Peste.

Le discrédit qui pèse sur sa mémoire ne tient donc pas seulement à des raisons littéraires. S'il sied d'être indulgent pour des faiblesses atténuées par les blessures d'une âme ombrageuse qu'avaient aigrie ses chagrins domestiques, on ne saurait oublier deux taches ineffaçables : d'abord les invectives du Tyrtée jacobin qui, par une Ode fanatique, hâta la violation des tombes royales; ensuite, une épigramme odieuse contre Carnot, dont le seul tort avait été de rester debout, parmi tant de renégats courbés jusqu'à terre devant un maître qu'ils détestaient, tout en acceptant ses faveurs.

Du reste, ces infirmités morales ne furent point impunies, si l'on en juge par les intermittences d'une verve rebelle dont les inégalités confirment cet arrêt :

> Le vers se sent toujours des bassesses du cœur.

Poëte hargneux, atrabilaire et vindicatif, flatteur des grands et du peuple, chantre de palinodies éhontées, il ne fut jamais capable que de soubresauts, et de jets vite épuisés. S'il tendit au sublime, il n'atteignit le plus souvent qu'à l'emphase. Une flore ingrate dénonce chez lui l'aridité d'un sol chétif fertilisé laborieusement, à force de culture. Il a parfois de vigoureux coups d'aile, mais qui fléchissent soudain, comme s'il volait dans le vide. Quand il monte, on sent l'effort : il faut qu'il se guinde, et s'évertue. Inspirées par sa mémoire, et apprises plutôt que spontanées, ses hardiesses ont rarement l'aisance d'un essor involontaire.

C'est qu'un sophiste indifférent à l'idée comme au sentiment se cache sous les mensonges d'un lyrisme plein de calcul et de ruse, où tout est pour la montre et l'effet. A défaut de naïveté, d'ardeur soutenue, et de libre invention, nous devons donc nous contenter ici d'une facture savante, de mouvements adroitement combinés, de vers sonores ou puissants, qui tantôt s'exhalent comme des parfums, tantôt semblent sculptés dans le marbre, ou fondus en airain. Telle est, par exemple, cette fin de strophe dont l'énergie a tant de relief :

> Vivant, nous blessons le Grand Homme ;
> Mort, nous tombons à ses genoux.
> On n'aime que la gloire absente ;
> La mémoire est reconnaissante,
> Les yeux sont ingrats et jaloux.

Nous lui saurons gré surtout d'avoir défendu les prérogatives de la langue lyrique contre la timidité d'une école qui prétendait réduire la poésie à la prose. « Lebrun est un poëte de mots », disait de lui Fontanes. — « Mais ce n'est pas déjà si peu », répondit Joubert ; et nous serons tous de son avis. Car la science de l'expression eut alors plus que jamais son à-propos, parmi tant de pusillanimes qui ne parlaient plus que le vocabulaire des réminiscences, et des lieux communs. Aussi serions-nous tentés de tourner en éloge ce pastiche satirique dans lequel

Baour-Lormian censurait des témérités dont l'audace lui sembla ridicule :

> De l'immortel Lebrun mesurez la hauteur.
> Voyez-le *déployant son vol dominateur*,
> *Ceint de foudres, d'éclairs*, traverser l'Empyrée,
> Et *s'ouvrir dans le vide* une route ignorée.
> On connaît dans Paris son pouvoir souverain ;
> Les vers qu'il martela sont plus durs que l'airain.
> A des *insectes-rois* il déclare la guerre ;
> Il *fait rire son arc, enivre son tonnerre*,
> *Roule un bleuâtre éclat* en des yeux menaçants,
> Ne craint pas de mourir, fier *de sortir du temps*,
> Fait au front d'un monarque *expirer la couronne*,
> *De la postérité* fièrement *s'environne*,
> Dénonce à Flore, aux lis *l'insolence des vents*,
> Jusqu'au sein des Enfers porte ses *pas vivants*,
> Peint *de gloire et d'orgueil* les âmes effrénées
> *Se plongeant* à sa voix *au fond des destinées* ;
> Et, *fuyant d'un essor* subit, inattendu,
> A travers le péril, et l'*obstacle éperdu*,
> *Jeune de verve*, il vole en des plaines arides ;
> Pour *imposer silence* aux hautes Pyramides,
> *Tente le vaste Olympe* ; et, libre d'ennemis,
> *S'assied*, en conquérant, sur les *siècles soumis*.

Non, certes, tout n'est point bizarrerie dans ces alliances imprévues ; quelques-unes même nous paraissent fort heureuses, en dépit de la parodie qui les défigure. Elles furent comme la refonte d'une monnaie trop usée par la circulation. Ce que nous reprocherons plutôt à Lebrun, c'est d'avoir trop préféré le dessin à la couleur. Il a le contour net et ferme ; mais son pinceau est froid, ou se joue sur un fond grisâtre. Roides et nues, ses images n'ont pas de charme et de suavité. Elles sont bien contemporaines du style inauguré par le peintre David, vers l'époque où nos temples profanés s'ouvraient à la déesse Raison. Plus païen que les Romains et les Grecs, il abusa des fictions allégoriques, et ne sut point, comme André Chénier, vivifier cette mythologie abstraite par l'enchantement des Grâces décentes ou voluptueuses.

Ces défauts, dont il ne porte pas toute la responsabilité, ne nous rendront point injustes pour une plume industrieuse qui sut polir sa matière. On peut sourire du personnage théâtral qui singeait avec tant de morgue Anacréon, ou Pindare. On doit flétrir l'Apollon vénal qui se donnait effrontément au dernier enchérisseur. Mais ne faisons pas fi d'un écrivain qui eût la passion du bien dire. Si nulle autre religion ne féconda ses œuvres, celle de l'Art lui fut du moins une conscience, et presque une vertu. Car, sans racheter tous ses torts, elle lui dicta plus d'une page réparatrice, entre autres, l'ode qui valut à la nièce de Corneille le patronage de Voltaire. Ce jour-là, de beaux vers furent une belle action.

Il y eut aussi de l'éloquence dans les anathèmes dont il foudroya les détracteurs de Buffon. En cette occasion, il égala presque la majesté du génie dont il disait, à propos des *Époques de la nature :*

> Au sein de l'infini ton âme s'est lancée,
> Tu peuplas ses déserts de ta vaste pensée !
> La Nature avec toi fit sept pas éclatants,
> Et, de son règne immense embrassant tout l'espace,
>   Ton immortelle audace
> A posé sept flambeaux sur la route du Temps.

Dans cette admiration se révèlent comme de lointaines affinités entre le prosateur et le poëte. Tous deux aimèrent les vastes horizons ; tous deux eurent de la noblesse, et une ampleur solennelle. Si chez Lebrun les hautes pensées n'habitèrent pas le cœur, elles se réfugièrent du moins dans l'imagination ; et cet air de grandeur, nous le retrouvons jusqu'en ses épigrammes. Car, au lieu de raser la terre, elles éclatent comme des bombes qui décrivent une gigantesque parabole.

Mais n'insistons pas sur ces jeux où il fut si cruel qu'on serait tenté de prendre en pitié quelques-unes de ses victimes. Mieux vaut évoquer des souvenirs moins périssables que la haine ou l'injure, je veux dire ce « victorieux naufrage » du *Vengeur*, qui, pouvant capituler honorablement, préféra sombrer, sous le feu des Anglais, aux cris de : *Vive la République!* C'est parmi ces héroïques épaves qu'il nous faut chercher la lyre de Lebrun. Elle y repose, près du drapeau tricolore qui la protége contre l'oubli.

CHAPITRE II

Delille. Une royauté littéraire. Un homme heureux. Ses préludes ; le patronage de Louis Racine. Influence de Gresset. Traduction des *Géorgiques*. Voltaire lui ouvre les portes de l'Académie. Originalité d'une œuvre périlleuse. — L'École didactique et descriptive. La poésie et la science. *Les Jardins*, recueil de morceaux choisis. Les hors-d'œuvre. Delille, et La Fontaine. Le goût de son temps. Son voyage en Orient. — Son exil volontaire après la Terreur. — Sa rentrée triomphale au Collége de France. *La Pitié* (1802). Succès politique. Inventaire de son portefeuille. *L'Homme des Champs*; le grand seigneur philanthrope. Traduction de *l'Énéide*. *Le Paradis perdu*. *L'Imagination* (1806). *Les Trois Règnes*. Encyclopédie pittoresque. — Il faut condamner le genre plus que le poëte. Le réalisme classique. Fabrique de jolis vers. L'art frivole. L'Ovide français. Poëme sur *La Conversation*. — Sa mort, son lit de parade. Il apprivoisa les timidités de la Muse. Ses hardiesses de style. Il enrichit le vocabulaire poétique. Ne médisons pas trop même de ses périphrases. Ses œuvres furent un Jardin d'acclimatation.

Si Lebrun eut ses jours d'ovation, ils furent suivis d'une disgrâce définitive ; car l'opinion ne lui pardonna pas d'avoir encouragé des crimes, et il s'en défendit mal par des strophes où protesta vainement une indignation trop tardive. Mais, tandis que le désert se faisait autour de sa mendicité morose, un autre poëte qui datait de loin, Jacques Delille, rentrait solennellement en possession de sa royauté débonnaire ; et, de 1800 à 1813, ses œuvres ne cesseront plus d'être la principale décoration d'une société qui acclamait en lui ses souvenirs d'autrefois. Puisque ce nom rappelle l'éclat d'un long règne, remontons jusqu'à l'avénement de ce bel esprit dont on a pu dire :

> La Mode au vol changeant, aux mobiles aigrettes,
> Semble avoir pour lui seul fixé ses girouettes.

En effet, l'histoire littéraire n'offre guère de destinée plus heureuse. Car il n'eut qu'à paraître pour devenir l'idole d'une génération qui se vantait d'avoir secoué le joug de tous les préjugés. Ils furent pourtant bien modestes les débuts de cet abbé sémillant qui devait égaler la réputation de Ronsard, dans le siècle de Voltaire. Né clandestinement, près d'Aigueperse, au fond de la Limagne, en Auvergne, au mois de juin 1738, fils d'une personne de condition et de l'avocat Montanier, qui mourut en laissant à l'enfant une rente viagère de cent écus, n'ayant pas même le droit de porter le nom de son père, il fut élevé par charité, d'abord au presbytère de son village, puis chez les jésuites, au collége de Lisieux, où le distinguèrent des aptitudes précoces. Plein de gentillesse et de vivacité, surnommé *l'Écureuil* par ses condisciples, il apprit à cette école les plus ingénieuses traditions du Père Rapin. Lauréat de concours, déjà célèbre dans les régions universitaires, il ne s'en trouva pas moins fort dépourvu, lorsqu'au lendemain de succès retentissants il dut songer à l'avenir. Faute de mieux, il lui fallut donc accepter les humbles fonctions de maître de quartier au collége de Beauvais, et, bientôt après, de régent à celui d'Amiens. Mais il ne tarda pas à se mettre en vue:

car une épître qu'il adressa, vers 1761, à M. Laurent, inventeur d'un bras artificiel, eut la bonne fortune d'être couronnée par l'Académie française.

Dans cette pièce s'annoncent déjà tous ses instincts. Il s'amuse à y décrire les appareils d'imprimerie, les moulins à vent, les pompes, les écluses, les ponts portatifs, les automates de Vaucanson, la machine de Marly, et autres merveilles de la mécanique moderne. C'est encore là qu'au mot *glace* il substitue les détours de cette périphrase :

> Et le sable dissous par des feux dévorants
> Pour les palais des rois brille en murs transparents.

Par ces industrieux enfantillages, il relève de ses premiers maîtres, et applique au vers français les ruses de la prosodie latine. Mais il donne aussi la main à Louis Racine, que l'on peut regarder comme le patron du genre descriptif. Delille nous raconte lui-même, avec un pieux accent, la visite qu'il fit à ce pâle héritier d'un grand nom, vers l'époque où, dans son obscure chaire de Beauvais, il se délassait de pénibles travaux en méditant ses *Géorgiques*. L'auteur du poëme sur la *Religion* jugea d'abord ce dessein bien téméraire ; mais une trentaine de vers lus timidement d'une voix émue changèrent ces défiances en vifs éloges, dont l'aiguillon piqua d'honneur un talent qui ne voulait point s'ensevelir dans l'ombre d'une classe.

Parmi les influences qui agirent encore sur son imagination novice, n'omettons pas non plus les exemples de Gresset, qu'un admirateur désireux d'être son émule put fréquenter à loisir, quand, après l'expulsion des jésuites, il fut appelé à l'un des postes d'enseignement qu'ils laissèrent vacants au collége d'Amiens. C'était là, dans la patrie de Voiture, que vivait comme en pénitence le chantre espiègle de *Vert-Vert*. Or entre les deux esprits qui se rencontrèrent alors existait une sorte d'entente naturelle. Ils se valaient du moins par leurs grâces coquettes, et par les séductions qui feront dire un jour à une admiratrice de l'abbé, à une de ses dévotes : « Son âme est d'un enfant ; elle a quinze ans ; elle a vingt mouvements à la fois. Il est, aussi lui, chose légère et volage. » Ces traits ne s'effaceront pas. Car Delille aura beau se vouer, comme il aimait à le croire, aux Muses les plus graves ; il sera toujours plus voisin d'Ovide que de Virgile, sous les auspices duquel il allait à entrer en scène.

Dans les derniers mois de 1769, un an après les *Saisons* de Saint-Lambert, parut enfin le monument qu'attendait la gloire. Il était prôné d'avance par l'impatiente curiosité des salons qu'avait affriandés la primeur de quelques fragments débités avec charme par un lecteur habile à duper les oreilles. On ignorait trop le modèle pour ne point fêter la copie. Aussi fut-elle déclarée, je ne dis pas égale, mais presque supérieure à l'œuvre même de Virgile. Dès lors, les deux noms ne firent plus qu'un, et le signal en fut donné par Voltaire en personne. Ravi de cette facilité brillante où il se reconnut, il applaudit de tout cœur à un tour de force qui lui avait semblé naguère impossible. Avec sa pétulance ordinaire, il s'empressa même d'écrire à l'Académie, pour recommander à ses suffrages l'auteur du « meilleur poëme qui eût honoré la France, depuis l'*Art Poétique* ».

Un tel patronage ne pouvait manquer son effet ; et, en 1772, à trente-quatre ans, encore simple régent de troisième au collége de la Marche, Delille dut l'honneur d'un fauteuil à une élection que le roi confirma seulement deux ans plus tard, parce qu'il trouvait le récipiendaire trop jeune. « Trop jeune ! dit alors un prélat ; mais il a près de deux mille ans, l'âge de Virgile ! » C'était bien l'expression du sentiment universel ; car, dans ce concert de louanges ne détonna qu'une note discordante, lancée par Clément, de Dijon (surnommé depuis *l'Inclément*), « vipère jalouse qui se cassa les dents à la lime », suivant le mot de Voltaire. Dès lors, comblé de toutes les faveurs, professeur au Collége de France, chanoine de Moissac, abbé de Saint-Séverin, favori du comte d'Artois, hôte habituel des Choiseul, des Bragance, des Boufflers, des Narbonne, des Ségur, du prince de Ligne, et de toute une élite patricienne, où il compta les plus grandes Dames parmi ses clientes, Delille n'eut plus qu'à se laisser porter par le flot.

C'était assurément beaucoup d'avoir fait admirer aux femmes elles-mêmes un poëme que la plupart connaissaient à peine par ouï-dire, et d'être ainsi comme un autre Anacharsis initiant les Parisiens aux beautés du *Latium*. Ne fallait-il pas une dextérité bien rare pour forcer notre langue indigente et fière à rendre, sans faste et sans bassesse, tant de détails rustiques dont s'effrayait alors son inexpérience, ou son orgueilleuse délicatesse ? Grâce à l'élégance d'une version limpide, aisée, spirituelle et merveilleusement adroite, il triomphait enfin d'un préjugé social autant que littéraire ; et, tantôt par subterfuge, tantôt par contrainte, il habituait la Muse à vaincre sa pruderie séculaire. Par cet endroit, il fut traducteur vraiment original, comme on le répéta sur tous les tons. Mais, cet éloge même implique certaines réserves : car il nous avertit des infidélités inconscientes, ou préméditées, sous lesquelles disparaît trop souvent le génie de Virgile. Ne cherchons donc pas en cette étude l'âme des choses, je veux dire la majesté de la nature romaine, les ravissements d'un enthousiasme sacré, ni l'idéale perspective d'une antiquité lointaine. Ce serait plutôt du Poussin arrangé par Watteau, du Raphaël retouché par Mignard ; ou bien encore, comme l'a dit spirituellement Sainte-Beuve, « c'est la demeure patriarcale d'Évandre restaurée par l'architecte de Trianon. »

Ce succès qui prit feu comme une traînée de poudre décida victorieusement d'une vocation qui n'avait plus qu'à suivre sa pente. Delille sera désormais le chef de cette École didactique et descriptive qui représente le dernier effort de l'invention défaillante. Tous les grands sujets étant ou paraissant épuisés, la science va de plus en plus devenir l'asile des imaginations appauvries. Pour s'épargner la peine de penser, de sentir et de composer, les versificateurs exploiteront donc à l'envi les mines ouvertes par les Buffon, les Daubenton, les Lavoisier, les Montgolfier; et l'on ne verra plus guère que des chapitres d'histoire naturelle ou de physique s'alignant à la file, comme les plates-bandes d'un potager, les cages d'une ménagerie, ou les échantillons d'un Muséum.

Tel fut le poëme des *Jardins* qui, publié par Delille en 1782, peut être considéré comme le type d'un genre dont la vogue et le discrédit seront à jamais inséparables de son nom. Nous y surprenons en flagrant délit des procédés aussi commodes pour les improvisateurs que peu conformes aux lois d'un art sérieux. Malgré leur engouement, les contemporains ne s'y trompèrent pas ; et, tout en adoucissant sa férule pour un favori de la mode, l'auteur de *l'Année littéraire* lui reprocha judicieusement d'avoir fait un recueil de morceaux choisis. Voilà bien le défaut ordinaire d'un poëte qui sait assurer le sort de chaque vers, mais néglige trop la fortune de l'ensemble. Il ne cessera plus d'exposer, en une sorte de galerie, des tableaux dont le pêle-mêle laisse des impressions errantes et disparates qui dissipent le regard, et fatiguent l'attention.

Cet écueil était ici plus périlleux que jamais ; car une matière assez ingrate se prêtait malaisément à l'unité d'une grande composition. De là bien des minuties et des digressions. Tantôt Delille s'attarde aux moindres bagatelles, comme ces propriétaires qui, promenant un visiteur dans leur petit domaine, l'excèdent par l'importun plaisir qu'ils éprouvent à passer en revue tous les fruits de leurs espaliers, et toutes les fleurs de leurs parterres. Tantôt il s'échappe en épisodes parasites où s'aperçoit trop l'embarras d'un pinceau pris à court, qui use d'expédients pour remplir sa toile, et meubler ses fonds. Ce souci perpétuel est surtout visible dans une seconde édition, où il dut se mettre en frais de sensibilité, pour répondre à ceux qui l'avaient accusé de substituer l'esprit au sentiment. Une arrière-pensée d'apologie lui suggéra donc ses élégies sur la destruction du parc de Versailles, sur le bannissement des chartreux et des trappistes recueillis par la générosité d'un grand seigneur, sur la mort du capitaine Cook, sur la nostalgie du jeune Indien transplanté par Bougainville en plein Paris, et reconnaissant un arbre qui lui rappelle sa patrie; enfin, sur la restauration d'Abdolonyme, dont les aventures avaient alors un air de pressentiment politique; car c'était un appel indirect fait aux espérances du parti royaliste.

Sans doute, il y eut jadis quelque à-propos dans ces hors-d'œuvre; mais on leur préférerait aujourd'hui cette verve intérieure qui anime tout, et dispense de l'habileté par la candeur de l'accent. Oui, plus de franchise et moins de mesquines finesses nous vaudraient mieux que les calculs ou les minauderies d'une plume qui justifie ces malices de Rivarol :

> Son style citadin peint en beau les campagnes;
> Sur un papier chinois il a vu les montagnes,

La mer à l'Opéra, les forêts à Longchamps.

. . . .

Papillon en rabat, coiffé d'une auréole,
Dont le manteau plissé voltige au gré d'Éole,
C'est assez qu'il effleure en ses légers propos
Les bosquets, et la rose, et Vénus, et Paphos.

Ducis toucha plus juste encore, dans une lettre intime où il écrivit : « Ce livre ne sera pas la volupté du rêveur solitaire qui a coutume d'emporter avec lui Virgile, ou La Fontaine. C'est qu'il y a dans la nature un charme dont ne se doute pas cet esprit *gâteur* de raison, et quelquefois de poésie. » Si, dans *le Songe de Vaux*, il vous arrive de relire les plaintes éloquentes de la nymphe Hortésie plaidant la grâce de Fouquet, ces vers presque techniques, et pourtant éclairés d'un reflet qui vient de l'âme, vous feront comprendre quelle distance il y a de l'artifice à la vérité.

Delille fut cependant de bonne foi, quand il se crut ami passionné de la nature. Cette illusion, il la partageait avec tous les citadins qui savouraient délicieusement ses vers. Pour plaire à ces faux amateurs de rusticité, ne fallut-il pas mêler à leurs idylles les parfums du boudoir ? Ils voulurent retrouver le luxe de la ville dans la peinture des eaux ou des bois qu'ils honoraient parfois d'un coup d'œil protecteur, parmi les loisirs de leur villégiature. Ils aimèrent à voir dans les bluets des saphirs, dans les pavots des rubis, dans les gouttes de rosée des perles ou des diamants, dans les prairies l'émail des fleurs, dans les gazons des tapis d'émeraudes, dans les fruits le velours, la pourpre, l'or et l'ambre. Pour rendre ces objets dignes de leurs regards, il convenait donc d'aller querir des métaphores chez le bijoutier, ou dans les magasins de porcelaines et de cristaux. Or, Delille paraîtra presque un audacieux, si on le compare à tant d'autres dont la fadeur ferait pitié même à Watteau. Lui, du moins, au milieu des travestissements que lui imposa le caprice du jour, il garde une sincérité relative; et parfois on hésite à retourner contre lui ce trait malin qu'il se permit contre un grand prosateur, auquel il devait pourtant beaucoup de reconnaissance :

> Des bosquets de Montbard, Buffon jugeait le monde.
> A des yeux étrangers se confiant en vain,
> Il vit peu par lui-même; et, tel qu'un souverain,
> De loin, et sur la foi d'une vague peinture,
> Par des ambassadeurs courtisa la nature.

S'il ne varia guère les ressources de sa palette, ce ne furent point les occasions qui lui manquèrent. N'eut-il pas la bonne fortune d'être enlevé par notre ambassadeur d'Orient, M. de Choiseul-Gouffier, qui le conduisit en Grèce, à Constantinople, sous le ciel du Bosphore, dans son magnifique palais de Thérapia? Mais de cette éblouissante Odyssée, le poëte revint, hélas! presque aveugle, pour recevoir les adieux des amis qu'allait disperser la Révolution. Car elle éclata bientôt; et, dès lors, ne songeant qu'à se faire oublier, le favori des salons s'enfonça de plus en plus dans le silence de ses tristesses jusqu'au lendemain de la crise à laquelle sa gloire inoffensive finit par échapper à force de prudence, non sans avoir eu comme un furtif éclair de courage, lorsqu'il chanta son dithyrambe sur *l'Immortalité de l'âme.* S'il n'émigra pas durant la Terreur, le voisinage de la foudre encore fumante lui laissa du moins un tel frisson d'effroi, qu'aussitôt après le 9 Thermidor, quand tous les proscrits se disposaient au retour, il s'empressa de quitter la France, pour échapper à de sinistres souvenirs.

Sa Muse tremblante erra donc de Suisse en Allemagne, d'Allemagne en Angleterre ; et chacune de ces stations enrichit ses cartons d'une nouvelle esquisse : car ses yeux entrevoyaient encore la lumière, et il faisait des provisions pour l'avenir. C'est ainsi qu'assistant au bombardement d'Huningue, en 1796, il reproduit dans ces vers le jeu des projectiles :

> De son lit embrasé tantôt l'affreuse bombe
> En longs sillons de feu part, s'élève, et retombe,
> Se roule, se déchaîne avec un long fracas,
> De son globe de feu disperse les éclats,
> Poursuit, menace, atteint la foule épouvantée,
> Et couvre au loin de morts la terre ensanglantée.

Au delà de nos frontières, il put jouir de sa renommée cosmopolite. A Darmstadt, il visita des jardins exactement dessinés d'après son poëme. Dans *le Mercure* de Wieland, un article flatteur le classait parmi ces élus dont la réputation éveille des échos en Europe. Il résidait à Londres, en compagnie de Milton, lorsque, par des instances pressantes, l'Institut le pria de mettre un terme à cet éloignement regrettable. Mais, par une sorte de coquetterie, il voulut se faire désirer encore jusqu'à l'heure où, daignant consentir au vœu public, il reparut enfin dans sa patrie pacifiée, le 1er frimaire an III, pour assister triomphalement à la rentrée du Collége de France.

Il revint donc escorté des poëmes qu'il rapportait de son exil volontaire. L'un d'eux, *la Pitié* (1802), précéda même un retour qui fut celui d'une souveraine déchue, de la Muse restaurée dans ses droits légitimes, mais reprenant avec le gouvernement des salons tous les abus du bel esprit, et toutes ses habitudes d'ancien régime. L'œuvre où, évoquant les souvenirs du *Temple*, il pleurait sur d'augustes infortunes, ne pouvait manquer d'être saluée avec des transports d'enthousiasme par les émigrés dont se composa l'élite d'une société renaissante. Mais si les accents du royaliste lui allèrent droit au cœur, ils suscitèrent un frémissement de colère parmi les jacobins qui entouraient le Premier Consul, et faisaient assaut de zèle pour devenir bientôt dignitaires de l'Empire. Aussi dénonça-t-on comme un crime d'État cette religion du regret et du deuil. «Pas de pitié pour *la Pitié!*» s'écriait un ennemi anonyme. L'abbé Delille n'avait pourtant aucune intention militante, ou hostile. Ami de la paix et de son repos, il se présenta plutôt en conciliateur ; mais les âmes n'étaient point encore assez fatiguées de la haine pour déposer les armes. Cette veine de sensibilité touchante eut donc surtout un succès politique, dont la conséquence fut d'engager de plus en plus le poëte dans les intérêts de la cause monarchique à laquelle l'attachait d'ailleurs la reconnaissance. Se tenant dès lors à distance d'un Pouvoir habile à conquérir des adhésions parmi les plus récalcitrants, il ne répondit à aucune de ses avances. Or, ce silence eut de l'éloquence dans un monde qui s'enhardissait à l'opposition, depuis qu'il n'avait plus aucun intérêt à flatter celui qu'il appelait naguère un sauveur. Cette attitude tourna donc au bénéfice des vers qui allaient s'envoler par milliers d'un portefeuille bien garni.

En effet, à partir du jour où Delille fut privé de la vue, il ne cessa pas de rimer sans désemparer, et à perte d'haleine. Le défilé commença par *l'Homme des champs*, titre fort trompeur ; car il s'agit ici d'un philosophe millionnaire qui habite un château seigneurial, mène brillant équipage, vit dans sa bibliothèque plus que dans ses fermes, cultive les beaux-arts plus que ses terres, fonde des hôpitaux ou des écoles, dote des jeunes filles, et se croit modeste lorsqu'il s'écrie :

Oh ! d'un simple hameau si le ciel m'eût fait maître !

Delille avait pensé d'abord à intituler son ouvrage : *les Géorgiques françaises*. Mais, trop fin pour ne point se raviser, il se garda bien de s'exposer ainsi à une double comparaison. D'ailleurs, l'agriculture ne joue qu'un rôle accessoire parmi les descriptions consacrées, comme dit sa préface, « aux prodiges de cette industrie qui perfectionne les races indigènes, acclimate les espèces exotiques, fait croître la vigne sur les rochers, force les torrents à dévider la soie, à dompter les métaux, à corriger les terrains, à féconder par des irrigations le sol le plus aride, à réprimer ou utiliser les ravages ou les usurpations des rivières, en un mot, à opposer aux éléments les miracles du génie servi par la richesse ». Si encore il avait suivi ce plan qui promettait tout un programme d'économie agricole ! Mais il disparaît sous les broderies qui l'étouffent, et Chénier n'exagéra pas trop en disant :

> Sous son maigre et joli pinceau
> La nature est naine, et coquette ;
> L'habile arrangeur de palette
> N'a vu, pour son petit tableau,
> Les champs qu'à travers sa lorgnette,
> Et par les vitres du château.

Oui, Delille est encore ici trop prompt à voltiger de droite à gauche, de site en site, du trictrac au jeu d'échecs, du maître d'école au curé de village, d'inventions en inventions. Son cœur n'a pas séjourné dans le sujet dont il se joue. Il n'en soupçonne ni la simplicité, ni la grandeur. Bien qu'il ne possède que par à peu près les sciences précises qu'il effleure, ses villageois sont trop physiciens, ou métaphysiciens ; ils nous viennent tout droit des bergeries de Fontenelle, et ont fréquenté Jean-Jacques plus que *la Maison rustique*. Cependant, ce papillotage de couleurs disparates ou fausses conserve certaines apparences d'unité, parce qu'ici du moins ces différents motifs gravitent autour d'un acteur principal, et ont pour centre la figure sentimentale de ce philanthrope dont les largesses répandent partout le bien-être et la joie.

Aussi préférons-nous cet ouvrage à ceux qui suivirent coup sur coup, entre autres à *l'Enéide*, dont les premiers chants avaient été lus à Voltaire, en 1776, et dont les derniers ne virent le jour qu'en 1804. Malgré ces trente années d'intervalle, on sent trop en ces pages les traces d'une précipitation manifeste. Ce n'est pas seulement Virgile, mais bien Delille qui se reconnaît mal dans cette traduction reprise, comme une tâche, par une verve refroidie. Elle n'a donc point, ainsi que *les Géorgiques*, l'entrain d'une plume animée par l'ardeur de la jeunesse, et par les sourires de la Gloire.

Quant au *Paradis perdu*, qui, vers 1805, prétendit nous révéler un génie dont l'audace étonna même les compatriotes de Shakespeare, ce fut un essai plus téméraire encore. Il est visible que Delille approche son modèle indirectement, et de biais, par l'intermédiaire du chevalier de Mervy, et de sa prose vague ou fleurie. Ce travail rapide a pourtant droit à une sympathique indulgence, si on l'accueille comme la distraction d'un vieillard affligé par la plus cruelle des infirmités, et réduit aux ressources de la mémoire. Ajoutons que Milton n'avait point encore eu de vulgarisateur, et que les inexactitudes de son interprète devinrent un mérite de plus pour des juges timorés qui n'eussent point accepté, sans reculer d'épouvante, les sublimes hardiesses d'un maître réputé barbare. Ils furent, en effet, unanimes à louer les déguisements conseillés par le souci « de l'embellir ou de le corriger », comme ils le disaient avec un sérieux imperturbable. C'est ce que fit trop souvent l'infidélité d'un imitateur qui ne craignit pas de mettre du vermillon à nos premiers pères. Avouons cependant qu'il fut parfois, sans le savoir, supérieur à lui-même, lorsque, s'oubliant, il se laissa ravir par les ailes de l'Archange, et inspirer par le souffle du Dieu.

A tout prendre, ces soutiens étrangers lui réussissaient mieux que l'indépendance de sa propre fantaisie. C'est l'impression que nous laisse le poëme de *l'Imagination* (1806), qui paraîtra plus froid encore, si l'on se rappelle qu'il fut composé sous le soleil d'Orient, en face des plages radieuses dont le souvenir avait suffi pour enchanter à jamais la lyre d'André Chénier. Ce n'est pas qu'ici l'exécution ait faibli. Au contraire : Delille eut rarement la main plus déliée ; mais une matière trop fluide devint un péril pour un talent qui se complaisait en ses défauts. De là les amusettes de la difficulté vaincue ; de là de brusques contrastes qui déroutent les yeux par leurs secousses ; de là tous les détours d'un labyrinthe où l'on s'égare. C'est qu'au lieu de s'assujettir à la logique d'un sujet défini, Delille s'abandonne aux mille surprises de l'imprévu. Il est évident qu'il veut utiliser ses croquis d'autrefois, et qu'il puise à pleines mains en ce réservoir. Ne fait-il pas entrer de force dans son cadre, non-seulement la politique et la métaphysique (à la rigueur, on le lui pardonnerait), mais toutes les sciences, sans excepter la géométrie, mais tous les sentiments humains, et toutes les aptitudes de l'intelligence? Oui, si l'on en croit ses analyses, l'Imagination est le grand, l'unique ressort; elle n'a pas moins d'importance que la Sensation dans la psychologie de Condillac.

Il est vrai qu'en ces jeux il prodigue les agréments de sa facture ; car nul ne s'entend mieux à fixer des nuances légères, à saisir l'impalpable, et à donner du corps aux abstractions les plus ténues. S'il a le tort de régenter comme une écolière la faculté créatrice par excellence, et de l'asservir trop strictement à la tutelle du sens commun, son vocabulaire poétique atteste du moins une invention variée qui nous offre un riche trésor d'analogies spirituelles.

Que d'ingénieux détails dans l'anatomie de ces fibres délicates auxquelles la nature a confié l'empreinte de nos souvenirs !

> Tel, dans l'enfoncement d'une retraite obscure,
> Qu'éclaire d'un rayon une étroite ouverture,
> Le magique miroir, en ses mouvants tableaux,
> Représente à nos yeux et la terre, et les eaux,
> Les travaux des cités, les lointains paysages,
> Des objets réfléchis fugitives images.

Veut-il expliquer les rapports secrets qui enchaînent nos idées, il dit finement :

> Tel un caillou tombant forme un cercle dans l'onde ;
> Un autre lui succède, et tous les flots troublés
> Etendent jusqu'aux bords leurs cercles redoublés.

Ailleurs, il exprime la bizarrerie des songes par une comparaison qui ne manque pas non plus de nouveauté :

> Tel, au miroir des eaux, notre œil voit retracés
> Les nuages en bas, les arbres renversés,
> La terre sous les eaux, et les troupeaux dans l'onde,
> Et des ruisseaux roulant sous la voûte du monde.
> Mais le fond est le même. En songe, un orateur
> En quatre points encor lasse son auditeur.
> Bercé par le rouet d'une rauque éloquence,
> En songe, un magistrat s'endort à l'audience.
> En songe, le ministre, arrangeant son dédain,
> Pour prendre des placets étend encor la main.
> En songe, sur la scène, un acteur se déploie,
> L'auteur poursuit sa rime, et le chasseur sa proie ;
> Le grand voit des cordons, l'avare de l'argent,
> Et Penthièvre ouvre encor sa main à l'indigent.

Mais ne nous laissons pas entraîner, nous aussi, par le plaisir de vider tous ces tiroirs ; et, sans parler d'autres fragments très-brillants qu'on savait alors par cœur, du récit des Catacombes, de l'Hymne à la Beauté, de la tirade sur la Sœur grise, du panégyrique de Rousseau, des pages où sont si cordialement célébrées les douceurs de l'étude et de l'amitié, hâtons-nous d'en venir aux *Trois Règnes*, c'est-à-dire au bouquet de l'interminable feu d'artifice dont l'ossature, aujourd'hui ténébreuse, nous montre, au lieu d'éclatantes girandoles, un dessin noir sur des baguettes en bois blanc.

La lumière, le feu, l'air, l'eau, la terre, les minéraux, les végétaux, les animaux et l'homme, tel est le fond de cette encyclopédie pittoresque où la prose de Buffon est versifiée par un émule du Père Vanière. N'ayant pas, comme Delille, l'art de nous répéter sans nous copier, nous n'insisterons point une fois de plus sur le vice d'un procédé qui exclut l'ordre, la méthode, l'intérêt progressif, l'équilibre, et la proportion. Disons pourtant que le genre, sinon le poëte, est condamné par un abus qui devient ici comme une manie sénile. Tantôt c'est une lanterne magique, où passent et repassent ces verres multicolores dont les silhouettes font la joie des enfants. Tantôt c'est un cabinet de botanique et de minéralogie, où sont rangés tous les numéros d'une collection soigneusement étiquetée. Qu'il y ait sous ces vitrines des pièces jolies à voir, on ne saurait le nier. Nous signalerons, par exemple, les portraits du colibri, du cygne, du chien, du cheval et de l'âne, l'hommage à Linné, l'épisode de Christophe Colomb, l'éruption d'un volcan, l'anéantissement de l'armée de Cambyse, le tableau de la peste, les amours des plantes, l'éloge si connu du café, de la bière, du cidre, et du vin de Champagne. Il y a donc là beaucoup de savoir-faire, mais monotone sous sa variété spécieuse.

Nous ne verrons dans cette exhibition qu'une sorte de réalisme classique et discret, mais vide de sentiments et d'idées, comme celui qui, plus tard, sous le second Empire, sera le dernier soupir du romantisme. Entre ces deux écoles, il n'y a guère que la différence de l'image coloriée à la photographie, de l'à peu près timide à la copie servile et brutale, de la périphrase au mot propre. Au fond, la stérilité est la même. D'un côté comme de l'autre, on sent l'impuissance de concevoir, et la hâte de produire. Or, ce mal s'explique, dans les deux cas, par l'inertie des facultés viriles. Il y a là des signes de décadence qui tiennent à l'engourdissement de l'être moral. Voilà pourquoi l'imagination n'est plus qu'un appareil mnémotechnique fonctionnant comme un rouage adroit, sans pouvoir nous rendre, bien qu'elle y prétende, la vivacité des sensations. Car, sans l'âme, la mémoire elle-même n'exprime rien; elle n'est plus qu'un prisme qui décompose les rayons, sans dégager ni chaleur, ni lumière.

Delille en est là. Il sait patiemment exécuter un *fac-simile* très-exact, mais devant lequel nous restons indifférents; son habileté finit même par devenir toute mécanique. En la voyant agir, on croit assister aux opérations d'un castor, qui, privé de sa liberté, construirait encore, par instinct, la hutte dont il n'a plus besoin. Ou plutôt, il semble que ces vers, façonnés à l'emporte-pièce, sortent d'un atelier où l'on fabrique sur commande des meubles, des décors, des paysages, des joujoux, des objets d'étagère, et mille autres fantaisies de luxe.

Que dirions-nous donc si du maître nous passions aux disciples; au doux Boisjolin, poëte dans sa sous-préfecture et sous-préfet en poésie; à Parseval-Grandmaison, autre Chapelain qui vécut vingt ans sur la promesse d'une épopée; à Lalanne, le chantre des choux et des raves, qui cultiva la littérature comme un potager; à Castel qui se désolait de ne pouvoir, en dépit de Phébus, nommer le navet et la carotte ; à Dubos, l'horticulteur des roses artificielles ; à l'ambitieux Esmenard, qui navigua sur tant de mers, sans pouvoir conquérir la Toison d'or; en un mot, à tous les défunts dont les reliques reposent encore dans les *Leçons de littérature* de Noël, comme en leurs catacombes? Une sensiblerie bouasse prise pour l'émotion, l'abondance des mots suppléant à l'indigence des idées, des traits maniérés et faux, sans relief ni franchise, un rhythme qui ne résonne qu'à l'oreille, une couleur à la détrempe, des parfums éventés, des minauderies de prude dont le sourire est une grimace, tout le clinquant de la rhétorique faisant de l'art comme on brode une tapisserie, voilà le signalement qui distingue cette postérité valétudinaire de l'abbé Delille.

Mais respectons au moins le Doyen de la famille, ne fût-ce que par déférence pour un grand nom ; car jamais poëmes ne furent plus achalandés. Des tirages de cinquante mille exemplaires ne s'épuisaient-ils pas en quelques mois? Ce succès de vente, qui simulait la gloire, tient à des causes diverses, entre autres, à l'éclipse de tout idéal, chez un public qui, ayant perdu l'habitude des hautes pensées, ne rechercha plus que l'amusement des yeux. Encore ne fallait-il à des sens émoussés que des impressions douteuses. Malgré les leçons du malheur, ces survivants du xviiie siècle étaient trop frivoles pour devenir, du jour au lendemain, capables de cette réflexion émue qui interroge le cœur ou la conscience. Croyant encore, par routine, sur la foi de leurs maîtres, que l'homme est tout entier dans ses organes, ils ne s'avisèrent pas de soupçonner qu'il pût exister des poëtes du monde invisible. Aussi Delille vieillissait-il impunément. Ses admirateurs, qui n'étaient pas non plus de la première jeunesse, ne s'aperçurent point de ce déclin, surtout quand le despotisme eut remplacé l'anarchie ; car cette versification sonore et creuse fut alors un bruit qui rompait l'ennui du silence, et s'associait assez bien au roulement du tambour.

Ce talent, qui eut son à-propos, n'a donc pas été seul responsable de ses défauts. Trop loué par les uns, mais trop déprécié par les autres, il fut digne pourtant de recueillir une partie de l'héritage laissé vacant par la mort de Voltaire, celui de la poésie légère où il ne connut guère de rival, quand il se résigna tout simplement à n'être qu'un charmant Ovide, sans aucune visée virgilienne. Nous ne serons pas démentis par ceux qui ont lu son poëme sur *la Conversation*, moins célèbre que tous les autres, et cependant bien préférable ; car on y voit qu'il lui eût été facile d'être mieux qu'un gentil esprit.

Ici, du moins, se montre un observateur pénétrant auquel la pratique des travers mondains offrait plus de ressources que son vagabondage de naturaliste amateur, ou ses inépuisables descriptions de bagatelles. Nous y retrouvons enfin Delille en personne avec son badinage enjoué, sa naïveté d'enfant, sa galanterie, sa politesse, ce tour fin qui donne du prix à des riens, cet air de supériorité qui n'eut jamais de morgue, et les façons engageantes qui lui firent tant d'amis. Coryphée de salon, roi des causeurs, il n'eut en effet qu'à se peindre lui-même pour nous apprendre l'art d'animer un entretien par des saillies piquantes, des compliments sans fadeur, une raillerie exempte d'amertume, et des anecdotes bien menées. On ne goûtera pas moins les croquis satiriques entremêlés dans cet album aux souvenirs d'une longue expérience qui avait vu passer tant de régimes divers, et se disperser tant de cercles choisis. Le nouvelliste, le voyageur bavard, l'érudit ennuyeux, le bel-esprit bourgeois, le bouffon, l'égoïste, le mystérieux, le menteur, le médisant et le brouillon, sont autant d'esquisses prises sur le vif. Elles nous font regretter que Delille se soit voué constamment à la nature morte; car, s'il avait intéressé l'homme à la connaissance de lui-même, il aurait pu mourir d'apoplexie, dans la nuit du 1er au 2 mai 1813, sans que ses œuvres courussent le risque d'être, elles aussi, comme suffoquées par un oubli foudroyant.

Bien qu'aujourd'hui sa renommée nous rappelle un peu ce lit de parade où sa dépouille demeura plusieurs jours, la tête ceinte de lauriers, et le visage peint d'un fard qui recouvrait la pâleur de la mort, ne soyons pas ingrats envers le promoteur d'une réforme désirable, mais qui passa trop inaperçue, parce qu'il l'accomplit sans en avoir pleine conscience. J'entends par là que son initiative donna cours à bien des termes roturiers proscrits jusqu'alors par l'orgueil d'une langue trop patricienne. Habituée qu'elle était, par les prouesses de la tragédie, à l'éloquence solennelle des rois et des héros, elle dut à Delille une allure moins théâtrale, qui la rapprocha des sujets simples et familiers. Or, ce fut chose précieuse en un temps où la haute critique s'armait d'indignation contre un téméraire qui osait écrire :

Un *haricot* grimpant à la rame attaché.

Il y eut, en effet, du mérite à braver les pédants par un vocabulaire où figuraient en toutes lettres, *l'Étalon, la Cavale et l'Ane,*

Dont le nom méprisé dégraderait un vers,

comme disait un de ces dégoûtés qui se croyaient arbitres du goût.

La traduction des *Géorgiques* fut, à elle seule, une victoire décisive remportée sur les dédaigneux qui, mettant la nature en interdit, et lui imposant nos distinctions sociales, supprimaient par leur mépris les trois quarts de la création. Grâce au patronage de Virgile, Delille fit entendre à des oreilles françaises bien des détails que ne se permettait pas la prose elle-même. Décrivant minutieusement la *charrue*, il nomma sans détours le *coutre*, les *oreillons*, les *coins*, le *timon*; et la vertu de son imitation féconde enrichit le dictionnaire poétique de tous les termes campagnards que l'usage avait relégués dans les traités d'agriculture, ou dans *la Maison rustique*. S'il chemina d'un pas inégal sur cette voie qui semblait prohibée, la faute en fut moins à lui qu'à ses contemporains. Lorsque la crainte des puristes l'arrêtait en route, il regagnait bientôt, par de soudains élans, le terrain perdu par ces langueurs ; et, rattrapant son guide, il put souvent s'appliquer à lui-même ce vers de l'*Énéide* :

Ille ducem haud timidis vadentem passibus æquat [1].

Disons plus : nous devons même de l'indulgence à des périphrases qui furent, en bien des cas, un expédient approprié aux scrupules d'un public pusillanime; car c'était encore faire acte de bonne volonté que d'introduire ainsi, par des portes dérobées, les objets qui n'auraient pas eu le droit de s'offrir à visage découvert, et de prime-saut. Pour ne pas effaroucher le beau monde, il fallait bien recourir à ces voiles discrets qui ménagent et amortissent la lumière. Ces circonlocutions, a dit un juge excellent, « domptèrent la langue poétique, comme on dresse une monture trop susceptible ». Elles lui firent voir de loin les épouvantails qui lui causaient une sorte d'effroi ; puis, le cercle se resserrant de plus en plus, à mesure que l'expression se rapprochait davantage de la réalité, les instincts ombrageux de la Muse finirent par céder à ce prudent manége. Aussi M. Martha a-t-il ingénieusement comparé ces poëmes initia-

---

[1]. Lui aussi, comme son guide, il marche d'un pas intrépide.

teurs à un « jardin d'acclimatation », où Delille tenta d'heureux essais avec une persévérance qui mériterait une médaille d'honneur, comme en un concours agricole [1].

Nous ne lui refuserons pas non plus la dextérité d'une facture qui assouplit le vers par des enjambements et des coupes accommodés aux évolutions d'un mètre plus agile. Quant à l'harmonie, elle fut un de ses dons natifs; et on ne lui reprochera que d'avoir fait étalage trop complaisant de sa science musicale. En résumé, Delille doit être considéré comme un des maîtres de notre prosodie, n'en déplaise aux nouveaux venus, qui, trop irrévérents pour un

---

[1]. Delille voulut rendre ce service. Dans son *Discours préliminaire*, n'écrit-il pas : « Parmi nous, la barrière qui sépare les grands du peuple a séparé leur langage; les préjugés ont avili les mots comme les hommes. La langue, en devenant plus décente, est devenue plus pauvre; et, comme les grands ont abandonné au peuple l'exercice des arts, ils lui ont abandonné aussi les termes qui peignent leurs opérations. De là, la nécessité d'employer des circonlocutions timides, d'avoir recours à la lenteur des périphrases; enfin, d'être long de peur d'être bas; de sorte que le destin de notre langue ressemble assez à celui de ces gentilshommes ruinés qui se condamnent à l'indigence de peur de déroger... Cependant, j'ose le dire, j'ai cru que ces difficultés ne seraient point invincibles pour un grand écrivain qui se ferait traducteur. Car si le climat, le gouvernement, les mœurs influent sur les langues, le génie des grands écrivains les dompte, les plie à son gré, rajeunit les mots antiques, naturalise les nouveaux, transporte les richesses d'une langue dans une autre, rapproche leur distance, les force, pour ainsi dire, à sympathiser, rend fécond l'idiome le plus stérile, rend harmonieux le plus âpre, enrichit son indigence, fortifie sa faiblesse, enhardit sa timidité, met à profit toutes ses ressources, lui en crée de nouvelles, en fait la langue de tous les lieux, de tous les temps, de tous les arts. » Celui qui parlait ainsi, en 1769, fut un novateur, et plus hardi que bien d'autres aux yeux desquels il semble timide.

de leurs plus illustres devanciers, justifieront peut-être aussi, à leurs dépens, cette vérité cruelle :

Qui plaît est roi ; qui ne plaît plus n'est rien.

De telles vicissitudes sont à redouter, surtout en ces saisons variables où s'opère le travail des choses qui finissent et de celles qui commencent. Quand des rayons indécis éclairent les cieux, et qu'on ne sait s'il faut y voir les premières lueurs du jour qui renaît, ou les dernières clartés de celui qui s'évanouit, la fortune d'un nom court alors bien des périls ; et cela, d'autant plus que les événements l'engagent dans le flux et le reflux des agitations politiques. Or, cette destinée fut celle d'un autre talent que nous allons étudier aussi, de M. de Fontanes, qui, poëte, critique et orateur, représenta, sous l'Empire, des nuances intermédiaires entre les traditions classiques dont il continua les exemples, et les préludes d'une Restauration vers laquelle l'inclinaient d'avance ses souvenirs ou ses amitiés.

CHAPITRE III

M. DE FONTANES. Influences de l'éducation première. Maturité précoce. Débuts du lettré. *Le Verger, la Forêt de Navarre*, 1786. Traduction de *l'Essai sur l'homme*. Projet d'un poëme sur *la Nature. La Chartreuse*. Action exercée par Bernardin de Saint-Pierre. *Le Jour des morts*. Christianisme poétique, précurseur de Chateaubriand. Échos lointains de Gray, Goldsmith et Cowper. Poëmes *astronomiques*. — Rôle de Fontanes pendant la Révolution. Premier exil. A son retour, il devient professeur à l'École Centrale, et entre à l'Institut. Le politique se révèle dans ses discours d'installation. — Second exil. *La Grèce sauvée*. — Premières relations avec Chateaubriand. Lettre à Bonaparte, après le 18 Brumaire. Éloge de Washington, 9 février 1800. Le Président du Corps Législatif, le Grand-Maître de l'Université. — Le poëte sous le ministre. Odes sur le *Duc d'Enghien* et l'*Enlèvement du Pape*. Stances à *Chateaubriand*. L'Horace de Courbevoie. *A un Pêcheur*. Stances à *Une Jeune Anglaise. Le Buste de Vénus*. — L'homme de goût; culte de Racine. Conclusion.

Originaire des Cévennes, d'où ses ancêtres avaient été chassés par la révocation de l'édit de Nantes, M. de Fontanes naquit à Niort, en 1757, au sein d'une famille ancienne, mais déchue, qui finit par entrer dans la communion catholique. Un curé de village, janséniste ardent, fut le premier instituteur de son enfance ; mais la rude discipline de ce guide trop austère rebuta les instincts d'une imagination tendre, et ne réussit qu'à lui faire aimer par contraste le christianisme souriant de Fénelon. De ces influences domestiques il conserva du moins un fond de sentiments religieux qui s'allièrent en lui à toutes les délicatesses d'une âme généreuse, et d'une intelligence très-cultivée. Parmi les jeux poétiques auxquels l'invita de bonne heure l'exemple d'un frère aîné, signalons une pièce où sa plume adolescente loua l'édit mémorable qui rendait aux protestants les droits de la famille et de la cité. Tout en maudissant les rigueurs d'un faux zèle, il y célébrait avec conviction les bienfaits de la Foi,

Ce dictame immortel qui fleurit dans les cieux.

Sous cet équilibre d'une âme naturellement pondérée qui, dès le premier éveil de sa parole publique, se tenait à distance de tout excès d'opinion, nous pouvons déjà pressentir le mérite essentiel du personnage qui devra, plus que tout autre, contribuer un jour aux œuvres d'apaisement.

Du reste, les dures leçons d'une expérience précoce hâtèrent la maturité de sa raison. Car, éprouvée par la perte des affections les plus chères, sa jeunesse eut à subir la médiocrité d'une existence étroite, préoccupée par des soucis d'avenir. Le mouvement du monde, que lui ouvrirent des relations choisies, anima pourtant les tristesses d'un étudiant auquel la gravité ne coûtait pas. Son premier séjour à Paris lui permit en effet d'approcher Ducis, Dorat et Delille, d'entrevoir Voltaire et Jean-Jacques, de fréquenter d'Alembert, et de s'engager assez avant, mais en comparse qui n'a pas encore de rôle, dans la société des poëtes, des beaux esprits, ou des philosophes.

Ce ne fut pas sans profit qu'il traversa des milieux si divers. Car ils lui conseillèrent une tolérance qui tempéra ses convictions, sans briser le ressort des principes. En même temps qu'il étendit ses vues, et s'initia par le commerce d'une élite à la science de la vie, il paya tribut à la mode du jour, lorsqu'en 1780, il publia dans l'*Almanach des Muses*, des vers descriptifs dont on remarqua la fraîcheur et la grâce. C'étaient *le Verger* et *la Forêt de Navarre*, fantaisies où il se distingue entre les meilleurs, non par le genre qui n'était pas nouveau, mais par la sobriété de son goût, et les impressions personnelles qu'il mêle au sentiment des beautés champêtres. Tout en se jouant à ces bagatelles, il visait au-delà des succès qui n'ont pas de lendemain, et se vouait à des œuvres de longue haleine. Car, en 1783, une traduction de Pope, *l'Essai sur l'homme*, attesta le sérieux d'un talent qui réussit à égaler un maître concis jusqu'à la sécheresse. Assoupli par cet exercice, il ne méditait rien moins qu'un grand poëme sur *la Nature*; et les fragments qu'il en détacha lui valurent l'attention de La Harpe, qui leur souhaita la bienvenue par des éloges dont il n'était pas habituellement prodigue.

La Chartreuse ne tarda point à justifier la faveur d'un jugement qui eut alors tant d'autorité. Cette esquisse où tressaille l'accent d'une émotion sincère se recommande en effet par le tissu d'un style égal et ferme, le charme du rhythme, la pureté de la langue, enfin, par un tour de rêverie religieuse et de sensibilité pittoresque, où se combinent des traits qui rappellent à la fois Racine et Bernardin de

Saint-Pierre. Or, à cette date, en 1783, ce symptôme fut réellement original. La mélodie que voici n'a-t-elle pas une suavité pénétrante?

> Cloître sombre, où l'amour est proscrit par le ciel,
> Où l'instinct le plus cher est le plus criminel,
> Déjà, déjà ton deuil plaît moins à ma pensée!
> L'imagination vers tes murs élancée
> Cherche leur saint repos, leur long recueillement;
> Mais mon âme a besoin d'un plus doux sentiment.
> Ces devoirs rigoureux font trembler ma faiblesse.
> Toutefois, quand le temps, qui détrompe sans cesse,
> Pour moi des passions détruira les erreurs,
> Et leurs plaisirs trop courts, souvent mêlés de pleurs;
> Quand mon cœur nourrira quelque peine secrète,
> Dans ces moments plus doux, et si chers au poëte,
> Où, fatigué du monde, il veut, libre du moins,
> Et jouir de lui-même, et rêver sans témoins;
> Alors, je reviendrai, solitude tranquille,
> Oublier dans ton sein les ennuis de la ville,
> Et retrouver encor, sous ces lambris déserts,
> Les mêmes sentiments retracés dans mes vers.

Sous ses teintes pâles, ce motif n'a point cessé de nous plaire par la douceur de sa nuance racinienne.

Le Jour des morts n'est pas de moindre qualité. Si nos yeux, accoutumés à des tons plus vigoureux, trouvent aujourd'hui trop languissantes les couleurs de ce tableau sur lequel le temps a passé, la discrétion même d'un pinceau qui n'appuie jamais fait d'autant plus valoir la finesse de la main, sa touche expressive, et une onction qui nous remet en mémoire ces pages où Jean-Jacques, ravi par l'enthousiasme de la contemplation, s'échappe en humbles prières, et s'incline devant le Créateur. Il y a là des notes rares, qui sont la psychologie d'une conscience partagée entre l'esprit du siècle et les traditions de son berceau.

Au lieu de se combattre, le philosophe et le croyant s'y confondent en une profession de foi qui vient surtout du cœur, et de l'imagination. Voilà bien le premier *credo* de ce christianisme tout poétique, dont les vagues élans s'accommoderont aux mollesses d'une société plus facile à prendre par le sentiment que par la doctrine. C'est déjà du Chateaubriand, moins la palette. Qui ne croirait entendre de loin sa voix dans cette méditation, où l'attendrissement religieux se tourne en volupté d'artiste ?

> O moment solennel ! ce peuple prosterné,
> Ce temple dont la mousse a couvert les portiques,
> Ses vieux murs, son jour sombre et ses vitraux gothiques;
> Cette lampe d'airain qui, dans l'antiquité,
> Symbole du soleil et de l'éternité,
> Luit devant le Très-Haut, jour et nuit suspendue ;
> La majesté d'un Dieu parmi nous descendue,
> Les pleurs, les vœux, l'encens qui montent vers l'autel,
> Et de jeunes beautés qui, sous l'œil maternel,
> Adoucissent encor par leur voix innocente
> De la Religion la pompe attendrissante;
> Cet orgue qui se tait, ce silence pieux,
> L'invincible union de la terre et des cieux :
> Tout enflamme, agrandit, émeut l'*homme sensible*.
> Il croit avoir franchi ce monde inaccessible,
> Où, sur des harpes d'or, l'immortel Séraphin,
> Aux pieds de Jéhovah, chante l'hymne sans fin.
> C'est alors que, sans peine, un Dieu se fait entendre :
> Il se cache au savant, se révèle au cœur tendre;
> *Il doit moins se prouver qu'il ne doit se sentir.*

N'est-il pas vrai qu'on ne saurait verser un encens plus pur en un vase plus joliment ciselé?

Ajoutons qu'ici nous surprenons encore l'écho de certains poëtes anglais qui n'avaient pas jusqu'alors franchi nos frontières. Oui, Gray, Goldsmith et Cowper nous apparaissent furtivement sous le voile d'une imitation libre et toute française qui fut une primeur dans un temps où l'on visitait si peu les littératures étrangères. Mais Fontanes, qui n'eut jamais que des velléités, se contenta d'effleurer du bout des lèvres ces sources toutes neuves, où, depuis, tant d'autres se sont abreuvés jusqu'à l'ivresse. Il lui suffit, dit un romantique, « de côtoyer la haie du cottage, sans y entrer ». Car ses affinités natives le ramenaient d'instinct à l'école de Racine et de Boileau, qui restèrent ses patrons et ses guides.

On ne s'en plaindra pas, en lisant le discours astronomique, où il sut allier l'harmonie de l'un à la précision de l'autre. Des beautés supérieures brillent en effet dans ces pages dont la rigueur didactique semblait pourtant répugner aux gênes de notre prosodie. Ces entraves n'embarrassèrent point les ailes de sa Muse; car elle n'eut jamais une démarche plus libre que dans les contraintes d'un sujet où elle rivalise avec l'admirable Épître que Voltaire consacre à la gloire de Newton. On pourrait citer maint passage dont l'énergie, l'aisance ou la majesté défient tout parallèle, celui-ci, par exemple :

> Vers ces globes lointains qu'observe Cassini
> Mortel, prends ton essor, monte par la pensée,
> Et cherche où du grand Tout la borne fut placée.

> Laisse après toi Saturne, approche d'Uranus.
> Tu l'as quitté? Poursuis. Des astres inconnus
> A l'aurore, au couchant, partout sèment ta route ;
> Qu'à des immensités l'immensité s'ajoute.
> Vois-tu ces feux lointains? Ose y voler encor.
> Peut-être ici, fermant ce vaste compas d'or,
> Qui mesurait des cieux les campagnes profondes,
> L'éternel géomètre a terminé les mondes.
> Atteins-les : Vaine erreur! Fais un pas; à l'instant,
> Un nouveau lieu succède, et l'univers s'étend.
> Tu t'avances toujours, toujours il t'environne.
> Quoi! semblable au mortel que sa force abandonne,
> Dieu qui ne cesse point d'agir, et d'enfanter
> Eût dit : Voilà la borne où je veux m'arrêter!

En d'autres vers, les idées de Fontenelle sur la pluralité des mondes se combinent avec des sentiments tout virgiliens, dont la pieuse effusion attendrit la stupeur du regard qui plonge dans les abîmes de l'espace immense. En face de l'infini, le vertige allait prendre le poëte, quand, soudain, se réveille comme d'un songe le sentiment de la personne humaine prête à défaillir ; jugez-en par ce cri :

> Tandis que je me perds en ces rêves profonds,
> Peut-être un habitant de Vénus, de Mercure,
> De ce globe voisin qui blanchit l'ombre obscure,
> Se livre à des transports aussi doux que les miens.
> Ah! si nous rapprochions nos hardis entretiens!
> Cherche-t-il quelquefois ce globe de la Terre,
> Qui, dans l'espace immense, en un point se resserre?
> A-t-il pu soupçonner qu'en ce séjour de pleurs
> Rampe un être immortel qu'ont flétri les douleurs?

Il y avait là des gages d'épanouissement grandiose, surtout pour un lettré qui savait à quel prix se conçoit et s'accomplit une œuvre de longue durée. Dans une confidence voisine de cette époque, s'invitant lui-même à tenter l'idéal, ne disait-il pas :

> Comme on voit, quand l'hiver a chassé les frimas,
> Revoler sur les fleurs l'abeille ranimée,
> Qui, six mois, dans sa ruche a langui renfermée ;
> Ainsi, revole aux champs, Muse, fille du ciel.
> De poétiques fleurs compose un nouveau miel,
> Laisse les vils frelons qui te livrent la guerre,
> A la hâte et sans art, pétrir un miel vulgaire.
> Pour toi, saisis l'instant ; marque d'un œil jaloux
> Le terrain qui produit les parfums les plus doux.
> Reposant jusqu'au soir sur la tige choisie,
> Exprime avec lenteur une douce ambroisie ;
> Épure-la sans cesse, et forme pour les cieux
> Le breuvage immortel attendu par les Dieux.

Ces vers qu'André Chénier n'eût point désavoués contenaient de précieuses promesses. Mais les circonstances qui suivirent ne furent pas favorables à leur pleine éclosion. Car on était à la veille de la crise qui devait étouffer, du matin au soir, la parure d'une civilisation oisive. Quand s'annoncèrent ces changements appelés par tant de vœux, Fontanes ne fut point de ceux qui ne virent que révolte et désastres prochains en des élans provoqués par de hautes intelligences, et secondés par les âmes les plus généreuses. Toutefois, à mesure que les passions s'irritèrent, il se garda des illusions qui égarent, et des enivrements qui troublent la raison. Fidèle au drapeau monarchique, mais partisan d'une constitution libérale, il s'attrista des fautes commises par ses amis comme par leurs adversaires, et ne s'éloigna de Paris qu'après l'explosion des criminelles violences, dont l'impunité ne laissait plus aux bons citoyens que le désespoir d'un sacrifice impuissant.

Réfugié à Lyon, en 1792, il assista de près aux horreurs d'un siége qui entraîna les représailles d'une sanglante victoire ; et ce fut à sa plume que s'adressèrent les victimes de Collot d'Herbois, lorsque, trop confiantes dans la justice d'une cause perdue d'avance, elles voulurent porter leurs doléances à la barre de la Convention. Un cœur indigné ne pouvait manquer d'être pour elles un interprète fier et pathétique. Aussi l'éloquence de Fontanes faillit-elle émouvoir les plus impitoyables. Mais, se repentant bientôt de cette involontaire surprise, ils ne répondirent à des plaintes accusatrices que par de nouveaux arrêts de proscription. L'avocat lui-même fut en péril, car son talent le dénonçait ; et, compromis par un acte de courage, il se vit réduit à fuir loin de la France, jusqu'au jour où, l'humanité recouvrant ses droits, il put reparaître enfin, prêt à figurer au premier rang parmi les esprits sages que l'estime publique invitait à rétablir l'ordre social.

Nommé professeur de belles-lettres à l'École centrale des Quatre Nations, et compris dans la liste de l'Institut naissant, ce fut alors qu'il révéla des aptitudes éminemment faites pour la responsabilité d'un grand rôle. Car, dans ses discours d'installation, les politiques retrouvèrent, avec le tact de l'expérience, l'art oublié d'insinuer la pensée sous ces formes discrètes qui garantissent à la franchise toute liberté de se produire, sans offenser ses contradicteurs. Habile à s'orienter parmi les courants de l'opinion, il associa donc sa parole et sa plume au mouvement qui tendit, un instant, à faire prévaloir l'union des principes religieux et royalistes dans les efforts essayés pour relever tant de ruines. Sans nous prononcer sur l'opportunité de cette conduite, avouons du moins qu'il encouragea ces espérances avec une modération de langage dont on avait perdu l'habitude, et que ses amis eurent le tort de ne point imiter. Aussi respectueuse à l'endroit des personnes qu'impartiale envers les doctrines, sa polémique méritait de lui concilier les égards de ceux qu'elle ne persuadait pas. Mais le 18 Fructidor prouva que certaines vertus étaient encore périlleuses ; et, pour échapper à la déportation, Fontanes dut regagner le chemin de l'exil.

En atteignant le journaliste, ce coup rendit le poëte à lui-même ; car il consola ses ennuis en revenant à l'idée de l'œuvre où il se proposait de chanter *la Grèce sauvée* par la victoire de Thémistocle à Salamine. L'épopée figurait alors parmi les preuves de maîtrise ; et ce fut pour Fontanes un point d'honneur de ravir aux menaces de son naufrage, comme Camoens ses Lusiades, un de ces monuments qui attestent au moins la vaillance d'une noble ambition. Mais il était écrit que ce dessein ne s'accomplirait pas ; et, si j'en juge par certains fragments venus jusqu'à nous, je soupçonne qu'il ne faut pas trop s'affliger de ce mécompte.

Ces jours de détresse n'en furent pas moins heureux pour les lettres, puisqu'ils rapprochèrent de Chateaubriand, qui s'ignorait encore, l'incomparable conseiller qui allait exciter et diriger sa verve. *Le Génie du christianisme* doit en effet beaucoup à ces entretiens où, animés d'une sympathie mutuelle, deux amis apportèrent, avec leurs projets de propagande morale, l'un sa fougue téméraire et ses éclairs d'inspiration, l'autre la sûreté d'un goût aussi habile à aiguillonner les indolences d'un rêveur qu'à discipliner les écarts d'un audacieux. De Londres, où il venait de rencontrer le jeune officier breton dont il disait : « Patience ! il nous passera tous », Fontanes émigra successivement en Hollande, et en Allemagne. Dénué de tout, n'ayant qu'un Virgile pour compagnon de son isolement, ne pouvant pas même découvrir dans toute la ville de Hambourg le Plutarque dont il avait besoin pour le poëme auquel il travaillait, « à corps perdu », il s'en alla gémissant comme Ovide au milieu des Barbares, mais soutenu par l'espoir d'assister bientôt à la chute d'un pouvoir que condamnait un discrédit universel.

Son impatience n'attendit même pas cette heure désirée. Car il était déjà rentré clandestinement en France, quand le 18 Brumaire donna raison aux pronostics trop encourageants qu'il avait exprimés, dès le 15 août 1797, dans un piquant article qui, dédié à Bonaparte, se terminait par ce vers de Voltaire :

J'aime fort les héros, s'ils aiment les poëtes.

De la part d'un publiciste qui souhaitait la restauration des Bourbons, mais sans croire qu'elle fût alors prochaine, c'était se déclarer disponible, et exempt de tout engagement. Aussi le fin courtisan devait-il être entendu, lorsque, le 12 nivôse, an XII, sortant de l'asile où il venait de mettre la dernière main à sa *Maison rustique*, il adressa au Premier Consul une lettre flatteuse qui, avec plus d'à-propos que de désintéressement, faisait appel à son attention toute-puissante. La réponse ne tarda pas ; et, un mois après, le 20 pluviôse (9 février 1800), Fontanes était choisi pour prononcer l'éloge de Washington devant le général qui couvrait encore de ce nom si pur des desseins fort contraires à l'exemple patriotique du héros républicain.

Très-adroit, et même plus qu'il ne fallait, à manœuvrer entre des écueils, sans y briser sa barque, le panégyriste, qui se sentait en vue du port, trouva dans cette rencontre solennelle l'occasion de pousser sa fortune, tout en célébrant les idées qu'il estimait propres à contribuer au salut d'une société travaillée trop longtemps par des passions anarchiques. Il se tira donc de ce pas difficile avec une dextérité dont le concours se donnait ouvertement à un homme d'État qui, alors plus que jamais, sentit le besoin de rallier les partis, et d'offrir aux indécis des garanties de politique conciliatrice. Au lendemain des discordes civiles, parmi les rancunes des vaincus ou les défiances des neutres, il y a toujours place pour ces habiles que leur souplesse prédestine à rassurer les intérêts ou les consciences, surtout quand leur bonne renommée n'a été entâmée par aucun de ces compromis où la fatalité des révolutions entraîne quelquefois d'honnêtes gens.

Aussi Fontanes devint-il rapidement un de ces personnages dont on ne saurait dire s'ils cherchent les honneurs, ou si les honneurs les viennent chercher. Nous ne le suivrons point ici dans l'exercice des devoirs auxquels il lui fallut sacrifier une bonne part de son indépendance. Nous aurions à le plaindre d'avoir vécu sous un régime où se produisit une double imposture : celle d'un pouvoir qui mit chacune de ses usurpations sous le patronage des grands mots dont le prestige restait populaire; et celle d'un pays complice de ces mensonges tacitement acceptés comme des prétextes qui, donnant à la soumission une ombre de dignité, semblaient purifier par de vaines formules les actes les plus iniques, ou les plus arbitraires.

Sans absoudre ces situations équivoques et leurs conséquences fâcheuses, nous admettrons pourtant que, Président du Corps Législatif et Grand-Maître de l'Université, Fontanes fit aimer et respecter en lui la bonté du cœur, la droiture des intentions, son zèle sincère pour le bien public, et la générosité d'un caractère auquel on ne refusera même pas certaines tentations passagères de courage assez méritoires chez un ministre de l'Empereur.

Nous reconnaissons encore ici le délicat. Car c'est lui qui se montre dans cette bonne tenue qui sauva du moins les apparences, sous les obligations d'un dévouement trop complaisant, ou parmi les gênes de la représentation officielle. Si le poëte dut s'effacer devant l'orateur, il ne se laissa pourtant pas étouffer par le souci des affaires. L'exemple de ce partage n'était pas, du reste, si rare, en un temps où l'amour des lettres fut beaucoup plus fervent qu'on ne pense; car plusieurs le concilièrent avec d'absorbantes fonctions. Ne vit-on pas alors un autre serviteur de l'Empire, et l'un des plus laborieux, le comte Daru, se reposer d'un travail par un autre, traduire Horace en chaise de poste, sans dérober une minute à ses charges, et classer les astres dans son poëme sur *l'Astronomie* avec autant d'exactitude qu'il en mettait à faire le dénombrement de nos armées, dans ses rapports à Napoléon? Il en fut ainsi de Fontanes. Un de ses amis se plaignant de son silence littéraire, il lui répondit « qu'il se réservait chaque jour *quatre heures* de travail libre, avant d'ouvrir son cabinet. » Quatre heures! C'est peut-être beaucoup pour une plume volontiers paresseuse, et qui craignait la fatigue. Outre que l'écrivain semblait redouter de plus en plus le grand soleil, on l'entendit maintes fois répéter, non sans une nuance de secret dépit : « Tous les vers sont faits! » Or, sincère ou non, cette conviction n'était point de nature à stimuler sa lyre. Cependant, s'il abusa de ce prétexte pour se taire, et si la patience, ou plutôt le souffle lui manqua trop pour mener à terme l'épopée toujours inédite sur la réputation de laquelle il vivait à crédit, quelques vers tout désintéressés témoignent discrètement qu'au milieu des grandeurs il demeura, comme le berger de la Fable, fidèle à sa musette.

Ne la prit-il pas souvent pour confidente des griefs, et même des colères que le sénateur ou le ministre refoulait sans souffler mot? Je veux parler de ses Odes sur *l'Assassinat du duc d'Enghien*, et sur *l'Enlèvement du Pape*. Sous le courtisan, l'homme eut, cette fois, une révolte. Il est vrai qu'il se garda bien de publier ces pièces. Mais il fit aussi mystère de ses strophes sur les embellissements de Paris ; et pourtant, elles ne couraient pas le risque de déplaire. Quant aux *stances* consacrées à Chateaubriand qui n'était point en faveur à Saint-Cloud, elles eurent un retentissement qui honora le cœur du poëte. Car Boileau n'avait pas été plus chevaleresque pour Racine, après l'échec de *Phèdre*, que ne le fut M. de Fontanes pour l'auteur des *Martyrs*, en face de critiques envenimées.

Dans ces accents de l'amitié, comme dans les jeux de son pur caprice, nous aimons une cordialité souriante qui rappelle un peu la physionomie d'Horace, mais avec la distance qui sépare Tibur de Courbevoie, modeste retraite d'où sont datées la plupart des fantaisies, dont l'enjouement charma ses loisirs ; une, entre autres, qui est tout émue des douceurs de la solitude. La voici :

> Au bout de mon humble domaine,
> Six tilleuls au front arrondi,
> Dominant le cours de la Seine
> Balancent une ombre incertaine
> Qui me cache aux feux du Midi.

Ici la rêveuse Paresse
S'assied, les yeux demi-fermés ;
Et, sous sa main qui me caresse,
Une langueur enchanteresse
Tient mes sens vaincus et charmés.

Des feuillets d'Ovide et d'Horace
Flottent épars sur mes genoux.
Je lis, je dors, tout soin s'efface ;
Je ne fais rien, et le jour passe.
Cet emploi du jour est si doux !

Tandis que d'une paix profonde
Je goûte ainsi la volupté,
Des rimeurs dont le siècle abonde
La Muse toujours plus féconde
Insulte à ma stérilité.

Je perds mon temps, s'il faut les croire.
Eux seuls des siècles sont l'honneur !
J'y consens : qu'ils gardent leur gloire.
Je perds bien peu pour ma mémoire,
Je gagne tout pour mon bonheur.

Non, ce cadre ne messied pas au portrait d'un lettré qui ne fut point littérateur, ne connut guère les vifs empressements d'amour-propre, et chercha toujours plus son plaisir que celui du public. Tout en faisant mine de viser au laurier de Virgile ou d'Horace, il finit par se réduire aux simples fleurs de son parterre. Ne soyons donc pas plus exigeants qu'il ne le fut pour lui-même ; et, sans regretter de grands poëmes qu'il eut l'esprit de promettre sans les achever, comme s'il eût craint que leur poids ne pesât trop sur sa mémoire, contentons-nous des petits vers dont le parfum ne s'est point évaporé, de ceux-ci, par exemple :

> Pêcheur, qui des flots de la Seine
> Vers Neuilly remontes le cours,
> A ta poursuite toujours vaine
> Les poissons échappent toujours.
>
> Tu maudis l'espoir infidèle
> Qui sur le fleuve t'a conduit,
> Et l'infatigable nacelle
> Qui t'y promène jour et nuit.
>
> Des deux pêcheurs de Théocrite
> Ton sommeil t'offrit le trésor.
> Hélas! désabusé trop vite,
> Tu vois s'enfuir le songe d'or.
>
> Ici, rêvant sur ma terrasse,
> Je n'ai pas un sort plus heureux.
> J'invoque la muse d'Horace;
> La muse est rebelle à mes vœux.
>
> Jouet de son humeur bizarre,
> Je dois compatir à tes maux.
> Tiens : que ce faible don répare
> Le prix qu'attendaient tes travaux.
>
> La nuit vient ; vers le toit champêtre,
> D'un front gai, reprends ton chemin.
> Dors content : tes filets peut-être
> Sous leur poids fléchiront demain.
>
> Demain peut-être, en cet asile,
> Au chant de l'oiseau matinal,
> Mon vers coulera plus facile
> Que les flots purs de ce canal.

Voilà le ramage qui convenait à sa voix, et bien mieux, ce me semble, que les éclats de la trompette héroïque. Sans doute, ses hautes ambitions auraient pu se tirer d'embarras, grâce au vif et profond sentiment de cette antiquité dont il était tout imbu. Mais, dans les libres ébats de son badinage, il se trouva plus à l'aise; car alors tout coulait de source intime. A cette veine d'oublieuse rêverie où, loin de la cour, il reprit toute son indépendance, appartient encore cette fine esquisse, dont le motif aussi discret que voluptueux aidera notre imagination à rendre un rayon de jeunesse au front sérieux et à la tête grisonnante d'un dignitaire de l'Empire :

> Où vas-tu, jeune beauté ?
> Bientôt Vesper va descendre.
> Dans cet asile écarté,
> La nuit pourra te surprendre.
> Du haut d'un tertre lointain,
> J'ai vu ton pied clandestin
> Se glisser sous la bruyère.
> Souvent ton œil incertain
> Se détournait en arrière.

> Mais ton pas s'est ralenti ;
> Il s'arrête, et tu chancelles.
> Un bruit sourd a retenti :
> Tu sens des craintes nouvelles.
> Est-ce un faon qui te fait peur
> Est-ce la voix de ta sœur
> Qui t'appelle à la veillée ?
> Est-ce un Faune ravisseur
> Qui soulève la feuillée ?

Dieux ! un jeune homme paraît ;
Dans ces bois il suit ta route,
T'appelant d'un doigt discret
Au plus épais de leur voûte.
Il s'approche, et tu souris.
Diane, sous ces abris,
Dérobe son front modeste.
Un doux baiser t'est surpris :
Les bois m'ont caché le reste.

Pan, et la Terre, et Sylvain,
En ont pu voir davantage ;
Jamais ne s'égare en vain
Une Nymphe de ton âge.
Les Zéphyrs ont murmuré ;
Philomèle a soupiré
Sa chanson mélodieuse.
Le ciel est plus azuré,
Vénus est plus radieuse.

Ces stances à une *Jeune Anglaise* paraîtront un peu profanes chez un vigilant gardien des traditions et des croyances ; mais ce trait achève la physionomie, et, comme dit Sainte-Beuve, « met l'étincelle au regard ». D'ailleurs, si quelques-uns s'étonnaient de rencontrer ces notes épicuriennes dans le voisinage de l'Ode édifiante où l'ami de M. de Bonald déplore les *misères d'une société sans religion*, Fontanes leur montrerait, dans son Horace, le *Chant séculaire* tout près des strophes adressées à Pyrrha, à Lydie, à Tyndaris et à Glycère. Peut-être même leur répondrait-il comme il fit un jour à des rigoristes qui s'étaient scandalisés de voir un buste de Vénus orner le studieux réduit où le Grand-Maître, délivré de sa robe d'hermine, aimait à oublier l'étiquette, et à fêter les Grâces. Honni soit donc qui penserait à mal, en lisant cette apologie :

> Loin de nous, censeur hypocrite,
> Qui blâmes nos ris ingénus !
> En vain le scrupule s'irrite ;
> Dans ma retraite favorite
> J'ai mis le buste de Vénus !
>
> Je sais trop bien que la volage
> M'a sans retour abandonné.
> Il ne sied d'aimer qu'au bel âge ;
> Au triste honneur de vivre en sage
> Mes cheveux blancs m'ont condamné.
>
> Je vieillis ; mais est-on blâmable
> D'égayer la fuite des ans ?
> Vénus, sans toi, rien n'est aimable ;
> Viens de ta grâce inexprimable
> Embellir même le bon sens.
>
> L'illusion enchanteresse
> M'égare encor dans tes bosquets.
> Pourquoi rougir de mon ivresse ?
> Jadis, les Sages de la Grèce
> T'ont fait asseoir à leurs banquets.
>
> Aux graves modes de ma lyre
> Mêle des tons moins sérieux.
> Phébus chante, et le ciel admire ;
> Mais, si tu daignes lui sourire,
> Il s'attendrit, et chante mieux.
>
> Inspire-moi ces vers qu'on aime,
> Qui, tels que toi, plaisent toujours.
> Répands-y le charme suprême
> Et des plaisirs, et des maux même
> Que je t'ai dus dans mes beaux jours.

> Ainsi, quand d'une fleur nouvelle,
> Vers le soir, l'éclat s'est flétri,
> Les airs parfumés autour d'elle
> Indiquent la place fidèle
> Où, le matin, elle a fleuri.

Ces retours de séve furent comme un été de la Saint-Martin pour la verte vieillesse de celui qui disait, en parlant du déclin de la vie :

> Le Temps mieux que la Science
> Nous instruit par ses leçons;
> Aux champs de l'expérience
> J'ai fait de riches moissons.
> Comme une plante tardive,
> Le bonheur ne se cultive
> Qu'en la saison du bon sens;
> Et, sous une main discrète,
> Il croîtra dans la retraite
> Que j'ornai pour mes vieux ans.

Dans ce regain d'automne, ce qui nous agrée surtout, c'est l'aisance d'un art qui glisse légèrement, c'est une agilité murmurante comme un vol d'abeille, c'est un atticisme devenu maintenant plus rare que jamais, et qui conserve toute sa valeur pour ceux qu'importunerait l'habitude de prodiguer les couleurs voyantes, d'exagérer le relief, ou de trahir l'effort jusque dans les intentions les plus heureuses.

Oui, je ne sais quel sens délicat fait défaut à qui ne goûte pas comme il sied une touche discrète que la turbulence de notre Parnasse doit nous rendre encore plus précieuse. Par la simplicité des ornements, la justesse du trait, et la sobre élégance d'un dessin arrêté, Fontanes est disciple des anciens et du xviie siècle. Il tient également au xviiie, soit par les genres qu'il lui emprunte, et auxquels l'invitèrent ses instincts personnels, soit par une teinte de philosophie sentimentale qui s'accommodait à ses prédilections religieuses, soit enfin par la vivacité d'un mètre alerte qui porte la marque de Voltaire, non sans rester fidèle à l'esprit de Fénelon, ou plutôt de Racine ; car ce maître fut pour lui, comme Virgile pour Stace, l'objet d'un culte domestique. Il mit, je ne dis pas sa gloire, mais sa joie à suivre pieusement les traces divines d'un génie qu'adora son cœur. N'en fait-il pas lui-même l'aveu touchant :

> De Virgile ainsi, dans Rome,
> Quand le goût s'était perdu,
> Silius à ce grand homme
> Offrait un culte assidu.
> Sans cesse il nommait Virgile ;
> Il venait, loin de la ville,
> Sur sa tombe le prier.
> Trop faible, hélas ! pour le suivre,
> Du moins il faisait revivre,
> Ses honneurs, et son laurier.

Il dut à ces affinités de nature d'être, à son tour, réputé classique, du moins par ses contemporains. Or, c'était le devenir prématurément ; car la postérité ne ratifie guère ces honneurs précoces, que le temps seul a le droit de conférer. Aussi reconnaissons-nous que le grand jour a fait pâlir, par endroits, les œuvres de Fontanes. Si leurs nuances trop tendres n'ont pu supporter sans dommage la pleine lumière de la publicité, c'est qu'il n'y eut pas assez d'invention dans ce style dont Rivarol disait qu'il eut « le poli sans éclat ». Joubert fut du même avis quand il lui reprocha de trop « caresser sa phrase », et de ne laisser « aucun sillon », aucune empreinte ineffaçable. Voilà par où fléchissent ces écrivains corrects mais timides, rangés mais un peu froids : l'étoffe est très-fine, mais trop mince. A force de tenue et de retenue, leur poésie, qui n'est jamais une fête pour les yeux, finirait par se confondre avec la prose, si le rhythme n'en faisait encore un plaisir pour l'oreille.

Ce n'est pas que nous songions à médire de la lime, et de ses prudentes lenteurs ; mais il ne faut point qu'elle use la trame d'un tissu fragile qui ne supporterait plus la broderie. Nous n'accepterons donc qu'avec des réserves les regrets de Chênedollé, disant après la mort de son ami : « Depuis que nous l'avons perdu, il n'y a plus en France de haute littérature. C'était le dernier des Grecs. Lui seul soutenait la poésie et la belle prose, sur le penchant de leur décadence. Il fut un arbitre. » Défions-nous de ces poëtes chez lesquels l'esprit critique prédomine ; car un jour vient où la Muse prend peur, et se sauve. Mais, sans accepter sur parole des oraisons funèbres dictées par la gratitude des uns, ou la complaisance des autres, gardons pourtant un souvenir à l'harmonieux rêveur qui nous conduit des Chœurs d'Esther aux premières Méditations de Lamartine.

En même temps qu'il donna la main au plus doux génie du xviie siècle, il pressentit et seconda les triomphes de Chateaubriand. Or, il y eut clairvoyance et courage à se prononcer ainsi, dans la crise même d'une rénovation, pour le grand initiateur dont les hardiesses semblaient à tant d'autres une barbarie raffinée. Cette active générosité d'intelligence ne se démentit jamais dans les hautes situations qui, ravissant aux lettres une plume faite pour les honorer, ouvrirent carrière au patronage d'un Ministre vraiment heureux de discerner le mérite, et de lui frayer la voie. Voilà ce qui ne se rencontre pas tous les jours ! Chênedollé, Joubert, Béranger, MM. Royer-Collard, Villemain et Guizot, sans compter les autres, ne sont-ils pas autant de noms qui, jadis protégés par M. de Fontanes, protégent aujourd'hui sa mémoire ? Il est presque aussi rare d'aimer le talent que de le posséder. Celui qui réunit ces deux titres est donc sûr de ne point périr tout entier.

CHAPITRE IV.

M. ARNAULT. Dévouement et fidélité du poëte à la personne de l'Empereur. Ses ambitions dramatiques. Son exil après les Cent-Jours. La fable satirique et politique. Par sa facture, il a des airs de ressemblance avec Béranger. Le don d'épigramme. *Le Colimaçon. Le Riche et le Pauvre. Le Chêne et le Buisson.* L'élégie de *la Feuille.*

Bien que ministre de l'Empire, M. de Fontanes ne porta guère la marque d'un régime auquel il ne livra point son cœur. Il appartenait d'avance à la Restauration. Tel ne fut pas un autre poëte, M. Arnault, qui, fidèle à la personne même du Souverain, devait figurer un jour parmi les légataires du testament de Sainte-Hélène. Soit qu'on le chargeât d'importantes missions, entre autres du gouvernement des îles Ioniennes ; soit qu'à l'Hôtel Chantereine, ou à bord du vaisseau-amiral partant pour l'Égypte, il fût admis familièrement à ces conversations prophétiques dont quelques-unes étaient déjà de l'histoire, il entra fort avant dans la confiance du général que son zèle servit avec tant de dévouement, à la veille de Brumaire.

Nul ne fut, en effet, plus soucieux de préparer l'opinion à cette journée décisive. Mais, de même qu'il avait traversé la République sans s'y compromettre, il put se donner à l'Empire sans que sa considération en souffrît la moindre atteinte ; car jamais il ne sentit le courtisan, et ne profita de sa faveur pour des visées de fortune politique. Homme de lettres aussi désintéressé qu'indépendant, il semblait se résigner par devoir d'affection aux postes qu'il accepta sans les désirer, et la scène du Théâtre fut la seule vers laquelle se tournèrent ses ambitions. Nous avons déjà vu précédemment que le succès de ses œuvres dramatiques fit honneur à son imagination, comme leur échec à son caractère. Toutefois, si l'auteur de *Marius*, de *Lucrèce*, de *Cincinnatus*, d'*Oscar*, de *Scipion* et des *Vénitiens* n'est pas mort définitivement, il n'en fut point redevable à des héros dont quelques-uns méritèrent d'avoir Talma pour interprète. Sans les déprécier, nous estimons donc que ses tragédies ne valurent point ses *Fables*, et qu'il déploya son invention avec plus d'avantage dans les bagatelles malicieuses qui furent d'abord le passe-temps de ses loisirs, puis sa consolation, et sa vengeance.

Ce fut après la disgrâce de *Don Pédro* qu'il prit goût à ce badinage dont le jeu lui devint une arme, lorsqu'au lendemain des Cent-Jours, enveloppé dans le naufrage de la dynastie qu'il aimait d'autant plus qu'elle était malheureuse, l'ancien officier du comte de Provence se vit destitué de son fauteuil académique par un ordre exprès de Louis XVIII, et banni par la brutalité d'une aveugle réaction.

Réfugié à Bruxelles, où sa plume acérée trouva bon

accueil, il suivit dès lors son penchant naturel, et se voua définitivement au démon de la satire. Peut-être y mit-il trop d'âpreté. Ce fut l'avis de ses victimes; d'autres aussi, qui n'avaient pas la conscience tranquille, lui en firent un crime. Mais, outre qu'il était en droit de légitime défense, on pardonnera bien quelques hyperboles à un homme d'esprit qui ne voulut louer Napoléon qu'après sa chute, et paya cher l'éloquence des représailles inspirées à un exilé par la pitié, l'admiration et la reconnaissance, c'est-à dire par les plus nobles sentiments. Cette humeur acerbe ne fut-elle pas d'ailleurs l'originalité du fabuliste qui, non sans fierté, se rendit ce témoignage légitime :

> Quand je vois mon petit trésor,
> Je me trouve assez riche encor ;
> Car je n'ai rien pris à personne.
> Sans lui dérober ses travaux,
> De Jean j'ai suivi le système :
> Je me dois le peu que je vaux.
> Je suis moi, comme il est lui-même.

Rien de plus juste; car M. Arnault garde sa physionomie propre en un genre où ne lui restait que la ressource de glaner après La Fontaine. Il le fit de telle sorte qu'en le lisant, dit M. Villemain, on ne s'écrie plus, à chaque page : « Ah! le bon-homme! » mais bien : « Ah! l'honnête homme, dont l'âme est toujours loyale, même quand elle s'exaspère plus qu'on ne voudrait! » Ne le comparons donc point à un devancier incomparable, ni même à Florian, auquel on a reproché d'avoir mis trop de moutons dans ses bergeries. Certes, ce n'est point le cas de M. Arnault; il abuserait plutôt des loups. Mais, si son pessimisme ne résiste guère au plaisir d'un bon mot, même cruel, les lettrés ne s'en offenseront pas; car ils goûtent, jusque dans ses emportements, la verdeur d'un laconisme expressif, et le don supérieur de lancer le trait final, c'est-à-dire une moralité saisissante comme ces proverbes qui se gravent dans la mémoire du bon sens. A propos des allusions dont l'intérêt s'est évanoui, nous rencontrons là de fines observations, des maximes toutes pratiques, et des vérités piquantes dont la concision spirituelle fait pressentir Béranger. C'est vraiment à s'y méprendre. La Muse de notre grand chansonnier ne lui aurait-elle pas soufflé ces jolis mots :

> Il ne faut point casser les vitres,
> Mais il faut bien les nettoyer...
> — La tache est tout juste à l'endroit
> Où l'on voit briller la paillette...
> — Un bruit accru par des échos
> Ressemble beaucoup à la gloire...

Arnault sait, aussi lui, condenser en une image rapide un sentiment ou une pensée, par exemple, dans sa fable de la *Pierre à fusil*, où il dit finement :

> Si quelque étincelle m'échappe,
> La faute n'en est pas à moi :
> Elle est à celui qui me frappe.

Ses apologues lui venaient d'ordinaire à l'état d'épigrammes, notamment celui-ci :

> On nous raconte que Léda,
> Par le diable autrefois tentée,
> D'un amant à l'aile argentée,
> Un beau matin, s'accommoda.
> Hélas ! ces triomphes insignes
> Sont encor les jeux des Amours,
> Si ce n'est qu'on voit, tous les jours,
> Les dindons remplacer les cygnes.

Parmi ses boutades, signalons surtout un vrai chef-d'œuvre dans cette pièce enlevée de verve :

> Sans amis comme sans famille,
> Ici-bas vivre en étranger ;
> Se retirer dans sa coquille,
> Au signal du moindre danger ;
> S'aimer d'une amitié sans bornes,
> De soi seul emplir sa maison ;
> En sortir, suivant la saison,
> Pour faire à son prochain les cornes ;
> Signaler ses pas destructeurs
> Par les traces les plus impures,
> Outrager les plus tendres fleurs
> Par ses baisers, ou ses morsures ;
> Enfin, chez soi, comme en prison,
> Vieillir de jour en jour plus triste :
> C'est l'histoire de l'égoïste,
> Et celle du colimaçon.

Ailleurs, sa rudesse se mitige d'une émotion qui nous touche comme une larme furtive. Tel est ce dialogue du riche et du pauvre :

> Penses-y deux fois, je t'en prie :
> A jeûn, mal chaussé, mal vêtu,
> Pauvre diable, comment peux-tu
> Sur un billet de loterie

> Mettre ainsi ton dernier écu ?
> C'est par trop manquer de prudence ;
> Dans l'eau c'est jeter ton argent.
> C'est vouloir..... — Non, dit l'indigent,
> C'est acheter de l'espérance.

Ces fantaisies pèchent pourtant par un certain air de sécheresse, ou de brusquerie. La flèche va droit au but, mais trop rapide. On voudrait plus d'agrément dans ce style où tout se réduit au strict nécessaire, et plus d'aménité dans ce moraliste impitoyable dont la sentence ressemble à un coup de pistolet tiré à brûle-pourpoint. L'action fait trop défaut à la logique de ces petits récits, et les caractères y sont à peine indiqués d'un trait. Le mouvement de la vie n'anime donc pas assez les abstractions de leur symbolisme. S'il saisit la raison par sa justesse, il ne dit presque rien aux yeux, et ne se traduit pas en images. Nous le regrettons d'autant plus qu'à l'occasion M. Arnault s'entendait à développer ses motifs en des cadres moins étroits, par des touches plus larges, ou plus puissantes. Chaque livre du recueil nous offrirait un échantillon de cette seconde manière, par exemple, l'allégorie du *Blé et des Fleurs*, leçon judicieuse et digne d'un ancien Conseiller de l'Université, qui résume tout un programme d'éducation classique dans la formule suivante :

> Ne cultivez que le froment ;
> Le bluet viendra de lui-même.

Mais la perle de l'écrin est encore *le Chêne et les*

Buissons, œuvre magistrale d'où nous détacherons ces vers :

> Les Buissons indignés qu'en une année ou deux
>   Un Chêne devînt grand comme eux,
>   Se récriaient contre l'audace
> De cet aventurier qui, comme un champignon,
> Né d'hier, et de quoi? sans gêne, ici, se place,
> Et prétend nous traiter de pair à compagnon !
> L'égal qu'ils dédaignaient cependant les surpasse ;
> D'arbuste il devint arbre, et les sucs généreux
>   Qui fermentent sous son écorce,
> De son robuste tronc à ses rameaux nombreux,
> Renouvellent sans cesse et la vie, et la force.
> Il grandit, il grossit, il s'allonge, il s'étend,
>   Il se développe, il s'élance ;
>   Et l'arbre, comme on en voit tant,
>   Finit par être un arbre immense.
> De protégé qu'il fut, le voilà protecteur,
> Abritant, nourrissant des peuplades sans nombre :
>   Les troupeaux, les chiens, le pasteur
>   Vont dormir en paix sous son ombre.
> L'abeille dans son sein vient déposer son miel,
>   Et l'aigle suspendre son aire
> A l'un des mille bras dont il perce le ciel,
> Tandis que mille pieds l'attachent à la terre.

Dans cette miniature grandiose s'entrevoit, à la dérobée, l'ombre d'un grand deuil; il y a là des allusions faites à la fortune de César. Il s'en dégage aussi une moralité que l'on devine, et qui put convenir à un temps où le mot d'*égalité* cachait déjà le venin de l'envie et de la haine. A l'accent de l'ensemble, qui ne reconnaît un poëte visité jadis par la Muse tragique, encore tout ému de son souvenir, mais assez souple pour devenir capable, lorsqu'elle l'a délaissé, de distraire ses regrets par des poésies légères où les douceurs de l'art se mêlent à l'amère philosophie de l'expérience ?

Une telle variété de tons est un signe d'aptitude privilégiée. Nous en verrons un dernier gage dans cette élégie vraiment exquise, dont la résignation plaintive contraste avec le tour habituel de son âpreté mordante :

> De ta tige détachée,
> Pauvre Feuille desséchée,
> Où vas-tu ? — Je n'en sais rien.
> L'orage a frappé le Chêne
> Qui seul était mon soutien.
> De son inconstante haleine
> Le zéphyr ou l'aquilon,
> Depuis ce jour, me promène
> De la forêt à la plaine,
> De la montagne au vallon.
> Je vais où le vent me mène,
> Sans me plaindre, ou m'effrayer.
> Je vais où va toute chose,
> Où va la feuille de rose,
> Et la feuille de laurier.

Cet adieu qu'envoyait aux siens un proscrit victime de sa fidélité ne suffirait-il pas à justifier une estime bien méritée par l'homme et le poëte que des suffrages réparateurs rendirent tardivement à la France et à l'Académie, en 1829 ? Oui, sa modeste immortalité date de cette *feuille* charmante qui, rose ou laurier, ne perdra jamais son parfum.

CHAPITRE V

. MILLEVOYE. Harmonie d'un talent et d'une destinée, L'élégie personnelle. *La Chute des feuilles. Le Poëte mourant.* — Premier signal d'un mode nouveau. PARNY. L'accent de la passion. Les romances de Mme DUFRESNOY. *Memento* d'un oublié : DENNE-BARON. — II. L'OSSIANISME : ses éléments. Vagues tristesses. L'Empereur, et son barde favori. Ossian, et Mme de Staël. Le romantisme de l'Empire. — BAOUR-LORMIAN ; l'arrangeur habile, et prompt à l'à-propos. Sa *Jérusalem délivrée*. Ses épigrammes. Il se fait le Ducis d'Ossian. Services rendus par cet engouement populaire. *Veillées poétiques et morales.* Conclusion.

I.

Là où sombrent les épopées et les tragédies, une simple fable surnage. Ce ne sont pas les flottes orgueilleuses qui arrivent le plus directement à la postérité. Un frêle esquif traverse mieux les âges. Millevoye nous en est une preuve nouvelle. Car une larme, voilà toute sa fortune. Son nom demeurera gardé par une seule page d'autant plus assurée de flotter sur l'abîme qu'elle fut comme le premier et le dernier mot d'une âme qui, passagère d'un jour, s'envola doucement dans une plainte impérissable.

L'harmonie d'un talent et d'une destinée, tel est donc l'attrait de ce poëte qui devait défaillir dans la saison des promesses, avant la maturité. Encore y eut-il bien des heures perdues pour un chanteur trop précoce qui eut à peine le temps de se reconnaître.

Aussi n'exhumerons-nous pas les ébauches du rhétoricien candide qui, de 1801 à 1804, émerveillait ses régents par sa facilité prolixe, et trop docile à la routine de l'École. Ces années eurent pourtant leurs vives influences dont la trace est visible en des essais trop vite interrompus. J'entends par là que l'enfant grandit, parmi les pures affections de la famille, sous le vigilant regard d'une mère attentive au premier sourire d'une vocation, et complaisante aux ravissements d'un rêveur auquel fut permis l'essor d'un heureux naturel. Ses guides littéraires sont donc seuls responsables des erreurs qui risquèrent de l'égarer, je veux dire des discours, des dialogues, des traductions, des pastorales, des héroïdes, des jeux descriptifs renouvelés de l'abbé Delille, en un mot, des autres amusettes que le vent a emportées bien loin.

Mais un jour vint où le lauréat fourvoyé dans les concours académiques finit, sans le savoir, par écouter son cœur; et alors, affranchi de ses entraves, apparut tout à coup le Tibulle maladif et tendre, dont les élégies eurent, sinon la passion et sa flamme, du moins une suavité discrètement voluptueuse. C'est vous avertir qu'il ne faut y chercher ni le relief de l'expression, ni l'éclat de la couleur, ni les élans soutenus. Mais elles nous agréent par la limpidité d'un vers coulant qui s'abandonne à la pente du sentiment; elles nous enchantent par la mélodie d'un gazouillement voilé. Ses modulations pourront même sembler parfois trop frêles, et presque éteintes. Mais, si le souffle est court, le timbre de cette voix haletante est d'une netteté qu'on aime jusque dans ses langueurs; et l'élégance souffreteuse de cette Muse poitrinaire a pour nous la grâce des choses fragiles.

Millevoye s'avouait, du reste, en gémissant, cette infirmité native d'où procède le charme douloureux des présages funèbres dont la menace le fit tressaillir d'un frisson fébrile. Sa *Chute des feuilles* n'a-t-elle pas fixé sous une forme définitive ces pressentiments qui ne cesseront plus de prolonger en bien des âmes l'écho sympathique de leur tristesse résignée? Aussi le trésor des âges s'est-il pour toujours enrichi de cette complainte délicieusement dolente qui, traduite dans toutes les langues, est devenue familière à toute mémoire. Il va droit encore à notre cœur le cri de ce *Poëte mourant,* dont le chant plus intense que jamais expire dans la suprême vibration de sa lyre brisée. Ce sont là des accents vraiment parfaits. S'ils n'eurent que la brève durée « de la rose ou d'un baiser, » ils suffisent cependant pour sauver un nom de l'oubli. Nous l'affirmons d'autant plus sûrement que l'on distingue en eux le premier signal de cette inspiration personnelle qui sera l'originalité de l'art contemporain ; elle se rencontre ici comme un instinct spontané qui bientôt va prendre conscience de lui-même, et deviendra la Muse espérée.

Nous avons remarqué déjà qu'à la veille d'un printemps poétique, l'aube de la saison promise est fêtée par d'harmonieux ébats d'oiseaux qui devancent le lever du soleil. Cela se vit surtout vers 1811, dans ces années anxieuses, où de vagues impatiences d'avenir tourmentaient sourdement tant de jeunes intelligences, qui, ambitieuses de grandeur morale, et déçues par les illusions de la gloire militaire, rêvaient pour la patrie d'autres destinées que la sanglante monotonie d'une extermination sans trêve. Beaucoup alors, se repliant sur eux-mêmes, soupçonnèrent les sources inconnues dont avait soif une terre desséchée.

Or, si Millevoye eut sa note distincte dans ce concert de tristesses ou d'espérances confuses, s'il compte parmi les révélateurs involontaires du mode nouveau qui n'attendait que la venue des maîtres pour éclater triomphalement, ses accents ne furent pas les seuls qui annoncèrent les temps prochains. Ému par ce voisinage sacré, Ballanche, en son livre du *Sentiment*, ne ressemble-t-il pas à l'artiste qui prélude aux symphonies de l'orgue, dans le temple désert où affluera bientôt l'assemblée des fidèles ? Le nombre et le rhythme font seuls défaut à ces effusions de lyrisme prématuré qui se perdirent dans l'ombre silencieuse du sanctuaire. Ce travail réparateur, dont nous recherchons les indices, s'opérait en secret jusque dans les œuvres d'un poëte qu'on ose à peine rappeler. Oui, même chez un Parny, les symptômes d'une Renaissance sont parfois sensibles. Tout étranger qu'il fût au malaise salutaire par lequel l'épicurien se condamne, ce Catulle licencieux connut du moins la passion, et la sincérité de ses joies, ou de ses douleurs. Cette gloire sérieuse dont il se déshérita par ses profanations, il aurait donc su la conquérir, s'il avait compris qu'un idéal peut seul communiquer aux désespoirs du cœur le privilége de vivre à travers les siècles.

Ce rayon qui manque au front de son Éléonore, et brillera plus tard à celui d'Elvire, nous entrevoyons sa lueur vacillante en d'autres vers que Béranger honora de cet hommage :

> Ce livre est plein d'un doux mystère,
> Plein d'un bonheur de peu d'instants ;
> Il rend à mon lit solitaire
> Tous les songes de mon printemps.
> Les Dieux qu'au bel âge on adore
> Voudraient-ils revoler vers moi ?
> Veille ma lampe, veille encore :
> Je lis les vers de *Dufresnoy*.

Cet éloge d'une plume féminine est justifié par les pièces intitulées *Souvenirs*, *Regrets*, et *Fers brisés*. Car on goûte une émotion naïve en ces humbles romances qui échappent à la fadeur d'un genre discrédité. Puisque nous chantons ici le *memento* des trépassés, n'envions pas non plus quelques lignes de bienveillante épitaphe à un heureux traducteur de Properce, à Denne-Baron, dont les reliques eurent plus tard leur petite chapelle visitée par quelques dévots de l'Église romantique. Cet hommage était dû légitimement à certaines élégies qui nous font passer, sans trop de secousse, d'André Chénier à Lamartine.

II.

C'est qu'une sorte de mélancolie diffuse flottait

alors dans l'air, comme ces nuées que l'ébranlement d'un orage va rallier, et résoudre en subites averses. Mais, avant de se réunir en un lit régulier, et d'être un fleuve digne de porter un nom, tous ces filets d'eaux éparses circulèrent au hasard, suivant les accidents d'un sol où ils s'égaraient sans le féconder. Il y eut pourtant un moment où parut se former un courant que l'on put croire navigable, jusqu'au jour où il se perdit dans les sables. Ce fut quand le nom d'Ossian passionna tout à coup des esprits que Jean-Jacques venait d'agiter profondément par l'utopie de la vie sauvage et primitive. Possédés de cette chimère, ils étaient gagnés d'avance à Macpherson, et à d'ingénieuses impostures qu'alimentèrent chez nous les rêves de Rousseau, la sentimentalité de Richardson, les Nuits d'Young, les traditions celtiques, des pastiches d'Homère, d'Isaïe, de Milton et de Gessner.

Ce qu'il y eut de factice dans cette combinaison fut précisément son gage de succès. Car une génération dont le goût n'avait ni simplicité, ni franchise, était à la merci du faussaire qui flatta ses défauts en associant une apparence de grandeur épique à la sensiblerie des pastorales. L'alliage qui en résulta fut d'autant mieux accueilli que l'estimable traduction de Letourneur avait adouci les rudesses de l'original, pour l'approprier à notre usage. Aussi nos pères ont-ils cru naïvement à ce monde inconnu, comme leurs aïeux à celui de l'Astrée, à Céladon, et au druide Adamas. On raffola donc de ce Florian biblique et dantesque dont la vogue contemporaine ou voisine de Werther, d'Obermann et de René répondait à l'appel secret des imaginations.

Venue d'Angleterre, où elle ne tarda pas à s'évaporer, cette brume s'étendit rapidement sur tous les continents littéraires. En Allemagne, Klopstock avait ressenti ses atteintes. Elle assombrit un instant le ciel d'Italie; et, parmi nous, ce brouillard enveloppa si bien tout le domaine de l'Art que la musique et la peinture, comme la poésie, faillirent en être submergées. Outre que l'ennui de la mythologie païenne favorisait cette contagion, l'exemple de cet engouement partit de haut. Propagé par le goût personnel du maître dont le caprice faisait déjà loi, ce genre, si contraire pourtant à notre tempérament, eut bientôt un puissant prestige, grâce au génie qui le prenait sous le patronage de son admiration. Arnault nous raconte en effet que les vastes pensées de Napoléon se complurent aux mirages de ces fictions héroïques où retentissait le bruit des armes, parmi les lointaines perspectives d'une apothéose. Dans le barde écossais qui divinisait la valeur guerrière, un nouvel Alexandre salua le Rapsode qu'il rêvait peut-être pour ses fabuleuses aventures. Revenant d'Égypte, il se faisait lire un jour je ne sais quel chant d'Homère, quand, impatienté des sublimes lenteurs qu'il osait appeler «un bavardage», il prit brusquement un exemplaire d'Ossian, et se mit à déclamer avec enthousiasme un de ses belliqueux dithyrambes.

Un tel suffrage devait avoir une infaillible autorité, surtout à cette époque où l'emphase était dans les paroles, et le romanesque dans les actes. Sous l'impression récente d'une expédition dont les merveilles avaient comme un air de légende, cette Iliade qui ouvrait un autre Olympe aux victimes des batailles devait donc tourner aisément toutes les têtes. Un peintre n'eut-il pas l'idée de représenter alors les cuirassiers de la garde reçus dans le palais de Fingal par les vierges d'Ossian, embrassant les Walkyries dans les nuages, et, le sabre en main, décorés chacun d'une étoile qui étincelait au cimier de leur casque, chevauchant en bottes à l'écuyère parmi les vapeurs bleuâtres de l'Empyrée? La critique n'eut cependant que des éloges pour cette singulière conception que nous appellerions une caricature, si elle n'était signée d'un grand nom.

Nous hésitons nous-mêmes à en sourire. Car les meilleurs esprits encouragèrent cet entraînement universel. Conquise elle aussi, Mme de Staël s'accorda, cette fois, avec le grand homme que partout ailleurs elle combattait sans relâche. Comme le général Bonaparte, elle mit Fingal au-dessus d'Achille, et s'ingénia même à justifier par une théorie des prédilections dont elle voulut faire une doctrine. Érigeant en principe cette fantaisie de la mode, elle déclara donc qu'une poésie née sous les frimas du Nord était seule assez puissante pour exalter les cœurs, assez virile pour convenir aux instincts de notre âge philosophique, assez fière pour développer ou stimuler en nous le sentiment de l'indépendance.

Intéressant à ses préférences les plus nobles mobiles de la vie humaine, le culte de la raison et l'amour de la liberté, elle alla chercher aux environs du pôle le foyer du stoïcisme qu'elle voulait opposer aux mollesses de cette Muse méridionale « dont les douceurs énervent les âmes, et les précipitent vers la servitude ». Bien que de nombreuses objections s'élèvent contre ce parti pris géographique et psychologique, il est juste pourtant de voir dans l'Ossianisme autre chose qu'un travers dont s'amuse l'ironie; et l'on ne se tromperait guère en l'appelant le romantisme de l'Empire.

Or, pour exercer une influence épidémique, ces éléments qui étaient comme en suspens dans l'atmosphère avaient besoin d'être condensés par un de ces habiles qui, faute de mieux, s'entendent à épier les dispositions morales du public, et à saisir au vol l'occasion d'un succès, où il entrera surtout du savoir-faire et de l'à-propos. Toutes les fois que se produisent ces embryons d'École qui surprennent un jour de renommée bruyante, on est sûr d'y trouver la main d'un opérateur adroit à exploiter la curiosité, j'allais dire à jeter de la poudre aux yeux des simples, ou même des clairvoyants. Tel fut le rôle d'un écrivain qui eut son heure, de Baour-Lormian. Doué de facultés moyennes, il put se passer des aptitudes supérieures, parce qu'il posséda l'ardeur, l'aplomb, la dextérité, le coup d'œil, l'éveil et la résolution, en un mot, l'art de prévoir la direction des vents, et d'en profiter pour mener sûrement sa barque. Ce fut ainsi que, par une sage économie de ses minces ressources, et grâce à des placements intelligents, il réussit à tirer bon parti d'un fonds modeste, qui finit par lui rapporter un assez beau revenu de célébrité viagère.

Né en 1770, en Gascogne, parmi les livres, (car il était fils d'un imprimeur), François Baour s'était déjà paré du nom plus harmonieux de Lormian, lorsque, tout jeune encore, il vint à Paris chercher la gloire que Clémence Isaure promettait à son lauréat, couronné plusieurs fois au Capitole de Toulouse. En ce temps-là, on allait loin avec une épopée, ou tout au moins une traduction en vers. Paraphraser la *Jérusalem délivrée* par une imitation assez infidèle pour avoir un faux air d'originalité, abréger, « corriger ou embellir » les descriptions galantes et les grâces mythologiques du Tasse, raviver le lustre de ce que Boileau appelait trop dédaigneusement du *clinquant*, se mettre ainsi sous le patronage d'une gloire consacrée, comme avait fait Delille pour les *Géorgiques* de Virgile, voilà ce qui parut un coup de maître à un débutant qui voulait devenir célèbre le plus tôt possible, sans s'exposer aux chances aléatoires, ou aux lenteurs de l'invention personnelle. Mais ce travail trop hâtif trompa de présomptueuses espérances : au lieu de monter aux astres, il rasa le sol, et y fut criblé d'épigrammes.

D'autres auraient perdu confiance ; mais un Gascon ne se tient jamais pour battu ; et, profitant de la leçon, Baour remit allègrement son ébauche sur le métier. Bien lui en prit ; car ce courage fut récompensé par la faveur qui accueillit bientôt une seconde édition « d'où il avait, dit-il, enlevé tous les bons vers, pour ne laisser que les excellents ». L'échec de la veille lui pesait cependant sur le cœur ; et, par un accès d'humeur vindicative, il s'improvisa brusquement satirique.

Cette métamorphose pouvait bien être aussi le calcul d'un joueur avisé se disant, et avec raison, qu'un peu de tapage aide à l'avancement rapide d'une réputation. Toujours est-il que, s'élançant au plus fort de la mêlée littéraire, il décocha tout à coup, à droite et à gauche, une grêle de flèches, parfois assez fines, qui égratignèrent petits et grands, non sans péril de nombreuses ripostes dont il essuya le choc en ferrailleur impassible et intrépide, qui plus tard montrera gaillardement les cicatrices de ses blessures, comme un vétéran les chevrons de ses campagnes. D'abord inoffensifs, ces duels faillirent pourtant tourner au tragique, lorsque Lebrun-Pindare entra en jeu ; car, n'ayant pas l'habitude des armes courtoises, il se crut en droit de s'attaquer aux misères de la vie privée. Or, c'était faire la partie belle à un adversaire qui en abusa.

Mais si l'homme de goût ne sortit point sain et sauf d'une bagarre où il y eut scandale, l'homme de lettres s'en inquiéta peu. Disons plus : il s'en félicita comme d'une bonne fortune. Tout Paris ne s'était-il pas égayé des mots plaisants dont il était l'auteur, ou la victime? Retenu par les mémoires les plus rebelles, son nom s'était fait jour, et n'avait plus à craindre d'être estropié. Il échappait donc décidément à l'obscurité. Le pas difficile se trouvait enfin franchi! Dès lors, sûr d'avoir un public, il ne songea plus qu'à fixer l'attention par le choix d'une spécialité distincte dont il pût faire son domaine propre, sans avoir à redouter la concurrence des genres connus, et des renommées établies.

Pour un esprit aussi entreprenant que prompt à flairer d'heureuses pistes, la recherche ne fut pas longue. Dans le monde scandinave récemment découvert par Letourneur, il vit une sorte d'Atlantide vers laquelle se portaient volontiers les regards; et, sur-le-champ, il résolut de s'embarquer pour cette terre vierge, où il y avait « une mine d'or », comme l'avoue ingénument sa préface. Faisant violence à sa gaieté naturelle, il se mit donc à soupirer au clair de lune, à errer la chevelure au vent près des vagues gémissantes, à fréquenter la lyre en main les torrents qui mugissent, à se noyer dans les brouillards, enfin, à courir les nuages peuplés par les héros de Morven.

Si, pour acclimater en Angleterre une fleur sauvage éclose dans les landes de l'Écosse, Macpherson avait dû mitiger l'âpre saveur de ses parfums, à plus forte raison ne pouvait-on, sans recourir à bien des artifices, l'accommoder à un milieu français, et surtout parisien. Ce fut le talent d'un arrangeur qui pratiquait avec industrie toutes les ruses de l'école descriptive. Il y avait appris à ne point effaroucher des lecteurs ombrageux. Aussi s'empressa-t-il de substituer les demi-teintes et les nuances vaporeuses à la crudité des couleurs brutales. Les accents heurtés et barbares de la partition primitive devinrent donc une mélodie exécutée en sourdine par une harpe éolienne qui ménageait la délicatesse timorée des dilettantes. Les crânes humains où se buvait la bière et l'hydromel, dans le palais de Selma, furent ciselés en coupes si élégantes que les plus jolies mains se décidèrent sans peine à porter aux lèvres la liqueur emmiellée. Bref, Baour-Lormian se fit le Ducis d'Ossian, et lui donna ses entrées dans les salons.

Si fastidieuses que nous paraissent aujourd'hui ces rapsodies, où des acteurs qui ne vivent point ressemblent à d'immobiles statues de neige dont la blancheur glaciale simule de loin le marbre, mais va se fondre au premier rayon, il ne faut cependant pas traiter sans égard des fictions qui ont eu leur opportunité, puisqu'elles réussirent à captiver nos pères. N'oublions pas d'ailleurs que, dans les arts, la convention est parfois un de ces passages détournés qui, sans qu'on y pense, conduisent au naturel. Outre que les erreurs du goût ont leur logique, je dirais presque leur utilité provisoire, comme un breuvage qui élimine des humeurs vicieuses, et par conséquent épure le bon sens, cette invasion du paganisme scandinave eut au moins son excuse dans la lassitude qui devait suivre les interminables redites des épopées calquées sur le patron d'Homère et de

Virgile, ou plutôt de leurs ingrats imitateurs ; car il n'existait plus que des copistes de copistes. Les dieux et les héros antiques n'avaient-ils pas fourni tant d'épreuves que la planche en était usée? Il y eut donc l'attrait du changement dans l'apparition de ces légendes, qui furent assez populaires pour que les noms d'Oscar et de Malvina n'aient point encore disparu tout à fait de notre calendrier, en dépit du ridicule auquel les expose leur déchéance.

Malgré l'uniformité lugubre de ce merveilleux qui n'a pas le moindre sourire, malgré l'horreur de ce ciel sombre et muet dont l'unique soleil est l'éclair de la foudre, et d'où les divinités ne parlent que par la voix des tempêtes, malgré la rigidité d'une poésie où l'âme et le cœur semblent pétrifiés et cristallisés comme les stalactites de la grotte de Fingal, ces aventures encadrées dans un décor grandiose durent étonner les imaginations par certains dehors de puissance et d'énergie qui contrastaient avec la fadeur des fleurettes cueillies, sur un Parnasse banal, par tous les fabricants de bouquets à Chloris. Ici du moins se respirait un air salubre qui avait baigné les grèves marines, et habité les cimes des glaciers. Ce souffle hyperboréen, qui apportait la senteur des bruyères, produisit donc sur des nerfs exténués l'effet d'une sensation réconfortante. Au sortir de ces boudoirs où l'on étouffait parmi « les myrtes et les roses », les plus étiolés crurent renaître, sous cette subite impression de fraîcheur. Elle sembla raviver ces intelligences atteintes d'asphyxie progressive.

Sans doute, ce fut encore une illusion; car le remède était lui-même la recette équivoque d'un charlatanisme qui trompait ou déplaçait le mal, sans le guérir. Mais, avant d'arriver à la vérité du sentiment et de la couleur, il fallait peut-être traverser ces mensonges, ne fût-ce que pour n'y plus revenir. Ce furent donc comme les degrés qui acheminèrent nos pas encore douteux et tâtonnants vers les libres espaces et la lumière des vastes horizons. Le voile amortissant de ces brouillards devait insensiblement accoutumer des yeux débiles au grand jour des sommes où d'autres monteront d'un coup d'aile. Baour-Lormian n'eut point le pied assez sûr pour y parvenir; mais si, croyant escalader un des derniers pics, il a glissé maladroitement, et s'est brisé de roc en roc, il convient d'élever une humble croix à l'endroit de sa chute, comme on ferait pour un touriste trop téméraire qu'une avalanche aurait écrasé, lorsque, seul et sans guide, il tentait l'assaut du mont Blanc.

Ajoutons, pour être cléments, qu'il posséda la science de l'harmonie, et même à ce point qu'un irrévérent disait : « Si on lui mettait du coton dans les oreilles, il ne ferait pas de vers. » Je sais trop que cette musique fut assez vide; mais elle eut pourtant l'avantage de préparer des moules disponibles, et de ménager en quelque sorte des chambres acoustiques à la beauté des sons, qui plus tard allaient enfin nous faire entendre des sentiments et des pensées.

Telles sont donc les réserves qu'il est équitable de faire, avant de nous écrier avec Lebrun :

> Vive Homère ! que Dieu nous garde
> Et des Fingals, et des Oscars,
> Et du sublime ennui d'un barde,
> Qui chante au milieu des brouillards !

Ce barde, répétons-le, faillit s'avancer jusqu'à la lisière de la terre promise. Mais il marchait en aveugle, sans voir devant lui la colonne de feu ; car la foi lui manquait, ou plutôt, il ne crut qu'à lui-même, c'est-à-dire aux expédients d'une improvisation uniquement soucieuse des succès éphémères dus à l'à-propos. Voilà pourquoi ses *Chants galliques* n'ont pas eu meilleure fortune que ses *Veillées poétiques et morales*, funèbre écho des *Nuits d'Young*, dont il se fit le vulgarisateur bruyant, lorsqu'elles eurent mis à la mode les jérémiades sépulcrales, les cyprès, les saules pleureurs, les mausolées, et cette manie de lamentations qui fut, elle aussi, un signe précurseur du romantisme.

Baour-Lormian ne demandait qu'à recueillir ces échappées de sensibilité vagabonde et anonyme, dont les instincts ne savaient où se fixer ; car il éprouva plus que tout autre les inquiétudes qui s'agitaient autour de lui, dans un public fatigué des refrains classiques. Mais il était de ceux qui se laissent mener, sans savoir où ils vont ; et cette poésie de l'avenir vers laquelle l'attirait, à son insu, l'impulsion d'une force étrangère, le toucha seulement comme un paratonnerre qui appelle l'électricité pour la noyer dans un puits.

C'est que son style fut celui de tout le monde, l'opaque et incolore vocabulaire des traditions mortes. Son orthodoxie superstitieuse se contenta de rajeunir par des titres, ou des transpositions, les airs qu'il chantait sur le mode antique. De là vient qu'ils produisent l'effet d'une parodie. Plus il cherche à innover, plus il paraît suranné. On dirait un octogénaire qui veut faire le bellâtre, et se grime en muscadin. Il y a chez lui disparate entre le fond et la forme, désaccord entre le geste et la parole. Parfois, et cela dans ses meilleures rencontres, on croit entendre du Lamartine, mais traduit par l'abbé Delille. A tout prendre, il nous offre pourtant un intérêt historique; car, dans ces dissonances qui détonnent, et dont la cause est une langue vieillotte s'appliquant à des sujets nouveaux, nous reconnaissons le conflit des tendances qui s'apprêtaient à se disputer l'empire.

CHAPITRE VI

CHÊNEDOLLÉ. Un poëte né trop tôt, mort trop tard. Son enfance rêveuse. Le vif sentiment de la nature. Influences de Rivarol et de Klopstock. Il est égaré par ses guides. Poëme de *la Nature*. Tristesse et deuil. L'inspecteur d'Académie. *Le Génie de l'Homme*. Hardiesse du plan. Il était fait pour la pastorale. Il vécut trop isolé. Ses *Études poétiques*. Il fêta les nouveaux venus. L'art lui fut un culte.

Nous venons de voir que Baour-Lormian, tout compte fait, n'eut point à se plaindre de sa destinée. Elle lui donna même plus qu'il ne méritait. Car il n'avait que des dehors spécieux; et, s'il eût vécu plus tard, les circonstances n'eussent pas changé son tempérament. Il serait resté ce qu'il fut, un versificateur prolixe, capable de mettre en œuvre les idées des autres, mais trop voué aux procédés, et trop expéditif dans l'exécution pour prendre rang parmi les chefs de chœur. Il n'en fut pas ainsi d'un généreux esprit, de Chênedollé, qui, trop longtemps relégué au fond de sa province, à distance du centre sonore où les noms retentissent, vit son étoile tardive s'évanouir dans l'aurore de la Restauration.

Né, le 4 novembre 1769, à Vire, au pays des Basselin et des Vaugelas, des Segrais et des Malherbe, arrière-petit-fils d'un poëte qui fut contemporain de Boileau, il connut, dès l'enfance, les enivrements de la rêverie. « A neuf ans, nous dit-il, on me surprenait souvent immobile, sur notre balcon, le regard fixe, contemplant, durant des heures entières, les lumineux coteaux de Burcy, quand la chaleur frémissait ardemment dans les airs. » Du collége de Juilly, qui se souvenait de Malebranche et de son idéalisme platonicien, il revint au foyer paternel, le goût formé par une discipline forte, libérale et toute littéraire. C'était vers 89 ; mais nul souci politique ne troublait encore les joies de son retour ; car, en ses notes confidentielles, il se montre à nous prompt à jouir de son indépendance, naïvement enchanté par le réveil du printemps, errant avec volupté dans son Arcadie normande, partageant ses ravissements entre la nature et les livres familiers où il pouvait la retrouver, c'est-à-dire Buffon, Gessner, Bernardin de Saint-Pierre, et Rousseau. Ému d'un doux enthousiasme par la lecture de *la Nouvelle Héloïse*, n'écrivit-il pas un jour à Jean-Jacques pour solliciter la fin d'un manuscrit qui était en cours de publication : hommage d'admiration ingénue à laquelle l'ermite d'Ermenonville répondit avec une ironique, mais patriarcale bonhomie? Dans le journal où l'adolescent, épris de beaux songes et curieux d'interroger son cœur, épanchait ses premières impressions, nous rencontrons, à chaque page, de fraîches ébauches qui sont les primeurs d'un talent pittoresque et réfléchi.

Cette floraison se serait bientôt épanouie solitairement, et d'elle-même, si la Révolution, comme une gelée d'avril, ne l'avait tout à coup interceptée. Dès que sévirent de criminels excès, Chênedollé suivit le flot des gentilshommes qui émigraient avec leurs illusions ; car il était trop poëte pour ne pas obéir, comme Chateaubriand, à ce qu'il crut l'honneur. Il fit donc, aussi lui, campagne dans l'armée des princes ; et, après les angoisses d'un inévitable désastre, il finit par se fixer à Hambourg, où l'appelait Rivarol. « Venez, avait-on dit, nous vous mettrons en serre chaude, et tout ira bien. » Il vint, en effet, et tout alla de mal en pis : car, au lieu de s'abandonner aisément à son heureuse nature qui eût trouvé des voies faciles, cette intelligence, jusque-là disponible, dut subir le joug de celui que sa candeur nommait « un grand homme, le dieu de la conversation ».

Dès lors, tremblante devant la fatuité de ses oracles, elle n'eut pas assez de ressort pour échapper au charme fascinateur de l'éblouissant virtuose, dont la verve improvisatrice lui paraissait infaillible. Pour certains esprits trop défiants d'eux-mêmes, trop prompts à la sympathie, et doués d'une délicatesse toute féminine, c'est parfois un malheur que de tomber ainsi sous une tutelle où s'aliène leur franchise. Cette servitude est d'autant plus périlleuse qu'elle devient douce à leur indolence, et que l'affection leur dérobe l'écueil. Or, Chênedollé courut ce risque. Le tourbillon l'enveloppa si bien qu'il finit par ne plus s'appartenir, et perdit le sens de ses propres aptitudes ; même quand il cessa d'être sous la tyrannie de ce patronage dangereux, il ne put s'émanciper que timidement. Le faux pli lui resta.

Voilà pourquoi il s'enfiévra de rêves sublimes. Un régime excitant fit trop fermenter une imagination qui ne devait écouter que les voix du cœur. Du commerce entretenu, pendant deux années, avec un roi de salon, et de la turbulente fécondité de ses causeries provocatrices jaillit, du moins, l'idée première de ce poëme qui s'intitula, plus tard, *le Génie de l'Homme*. Aux méprises d'une admiration qui lui fut un piége s'ajoutèrent aussi les influences d'un illustre voisinage, de Klopstock et de sa *Messiade*, qui, tout en ouvrant au poëte des horizons ignorés, effraya son courage par les difficultés d'une émulation hasardeuse. Car la vue d'un idéal ardu peut, comme dit Sainte-Beuve, « devenir mortelle » pour ces Muses discrètes qui s'humilient, et s'inclinent trop pieusement devant les maîtres. Or, celle de Chênedollé, toujours si lente à se risquer, ne se sentait pas l'aile assez puissante pour tenter la gloire des grandes aventures. Elle craignait les regards, et n'était faite que pour la flûte pastorale murmurant ses émotions dans les solitudes où la nature livre aux âmes recueillies le secret de sa grâce, et de sa majesté religieuse.

On s'en aperçut bientôt, lorsqu'il eut quitté les cercles savants de l'Allemagne pour les paysages de la Suisse. La vue des Alpes lui fut en effet plus bienfaisante que les secousses d'une critique fantasque, ou l'aiguillon d'un exemple inaccessible. En face de ces montagnes qui avaient porté bonheur à Jean-Jacques, il se souvint enfin de ce qu'il était ; et son poëme de *la Nature* se dessina fièrement dans une pensée qui échappait aux séductions d'une amitié mal assortie. Si le salon de Coppet, et sa métaphysique, lui gâta parfois les lacs et les vallées, il eut pourtant là des moments d'essor qui inspirèrent au peintre des tableaux dignes de son modèle; et Mme de Staël put lui dire sans trop d'exagération : « Vos vers sont hauts comme les cèdres du Liban. »

Mais, à peine libre des liens qui l'avaient tenu captif, ce cœur, « qui aimait à aimer », s'enchaîna de nouveau par un autre servage, qui, cette fois du moins, avait l'excuse de véritables affinités. Car ce fut Chateaubriand qui l'entraîna dans son orbite, et d'autant plus victorieusement que Chênedollé s'était pris d'une mystique adoration (le mot n'est point ici banal) pour la sœur de son ami, pour la charmante Lucile, qui venait de lui engager sa foi, lorsque, atteinte d'un mal inguérissable, elle s'éteignit insensiblement, vers le printemps de 1804. C'est d'elle qu'il écrivait : « Il me semble avoir passé près d'une fleur dont j'emporte le parfum. » A l'intensité des plaintes qu'il confia seulement à des lettres intimes, on comprend combien lui fut cruel un deuil dont l'éloquence nous paraît la plus touchante des élégies. Aussi est-ce l'événement décisif de sa biographie morale.

Mais le secret n'en eût jamais été trahi sans une indiscrétion posthume ; car c'était une de ces douleurs qui s'abritent dans l'ombre, comme au fond d'un sanctuaire. Trop profonde pour devenir une source de chants, elle ne conseilla que le silence au poëte que Fontanes, son ami de prédilection, j'allais dire son frère aîné, relança si souvent dans sa retraite, pour lui reprocher avec d'affectueuses gronderies ses oisives langueurs, et son abandon de lui-même. Ces avances devinrent même si pressantes qu'elles ne purent être rejetées sans une sorte d'ingratitude pour le sentiment qui les inspirait. Après mainte ouverture qui offrit au lettré un de ces postes où la dignité peut se concilier avec la douceur des loisirs nécessaires à un poëte, Chênedollé se laissa donc nommer professeur de littérature à la Faculté de Rouen, puis inspecteur d'Académie, mais sans la moindre visée d'ambition. Car cet oublieux qu'on désirait pousser vers le Conseil de l'Université se prêta si peu à des instances dévouées qu'elles finirent par y perdre leur peine.

On ne réussit même pas à stimuler ses défaillances trop désintéressées, par la perspective d'un fauteuil académique. S'il fit quelques pas vers l'Institut, ce fut « pour y serrer des mains amies », mais non pour s'y asseoir. Il aima mieux s'ensevelir de plus en plus en des tristesses dont l'unique diversion sera son poëme sur *le Génie de l'homme*, qui aurait dû voir le jour en 1802, et parut seulement en 1807. « En faisant cet ouvrage, dit l'auteur, j'avais une grande pensée : je voulais appliquer la poésie aux sciences ; mais celles-ci, je crois, sont encore trop vastes, trop jeunes pour recevoir un pareil vêtement. C'est une erreur de croire que la poésie accompagne l'enfance des sociétés. Pour qu'elle peigne un certain ordre d'idées avec succès, il faut que la civilisation soit très-avancée, et que ses idées aient déjà un commencement de popularité. Alors, elle s'en empare avec fruit, et les fait entrer en toutes les têtes par sa divine harmonie. Mais aujourd'hui *la science n'est pas encore nubile ;* il ne fallait pas songer au mariage. J'aurai du moins frayé la route, et mon livre sera peut-être quelque jour l'occasion d'un autre meilleur. » Ce ton modeste qui ne s'en fait point accroire est trop rare chez les poëtes, et même chez les prosateurs, pour ne pas désarmer d'avance ceux qui dans *le Génie de l'homme* voudraient rencontrer un homme de génie.

Consacrés aux cieux, à la terre, à l'âme humaine, et à la société, ces quatre chants paraîtront, du moins, une de ces entreprises dont le demi-succès serait encore un honneur. Car le plan est d'une hardiesse qui simule un monument, et Joubert écrivit avec autorité : « Ce qui caractérise votre talent, c'est l'haleine. L'œuvre semble fondue d'un seul jet. Il y a là une circulation qui anime le tout. On y voit la vie et le sang. Il y a de l'harmonie pour la pensée, comme pour l'oreille. » Nous ne rabattrons rien d'un éloge qui ne fut point de complaisance, venant d'un tel juge. Tempérons-le seulement par le regret de ne pas trouver ici la souplesse, et la grâce du détail. Oui, la contexture de l'ensemble est solide, la facture de l'écrivain a de la tenue, mais non sans une roideur, et une austérité que l'on voudrait détendre, ou égayer. Son style se défie trop du sourire, et de l'agrément. Sa monotone cadence risquerait même de nous assoupir, si des élans soudains ne nous enlevaient parfois vers des hauteurs sereines, mais trop dépouillées et trop nues, où ne réside ni splendeur, ni joie. On y verra le parti pris d'une imagination qui se surveille trop, et se contient toujours, comme si elle craignait de déroger à la gravité d'un ministère sacerdotal. Or, ces airs de grand-prêtre ou d'initiateur ne convenaient guère à Chênedollé.

Il n'eut donc point ici ses coudées assez franches. On sent qu'il traite un sujet accepté du dehors, et non tiré de son propre fonds. Lui qui pouvait être un émule de Théocrite et de Burns, il se trouve un peu dépaysé dans cette métaphysique transcendante vers laquelle le fourvoie sa docilité de disciple trop dévotement soumis à des conseillers qui l'égaraient, en croyant le diriger. Ils ne firent, ces importuns, qu'embarrasser sa conscience de vains scrupules, et déconcerter un esprit trop enclin, par une sorte d'infirmité native, à se prosterner, le front dans la poussière, devant les élus, ou ceux qui prétendaient l'être. En s'effaçant ainsi, il donnait prétexte à l'indifférence de l'opinion qui, distraite ou paresseuse, a besoin d'être avertie par l'assurance, ou sollicitée par l'appel bruyant de ceux qui briguent son suffrage. Lorsqu'il se fit humble et petit, ses amis eux-mêmes le prirent au mot, et plusieurs qui ne le valurent pas en usèrent avec lui, comme le chêne de La Fontaine vis-à-vis du roseau.

Quant aux distributeurs de renommée, ils ne l'accueillirent qu'avec indécision et froideur, par une secrète condescendance pour les relations puissantes qui avaient l'air de le protéger. Au fond, ils le regardèrent du haut de leur grandeur, comme un provincial obstiné qui, ne s'étant classé dans aucune École, fuyait à plaisir toutes les voies fréquentées par la foule.[1] C'est qu'on ne reste pas impunément étranger aux groupes agissants qui ont des sentinelles sur toutes les avenues de la publicité. *Væ soli!* est un mot qui sera toujours vrai, même en littérature. Cette inattention, ou cette outrecuidance poliment ironique s'explique aussi par le caractère d'une physionomie qui ne fut pas assez simple. Car les critiques, comme le public, aiment des traits nets et accentués. Or, Chênedollé avait gardé trop fidèlement le reflet des milieux divers ou contradictoires traversés, en deçà et au-delà du Rhin, par ses sym-

---

1. Voici, par exemple, ce que disait M. de Féletz, dans les *Débats* : « Pourquoi tant de poëmes ont-ils un titre vague ? C'est qu'ils sont très-vagues eux-mêmes, qu'ils n'ont ni un sujet, ni un intérêt unique, que les bornes et les limites n'en sont point déterminées par la nature du sujet; qu'ils n'ont réellement ni commencement, ni milieu, ni fin, et qu'ils ne finiraient véritablement jamais, sans la lassitude de faire des vers, qui saisit enfin le poëte, mais ordinairement bien plus tard que celle de les lire ne saisit le lecteur. Il est certain qu'il faut à de pareils poëmes des titres tellement vagues qu'ils puissent convenir à tout, et qu'ils conviendraient, par exemple, à dix mille autres poëmes aussi étendus, qui traiteraient du même objet, ou des mêmes objets, sans jamais les épuiser. Avec du talent, on surmonte tous les obstacles, on atténue les défauts, on parvient à se faire lire. C'est ainsi que par la beauté des vers, la grâce ou la magnificence des tableaux, le charme des épisodes, quelques poëmes philosophiques et descriptifs ont vaincu l'ennui qui les accompagne, et échappé à l'oubli qui les menace. L'ouvrage de M. Chênedollé augmentera le petit nombre de ces poëmes estimables dans un genre qui ne l'est pas, littérairement parlant. »

pathies toujours si ardentes à se passionner pour les personnes, et par suite pour les talents. De là bien des hésitations, bien des disparates qui déconcertaient l'impression du lecteur. De là ces réminiscences qui masquèrent son originalité.

Elle est pourtant visible en toutes les occasions où il se joua sans calcul ni arrière-pensée d'imitation, notamment en ces vers dont Joubert disait : « Ils sont d'argent, et font sur moi l'effet du disque argenté de la lune » :

> Léman ! d'un autre éclat tes flots vont s'enrichir ;
> La lune, dans le ciel qui commence à blanchir,
> Se lève, et fait glisser sur ta superficie
> De son frère éloigné la splendeur adoucie ;
> Et bientôt, de la nuit argentant les rideaux,
> De ses pâles clartés peint tes tranquilles eaux.
> Ainsi l'illusion, des doux songes suivie,
> Jette un rayon mourant sur le soir de la vie.
> Voyez, sur le gazon, dormir sans mouvement
> Ces feux qui, sur les eaux, flottent si mollement.
> Phébé s'y réfléchit, et le zéphyr volage
> Caresse tour à tour, ou brise son image.
> Oh ! combien j'aime à voir, dans un beau soir d'été,
> Sur l'onde reproduit ce croissant argenté,
> Ce lac aux bords riants, ces cimes élancées,
> Qui, dans ce grand miroir, se peignent renversées,
> Et l'étoile au front d'or, et son éclat tremblant,
> Et l'ombrage incertain du saule vacillant !

Ne dirait-on pas du Lamartine ? C'est la même suavité vaporeuse, avec ses mollesses et sa mélodie. C'est déjà *le Lac* invitant Elvire, comme un cadre tout prêt, au drame de la passion et de ses voluptés mélancoliques. Cette page où l'on admire la vivacité d'une sensation voisine des choses est égalée par ses *Études poétiques*, composées pour la plupart en 1800, mais qui eurent le tort de garder obstinément l'incognito jusqu'en 1820. Publiées après les débuts des lyres écoutées, elles parurent donc imiter ceux qu'elles avaient devancés. Mais Chênedollé ne s'en affligea pas autrement. Car, loin d'en vouloir aux heureux qui lui faisaient ombre, il fut un des premiers à leur souhaiter la bienvenue. « Je ne demande, écrivit-il, qu'à trouver de beaux vers ; c'est un plaisir de plus ; je suis fâché d'en rencontrer de mauvais, et j'en souffre. »

Ces paroles ne furent pas vaines ; et, aussi zélé pour la gloire d'André Chénier qu'il avait été négligent pour la sienne, il s'empressa de concourir à la publication d'un trésor dont il avait goûté les prémices. S'intéressant à toute éclosion de fleurs poétiques, « comme à ses belles roses du Coisel qu'il se plaisait à cultiver de ses mains », il eut le bonheur bien mérité d'applaudir aux préludes de Lamartine, de M. Victor Hugo, et même d'Alfred de Musset. Ce furent pour sa vieillesse avenante comme des rayons de soleil qui réchauffèrent son cœur dans la froide saison où, ne chantant plus, il attestait encore la générosité de sa flamme par la constance des affections.

N'est-ce pas aussi de sa patriarcale demeure que sortit, en 1830, le groupe de jeunes filles et d'enfants qui vinrent offrir des branches de lis à Charles X s'éloignant à jamais de la France, avec l'antique dynastie de nos rois ; adieu chevaleresque et vraiment digne d'un talent que recommandèrent sa candeur et sa fierté? Il y aurait en effet méprise à ne voir que faiblesse ou impuissance dans la réserve d'un poëte qui ne sembla se décourager que pour avoir placé très-haut son idéal, et ne se retira prématurément de la scène qu'afin de sauvegarder son indépendance. L'art lui fut toujours un culte, mais surtout intérieur, et pratiqué dans le silence, avec une sorte de mystère, comme s'il n'avait reçu le don sacré que pour ses propres délices. Bien que, trop lent à cueillir des palmes populaires, il se soit oublié parmi les voluptés de la vie contemplative, quelques-uns de ses vers n'en sont pas moins un des anneaux d'or qui unissent deux générations, celle d'hier et celle d'aujourd'hui.

CHAPITRE VII

PIERRE LEBRUN. Ses aptitudes précoces. Tout enfant, il est distingué par le Premier Consul. Son Ode *à la Grande Armée*. Lyrisme sincère qui n'eut rien d'officiel. Ode *au Vaisseau de l'Angleterre*. — Retraite de Tancarville. Les inspirations de la solitude. La tragédie d'*Ulysse*, et Louis XVIII. Ses Messéniennes. *Jeanne d'Arc. Super flumina Babylonis.* Le novateur prudent. *Marie Stuart*, 1820. La Grèce, et les chants qu'elle lui inspire. Franchise, et simplicité d'accent. MM. Lebrun et Victor Hugo. *La Mort de Napoléon. Le Cid d'Andalousie.* Ses fantaisies légères. Un trop sage précurseur. Conclusion.

Cette continuité d'insensibles progrès nous deviendra plus manifeste encore, si nous abordons les œuvres de M. Pierre Lebrun. Car elles pourraient être comparées à ces pays frontières où les langues de deux peuples voisins se pratiquent si couramment que de leur mélange résulte parfois un idiome intermédiaire, dont le vocabulaire composite a l'inconvénient d'être tout local. Puisqu'il parla d'abord celui de l'Empire, ce régime peut à bon droit revendiquer un écrivain qui pleura ses revers, comme il avait célébré ses victoires.

Né en 1785, il était dans sa douzième année lorsqu'un lettré, François de Neufchâteau, ministre de l'Intérieur, distingua l'élégante facilité de ses premiers essais, et ouvrit les portes du Prytanée à celui qui devait le remplacer à l'Académie française. A l'âge où la plupart ignorent les lois de la prosodie, cet enfant précoce, venu de Provins, le pays des roses, mariait déjà très-joliment la rime et la raison. On se rappelle que ses aptitudes se révélèrent avec assez d'éclat pour attirer bientôt les yeux du Premier Consul, dans une de ces visites qu'au retour d'Arcole et de Lodi il faisait à ses pépinières d'officiers. Le lycéen du Prytanée n'avait pas encore quitté les bancs, lorsque son ode *à la Grande Armée* parut au *Moniteur*, presque en même temps que le bulletin d'Austerlitz. Nous avons dit précédemment un mot du malentendu qui fit attribuer ces vers et leur récompense à son homonyme, le chantre du *Vengeur*. Animé par cette méprise très-flatteuse pour un rhétoricien, il s'élança donc dans la carrière, sous les auspices de la reconnaissance et du patriotisme.

Aussi se gardera-t-on bien d'appeler officielles, comme tant d'autres, les strophes où tressaille avec sincérité l'enthousiasme du jeune homme qui, tout ému par le contre-coup des événements extraordinaires où il voyait la poésie en action, s'écria dès l'abord d'une âme toute française :

> Aigle, je m'attache à ton aile ;
> Emporte-moi dans l'avenir !

Si l'originalité manque rarement à l'ardeur d'une conviction, nous ne saurions confondre des hommages spontanés avec le lyrisme de commande qui fit trop souvent partie du cérémonial dynastique.

M. Lebrun connut si peu les empressements adulateurs qu'un jour sa tiédeur apparente lui valut même un gracieux reproche : « Il a de la verve », dit l'Empereur, qui n'oubliait pas les talents sur lesquels s'était une fois arrêté son regard; « mais il se néglige, il s'endort ».

Non, il ne s'endormit jamais pour les occasions dans lesquelles le sentiment national l'appelait, lui aussi, sous son cher drapeau, à un poste de combat et d'honneur. Je n'en veux pour preuve que le souffle de l'ode où, dans un style tout voisin de ses classiques, et des meilleurs, il lançait à l'Angleterre cette belliqueuse menace :

> Je vois aux plaines de Neptune
> Un vaisseau brillant de beauté,
> Qui, dans sa superbe fortune,
> Va d'un pôle à l'autre porté :
> De voiles au loin ondoyantes,
> De banderoles éclatantes
> Il se couronne, dans les airs;
> Et seul, sur l'humide domaine,
> Avec orgueil il se promène,
> Et dit : Je suis le roi des mers.

> Il n'a pas lu dans les étoiles
> Les malheurs qui vont advenir;
> Il n'aperçoit pas que ses voiles
> Ne savent plus quels airs tenir;
> Que le ciel est devenu sombre,
> Que des vents s'est accru le nombre,
> Que la mer gronde sourdement,
> Et que, messager de tempête,
> L'alcyon passe sur sa tête,
> Avec un long gémissement.

A une belle prophétie qui ne devait pas s'accomplir, ou aux dithyrambes enflammés qui accompagnèrent la grande armée dans sa voie triomphale, nous préférons pourtant les fantaisies moins retentissantes auxquelles M. Lebrun put s'abandonner à loisir, lorsqu'il fut mis à l'abri de la conscription par le patronage d'un haut fonctionnaire, le comte Français de Nantes, qui ne voulut pas exposer le Tyrtée de l'Empire à être enlevé par un boulet de canon, dans une de ces batailles qu'il chantait si bien, mais à distance.

Nommé receveur des droits-réunis, sans être assujetti à résider au Havre, centre de son ressort administratif, le titulaire de cette modeste sinécure alla s'établir à Tancarville, parmi les ruines d'un antique manoir habité jadis par les Montmorency ; et, là, sur les rives de la Seine, au milieu d'un site inspirateur, dans une tourelle romantique, dont les meubles mêmes rappelaient le moyen âge, il vit s'écouler « neuf saisons radieuses » qui lui permirent de se livrer tout entier au bonheur présent, à ses études favorites, et à ses rêves d'avenir.

C'est ce que nous disent ses confidences. Écoutons-les : « J'avais pour toute compagnie un beau lévrier, pour toute distraction quelques ruches d'abeilles, au bruit desquelles j'allais lire les *Géorgiques*. Dans une profonde et large embrasure de croisée quelques bons compagnons étaient rangés sur mes tablettes, Homère, Corneille, Pétrarque, Montaigne; ajouterai-je Ronsard, Ossian, et même Clotilde de

Surville? *Ronsard!* c'était beaucoup pour le temps. Avoir lu cent mille vers de Ronsard, en 1808, en plein Empire! *Je goûtais déjà, par avance, aux sources où s'est abreuvée et plongée la Restauration.* J'avais déjà découvert cette étoile de la Pléiade qu'on n'a crue retrouvée que de nos jours. Quant à Clotilde de Surville, je la savais par cœur, je l'aimais, je croyais en elle. J'ai plus tard été instruit du mensonge, mais avec regret. Clotilde s'en est allée, hélas! avec Ossian, hélas! avec tant d'autres illusions de ma jeunesse!... Dans cette retraite éloignée des villes et des grandes routes, je passais donc mes jours, me préparant à de sérieux travaux, commençant de grands ouvrages, écoutant le bruit lointain de nos victoires, ou le mouvement intérieur de mon âme. Le vallon de Tancarville était ma *Val Chiusa*; j'y célébrais *mes* bois, *mes* tours, *ma* source, *mon* vieil if, *ma* roche de Pierre-Gante. Tout ce qui m'entourait était à moi, à moi, à la manière de Rousseau; j'en étais plus que le maître, j'en étais le possesseur. »

Oui certes, ce séjour lui fut heureux. Car il le dérobait à des influences débilitantes, et à la contagion du faux; il le rendit à lui-même, il le rapprocha de la nature. Aussi la plupart des croquis esquissés sous ces ombrages ont-ils une fraîcheur de jeunesse, une aisance familière, et une naïveté de sentiment qui nous étonne, si l'on songe à leur date. Plusieurs seraient la digne parure d'une anthologie, par exemple les vers ingénieux qu'il adresse à l'*If de Tan-*

carville, ou à ce *Hêtre* sur lequel il avait gravé son nom, l'élégie intitulée *Retour à la solitude*, le monologue philosophique sur *la Mer et les Bois*, les *Stances aux trois jeunes filles*, qui agaçaient un cygne sur les bords d'un étang, et surtout cette pièce des *Catacombes*, qui, composée en 1812, nous montre un disciple d'Horace alliant la science du rhythme à la fermeté de Malherbe, et à la grâce de Racan :

> Tout ce qui doit finir est de peu de durée.
> La gloire ! Ah ! la plus belle et la plus assurée
> Est-elle plus pour nous, dans le dernier séjour,
> Que tous les autres biens dont l'amour nous enivre,
>   Et qui n'y peuvent suivre
>   Leur possesseur d'un jour ?
>
> Ces travaux qui pour elle ont fatigué nos veilles,
> A quoi bon, si jamais du monde à nos oreilles
> Ne doit venir ici le sourd bourdonnement ?
> Si, s'arrêtant au seuil de la sombre demeure,
>   Pour nous ce bruit d'une heure
>   Cesse éternellement ?
>
> Que nous faut-il ? un toit, la santé, la famille ;
> Quelques amis, l'hiver, autour du feu qui brille ;
> Un esprit sain, un cœur de bienveillant conseil,
> Et quelque livre, aux champs, qu'on lit, loin du grand
>   Assis, la tête à l'ombre,   [nombre,
>   Et les pieds au soleil.

Nous voyons là que M. Lebrun n'avait point conversé sans profit avec les maîtres d'une double antiquité, celle de Rome, et la nôtre. Si cette page que nous abrégeons nous venait du XVII⁰ siècle, on s'en souviendrait encore aujourd'hui.

Bien d'autres motifs d'un dessin aussi net et d'une

couleur aussi juste pourraient s'offrir avec confiance aux suffrages les moins prodigues, et donner même à des superbes plus d'une bonne leçon de goût. Mais ces notes tempérées n'étaient pas alors en faveur, précisément à cause de leur simplicité. Pour conquérir les succès enviés, il fallait l'appareil des genres nobles, et le faste des rimes solennelles. Tous les vaillants étaient donc tenus de prétendre à des couronnes placées plus haut. Ainsi le voulaient des exigences qu'il ne faudrait point traiter légèrement; car elles eurent l'avantage d'imposer l'effort, et d'animer les cœurs.

Tout éloigné qu'il fût des coteries littéraires où s'agitaient les impatients, M. Lebrun n'oublia donc point, parmi ses badinages, l'arène ouverte aux athlètes ambitieux d'ovations. Aussi finit-il par tenter, à son tour, les sujets héroïques. Mais il manqua l'heure propice. Car ce fut en 1814 qu'*Ulysse*, sa première tragédie, fit son entrée en scène, presque en même temps que les Bourbons dans leur capitale. C'était jouer de malheur. Représentée en pleine invasion, devant des spectateurs douloureusement distraits par le bruit des armes, pendant que les chevaux des cosaques campaient dans les Tuileries et que l'Empereur gagnait l'exil, cette étude homérique affronta pourtant la concurrence du drame terrible dont la France tout entière était le théâtre. Mais un public dispos et rassis pouvait seul goûter une imitation habile où s'entrevoyaient les beautés naïves et touchantes de l'Odyssée. Or, un grand deuil préoccupait trop les esprits pour qu'ils fussent capables de se détacher de leur idée fixe, et des angoisses présentes. Aussi s'avisèrent-ils de reconnaître le roi Louis XVIII dans Ulysse rentrant à Ithaque, avec l'unique ressource de son arc et de ses flèches. Les uns s'égarèrent en commentaires injurieux pour un poëte fidèle à ses affections, et les autres applaudirent à outrance aux malédictions de Télémaque s'écriant avec colère :

> Mon héritage est las de se voir votre proie.

Ces aveugles allusions étaient de pur hasard, et M. Lebrun se garda bien de les encourager, encore plus de les exploiter. Car, s'affranchissant spontanément de tout lien politique par une démission qui le rendait indépendant, il ne songea plus qu'à demander aux lettres et à la vie privée le refuge de sa dignité, de ses regrets, ou de ses espérances. Nous devrions nous arrêter ici, sur le seuil d'une période nouvelle qui n'est plus notre sujet spécial. Mais, outre que rien ne finit ou ne commence brusquement, il convient d'achever le portrait d'un écrivain dont la physionomie nous montre par des signes frappants comment la poésie de l'Empire confine à celle qui suivit. Car c'est chez lui surtout que nous saisirons les transitions qui vont directement de l'une à l'autre.

Elles apparaissent tout d'abord en pleine lumière, dès l'année 1814, dans les explosions où éclatèrent les civiques tristesses d'un cœur atteint profondément par les blessures de la patrie. Deux odes en font foi : l'une dédiée à *Jeanne d'Arc*, la patronne de toutes nos revanches, et l'autre, où le psaume *Super flumina Babylonis* est paraphrasé par les larmes viriles d'un peuple vaincu, mais tombé noblement, et sans désespérer de l'avenir.

Ces *Messéniennes*, qui précédèrent celles de Casimir Delavigne, retentirent comme un cri de la conscience nationale. A partir de ce jour, M. Lebrun remplit en quelque sorte un interrègne, durant lequel il fraye la voie aux triomphateurs qu'escorteront bientôt les fanfares de la popularité. « *Aimant les nouveautés en novateur prudent* », et soucieux de concilier les droits de la raison avec ceux de l'imagination, il y réussira dans une mesure propre à satisfaire les partisans du juste-milieu. Sans doute, ses origines le rattachent à la famille des classiques ; il relève surtout de Racine par la discrétion de son pinceau, par l'élégante pureté de l'expression, et la mélodie d'un style où nul mot ne détonne, où nulle aspérité ne sort de la trame. Mais ces prédilections ne l'empêchèrent pas d'éprouver plus que la plupart de ses contemporains l'impatience des entraves, et la curiosité de l'inconnu. En même temps qu'il clôt une époque (ce qui est toujours un rôle ingrat), il inaugure donc, mais modestement et sans fracas, la plupart des réformes appelées par les instincts de l'opinion.

C'est ainsi qu'il fut un des plus empressés à régénérer la tragédie par des emprunts puisés librement aux sources étrangères. Inspirée par Schiller, jouée par Talma et Mlle Mars, sa pièce de *Marie Stuart*, si pathétique dans le troisième et le cinquième acte, fit couler bien des larmes en 1820; et, reprise quarante ans plus tard, elle obtint presque la même fortune qu'au premier jour.

Après cette soirée qui réjouit les esprits dégagés de préventions, et scandalisa les autres comme un attentat contre le dogme des unités, M. Lebrun, toujours attentif aux occasions propres à solliciter la verve, ne s'énerva point dans les délices d'un succès; mais il s'embarqua pour la Grèce sur *le Thémistocle*, vaisseau d'Hydra, fameux entre tous, et commandé par Tombasis, le glorieux navarque des Cyclades. Ce départ était un beau lendemain de victoire. Car il allait saluer une terre sacrée, sa seconde patrie, et conquérir des sympathies à cette cause libérale dont les intérêts eussent été mieux sauvegardés, si l'œuvre commencée par les poëtes n'avait pas été terminée par les diplomates. Il arrivait au bon moment, avant l'invasion des philhellènes, à la veille d'une résurrection, lorsque toute l'Europe fixait ses regards émus sur ce peuple qui, petit par le nombre, mais grand par les souvenirs, se réveillait enfin d'un long sommeil. Aux mouvements généreux qui transportèrent alors bien des âmes, devenues depuis sceptiques par la faute de l'expérience, se mêlait encore pour l'auteur d'*Ulysse* l'accomplissement d'un vœu personnel. Car l'humaniste s'était promis de faire ce pèlerinage, et de contempler, aussi lui, sa chère Ithaque.

Improvisés pour la plupart sous le ciel dont ils reflèchissent la limpide sérénité, les chants que lui dicta son enthousiasme se relisent encore sans déplaisir, non loin de Chateaubriand et de lord Byron. C'est que la vie est inséparable de la vérité. Or M. Lebrun sut voir avec ses yeux, sentir avec son cœur; et cette bonne foi suffit à rendre ses peintures expressives. D'autres nous saisiront plus sûrement par la magnificence d'une prose éblouissante, ou l'énergie pittoresque d'un lyrisme aussi ardent que coloré. Mais, si l'on aime la sensation discrète, on ne sera point indifférent à un album de voyage, où se rencontrent des esquisses semblables à celle-ci :

> Qui disait que la Grèce était déshéritée ?
> Montrez-lui, montrez-lui cette voûte enchantée,
> Ce transparent azur ouvert de toutes parts,
> Où si profondément j'enfonce mes regards;
> Ce jour si lumineux, scintillante rosée,
> Qui descend sur les monts, s'élève de la mer,
> Redescend, remonte dans l'air,
> Et pleut encore du ciel, sans cesse inépuisée.
> Montrez-lui de ces monts le suave contour,
> Et de leurs horizons l'indicible harmonie ;
> Montrez-lui cette mer, sereine, bleue, unie,
> Belle des bords charmants qu'elle pare à son tour.

Ceux qui préfèrent des teintes plus chaudes et un dessin plus serré apprécieront au moins, dans ces descriptions, un tour naturel, et parfois un ton enjoué qui prévient à propos toute tentation de surfaire les sentiments, ou d'exagérer les impressions par ces piperies involontaires qui dupent à la fois l'auteur et le lecteur. Ici, par exemple, nous sommes avertis qu'il ne pousse plus de lauriers sur le Parnasse. On n'y cueille que des raisins excellents. Quant à la fontaine Castalie, elle n'est point tarie ; mais un poëte eut la honte, ô profanation ! de voir un âne s'y désaltérer.

C'en est fait aussi des menteuses périphrases auxquelles un témoin oculaire substitue enfin la franchise du mot propre. Car il n'est pas rare de rencontrer chez M. Lebrun des traits précis et lestes comme ce joli vers où, parlant du Klephte et de ses gaietés belliqueuses, il dit :

Du pistolet joyeux il fait siffler la balle.

Ailleurs sourient aux yeux des images toutes vives, celle-ci, par exemple :

Et je vois le vaisseau, sur l'onde alors glissant,
Fuir, et pencher sa voile, ainsi qu'une hirondelle,
Quand rasant l'eau, rapide, elle y trempe son aile.

Enfin, l'on pourrait signaler maint passage remarquable par la souplesse d'une versification émancipée, dont les coupes hardies et l'allure dégagée justifièrent l'accueil fait par les romantiques à l'éclaireur qui était allé de l'avant, et devait un jour, par son active insistance, contribuer plus que tout autre à l'élection académique de M. Victor Hugo.

Malgré les différences profondes qui les séparent, ces deux noms se rapprochèrent même plus d'une fois, du moins par le choix des sujets. Le poëme lyrique dans lequel M. Lebrun, acquittant ses dettes de gratitude (ce qu'on doit toujours honorer), pleura si éloquemment la mort de son bienfaiteur, le prisonnier de Sainte-Hélène, n'a-t-il pas annoncé tant de strophes à jamais retentissantes qui firent voler si loin la légende napoléonienne sur leurs ailes de feu ? Ce voisinage redoutable ne nous rendra donc pas injustes envers celui qui sonna le premier coup de clairon, et cela, sans arrière-pensée politique, sans flatter la fibre populaire, mais par un élan de reconnaissance qui lui valut un échec à l'Académie française, et la perte de la mince pension servie jusqu'alors à l'auteur de l'ode sur *la Grande Armée*.

Ceux qui venaient de le frapper auraient bien voulu barrer aussi le chemin au *Cid d'Andalousie*, revanche du candidat éconduit pour une oraison funèbre qui fut alors un acte de courage. Mais M. de Chateaubriand sauva de cette nouvelle faute des amis maladroits. Car il couvrit de son égide une tragédie à laquelle on reprochait de prêter un vilain rôle à un personnage de race royale. Après une longue quarantaine, elle finit donc par échapper à des obstacles sans cesse renaissants, inimitiés politiques, hostilités littéraires, ou jalousies de comédiens. Bref, malgré des avaries, le navire enfin lancé voguait librement, lorsqu'à l'heure où les vents lui semblaient favorables, sans cause ostensible, par un ciel en apparence pacifié, loin des passes dangereuses, il sombra tout à coup, sous voiles.

Ses ennemis avaient été les plus forts. En essayant une fois encore de réconcilier les classiques et les romantiques par de mutuelles concessions, un médiateur n'avait réussi qu'à tourner contre lui les deux camps entre lesquels il se jetait, comme les Sabines du peintre David. Les uns l'accusèrent de rester dans l'ornière, les autres de courir vers les fondrières et les précipices. Il était pourtant à égale distance de ce double excès. Mais, en pleine crise, les modérés ont toujours tort ; on ne leur rend justice qu'après le règne passager des violents. Aussi le temps n'a-t-il pas trop entamé ce drame où l'on peut blâmer plus d'une invraisemblance, où l'action a ses langueurs, mais dont le dénoûment original est préparé par des scènes d'un effet puissant ou gracieux, qui profitèrent plus tard à l'auteur d'*Hernani*.

A ces titres ne conviendrait-il pas d'en ajouter d'autres moins sérieux, mais plus sûrs de plaire à tous les goûts? Je veux parler de gentilles bluettes, où lutine une malice légère que ne renierait pas la Muse de Béranger. Tels sont de gais couplets sur la *République de Saint-Marin*. Ils nous font penser au *Roi d'Yvetot*. Telle est aussi l'ironique bonhomie d'une autre fantaisie moitié champêtre, moitié satirique, où un philosophe oppose spirituellement ses ambitions à celles des potentats, et les pompes d'un sacre à la sécurité du bonheur qu'il abritait dans ce petit domaine de Champrosay, dont il prit possession le jour même où Charles X entra dans la cathédrale de Reims.

> Heureux qui de son espérance
> N'étend pas l'horizon trop loin ;
> Et, satisfait de peu d'aisance,
> De ce beau royaume de France,
> Possède, à l'ombre, un petit coin!

Un cerisier près de mon Louvre
Le cache, et l'indique au regard.
Devant, la Seine le découvre;
Et derrière, une porte s'ouvre
Sous les ombrages de Sénart.

. . . .

Pour m'agrandir, m'irai-je battre?
Trois arpents sont assez pour moi.
Dans trois arpents, on peut s'ébattre.
Alcinoüs en avait quatre;
Mais Alcinoüs était roi.

. . . .

Quant à moi, devenu plus sage,
Et dans mes désirs satisfait,
Peu redoutable au voisinage,
Je ne demande à ce village
De lot que celui qu'il m'a fait.

Content si m'assurant la vue
De la rivière et du coteau,
J'y puis seulement, sur la rue,
Joindre la place étroite et nue
Que borne en fleurs le vieux sureau.

C'est tout...; et puis encor peut-être
Ce petit bois plein de gazon,
Qui se berce sous ma fenêtre,
Et semble m'attendre pour maître,
Couché derrière ma maison.

Rien de plus... Et, si murmurante
Dans ce bois devenu le mien
Venait à luire une eau courante,
Alors..., si ce n'est quelque rente,
Il ne me manquerait plus rien.

Il ne faudrait qu'un dernier tour de main pour communiquer à la facilité de ces bagatelles une vertu de longue durée. Sous l'à-peu-près d'un style trop lâche, elles ont le fin sourire, sinon d'Horace à Tibur, du moins de Chaulieu à Fontenay. Ce sont les délassements d'un homme de goût, qui, sans porter cocarde, se contente d'avoir de l'esprit, argent comptant.

Nous saurons donc gré à M. Lebrun de s'être abstenu de tout parti pris littéraire, parmi les luttes au milieu desquelles il lui fallut vivre. Ni chef, ni disciple, il n'arbora, ni ne servit aucun drapeau. Quand les courants menaient à bon port, il aima mieux les suivre que de les remonter, mais sans se mettre à la remorque de personne. Chez lui, nul entêtement de doctrine, nul orgueil de docteur. Tantôt, dans ses épîtres, il a l'air, comme Ducis, de causer au coin du feu. Tantôt, dans ses odes, il prend volontiers le ton de Fontanes. Ailleurs, en son théâtre, il continue les *Templiers*, et prépare Casimir Delavigne. Plus d'une fois ses élégies côtoient Lamartine, et s'aventurent aux environs des grands lyriques. Partout, ces diverses tendances s'accordent aisément, parce qu'elles procèdent, chez lui, non d'imitation, mais d'un penchant naturel à se renouveler avec souplesse, sans soubresaut, par le travail insensible de l'expérience et de la raison.

Cet exemple ne fut-il pas un assez bon conseil donné par le meilleur poëte de l'Empire à ces générations qui allaient s'élancer dans la vie, comme des conquérants dans une place prise d'assaut ? Ne pouvaient-elles, comme lui, sourire à l'avenir, sans renier le passé ; combattre pour la liberté de l'art, sans se brouiller avec les traditions ; revendiquer leur indépendance, sans se déguiser sous des costumes étranges ou étrangers, et compromettre parfois certaines qualités de notre génie national ? — Mais non : ces plaintes seraient de l'ingratitude. Car, s'il est vrai que, sous les neiges d'un long hiver, le sol de la France littéraire ne perdit pas toute sa chaleur; si, dans la morte saison de l'Empire, et, malgré des cieux incléments, la poésie eut encore ses fidèles, quelques-uns même privilégiés, nous reconnaissons pourtant qu'ils ne possédèrent point les dons supérieurs, et qu'une individualité puissante manquait aux mieux doués. Aussi n'accorderons-nous que de l'estime à leur bonne volonté. Il nous suffira donc d'avoir atténué les arrêts d'un dédain trop rigoureux, et rétabli dans leur cadre des figures intéressantes pour les lettrés. Ce devoir de justice accompli, nous allons revenir aux noms de mémoire durable, à ceux qui laissèrent des traces dans le roman, l'éloquence, la critique, l'histoire et la politique, en un mot aux talents et aux génies qui seuls méritent d'être appelés vraiment les représentants, ou plutôt les sauveurs de l'esprit français.

FIN.

APPENDICE[1]

PROSATEURS

Littérature religieuse et philosophique.

Morellet (l'abbé André) [1727-1819]. Né à Lyon, étudiant de Sorbonne, précepteur en Italie, il revint à Paris en 1752. Introduit dans les salons littéraires de Mme Geoffrin et du baron d'Holbach, il y apprit le scepticisme, sans aller jamais jusqu'à l'athéisme. Accueilli par Franklin en Angleterre, par Voltaire en Suisse, pensionné par le roi, il remplaça l'abbé Millot à l'Académie, en 1783. La Révolution l'ayant privé de toutes ressources, il vécut de son travail, et eut l'honneur de sauver, en 1792, avec les archives de l'Académie, les manuscrits du *Dictionnaire*. Membre du Corps législatif en 1807, il avait un esprit fin et railleur qui le fit surnommer par Voltaire l'*Abbé mords-les*. Il s'était engagé dans les luttes philosophiques par la publication du *Manuel des inquisiteurs*, tiré du *Directorium inquisitorum*, qu'il avait eu sous sa main, à Rome. Parmi de nombreux écrits, les plus connus sont des *Mélanges de littérature et de philosophie* [1814-18], et des *Mémoires* d'un intérêt médiocre [1821]. Joseph Chénier le caractérisait ainsi :

Enfant de soixante ans qui promet quelque chose.

Sénac de Meilhan (Gabriel) [1736-1803]. Né à Paris, fils d'un premier médecin de Louis XV, tour à tour maître des

[1]. Sans vouloir épuiser la liste des noms qui intéressent le mouvement religieux, philosophique et poétique, nous croyons pourtant devoir ajouter à notre tableau littéraire cet appendice où figurent la plupart des écrivains qui, aujourd'hui plus ou moins oubliés, eurent un moment d'influence ou de notoriété passagère.

requêtes, intendant d'Aunis, de Provence et de Hainaut, puis intendant de la guerre en 1775, il émigra sous la Révolution, et devint un des confidents de la Tzarine Catherine II. Après une publication amusante, mais apocryphe, les *Mémoires d'Anne de Gonzague, princesse Palatine* [1786], il composa des *Considérations sur le luxe et les richesses* [1786], puis sur l'*Esprit et les mœurs* [1787], enfin sur le *Gouvernement, les mœurs et les conditions en France, avant la Révolution* [Hambourg, 1795]. En 1813, on édita deux de ses œuvres posthumes, un roman historique, l'*Émigré*, et des *Portraits ou caractères des personnages distingués de la fin du* xviiie *siècle*. Son style a du trait et de la finesse. On en jugera par ces pensées :

La fierté est le sentiment de ce qu'on est, sans mépris des autres.
L'orgueil est le sentiment exagéré de ce qu'on est, joint au mépris des autres.
L'amour-propre est flatté des hommages; l'orgueil s'en passe; la vanité les publie.
On se constitue homme d'esprit, sans esprit, avec un peu d'art et beaucoup de hardiesse.
Notre amour-propre contribue plus à nous tromper que l'artifice des autres.

Naigeon (Jacques-André) [1738-1810]. Né à Paris, ami du baron d'Holbach, et disciple de Diderot, il ne vécut que d'emprunts, et laissa une réputation d'athée fanatique. Auteur du *Militaire philosophe* [1768], du *Dictionnaire de philosophie ancienne et moderne* [1794], d'un *Mélange de pièces sur la religion et la morale* [1770], et de *Mémoires sur Diderot*, il fit paraître un *Commentaire des Essais de Montaigne*, en 1802. Joseph Chénier lança contre lui cette épigramme :

> Or, connaissez-vous en France
> Certain couple sauvageon,
> Prisant peu la tolérance,
> Messieurs La Harpe et Naigeon?
> Partout ces deux Prométhées,
> Vont former mortels nouveaux.
> La Harpe fait les athées,
> Et Naigeon fait les dévots.

Dupuis (Charles-François) [1742-1809]. Né à Trye-Château (Oise), fils d'un maître d'école, élevé au collège d'Harcourt, sous le patronage du duc de La Rochefoucauld, professeur de rhétorique à Lisieux, puis avocat au Parlement en 1770, il devint l'ami de Lalande, prit goût à l'astronomie, et eut l'idée de ramener à cette science toutes les légendes de la mythologie : ce qui fut l'objet d'un *Mémoire sur l'origine des constellations et l'explication de la Fable par l'astronomie* [in-4, 1781]. Ce système, réfuté bientôt par Bailly, attestait un esprit original et hardi. En 1778, il avait exécuté, entre Belleville et Bagneux, un télégraphe que devaient perfectionner plus tard les frères Chappe. Nommé professeur d'éloquence latine au Collège de France en 1787, et membre de l'Académie des inscriptions en 1788, il adopta les principes de la Révolution ; mais, député de Seine-et-Oise à la Convention, il vota pour le sursis dans le procès de Louis XVI. En 1796, il entra au conseil des Cinq-Cents, et faillit être Directeur. Le Consulat le fit président du Corps législatif ; ce qui ne l'empêcha pas de continuer ses études scientifiques. Son plus important ouvrage est l'*Origine des cultes, ou la Religion universelle* [1795, 3 vol. in-4]. En 1806, il publia un *Mémoire sur le zodiaque de Tentyra*, et laissa, avec une traduction des discours choisis de Cicéron, plusieurs manuscrits sur les cosmogonies, ou théogonies, et les hiéroglyphes égyptiens.

SAINT-MARTIN (Louis-Claude DE) [1743-1803]. Né à Amboise, il commença par étudier le droit ; puis, lieutenant au régiment de Foix en 1765, il fut initié à la curiosité philosophique par un ouvrage du protestant J. Abbadie, *l'Art de se connaître soi-même*. Il se trouvait en garnison à Bordeaux, lorsque les doctrines toutes nouvelles de quelques mystiques, Martinez Pasqualis, et Swedenborg, passionnèrent son esprit contemplatif. Dès lors, quittant le service militaire, il se voua définitivement à la conception d'un système qu'il appelait *le Spiritualisme pur*, et qui lui valut le surnom de *Théosophe* ou *Philosophe inconnu*. Il publia, sous le voile de l'anonyme, les ouvrages suivants : *Des erreurs et de la vérité* [1775] ; *Tableau naturel des rapports qui existent entre Dieu, l'homme et l'univers* [1782] ; *l'Homme de désir* [1790] ; *le Nouvel Homme* [1796] ; *de l'Esprit des choses*, ou *Coup d'œil philosophique sur la nature des êtres* [1800]; et *le Ministère de l'homme-esprit* [1802]. Il traduisit aussi trois ouvrages de Jacques Boehm, *l'Aurore, la Triple vue*, et *les Trois principes*. Son style est fort énigmatique. Il ne devient clair que lorsqu'il s'attaque aux sensualistes. Voltaire, après avoir lu le titre de son livre sur les *Erreurs et la vérité*, avait dit : « S'il est bon, il doit contenir cinquante volumes in-folio sur la première partie, et une demi-page sur la seconde. » En 1799, il publia un poëme épico-magique intitulé *le Crocodile ou la Guerre du bien et du mal sous Louis XV*. Dans sa préface, il déclare « qu'on ne devrait faire des vers qu'après avoir accompli des miracles; car les vers ne doivent avoir pour objet que de les célébrer ». C'est ce qui fit dire à l'abbé Grégoire : « On ignore si Saint-Martin a opéré des miracles ; mais son poëme n'est pas merveilleux. » Ne le jugeons point d'après une épigramme. Pour bien connaître cette candide intelligence, lisez le bel ouvrage de M. Caro (*Essai sur la vie et la doctrine de Saint-Martin*.) Voici quelques-unes de ses pensées :

L'orgueil est comme le ver : on a beau le couper en morceaux, chacun de ces morceaux reprend la vie, et devient un nouveau ver.

La véritable bravoure, c'est le sentiment de notre supériorité sur le corps.

L'intelligence de l'homme doit être traitée comme les grands personnages de l'Orient, qu'on n'aborde jamais sans avoir des présents à leur offrir.

A force de dire à Dieu : Notre père! espérons que nous l'entendrons dire un jour : Mon fils!

J'ai vu que les hommes étaient étonnés de mourir, et qu'ils n'étaient point étonnés de naître; c'est là cependant ce qui mériterait le plus leur surprise et leur admiration.

Ne mets pas ton argent dans ta bourse, pour être plus prompt à faire l'aumône.

DELISLE DE SALES (Jean-Baptiste ISOARD, connu sous le nom de). [1743-1816]. Né à Lyon, membre de l'Académie des inscriptions et belles-lettres, il fut surnommé le *singe de Diderot*. Il composa une *Philosophie de la nature* [1769], une *Histoire des hommes* [1781, 11 volumes], et au lendemain de la Terreur, un *Mémoire en faveur de Dieu*.

BOULLOGNE (Étienne-Antoine), [1746-1825]. Né à Avignon,

engagé dans les ordres, il remporta, en 1772, un prix d'éloquence proposé par l'Académie de Montauban. Venu à Paris en 1773, il dut à un éloge du Dauphin, père de Louis XVI, le titre de vicaire-général et de prédicateur du Roi. Sous la Révolution, il combattit les décrets portés sur la constitution du clergé. Devenu évêque de Troyes, après avoir adhéré au Concordat, il donna sa démission, lors de l'arrestation de Pie VII, et adressa à l'Empereur des remontrances qui le firent incarcérer à Vincennes jusqu'en 1814. La Restauration en fit un archevêque de Vienne, et un pair de France. Il est connu par son panégyrique de *saint Louis*, et sa polémique religieuse.

Maury (Jean-Siffrein; cardinal) [1746-1817]. Né à Valréas (Comtat Venaissin) fils d'un cordonnier, venu à Paris comme abbé-précepteur, il obtint en 1772 une mention académique pour un *Éloge de Fénelon*. Des sermons, et les *Panégyriques de saint Louis et de saint Augustin* l'ayant mis en vue, il put, grâce à ses relations avec d'Alembert et Marmontel, entrer à l'Académie en 1785. Député du clergé aux États-Généraux de 89, il osa, presque seul, défendre l'Église et la Royauté contre Mirabeau. Sa parole habile était prête à tout sujet, et sa présence d'esprit lui donnait autant d'autorité que son talent. Après la clôture de l'Assemblée constituante, ayant émigré en Italie, il reçut du Pape l'évêché de Montefiascone, la barrette de cardinal, et devint ambassadeur du comte de Provence, près du Saint-Siége. Autorisé à rentrer en France [1804], il fut nommé par l'Empereur archevêque de Paris, malgré le Saint-Père; mais, en 1814, il dut se retirer, et alla tristement finir ses jours à Rome, où il expia sa désobéissance par quelques mois de captivité au château Saint-Ange. Orateur abondant, mais emphatique, logicien serré, rhéteur instruit, écrivain solide, il a laissé, parmi ses œuvres, un *Essai sur l'éloquence de la chaire*, qui parut en 1810.

Portalis (Jean-Étienne-Marc de) [1746-1867]. Né au Beausset (Provence), avocat au parlement d'Aix à vingt et un ans, il se signala dès l'abord par le talent qu'il déploya dans une *Consultation sur la validité des mariages protes-*

tants en France, 1770. Après deux causes célèbres plaidées contre Beaumarchais et Mirabeau, il devint administrateur de sa province. La Révolution l'ayant forcé de chercher un asile à Lyon, il reparut à Paris en 1793, fut arrêté, et ne recouvra la liberté qu'après Thermidor. Député de Paris au Conseil des Anciens [1795], proscrit au 18 Fructidor [4 septembre 1797], il s'enfuit en Allemagne, revint en 1800 ; et, nommé conseiller d'État en 1801, prit part à deux œuvres considérables, le Code civil et le Concordat. Directeur des affaires ecclésiastiques [1801], puis ministre des cultes [1804], il remit en vigueur un décret contre les congrégations, passa au ministère de l'intérieur, et en 1806 fut élu à l'Académie française. Il a laissé un traité remarquable par l'esprit de tolérance, le sentiment chrétien, l'impartialité philosophique et la clarté du style. Il a pour titre : *De l'usage et de l'abus de l'esprit philosophique durant le* XVIIIe *siècle*.

Sieyès (Emmanuel-Joseph) [1748-1836]. Né à Fréjus, fils d'un directeur de la poste, élevé dans l'étude de Locke, de Condillac et des économistes, chanoine en Bretagne [1775], député du clergé aux États de cette province, vicaire général et chancelier de l'église de Chartres [1784], il fut le conseiller-commissaire de ce diocèse à la chambre supérieure du clergé de France, lorsque les États-Généraux furent convoqués. Il publia trois importantes brochures : *Vues sur les moyens d'exécution dont les représentants de la France pourront disposer en* 1789; — *Essai sur les priviléges* ; — *Qu'est-ce que le Tiers? Tout. Qu'a-t-il été jusqu'à présent dans l'ordre politique? Rien. Que demande-t-il? A devenir quelque chose.* Ces écrits exercèrent alors une puissante influence sur l'opinion. Député de Paris, il obtint dès l'abord que le Tiers se constituât en Assemblée nationale. Rédacteur du *Serment du Jeu de paume*, il imagina le mode de répartition des impôts, soutint la nécessité d'une garde nationale, insista sur le renvoi des troupes campées entre Paris et Versailles, mais s'opposa, dans la nuit du 4 août, à l'abolition de la dîme, en disant : « Ils veulent être libres, et ne savent pas être justes. » De sa brochure sur les *Biens ecclésiastiques*, data le déclin de sa popularité. Il inspira pourtant la division de la France en départements et districts. Mais accusé d'avoir provoqué les journées des 5 et 6 octobre, il se renferma de plus en plus dans un silence irrité, qu'il rompit seulement pour demander l'institution d'un jury civil et criminel. Appelé à la Convention après le 10 août 1792, il fut du parti de la Plaine, vota la mort de Louis XVI, présenta sur l'instruction un projet qui fut rejeté, devint membre du comité de Salut public, renia, dit-on, ses lettres de prêtrise sous la Terreur, mais racheta de coupables faiblesses en devenant, après Thermidor, un des chefs du parti légal et modéré. Il prit une part active aux négociations qui amenèrent le traité de Bâle [1795], fut l'adversaire déclaré de la Constitution de l'an III, refusa un siége dans le Directoire, lors de sa création, mais entra au Conseil des Cinq-Cents où il fit une vive opposition à Carnot et Barthélemy [5 septembre 1797]. Élu lui-même Directeur le 16 mai 1799, il contribua plus que tout autre à la révolution de Brumaire, et devint le second des trois consuls provisoires qui prirent en main le pouvoir. Annulé par son puissant collègue, il chercha du moins à corriger les excès d'une redoutable omnipotence par le frein d'une constitution. Mais Bonaparte ne l'accepta qu'en partie; alors Sieyès se retirant reçut en dédommagement le titre de sénateur et la belle terre de Crosne. Il se laissa nommer comte par l'Empire, ce qui ne l'empêcha pas de lui faire une sourde opposition dans le groupe des *idéologues*. Pair de France, dans la Chambre des Cent-Jours, il blâma l'acte additionnel, dut fuir comme régicide au retour des Bourbons, se réfugia en Hollande, et ne revint en France qu'après 1830. En 1832 il obtint un siége à l'Académie des sciences morales. Métaphysicien politique, il eut la gloire d'inaugurer les principes de 89. Plus écrivain qu'orateur, connaissant les hommes sans avoir le goût de les conduire, hardi d'esprit, mais circonspect et timide, trop absolu dans ses vues, trop nourri d'abstractions, il ne manqua ni de profondeur, ni de force, mais non sans péril d'erreur et d'utopie. Il n'en exerça pas moins une influence considérable dans le domaine de la pensée ou de l'action.

Garat (Dominique-Joseph, comte) [1749-1833]. Né à Bayonne, il débuta jeune encore dans les lettres par des succès académiques, l'*Éloge de l'Hôpital* [1778], ceux de *Suger, Montausier* et *Fontenelle* [1779, 81, 83]. Il avait de l'imagination, du mouvement et de la couleur, mais était redondant et diffus. Quand l'*Athénée* ouvrit ses cours, il y professa l'histoire avec un certain éclat. Député du Pays Basque aux États-Généraux en 1789, il y parla peu, mais rédigea pour le *Journal de Paris* une analyse intéressante des débats parlementaires. Successeur de Danton au ministère de la justice [12 octobre 1792], il eut le douloureux office d'aller lire à Louis XVI son arrêt de mort. Ministre de l'intérieur après la chute de Roland [14 mars 1793], il fut aussi faible qu'imprévoyant. Jeté en prison, mais délivré par Thermidor, il dirigea l'instruction publique avec le titre de commissaire général, obtint une chaire de philosophie à l'École Normale, et fut élu à l'Académie des sciences politiques et morales. Ambassadeur à Naples, membre du Conseil des Anciens [1798], sénateur et comte de l'Empire, il courtisa toujours les causes victorieuses. Membre de la Chambre des Députés pendant les Cent-Jours, il cessa d'être un personnage sous la Restauration. Rayé de l'Académie française en 1815, il se consola par le meilleur de ses livres, ses *Mémoires sur M. Suard et le* XVIIIe *siècle* [1820]. Il avait composé des *Considérations sur la Révolution* [1792], des *Mémoires sur la Révolution* [1795] des *Éloges funèbres* de Joubert [1795], Kléber et Desaix [1802], des *Notices* sur Ginguené, Thomas, Mirabeau, etc. Professeur, il fut un des derniers représentants du sensualisme.

Maréchal (Pierre-Sylvain) [1750-1803]. Né à Paris, il débuta par des pastorales signées *le Berger Sylvain*. Sous-bibliothécaire du collège Mazarin, mais bientôt destitué pour avoir parodié le style des prophètes dans un ouvrage intitulé *Livre échappé au déluge* [1784], il publia, en 1784, un *Almanach des honnêtes gens*, où il s'avisa de remplacer le nom des saints par ceux des personnages célèbres en tout genre ; ce qui lui valut d'être enfermé dans une maison de correction. Il donna dans les excès révolutionnaires; mais, bien qu'il professât l'athéisme, il sauva pourtant plusieurs ecclésiastiques. Les ouvrages de ce sophiste justement oublié sont : *Bergeries* [1770]; le *Pibrac moderne* [1781]; *Fragment d'un poëme sur Dieu* ou le *Lucrèce moderne* [1781]; *l'Age d'or, recueil de contes pastoraux* [1782]; *Code d'une société d'hommes sans Dieu* [1797]; *Voyage de Pythagore* [1799]; le *Dictionnaire des athées* [1800].

LACRETELLE (Pierre-Louis, dit *l'Aîné*) [1751-1824]. Né à Metz, avocat au barreau de Paris en 1778, lié avec les encyclopédistes, couronné en 1876 pour un *Discours contre les peines infamantes*, partisan modéré des idées nouvelles, député suppléant à l'Assemblée constituante, membre de la Législative, il vécut dans la retraite sous la Convention, entra au Corps législatif en 1801, et, en 1802, remplaça La Harpe à l'Académie. Il n'accepta rien de l'Empire, et combattit la Restauration dans *le Mercure* et *la Minerve*. Il est l'auteur des articles de *Logique*, *Métaphysique* et *Morale* contenus dans l'*Encyclopédie méthodique*. Il a laissé l'*Éloquence judiciaire et la philosophie législative*, le *Roman théâtral*, deux volumes de *Portraits et tableaux*, des *Études sur la Révolution*. Il y a dans ses écrits du solide et de l'ingénieux, témoin ces pensées :

Ce n'est point par les vrais plaisirs, c'est par les faux que l'homme se déprave.
Regagnez par des égards ceux que vos succès fatiguent.
Il est des erreurs qu'il faut savoir tout aussi bien que les vérités, afin de les détruire par elles-mêmes.

BONALD (Louis-Gabriel-Ambroise, vicomte DE) [1753-1840]. Né près de Milhau (Aveyron), à Mouna, il émigra en 1791, et ne revint en France qu'après la proclamation de l'Empire, pour rédiger le *Mercure* avec Chateaubriand et Fiévée. Ami de Fontanes, conseiller de l'Université impériale en 1810, député de 1815 à 1822, pair de France en 1823, membre de l'Académie depuis 1816, il ne cessa pas de dévouer sa parole et sa plume à la défense du droit divin et de la théocratie. Mme de Staël appelait ce champion de l'Eglise et du pouvoir absolu le *philosophe de l'antiphilosophie*. Ses principales œuvres sont : la *Théorie du pouvoir politique et religieux* [1796], la *Législation primitive* [1802], des *Recherches philosophiques sur les premiers objets des connaissances morales* [1818], des *Mélanges littéraires, politiques et philosophiques*. Voici quelques-unes de ses pensées :

L'homme est une intelligence servie par des organes.
Le repentir est une seconde innocence.
L'ordre va avec poids et mesure; le désordre est toujours pressé.
Il y a beaucoup de gens qui ne savent pas perdre leur temps tout seuls; ils sont les fléaux des gens occupés.
Le beau est toujours sévère.
Les faibles se passionnent pour les hommes, et les forts pour les choses.
Il faut croire au bien pour le pouvoir faire.
La pire des corruptions n'est pas celle qui brave les lois, mais celle qui s'en fait à elle-même.
Les grandes découvertes, dans les sciences, ne sont pas des idées complètes, mais des idées fécondes.

MAISTRE (Joseph-Marie, comte DE) [1753-1821]. Né à Chambéry d'une famille originaire du Languedoc, fils d'un président du sénat de Savoie, il fut d'abord substitut, avocat-fiscal-général [1774], puis sénateur [1788]. Cette compagnie était alors judiciaire. Lorsque son pays eut été envahi par la France (1792), il refusa le serment, et chercha refuge à Lausanne où le roi Victor-Emmanuel le chargea d'une correspondance politique avec le bureau des affaires étrangères. On le somma de rentrer à Chambéry, sous peine de voir ses biens confisqués. Il n'hésita pas à demeurer fidèle à son roi. Alors parurent ses deux premiers opuscules : *Adresse de quelques parents de militaires savoisiens à la nation française* [1794], et *Jean-Claude Têtu, maire de Montagnole, district de Chambéry, à ses chers concitoyens, les habitants du Mont-Blanc* [1795]. Ce pamphlet visait à provoquer une restauration royaliste. Un an après, il prenait son rang de publiciste, de penseur et d'écrivain, en publiant ses *Considérations sur la Révolution française* [1 vol. in-8]. Rappelé en Piémont [1797], à la veille du jour où son roi dut abandonner ses États de terre ferme, il fut réduit bientôt à s'exiler de nouveau. Après deux ans de séjour à Venise, il devenait tour à tour grand chancelier de Sardaigne [1799], puis envoyé extraordinaire à Saint-Pétersbourg

[1802], poste où il demeura quinze ans, jusqu'en 1817 ; il reçut alors le titre de ministre d'État. Il avait écrit en 1809 son *Essai sur les principes générateurs des constitutions politiques, et des autres institutions françaises* (in-8, 1814). Il y censurait la manie de constituer. *Le Pape*, [Lyon, 1819, 2 vol. in-8] obtint un succès de curiosité retentissante par des vues paradoxales. Ses autres ouvrages, composés pourtant aux environs de l'Empire, sont tous posthumes. *L'Église gallicane dans ses rapports avec le Souverain Pontife* [Paris, 1821, in-8], prétend réfuter les doctrines de Bossuet, Pascal et Port-Royal. *Les Soirées de Saint-Pétersbourg* parurent en 1821, [Paris, 2 vol. in-8]. Ses *Lettres à un gentilhomme russe sur l'inquisition espagnole* datent de 1815. Son *Roman de la Philosophie de Bacon, où l'on traite différentes questions de philosophie rationnelle* [Paris, 1836, 2 vol. in-8] est une attaque violente contre les sensualistes ou matérialistes. Ses *Lettres et opuscules inédits* [Paris, 1853, 2 vol. in-8] sont un recueil choisi dans une correspondance précieuse pour l'histoire, et aussi spirituelle qu'éloquente.

DESTUTT DE TRACY (Antoine-Louis-Claude) [1754-1832]. Né dans le Bourbonnais, originaire d'Écosse, colonel d'infanterie, puis maréchal de camp, et député à l'Assemblée constituante en 1789, il se montra partisan éclairé des libertés politiques ; ce qui ne l'empêcha pas d'être arrêté comme suspect sous la Terreur. Membre de l'Académie des sciences morales en 1795, puis du comité de l'instruction publique, sénateur en 1799, il devint académicien en 1808. Le 2 avril 1814, il proposa au Sénat la déchéance de l'Empereur. Louis XVIII l'appela à la Chambre des Pairs, où il ne cessa de voter avec le parti constitutionnel. Ses principaux ouvrages furent l'*Idéologie* proprement dite [1801], la *Grammaire générale* [1803], la *Logique* [1805], l'*Essai sur le génie et les ouvrages de Montesquieu* [1808], le *Traité de la volonté* [1815], le *Commentaire sur l'Esprit des Lois* [1819], et des *Mémoires* recueillis par l'Institut.

JOUBERT (Joseph) [1754-1842]. Bien que ce nom appartienne à la suite des études que nous traiterons dans un autre volume, il est assez mêlé au mouvement philosophique et religieux pour que nous lui consacrions dès à présent quelques lignes. — Né à Montignac (Périgord), il professa d'abord chez les Doctrinaires de Toulouse, dut y renoncer à vingt-quatre ans par raison de santé, puis vint à Paris, où il se lia très-intimement avec Fontanes. Quand celui-ci fut nommé Grand-Maître de l'Université impériale, il le fit inspecteur-général, et conseiller. Durant sa vie, ce connaisseur exquis fut un oracle pour un cercle choisi. Ses conseils étaient écoutés par ceux mêmes qu'on réputait des maîtres. Il laissa des *Pensées*, *Maximes* et *Lettres* recueillies par sa veuve en 1842.

LAROMIGUIÈRE (Pierre) [1756-1837]. Né à Lévignac (Rouergue), membre de la congrégation enseignante de la Doctrine, il professa les humanités, puis la philosophie dans différents colléges de son ordre, entre autres à celui de l'Esquile [Toulouse, 1784]. Venu à Paris pour assister aux leçons des Écoles normales, il eut des relations étroites avec Garat, fut associé de l'Institut (*sciences morales*), et devint membre du Tribunat. Mais, éliminé de ce corps, il délaissa la politique pour se vouer à la philosophie dans sa chaire du Prytanée français (*Louis-le-Grand*) jusqu'au jour où il se vit appelé à la Sorbonne [1811-1813]. Bibliothécaire de l'Université, il laissa les œuvres que voici : *Projet d'éléments de métaphysique* [1793], *Paradoxes de Condillac, ou Réflexions sur la langue des calculs* [1805, 1 vol. in-8], *Leçons de philosophie, ou Essai sur les facultés de l'âme*, [1815-17, 2 vol. in-8].

CABANIS (Pierre-Jean-Georges) [1757-1808]. Né à Cosnac, près de Brives, en Corrèze, envoyé à Paris pour y achever ses études, il commença par cultiver la poésie, à laquelle l'invitaient ses rapports avec Roucher; il avait même entrepris une traduction d'Homère, lorsque, pour obéir aux instances paternelles, il se consacra décidément à la médecine, où il devait se faire un grand nom. Nommé professeur d'hygiène, puis de clinique à l'École de médecine, il appartenait à l'Institut depuis sa création. Voici les titres de ses écrits : *Traité du degré de certitude en médecine* [1797]; *Coup d'œil sur les révolutions et la réforme de la médecine* [1804]; *Lettre posthume sur les causes premières*, adressée à M. Fauriel, et publiée en 1824 par M. Bérard. Mais le plus important de ses ouvrages fut le traité *des rapports du physique et du moral*. Dominé par un parti pris sensualiste, il attribue trop d'importance à l'action des organes, à l'influence de l'âge, du sexe, du tempérament, de la maladie et du régime. Il serait injuste pourtant de croire que Cabanis ait nié l'existence de l'âme humaine. Bornons-nous à dire que les préoccupations du savant furent trop exclusives.

VOLNEY (Constantin-François, CHASSEBŒUF BOISGIRAIS, comte DE). [1757-1820]. Né à Craon (Mayenne), fils d'un avocat, il commença par étudier la médecine; mais, un goût irrésistible l'entraînant vers les recherches d'érudition, il débuta par un *Mémoire sur la chronologie d'Hérodote*. Critiqué vivement par Larcher, ce travail lui valut l'attention de l'Académie, et l'amitié du baron d'Holbach, qui le présenta dans le cercle littéraire de Mme Helvétius. Un petit héritage qu'il recueillit en 1782 lui permit de partir pour l'Orient. Le havre-sac au dos, il resta huit mois chez les Druses, dans un couvent du Liban, pour apprendre l'arabe, et demeura quatre ans en Égypte, ou en Syrie. Le récit de son *Voyage* [1787, 2 vol.], eut un grand succès, que raviva la publication d'une brochure intitulée *Considérations sur la guerre actuelle des Turcs* [1788], et la vogue d'une feuille politique, *la Sentinelle*, dont il était le directeur. Nommé député aux États-Généraux de 1789, par le tiers-état de la sénéchaussée d'Anjou, il suscita dans l'Assemblée constituante la discussion sur les biens du clergé, et fit voter le décret en vertu duquel la France s'interdisait toute guerre de conquête. En 1791, parurent *les Ruines, ou Considérations sur les révolutions des empires*; l'esprit de parti fit grand bruit autour de cet ouvrage aussi froid que déclamatoire et irréligieux. Suspect de royalisme sous la Terreur, et jeté en prison, mais délivré par Thermidor, il devint professeur à l'École Normale, et, après la suppression de sa chaire en 1795, s'embarqua pour les États-Unis, où il reçut grand accueil de Franklin et Washington. A son retour, nommé membre de l'Institut, il favorisa le 18 Brumaire; et, tout en refusant de partager le Consulat avec Bonaparte, entra au Sénat comme vice-président. En 1814, il signa la déchéance de Napoléon. Philologue laborieux et pratique, il se proposa de simplifier l'étude des langues orientales par un alphabet unique, en caractères européens. Philosophe, il eut l'esprit étroit d'un sectaire. Il appartenait au groupe maussade, mais honnête, des *idéologues*. Ses *œuvres complètes* ont été publiées en 1821-22 (8 vol. in-8). Elles comprennent la *Loi naturelle* ou *Catéchisme du citoyen* [1793]; *De la simplification des langues orientales* [1795]; *Tableau du climat et du sol des États-Unis* [1803]; la *Chronologie d'Hérodote* [1808]; *Recherches nouvelles sur l'histoire ancienne* [1814]; l'*Alphabet européen appliqué aux langues asiatiques* [1819]; *Discours sur l'étude philosophique des langues* [1819]; l'*Hébreu simplifié* [1820].

GUILLON DE MONTLÉON (l'abbé Aimé) [1758-1842]. Né à Lyon, théologien et controversiste, il dut son heure de célébrité à une brochure intitulée *le Grand crime de Pépin le Bref* [1800]. Il y révélait sous le voile d'un pseudonyme le projet conçu par Bonaparte de se faire nommer empereur, et sacrer par Pie VII.

GUILLON (Marie-Nicolas-Sylvestre) [1766-1847]. Né à Paris, chanoine honoraire de l'église métropolitaine, professeur d'éloquence sacrée à la Faculté de théologie, évêque de Maroc, il a laissé un *Recueil de brefs et instructions du Saint-Siège*, relatifs à la Révolution française [1799]; des *Discours religieux* [1802-1816]; une édition de La Fontaine comparé à ses modèles et à ses imitateurs [1803]; une *Réfutation* de l'abbé de Lamennais [1835]. Il réveilla l'étude des Pères de l'Eglise, et fut un prêtre aussi instruit que tolérant.

SAINT-SIMON (Claude-Henri, comte DE) [1760-1825]. Né à Paris, petit-fils du duc de Saint-Simon, officier en Amérique, dans la guerre de l'indépendance [1773], colonel à vingt-trois ans, il quitta le service en 1788, pour se livrer à des projets plus ou moins chimériques.

Partisan de la Révolution, à demi ruiné par des entreprises financières sur la vente des biens nationaux [1790-97], il se proposa de reconstituer l'ordre social. Il ne réussit qu'à tomber dans une misère telle qu'il prit le parti de se suicider. Mais un coup de pistolet qu'il se tira dans la tête ne fit que lui enlever un œil. Revenant alors à ses rêves, il forma une école dont les disciples comptèrent des noms éminents, (Augustin Thierry, Auguste Comte, Olinde Rodrigues, Bazard, Enfantin.) Il voulait, par la science et l'industrie, améliorer le sort des classes pauvres. Des paradoxes contraires à toute police morale et sociale compromirent une doctrine qui ne résista pas au ridicule, quand elle voulut passer de la théorie à la pratique. Ses écrits principaux furent l'*Introduction aux travaux scientifiques du* XIXe *siècle* [1808], une *Nouvelle Encyclopédie* [1810], *De la réorganisation de la société européenne* [1814]; puis, sous la Restauration, l'*Industrie* [1817], l'*Organisateur* [1820], le *Système industriel* [1821], le *Catéchisme des industriels* [1824] et le *Nouveau christianisme* [1825].

Royer-Collard (Pierre-Paul) [1763-1845]. Né à Sompuis, près de Vitry-le-Français (Marne), avocat à vingt ans, au barreau de Paris, il devint secrétaire de la Commune, en 1792; mais, au 10 août, il se démit de ces fonctions. Député de la Marne au Conseil des Cinq-cents [1797], il y défendit les émigrés, les proscrits et les prêtres. Exclu de l'Assemblée au 18 Fructidor, il entra en relation avec Louis XVIII. Nommé sous l'Empire professeur à la Faculté des lettres et à l'École normale, en 1811, il fut, sous la première restauration, directeur de l'imprimerie et de la librairie, puis, sous la seconde, conseiller d'État et président du Conseil de l'Université. Député de la Marne, royaliste libéral, chef des Doctrinaires, il dut à ses discours sur les lois d'ainesse et le sacrilège une telle popularité qu'il fut réélu par sept colléges électoraux à la fois, en 1827. Président de la Chambre en 1828, il prévit les dangers de la situation, et voulut les conjurer, jusqu'au jour où, le courant devenant irrésistible, il signa l'*adresse* des 221, sans croire qu'elle dût entraîner la chute de la Monarchie. Après 1830, il demeura silencieux sur son banc de député, et ne reprit la parole qu'aux funérailles de Casimir Périer. Plus tard, il crut devoir combattre les lois de Septembre contre la presse périodique. Il faut voir en lui le maître de cet éclectisme philosophique et politique qui restaura le spiritualisme et le régime parlementaire. Il appartenait à l'Académie depuis 1827. Il reste de lui des discours publiés par M. de Barante, et des fragments philosophiques recueillis par son disciple Jouffroy. Citons quelques-unes de ses pensées :

Le gouvernement représentatif n'a pas devancé nos mœurs.

Le droit divin transféré de l'Église dans l'État n'est qu'une fausseté historique.

Les partis changent de couleurs et de discours, de mesures et de poids, au gré des circonstances : ils brûlent, s'il le faut, ce qu'ils ont adoré, ils adorent ce qu'ils ont brûlé. L'hypocrisie est leur vertu, les embûches sont leur tactique ; ils ne se déploient que quand ils ont gagné les hauteurs. N'avons-nous pas vu les factions, à mesure qu'elles saisissaient le pouvoir, violer avec une audace inouïe les mêmes principes qu'elles avaient proclamés la veille avec tant de faste, et pousser l'indépendance jusqu'à insulter à la crédulité des vaincus ?

Fondez la liberté de la presse, vous fondez du même coup toutes les libertés.

La plus constante erreur de la Révolution, ce fut de vouloir faire la liberté avec la despotisme, l'égalité avec le privilége, et trop souvent la justice avec la cruauté. Il est temps de le savoir après trente années : la liberté ne se fait qu'avec la liberté, la justice avec la justice.

Lévis (Pierre-Marc-Gaston, duc de) [1764-1830]. Né au château d'Ajac (Languedoc), membre de l'Assemblée constituante, émigré de 1792, blessé à Quiberon, il s'occupa sous l'Empire d'économie politique et de morale. Louis XVIII le fit pair de France et académicien. Il publia des *Considérations morales sur les finances* [1816], des *Souvenirs, portraits et maximes* [1813], et l'*Angleterre au commencement du* XIXe *siècle* [1814]. Les pensées suivantes font honneur à son esprit :

Tel court au danger qui n'oserait l'attendre.

Les cœurs sensibles demandent qu'on les aime, les personnes vaines veulent qu'on les préfère.

Sans les regrets, on ne saurait pas que l'on fut heureux.

On n'aime plus quand les sacrifices coûtent ; on n'aime pas quand on s'aperçoit qu'on en fait.

La plupart des peines n'arrivent si vite que parce que nous faisons la moitié du chemin.

Quand la flatterie ne réussit pas, ce n'est pas sa faute, c'est celle du flatteur.

On sollicite le premier bienfait ; on exige le second ; et souvent le troisième est arrivé que la reconnaissance est encore en chemin.

Ne comptez pas sur la justice de ceux dont l'esprit manque de justesse.

Pour remplacer la bonté qui nous manque, nous avons imaginé la politesse qui n'en a que les apparences.

Il est rare qu'on fasse un bon marché en achetant des espérances par des privations.

La critique est un impôt que l'envie perçoit sur le mérite.

Peu de gens gagnent à être vus de bas en haut.

Les succès couvrent les fautes, les revers les rappellent.

Fraysinous (Denis de) [1765-1841]. Né à Curières (Aveyron), protégé par M. de Fontanes qui distingua son talent de prédicateur, professeur à la Faculté de théologie de Paris, inspecteur d'Académie et chanoine de Notre-Dame, il salua dans Napoléon Ier un envoyé de Dieu, comme aussi dans les Bourbons des ministres de la Providence. La Restauration le fit prédicateur de Louis XVIII, censeur royal, membre du conseil de l'instruction publique, évêque d'Hermopolis, grand maître de l'Université [1822], académicien, comte, pair de France et ministre des affaires ecclésiastiques [1824]. Il rappela les Jésuites, fut chargé de l'éducation du duc de Bordeaux ; et, après l'avoir accompagné dans l'exil, ne revint en France qu'en 1838. Bien que ses conférences aient été publiées seulement en 1825, elles datèrent de l'Empire, et furent en partie prononcées aux Carmes [de 1801 à 1809]. On a de lui sa *Défense du christianisme* (ensemble de ses sermons) [1843], les *Vrais principes sur les libertés de l'Église gallicane* [1818], les *Oraisons funèbres* de Condé [1818], du cardinal de Talleyrand, archevêque de Paris [1821], et de Louis XVIII [1824].

Necker de Saussure (Mme Albertine-Adrienne) [1765-1841]. Née à Genève, fille du célèbre géologue de Saussure, et femme de Jacques Necker, professeur éminent, elle composa un ouvrage intitulé : *De l'éducation progressive, étude du cours de la vie* (3 vol. in-8) Les deux premières parties sont consacrées à l'enfance, et la troisième à la vie des femmes. C'est un livre ingénieux, comme le prouvent cès pensées :

L'enfance est un état plutôt qu'un âge ; et l'on y retombe toujours quand la volonté est désordonnée, violente et dépourvue de raison.

La probité reconnue est le plus sûr de tous les serments.

Il y a des gens si sensibles qu'ils nous affligent de nos propres douleurs.

L'esprit est le zéro qui ajoute aux qualités morales, mais qui seul ne représente que le néant.

On ne fait jamais le sacrifice de son caractère, qu'on ne s'en applaudisse ensuite.

On ne doit pas s'étonner si l'intelligence des femmes est précoce, et si les progrès des hommes sont tardifs : on ne parle aux unes que du présent, et aux autres que de l'avenir.

M. de Fontenelle disait : « De mémoire de rose on n'a point vu mourir de jardinier » ; jolie leçon pour les jeunes personnes qui ne veulent pas se soumettre aux leçons de l'expérience.

L'humeur des autres ne doit jamais nous en donner ; c'est comme si l'on se noircissait le teint, parce qu'on rencontre un nègre.

Ce qui prouve en faveur des femmes, c'est qu'elles ont tout contre elles, et les lois et la force, et que cependant elles se laissent rarement dominer.

MAINE DE BIRAN (Marie-François-Pierre-Gonthier, chevalier) [1766-1824]. Né à Chanteloup (Dordogne), fils d'un médecin, élevé à Périgueux, garde du corps sous Louis XVI, porté au Conseil des Cinq-Cents en 1797, membre du Corps législatif en 1809, sous-préfet de Bergerac, questeur de la Chambre sous la Restauration, conseiller d'État en 1816, député en 1818, il avait fait à l'Empire une assez vive opposition, en 1814. Il débuta par un *Mémoire sur l'influence de l'Habitude*, couronné en 1802; puis il étudia la *Décomposition de la pensée*, rédigea pour la *Biographie universelle* l'article *Leibnitz*, et composa en 1821 ses *Nouvelles considérations sur les rapports du physique et du moral*. M. Cousin édita ses œuvres [1841, 4 vol.]. M. Naville, de Genève, a publié *Maine de Biran, sa vie et ses pensées* [1857, in-12; 2º édit. revue et augmentée, 1874, in-8.]

AZAÏS (Pierre-Hyacinthe) [1766-1845]. Né à Sorèze, d'abord organiste comme son père, puis professeur au Prytanée de Saint-Cyr, il fut l'auteur d'un double système philosophique et physique qui fit grand bruit au début du

XIXe siècle. Il consistait à expliquer par la loi des *compensations* toutes les vicissitudes de la destinée humaine, et par la loi de l'*équilibre* tous les phénomènes de la nature. Il n'admettait que deux forces : l'*expansion* et la *compression*, qui, par leur action et leur réaction, produisent l'harmonie universelle. C'était présenter sous une forme souvent subtile, parfois très-ingénieuse, la doctrine d'un métaphysicien oublié, d'*Antoine de Lasalle* [1756-1826], mort à l'Hôtel-Dieu en s'écriant : « L'amour remporte la victoire ! » Caractère pacifique et cœur mystique, Azaïs fut proscrit après le 18 Fructidor. Caché dans un hospice par des sœurs de charité, il devint, à la fin de l'Empire, inspecteur de la librairie. Destitué en 1815, il se fit le collaborateur de sa femme, qui continuait Berquin (*le Nouvel Ami des enfants*). Ce fut une *compensation* pour cet optimiste qui prenait son parti de toutes les épreuves. Ses œuvres sont : *Des compensations dans les destinées humaines* [1809] ; *Système universel* [1810, 8 vol.] ; *Du sort de l'homme dans toutes les conditions* [1821, 3 vol.], et un *Cours de philosophie générale* [8 vol., 1823-28].

VILLERS (Charles-François-Dominique DE) [1767-1815]. Né à Boulay, en Lorraine, devenu officier d'artillerie, il émigra pendant la Révolution, et alla se fixer à Lubeck. Il se proposa dès lors de faire connaître en France la littérature et la philosophie d'outre-Rhin. Sa partialité pour l'Allemagne, et une brochure publiée sur la prise de Lubeck par les Français indisposèrent à bon droit contre lui le gouvernement impérial. Il obtint cependant une chaire à Gœttingue, après le couronnement de Jérôme Bonaparte. Il la perdit en 1814. Ses relations avec les lettrés allemands lui permirent de donner à Mme de Staël des renseignements précieux pour son livre *De l'Allemagne*. Ses titres sont un *Essai sur l'esprit et l'influence de la réformation*, couronné par l'Institut, en 1803, et la *Philosophie de Kant* [1801]. Il fut le premier à révéler ce nom à la France,

CONSTANT DE REBECQUE (Benjamin) [1767-1830]. Né à Lausanne, dans une famille protestante originaire de France, il vint à Paris en 1796, après une jeunesse inquiète et dissipée. Il se signala par un discours où il plaida victorieusement devant le Conseil des Cinq-Cents la réintégration de ses coreligionnaires, proscrits par la révocation de l'édit de Nantes. Appelé au Tribunat après le 18 Brumaire, il en fut éliminé bientôt, pour son esprit d'opposition, et dut s'exiler. Hôte assidu des cours et des universités allemandes, il épousa une parente du ministre prussien le prince de Hardenberg. Rallié à la monarchie constitutionnelle en 1814, il accepta de Napoléon, durant les Cent-Jours, le titre de conseiller d'État, et prit part à la rédaction de l'*Acte additionnel*. Banni par Louis XVIII, mais amnistié en 1816, après une apologie de ses actes récents, il fut élu député en 1819, et devint un des chefs de l'opposition. La Révolution de 1830 en fit un président du conseil d'État. Malgré la distinction de son talent, et une influence considérable, il n'eut jamais le crédit que vaut la dignité du caractère. Il y avait un scepticisme secret sous l'éloquence de ce publiciste désenchanté, qui fit de la politique libérale sans estimer les hommes, et professa la religiosité sans avoir la foi. Ses principaux écrits sont : *De l'esprit de conquête, et de l'usurpation dans leur rapport avec la civilisation européenne* [1814], ardente philippique contre Napoléon ; *Cours de politique constitutionnelle* [1817-1820] ; des *Discours* de tribune ; des articles publiés dans *la Minerve, le Courrier français* et *la Renommée*. On doit au philosophe un traité *De la religion considérée dans sa source, ses formes et ses développements* [1824-30] ; une étude sur le *Polythéisme romain* [1832]. Son chef-d'œuvre est *Adolphe*, dont nous parlerons ailleurs, [1815]. Il traduisit en vers **Wallenstein**, de Schiller.

SAY (Jean-Baptiste) [1767-1832]. Né à Lyon, attaché d'abord à une maison de banque, il se prit d'un goût très-vif pour les études économiques, rédigea *le Courrier de Provence* publié par Mirabeau, et devint secrétaire de Clavière ministre des finances. En 1794, il publia la *Décade philosophique, littéraire et politique* avec Andrieux, Chamfort, Ginguené, et Amaury-Duval. Membre du Tribunat en 1799, il prépara son principal ouvrage : *Traité d'économie politi-*

que, ou *Simple exposition de la manière dont se forment, se distribuent et se consomment les richesses* [1803]. Cet écrit se distingue par la méthode, l'esprit d'observation et la clarté du style. Éliminé du Tribunat, il fonda une grande filature de coton que découragèrent en 1812 les prohibitions du blocus continental. En 1814, il édita un *Abrégé des principes fondamentaux de l'économie politique*. Cet ouvrage fut traduit rapidement dans toutes les langues. En 1815, parut son *Catéchisme d'économie politique*. En même temps il vulgarisait ses doctrines à l'*Athénée*; plus tard il se vit appelé à la chaire d'économie industrielle, fondée au Conservatoire des Arts et Métiers [1821]; puis, en 1830, à celle du Collège de France. Son enseignement se résume dans son *Cours complet d'économie politique* [1828-30].

ANCILLON (Jean-Pierre-Frédéric) [1767-1837]. Né à Berlin, petit-fils de l'historien du xviie siècle, pasteur, professeur à l'Académie militaire de Prusse, secrétaire de l'Académie de Berlin [1803-1814], gouverneur du prince royal Guillaume IV, conseiller d'État, ministre des affaires étrangères [1831-37], il publia en 1803 un *Tableau des révolutions du système politique de l'Europe, depuis la fin du xve siècle,* (4 vol. in-8). Ses *Mélanges de philosophie et de littérature* sont aussi fort estimés [1801, 1817, 1823.] Il appartenait à une famille chassée par la révocation de l'édit de Nantes.

CHATEAUBRIAND (François-Auguste-René, vicomte DE) [1768-1848]. Né le 4 septembre, à Saint-Malo, élevé aux collèges de Dol, Rennes et Dinan, sous-lieutenant au régiment de Navarre à dix-sept ans, capitaine à dix-neuf, engagé dans la société de La Harpe et Fontanes [1788-91], il débuta par une idylle l'*Amour de la campagne*, insérée dans l'*Almanach des Muses* [1790]. Parti pour l'Amérique en 1791, il revint en 1792, et prit en juillet le chemin de Coblentz. Blessé au siége de Thionville, transporté mourant à Jersey, il passe en Angleterre, y donne des leçons de français, et publie en 1797, à Londres, un *Essai sur les Révolutions anciennes et modernes considérées dans leurs rapports avec la Révolution française*. Rentré en

France après le 18 Brumaire, associé à la rédaction du *Mercure*, il insère dans ce recueil, en 1801, *Atala* ou *les Amours de deux sauvages dans le désert*. Puis paraît en 1802 le *Génie du christianisme*, applaudi par La Harpe, Fontanes, Joubert, la jeunesse et les salons, mais vivement critiqué par Morellet, Ginguené et M. J. Chénier. Nommé secrétaire d'ambassade à Rome [1803], et chargé d'affaires dans le Valais, il donna sa démission après l'odieuse exécution du duc d'Enghien. En 1805, *René* signala sa rentrée littéraire. Il partit en 1806 pour la Grèce, la Syrie, l'Égypte, Tunis et l'Espagne. *Les Martyrs* [1809], et l'*Itinéraire de Paris à Jérusalem* [1811] furent l'inspiration de cette Odyssée. En 1807, un article sur le *Voyage d'Espagne* de M. de La Borde lui avait fait retirer *le Mercure*; et, en 1811, élu par l'Académie où il remplaçait M. J. Chénier, il ne put prononcer un discours qui déplaisait au maître. Exilé un moment à Dieppe en 1812, il attendit avec une sourde colère la chute de l'Empire. En 1814, ses ressentiments éclatèrent dans sa première brochure *De Buonaparte et des Bourbons*. Sans le suivre dans toutes les phases de sa vie politique, rappelons qu'ambassadeur en Suède, lorsque Napoléon revint de l'île d'Elbe, il suivit le roi en Belgique, fut son ministre d'État, reçut le portefeuille de l'intérieur, et fit, à ce titre, le *Rapport sur l'état de la France* (*Moniteur de Gand.*) Élevé à la pairie après les Cent-jours, il perdit son titre et sa pension de ministre d'État, pour sa brochure intitulée *De la monarchie selon la Charte* [nov. 1816.] Dès lors, passant au camp de l'opposition ultra-royaliste, près de MM. de Villèle et de Corbière, il fonda, en 1818, avec MM. de Lamennais et de Bonald, le journal *le Conservateur*, pour y combattre *la Minerve* et *le Censeur*. La mort du duc de Berry ayant mis fin à cette polémique [1820], il se rapprocha de la cour, écrivit les *Mémoires touchant la vie et la mort du duc de Berry*, et reçut, sous le second ministère du duc de Richelieu, l'ambassade de Berlin dont il se démit en juillet 1821. M. de Villèle étant devenu chef d'un nouveau cabinet, il fut nommé ambassadeur à Londres [avril 1822], puis plénipotentiaire au congrès de Vérone, où, malgré l'Angleterre, il fit décider l'intervention armée de la France contre la Révolution espagnole. Enfin, ministre des affaires étrangères en décembre 1822, il se vit, dix-sept mois après, disgracié brusquement, en juin 1824. Cette fois, il se fixa dans l'opposition libérale; et, rédacteur du *Journal des Débats,* fit aux ministres une guerre qui atteignit le trône. Ce fut alors qu'éditant ses œuvres complètes, il publia le *Dernier des Abencérages, les Natchez,* son *Voyage d'Amérique,* et la tragédie de *Moïse.* En 1828, M. de Martignac lui donna l'ambassade de Rome, qu'il résigna, en août 1829, à l'avènement de M. de Polignac. Quand éclatèrent les ordonnances de juillet 1830, il tenta d'inutiles efforts pour en conjurer les suites; et, le 7 août, protesta, à la Chambre des Pairs, contre le nouveau régime auquel il refusa son serment. Dès lors, ses loisirs lui permirent de reprendre la plume. Il édita ses *Études historiques* (4 vol. in-8), avec sa brochure *De la Restauration et de la Monarchie élective;* plus ou moins engagé dans des menées légitimistes qui ne l'empêchaient pas d'avoir des relations avec le parti républicain, il fut arrêté, puis traduit devant le jury [juin et octobre 1832]. Un an après il plaidait, à Prague, la cause de la duchesse de Berry. Mais il comprit que la retraite convenait mieux à sa dignité qu'un zèle militant. Définitivement découragé, il ne sortit de sa solitude que pour donner en 1836 un *Essai sur la littérature anglaise,* et en 1837 une traduction littéraire en prose du *Paradis perdu.* En 1838 parut le *Congrès de Vérone,* et en 1844 la *Vie de Rancé.* En même temps, il continuait et révisait ses *Mémoires d'Outre-Tombe,* dont il aliéna la propriété, pour assurer le repos de ses dernières années. Il s'éteignit quelque temps après les journées de juin, le 4 juillet 1848.

Sénancour (Étienne-Pivert de) [1770-1846]. Né à Paris, fils d'un contrôleur des rentes, il s'enfuit de la maison paternelle pour échapper au séminaire de Saint-Sulpice, où son père voulait l'enfermer. Réfugié en Suisse à vingt ans, il y fit un mariage d'amour, malgré une difformité physique dont la tristesse assombrit son humeur. La perte de celle qu'il venait d'épouser, l'isolement de sa jeunesse, la ruine de sa fortune, et l'influence de Jean-Jacques, dont il devint le disciple exalté, furent autant de causes qui le tournèrent de plus en plus vers une mélancolie précoce. Rêvant, aussi lui, la réforme de l'ordre social et religieux, il se perdit soit dans un athéisme désespéré, soit dans un panthéisme mystique où s'évanouit la personnalité humaine. De là des écrits originaux, mais gâtés par des paradoxes. Telles sont ses *Rêveries sur la nature primitive de l'homme* [Paris, 1799, in-8], où il représente comme une déchéance tout ce qui n'est pas la vie primitive, patriarcale et nomade. En 1804, *Oberman* (2 vol. in-8) est encore une rêverie grandiose personnifiée dans un type où se combinent Werther et René, c'est-à-dire le sentiment de l'infini, le dégoût de la réalité, l'ambition sans objet, et l'inertie du génie incompris ou incomplet. Il publia bientôt après [1805] un livre intitulé : *De l'Amour selon les lois primordiales et selon les convenances des sociétés modernes.* Georges Sand y retrouverait son bien. Ses *Observations sur le Génie du christianisme* [1816] sont une critique injuste et passionnée. Ses *Libres méditations d'un solitaire inconnu sur le détachement du monde* [Paris, 1819] exposent une profession de foi misanthropique. Il fut encore l'auteur d'un roman, *Isabelle,* publié sous forme de lettres. Il compta parmi les rédacteurs du *Constitutionnel.* Son style est harmonieux, grave et parfois coloré, mais souvent abstrait et monotone.

BICHAT (Marie-François-Xavier) [1771-1802]. Né à Thoirette, en Bresse, élève de Marc-Antoine Petit docteur à Lyon, et Desault professeur à Paris, il commença, en 1797, ces cours d'anatomie qui lui valurent une réputation européenne. Médecin de l'Hôtel-Dieu à vingt-neuf ans, il s'est fait un nom impérissable par des ouvrages spéciaux (*Traité des membranes* [1800], *Anatomie générale, Anatomie descriptive*) entre lesquels nous devons mentionner, comme une œuvre capitale, ses *Recherches philosophiques sur la vie et la mort* [1800]. Distinguant la vie animale de la vie organique, il y montre comment elles agissent tour à tour sur tel et tel organe. Les doctrines du savant sont exclusivement physiologiques.

Broussais (François-Joseph-Victor) [1772-1838]. Né à Saint-Malo, chirurgien de marine, pendant six années, puis médecin aux armées de l'Empire, il fit les campagnes de Hollande, d'Allemagne, d'Italie et d'Espagne. Nommé en 1814 médecin et second professeur à l'hôpital militaire du Val-de-Grâce, il y remplaça, en 1820, le baron Desgenettes ; enfin il obtint en 1830 la chaire de pathologie et de thérapeutique générale à la Faculté de médecine. Bien que ses ouvrages aient un caractère spécial et technique, par exemple l'*Histoire des phlegmasies chroniques* [1808], le *Traité de la physiologie appliquée à la pathologie* [1822], *Annales de la doctrine physiologique* [1822-34]; le *Traité de l'irritation et de la folie* [1828], nous devons le signaler ici comme un des chefs de l'école physiologique.

Gérando (Marie-Joseph, baron de) [1772-1842]. Né à Lyon, élève des Oratoriens, il prit les armes lors du siège de sa ville natale [1793], et faillit y périr. Fait prisonnier, il s'évada en Suisse, parcourut l'Italie, revint en France vers 1795, et, faute d'emploi, s'enrôla dans l'armée de Masséna, au 6ᵉ chasseurs. Tout en guerroyant, il obtenait un prix académique par un mémoire sur cette question : « *Quelle est l'influence des signes sur l'art de penser ?* » Attaché au ministère de l'intérieur en 1799, puis secrétaire général, il accompagna Napoléon dans la campagne d'Italie. Maître des requêtes en 1808, membre de la junte administrative de Toscane et de la consulte des États romains en 1811, bientôt conseiller d'État et intendant de Catalogne [1812], il rentra au conseil d'État sous la seconde Restauration. Professeur de droit administratif à la Faculté de Paris en 1819, révoqué en 1822, rétabli sous le ministère Martignac [1828], il fut élevé à la pairie en 1837. Il était membre de l'Académie des inscriptions, et des sciences morales. Philosophe, il releva de Condillac, comme le prouve son premier travail sur *les Signes et l'Art de penser* [1800]. Il modifie pourtant, et atténue le sensualisme du maître par des aperçus originaux qui corrigent l'excès du système. Sa théorie du langage devint plus précise encore dans son livre sur l'*Éducation des sourds-muets* [1827]; une nouvelle étude sur la *Génération des connaissances humaines* [Berlin, 1802] servit de base à son travail le plus important, à l'*Histoire comparée des systèmes de philosophie* [3 vol. 1804] que complétèrent ensuite ses notes posthumes [8 vol. 1822]. Un autre ouvrage : *Du perfectionnement moral* [2 vol. in-8, 1824], se distingue aussi par des vues sages et une morale généreuse. Dans ce penseur il y avait un philanthrope, comme le prouvent des écrits moins scientifiques, mais dont l'intention pratique fit honneur à l'homme lui-même. Tels sont : le *Visiteur du pauvre* [1820], le *Cours normal des instituteurs primaires* [1832], et un traité sur la *Bienfaisance publique* [4 vol. in-8°, 1829-45]. Il rédigea de plus des *Institutes de droit administratif* [4 vol. in-8°, 1829-45].

Droz (François-Xavier-Joseph) [1793-1851]. Né à Besançon au sein d'une famille de magistrats, il s'enrôla en 1792 dans le bataillon du Doubs, où il devint capitaine à l'élection. Après avoir servi pendant trois ans comme officier d'état-major à l'armée du Rhin, il professa les belles-lettres à l'École centrale de Besançon, puis alla se fixer à Paris [1803] où la protection de M. Français, de Nantes, lui valut un emploi dans l'administration des Droits-réunis. En même temps, introduit dans la société d'Auteuil, l'écrivain débutait; sous le patronage de Cabanis, d'Andrieux et de Ducis, par un roman sentimental intitulé *Lina*. En 1806, son *Essai sur l'art d'être heureux* réussissait par la sérénité d'une philosophie pratique et souriante, où l'on peut voir les confidences d'une âme tempérée qui a trouvé le bonheur dans le bon sens et la modération de ses désirs. Après avoir concouru, en 1811, pour l'*Éloge de Montaigne*, et mérité l'attention de l'Académie française, il entreprit de concilier les divers systèmes des moralistes dans un livre qui obtint le prix Montyon : (*De la philosophie morale* [1823]. L'année suivante il entrait lui-même à l'Académie, et justifiait ce choix par son *Histoire du règne de Louis XVI* [1839-42,

3 vol. in-8], ouvrage où il veut démontrer que de sages concessions auraient pu prévenir la Révolution et en changer le cours. Ses dernières années furent consacrées à des travaux que recommande l'accent convaincu d'une âme religieuse. Du déisme de Jean-Jacques il passa sans brusque secousse à une foi précise : conversion qui lui inspira les *Pensées sur le christianisme*, et les *Aveux d'un philosophe chrétien*. Il appartenait depuis 1832 à l'Académie des sciences morales. Si son nom ne fit pas beaucoup de bruit dans le grand public, il vécut du moins et mourut en sage. Son optimisme a de l'onction et de la bonhomie, ce qui n'empêcha pas cette épigramme :

> Droz a fait un traité sur le bonheur de l'homme ;
> Aussi, quand l'Institut lui décerne la pomme,
> Il accepte avec joie, et se dit : Oh ! mon Dieu,
> Il faut toujours savoir se contenter de peu.

Parmi ses titres scientifiques, n'oublions pas non plus un *Cours de législation générale,* des *Études sur le beau dans les arts* [1815] ; ses *Applications de la morale à la politique* [1825] ; et une *Économie politique* [1829].

BALLANCHE (Pierre-Simon) [1776-1847]. Né à Lyon, il commença par diriger un vaste établissement de librairie et d'imprimerie, héritage de sa famille. En 1813, après plusieurs voyages en Italie, il vint se fixer à Paris où l'accueillirent d'illustres amitiés, parmi lesquelles il faut signaler Mme Récamier, Mme de Staël, Chateaubriand, et Joubert. Religieux jusqu'au mysticisme, il débuta, quelques jours avant l'apparition du *Génie du christianisme*, par un livre d'esthétique, *Du sentiment dans ses rapports avec la littérature*, œuvre originale, mais incohérente, que Nodier compare à une ébauche de Michel-Ange [1802]. En 1808, il publia des *Fragments*, composés d'élégies en prose, souvenirs mélancoliques d'une jeunesse maladive et d'une passion malheureuse. En 1815, il symbolisa dans *Antigone* conduisant Œdipe les misères humaines, et la résignation religieuse. Son *Essai sur les institutions sociales* lui fut inspiré en 1818, par le désir de concilier l'autorité et la liberté, l'origine divine de la société, du langage et du pouvoir avec la loi d'un perfectionnement progressif, qui affranchira l'homme de tous les maux auxquels le condamne l'expiation de la faute primitive. *Le vieillard et le jeune homme* est un entretien sur le passé du monde et sur son avenir [1819]. *L'Homme sans nom* nous représente sous de sombres couleurs les remords d'un régicide. Ici, le mysticisme va jusqu'au fatalisme. Dans ses *Essais de palingénésie sociale,* (renaissance du monde) il démontre que, si tout périt dans l'ordre physique et moral, c'est pour renaître sous une forme meilleure. *Orphée* est le tableau des âges héroïques qui précédèrent l'histoire. La *Vision d'Hébal* évoque les temps antérieurs à la création, et pressent l'avenir de l'humanité. Dans la *Ville des expiations,* il plaide par une fiction toute idéale l'abolition de la peine de mort. Tous ces poëmes ont pour centre l'idée fixe d'embrasser les destinées de la race humaine se réhabilitant de sa déchéance originelle par des vertus morales, à travers une série d'épreuves providentielles Mais ce beau rêve se dégage péniblement des allégories ou des symboles qui enveloppent la pensée sociale et philosophique. Durant toute sa vie, Ballanche oscilla entre le passé et l'avenir, dans de généreuses contemplations où la science de l'érudit et la logique du métaphysicien prennent le ton du poëte et de l'hiérophante. Il entra en 1844 à l'Académie française.

Wronsky (Hoené) [1778-1833]. Né en Pologne, à Posen, naturalisé français, officier d'artillerie au service de la Russie, il était lieutenant-colonel, quand il vint se fixer à Paris, pour s'y livrer à la culture des sciences, et à des recherches plus ou moins fantastiques. Il prétendait par exemple avoir découvert, un vendredi, à deux heures de l'après-midi, sur le quai de Marseille, l'identité de l'*Objet* et du *Sujet,* de l'esprit et de la matière. Un négociant du Midi, nommé Arson, lui avait acheté 200,000 fr. la vérité absolue, et voulait qu'on la lui livrât. Il s'en suivit un procès. Il publia l'*Introduction à la philosophie des mathématiques* [1811]; la *Philosophie de l'infini* [1814]; la *Philosophie de la technie algorithmétique* [1815]; le

Sphinx, journal politique qu'il combattait lui-même dans une autre feuille, pour accorder les contraires; le *Messianisme* [1831] qui prétendait réconcilier la philosophie et la religion. C'est un mystique dont la tête ne fut pas solide.

POËTES

Traducteurs.

CLÉMENT (Jean-Marie-Bernard) [1742-1812]. Connu sous le nom de *Clément de Dijon* (lieu de sa naissance), il fut célèbre par l'acrimonie de son caractère. Il avait attaqué Voltaire dans une épître qu'il supposait écrite par Boileau, ce qui lui valut cette riposte :

> Toujours ami des vers, et du diable poussé,
> Au vigoureux Boileau j'écrivis l'an passé ;
> J'ignore si mon style aura pu lui déplaire,
> *Mais il m'a répondu par un plat secrétaire.*

En 1800, il publia une traduction abrégée de la *Jérusalem délivrée*. Il réduisit ses chants de vingt à seize ; et, sous prétexte de supprimer le *clinquant* du Tasse, changea l'or en plomb. Aussi ne réussit-il qu'à faire valoir l'œuvre d'un rival, *Baour-Lormian*, qui fut du moins sensible à la grâce et à l'harmonie de son modèle.

FARIAU DE SAINT-ANGE (Ange-François) [1747-1810]. Né à Blois, il débuta par une ode au roi de Danemark (1768). En 1771, ses premiers essais, des traductions d'Ovide, méritèrent les éloges de La Harpe, et le patronage de Turgot, qui lui fit donner une pension sur l'*Almanach royal*. Employé dans l'intendance militaire, après le 9 Thermidor, puis professeur de belles-lettres à l'École centrale de la rue Saint-Antoine, il devint académicien en 1810, et mourut la même année. Il était fort laid, s'il faut en croire cette épigramme :

> Ovide osa nous raconter
> Comment Jupin donna le change
> Aux belles qu'il voulait dompter,
> En prenant mainte forme étrange ;
> Mais aujourd'hui Jupin se venge
> En le faisant ressusciter
> Sous la figure de Saint-Ange.

Il traduisit en vers les *Fastes* (1804), l'*Art d'aimer* (1807), et le *Remède d'amour* (1811) ; les *Métamorphoses* (1800-1808) furent son œuvre la plus soignée. Son vers est élégant et souple, comme on en jugera par ce fragment :

> En amour, au barreau, l'éloquence a son prix :
> Romains, à l'éloquence exercez vos esprits,
> Nous défendons par elle un coupable, et par elle
> Aussi bien que Thémis on désarme une belle.
> Ménage ce talent, et cache bien ton art ;
> L'esprit doit être aisé, naturel et sans fard.
> D'un vain déclamateur évite l'étalage ;
> Borne-toi pour ta belle aux mots du simple usage.
> Un style plein d'enflure, un langage affecté,
> Fut souvent tout le tort d'un amant rebuté.
> Que le tien, plein de feu, soit doux, facile et tendre :
> En lisant tes billets elle croira t'entendre.
> Peut-être sans les lire on te les renverra ;
> Ne désespère pas, un jour on les lira.
> Le temps du fier taureau fait un esclave utile,
> Le temps au frein qu'il mord rend le coursier docile ;
> Le métal d'un anneau s'use au simple toucher :
> Quoi de plus mou que l'eau, de plus dur qu'un rocher ?
> L'eau qui tombe le perce. On aime qui nous aime;
> Persiste, et tu vaincras Pénélope elle-même :
> Le siége d'Ilion se prolongea dix ans ;
> Mais Ilion enfin fut prise avec le temps.

CARRÉ (Pierre-Laurent) [1758-1825]. Né à Paris, élève de Delille, professeur de belles-lettres, nommé par Fontanes à la Faculté de Toulouse, il fut toute sa vie un lauréat de concours académiques. La Convention l'avait invité à composer des hymnes pour ses fêtes nationales. Lebrun admirait cette strophe de l'Ode sur la *Vieillesse* :

> Plus le chêne compte d'hivers,
> Plus il déploie un vaste ombrage ;
> Le fleuve, en s'approchant des mers,
> Accroît l'orgueil de son rivage ;

> Ton sort n'est pas moins glorieux,
> Et, sur la fin de ta carrière,
> Rivale de l'astre des cieux,
> Tu te couches dans la lumière.

Il traduisit en vers, sous l'Empire, le *Bouclier d'Hésiode*.

DIDOT (Firmin) [1764-1836] traduisit en vers les *Bucoliques* de Virgile (1806), et les *Idylles* de Théocrite (1810-1836). Il composa aussi une tragédie sur *Annibal*.

GASTON (Marie-Joseph-Hyacinthe DE) [1767-1808]. Né à Rodez, proviseur du lycée de Limoges, il fit la tragédie d'*Artaxerce*, et traduisit l'*Énéide*. C'est contre lui que Lebrun lança ce trait :

> De cet homme que j'ignore
> En vain me suis-je informé;
> Depuis qu'on me l'a nommé,
> Je le connais moins encore.

Sa version est sèche et monotone, mais il eut la bonne volonté de reproduire son texte presque vers pour vers. Le style fit trop défaut à ce travail de patience dont on put dire avec raison :

> Gaston, ce maigre traducteur,
> Dont la santé fut si fragile,
> Ne présente aux yeux du lecteur
> Que le squelette de Virgile.

Parmi les traducteurs de l'*Énéide*, mentionnons aussi François BECQUEY qui publia, en 1808, les quatre premiers livres, et mérita cette épigramme :

> Becquez traduisant comme un sot
> Fait un superbe mot-à-mot.

Il acheva son œuvre en 1828.

DARU (Pierre-Antoine-Noël-Bruno, comte) [1767-1829]. Né à Montpellier, lieutenant et commissaire des guerres de 1783 à 1789, emprisonné comme suspect sous la Terreur, nommé ordonnateur en chef de l'armée, l'an V, secrétaire général du ministère de la guerre après le 18 Brumaire, puis conseiller d'État et intendant de la maison impériale en 1805, intendant général du pays de Brunswick, en 1806, ministre plénipotentiaire, et chargé du portefeuille de la guerre, en 1813, M. le comte Daru fut un de ces hommes d'État qui concilient le goût des lettres avec de hautes et laborieuses fonctions. Sa traduction d'*Horace* est restée une des plus voisines de l'original, du moins si l'on considère l'esprit et le style. Par une *épitre en vers*, il engagea Delille à être plus juste pour la Révolution, à chanter ses pures renommées, et à revenir enfin dans sa patrie. Sa *Cléopédie* ou *Théorie des réputations*, est une satire élégante et spirituelle, d'où nous détacherons ces vers :

> Que n'avez-vous paru depuis quelque vingt ans ?
> On eût parlé de vous : c'était là le bon temps.
> De l'abbé Fontenay la gazette timide,
> Grâce à la pension encore plus aride,
> A peine en huit grands jours avait pour aliment
> Le renvoi d'un ministre, un mot du parlement,
> Ou le petit orgueil d'un noble de province,
> Traîné pour mille écus par les chevaux du prince.
> Mais en revanche alors, le public et Fréron,
> Même en vous critiquant, vous auraient fait un nom :
> Le public, ennuyé d'une paix éternelle,
> Aimait à voir au moins les auteurs en querelle ;
> Un petit bavardin griffonné tous les jours
> Répandait les bons mots, les vers, les calembours ;
> Pour ne les pas savoir il n'était pas d'excuses,
> Et nous lisions encore les Almanachs des Muses.

Tissot (Pierre-François) [1768-1854]. Né à Versailles, professeur de poésie latine au Collège de France, membre de l'Académie française en 1833 ; il traduisit en vers les *Bucoliques de Virgile* (1801), et publia des *Études* sur ce poëte (1825-1830), ainsi qu'une *Histoire de la Révolution française* (1833-1836).

Aignan (Étienne) [1773-1824]. Né à Beaugency-sur-Loire, élu par l'Académie en 1814, il fit une traduction de l'*Iliade*, où l'on retrouva près de 1,200 vers plus ou moins empruntés à l'un de ses devanciers, Guillaume de Rochefort (1731-1788), membre de l'Académie des inscriptions. Ces larcins le firent surnommer le *Cosaque de l'Institut*. Ajoutons que dans sa préface il avait singulièrement maltraité celui qu'il dépouillait. Il traduisit aussi le *Vicaire de Wakefield*, et composa deux tragédies : *la*

Mort de Louis XVI, imprimée quelques semaines après le régicide, et *Brunehaut ou les Successeurs de Clovis*, 1810.

Bruguières de Sorsum (Antoine-André) [1773-1823]. Né à Marseille, attaché à l'état-major du général Dessoles, il suivit à Cassel le roi Jérôme, qui le créa baron de Sorsum. Il traduisit, sous les auspices de Fontanes, *Sacountala*, les *Poésies* de Southey, *Macbeth*, *Coriolan*, *la Tempête*, et *le Songe d'une nuit d'été*. En 1806, il concourut pour le prix de poésie avec Millevoye et Victorin Fabre, mais n'obtint que l'accessit. Le sujet fut la Mort de La Peyrouse. On y lit ces vers :

> Non, d'un ingrat oubli n'accuse point la France ;
> Elle a sur l'Océan fait voler l'*Espérance*,
> Et, des îles de l'Inde au bout de l'univers,
> Interrogé pour toi les écueils et les mers.
> Deux fois, pour te chercher, les plages antarctiques
> Ont vu se déployer nos drapeaux pacifiques ;
> Mais l'infidèle Écho des bords où tu gémis,
> Hélas ! n'a pas porté ta voix à tes amis.

Saint-Victor (Jacques-Benjamin-Maximilien Bins de) [1775-1858]. Né à Nantes, royaliste ardent, arrêté en Bretagne, vers la fin de 1813, et détenu jusqu'à la chute de Napoléon, il fut en droit de légitime revanche dans les odes que lui inspirèrent ses haines politiques, et qui parurent en 1814. Mais nous préférons à ces cris de colère sa traduction d'Anacréon. Son modèle lui a porté bonheur ; qu'on en juge par ce fragment :

> Tout l'or du roi de Lydie
> N'a rien qui touche mon cœur :
> Monarques, votre grandeur
> Ne me cause point d'envie.
> Sur mon front toujours joyeux
> Mes doigts enlacent la rose ;
> D'un parfum délicieux
> Avec volupté j'arrose
> Et ma barbe et mes cheveux.
> Dans ma course passagère,
> Le jour qui luit à mes yeux
> Est le jour que je préfère ;
> Car du lendemain les Dieux
> Ont voulu faire un mystère.
> Tant qu'un soleil pur t'éclaire,

> Fête l'Amour et Bacchus;
> Crains toujours quelque surprise,
> Et qu'Atropos ne te dise :
> Cesse tes jeux, ne bois plus.

Girodet illustra ces odes, qui méritaient cet honneur. A cet esprit souple et distingué nous devons aussi un *Tableau de Paris*, *l'Espérance* et le *Voyage du Poëte*.

MOLLEVAUT (Charles-Louis) [1777-1844], né à Nancy, fit un poëme descriptif sur les *Fleurs*, et traduisit en vers *Catulle*, *Tibulle* et *Properce*. De lui est cette pensée :

> Qui ne vit que pour soi vit pour bien peu de chose.

Poésie lyrique.

ÉCOUCHARD-LEBRUN surnommé LEBRUN PINDARE (Ponce-Denis) [1729-1807]. Né à Paris, fils d'un valet de chambre du prince de Conti, devenu secrétaire de ses commandements, pensionné par la cour, sous le ministère de M. de Calonne, il chanta successivement Louis XVI, la République et l'Empire. Son caractère ne valut donc pas son talent. Rappelons pourtant qu'il eut l'heureuse pensée de recommander à Voltaire la petite-fille de Corneille, réduite à la misère (1760)). Bien des orages troublèrent son foyer. Il ne put vivre avec sa femme, qui, après quatorze années de mariage, dut se séparer de lui. Ses aptitudes lyriques s'étaient annoncées dès l'âge de douze ans. A peine sorti du collége Mazarin, il concourut, en 1749, pour le prix de poésie. En 1755, il fit paraître une ode sur les *Tremblements de terre*; il y déplorait la mort du jeune fils de Louis Racine englouti dans le sinistre dont Lisbonne venait d'être victime. Après que le Parlement eut confirmé la sentence du Châtelet qui brisait son mariage, Lebrun lança contre ce tribunal des ïambes intitulés : *Alcée aux juges de Lesbos*. Il devint ensuite le Pindare, ou le Tyrtée officiel de la Convention. Publiées par Ginguené, ses œuvres se composent d'*Odes*, d'*Élégies*, d'*Épîtres*, d'*Épigrammes*, de *Fables*, des *Veillées du Parnasse*, et d'un *Poëme sur la Nature*. Parmi ses inspirations se distinguent surtout ses strophes à *Voltaire*, en faveur de Mlle *Corneille*, ses Odes sur *l'Enthousiasme*, sur *Buffon*, sur *le Vaisseau le Vengeur*, sur *le Projet de descente en Angleterre*, et sur *l'Athéisme*.

Détachons quelques vers de son ode sur *Dieu*:

>Atome d'un instant, poussière fugitive,
>Homme né pour la mort, parle : as-tu fait les cieux ?
>As-tu dit à la mer : Brise-toi sur la rive ?
>As-tu dit au soleil : Marche et luis sous mes yeux ?
>
>Et contre l'Éternel un vermisseau conspire !
>Et, rampant dans un coin de ce vaste univers,
>L'homme chasserait Dieu du sein de son empire !
>Il nommerait sagesse un délire pervers !
>
>L'impie atteste en vain le néant, ou l'absence
>D'un Dieu que les remords révèlent aux forfaits ;
>Et moi, j'ose attester l'invisible présence
>D'un Dieu qu'à l'univers révèlent ses bienfaits.

Rappelons aussi les accents qui terminent l'ode sur *le Vengeur* :

>Plus fiers d'une mort infaillible,
>Sans peur, sans désespoir, calmes dans leurs combats,
>De ces républicains l'âme n'est plus sensible
>   Qu'à l'ivresse d'un beau trépas.
>
>Près de se voir réduits en poudre,
>Ils défendent leurs bords enflammés et sanglants :
>Voyez-les défier et la vague et la foudre,
>   Sous des mâts rompus et brûlants.
>
>Voyez ce drapeau tricolore
>Qu'élève, en périssant, leur courage indompté.
>Sous le flot qui les couvre, entendez-vous encore
>   Ce cri : Vive la Liberté !
>
>Ce cri !... c'est en vain qu'il expire,
>Étouffé par la mort et par les flots jaloux ;
>Sans cesse il revivra répété par ma lyre !
>   Siècles, il planera sur vous !

CROUZET (Pierre) [1753-1811]. Né à Saint-Waast, en Picardie, professeur, puis principal au collége de Montaigu (1791), directeur du Prytanée de Saint-Cyr, en 1801, et de l'École militaire de La Flèche, en 1808, enfin proviseur du collége Charlemagne et correspondant de l'Institut en 1809, il composa un poëme sur la *Liberté* (1790), un *Discours en vers sur l'Homme*, et une pièce militaire intitulée *Fortunas*; elle fut jouée au Prytanée, à la distribution des prix. Il y mettait en scène un héros plébéien qui, sous l'Empire, renouvela le trait du chevalier d'Assas. Il y avait là plus de patriotisme que de talent.

Théveneau (Charles-Simon) [1759-1821]. Né à Paris, il se fit une sorte de célébrité par un poëme dithyrambique : *Hercule au mont Œta*. Dussault le prôna très-haut dans ses *Annales littéraires*. Rien n'est pourtant plus commun et plus déclamatoire que cette longue cantate dont la rhétorique artificielle rappelle *Circé* de J.-B. Rousseau. Il fut parfois mieux inspiré dans une épître sur *l'Illusion*. Il suppose que cette déesse offre au malheureux un miroir, devant lequel passent tour à tour le joueur, l'ambitieux, l'usurpateur, le mourant, la coquette, le romantique et le patriote. La pièce se termine par cette comparaison :

> Et de l'Illusion admire le pouvoir :
> Quand au miroir magique on cessait de se voir,
> Des cerveaux ébranlés les fibres élastiques
> Y répétaient encor ces scènes fantastiques.
> Tel, quand l'airain qui sonne, au silence rendu,
> Dans l'air qu'il a frappé repose suspendu,
> Ce fidèle élément, d'une aile fugitive,
> Transmet les derniers sons à l'oreille attentive.

Ce rimeur vécut en parasite, et mourut misérable.

D'Avrigny (Charles-Joseph L'Œuillard) [1760-1823]. Né à la Martinique, il mérita d'être signalé dans le rapport fait sur les *Prix décennaux* (an XII). Nous y lisons : » Le jury a pris en considération un recueil de petits poëmes sous le titre de *Poésies nationales*, par M. d'Avrigny, surtout trois odes, l'une sur la *Campagne d'Autriche*, la seconde sur la *Campagne de Saxe*, ou la *Bataille d'Iéna*, la troisième sur la *Campagne de Prusse*. On y trouve du talent, de l'imagination, des idées heureuses, et beaucoup de strophes très-bien écrites ; mais la verve, le mouvement, les rapprochements inattendus, et la pompe du style qu'exige le genre lyrique dans les sujets élevés ne s'y montrent pas assez souvent. » Dans son ode sur la *Campagne d'Autriche*, le poëte se souvint d'Eschyle et de la scène où Atossa apparaît à Xerxès pour lui annoncer la ruine prochaine de son armée. Il suppose qu'après Austerlitz, le roi d'Angleterre va dans les caveaux de Westminster consulter sur ses destins Édouard III, le vainqueur de Crécy. On peut citer, dans la *Campagne de Prusse*, les strophes que voici :

Mais déjà s'éveillant dans son palais de glace,
Du fond de ses États que le vainqueur menace,
L'Hiver accourt, le front ceint d'une affreuse nuit :
Les frimas devant lui dévastent la campagne :
    L'ouragan l'accompagne ;
    La famine le suit.

Il vole, et, déployant ses ailes orageuses,
Élève en boulevards cent montagnes neigeuses ;
Le fleuve dans son cours s'arrête suspendu ;
La route disparaît, et l'œil au loin n'embrasse
    Qu'un océan de glace,
    Sur la terre étendu.

Sa tragédie de *Jeanne d'Arc* n'est pas non plus sans mérite. Elle fut jouée au Théâtre-Français, le 4 mai 1819.

Rouget de L'Isle (Joseph) [1760-1836]. Né à Lons-le-Saulnier, officier du génie vers 1789, il tenait garnison à Strasbourg (1792), lorsque, dans le voisinage de nos frontières menacées, il composa, sous l'enthousiasme de l'heure présente, les paroles et la musique de l'hymne impérissable qui anima nos volontaires courant à la défense du pays : ce qui ne l'empêcha pas d'être bientôt incarcéré par la Terreur. On appela ce chant *la Marseillaise*, parce qu'il fut répété par les Marseillais, marchant le 10 août contre les Tuileries. Rouget de l'Isle combattit en Vendée, sous le général Hoche, et fut blessé à Quiberon. L'Empire et la Restauration eurent le tort de l'oublier ; grâce au patronage de Béranger, le gouvernement de Juillet lui donna la croix, et une pension. Il a laissé cinquante *Odes*, *Idylles* ou *Essais*, et une tragédie lyrique, *Macbeth*.

Desorgues (Joseph-Théodore) [1764-1808]. Né à Aix, en Provence, bossu par devant et par derrière, comme Ésope et Tyrtée, il fit à la fois des Fables et des Odes. Très-passionné dans ses affections et ses haines, il célébra la République et le Consulat, mais ne pardonna point l'Empire à Bonaparte. On cite de lui ce jeu de mots qui eut alors grand succès. Un jour qu'au café de la Rotonde on lui présentait une glace au citron : « Non, dit-il, je n'aime pas l'*Écorce* (les Corses). » Dénoncé pour ce propos, et coupable d'une chanson dont le refrain était :

> Oui, le grand Napoléon
> Est un caméléon,

il fut enfermé à Charenton où sa tête peu solide acheva de se déranger. On l'avait surnommé le poëte *Désordre*. Sa gibbosité lui valut cette méchante épigramme de Lebrun :

> De l'aveugle fameux notre bossu diffère,
> L'ignorance en vain les confond :
> Le double mont portait Homère
> Et Desorgues sur lui porte le double mont.

il riposta par un trait sanglant que nous avons cité : *Oui, le fléau le plus cruel...* On a de lui : *Rousseau ou l'Enfance* (1793) ; une *Épître sur l'Italie* (1797), un *Chant funèbre sur les guerriers morts à Marengo* (1800), le poëme des *Transtévérines* (1793), et un *Hymne à l'Être suprême*. Cette pièce est réputée son chef-d'œuvre.

Baour-Lormian (Marie-François) [1770-1854], naquit à Toulouse, et fut reçu à l'Académie, en 1815. Poëte lyrique, il débuta, en 1797, par un *Hommage aux armées françaises* ; il publia son *Ossian* vers 1800, chanta les campagnes d'Italie, fit en 1802 une ode sur le *Rétablissement du culte*, et en 1810, le *Chant nuptial* et les *Fêtes de l'Hymen*. En 1811, il célébra la naissance du Roi de Rome, et ajouta à ses *Poésies Galliques* les *Veillées poétiques et morales*. Traducteur de la *Jérusalem délivrée* et de *Job*, il produisit aussi deux tragédies : *Omasis ou Joseph en Égypte* (1806), et *Mahomet II* (1837), un roman historique *Duranti* (1828), et deux volumes de *Légendes, Ballades et Fabliaux* (1829). A ses épigrammes très-vives Lebrun répondit par ce trait :

> Rien n'est si lent, si lourd
> Que monsieur Lormian-Balourd ;
> Rien n'est si lourd, si lent
> Que monsieur Baour-Lormian.

En 1848, lorsque la République voulut lui enlever sa pension, M. de Lamartine défendit éloquemment l'auteur de l'*Hymne au soleil*, qui, depuis longtemps aveugle, ne pouvait plus voir l'astre chanté par sa muse.

BARJAUD (Jean-Baptiste) [1785-1813]. Né à Montluçon, il fut tué à la bataille de Leipsick. Il remporta le grand prix dans le concours lyrique en l'honneur de l'*Hymen* et de *la Naissance*, par ses odes sur *Marie-Louise*, et le *Roi de Rome*. Il a laissé un acte en vers, intitulé : *Matinée d'Auguste*.

LEBRUN (Pierre-Antoine) [1785-1872]. Ce poëte, dont nous avons esquissé la physionomie, fit représenter *Ulysse*, en 1814, *Pallas, fils d'Évandre*, en 1822, *Marie Stuart*, en 1820, *le Cid d'Andalousie*, en 1825. Il avait partagé le prix de poésie avec M. Saintine, en 1817, pour des vers sur le *Bonheur de l'Étude*. Son *Voyage en Grèce* parut en 1828, l'année même où il fut élu académicien. Nommé, après 1830, administrateur de l'Imprimerie royale, il devint Pair de France, et Sénateur, le 8 mars 1853.

Nota. — L'Empire vit naître des opéras dignes de mémoire, en particulier : *le Triomphe de Trajan*, d'ESMÉNARD, l'*Adrien* et *la Mort d'Abel*, d'HOFFMANN, *la Vestale* et le *Fernand Cortez*, de M. JOUY.

Élégie.

PARNY DE FORGES, (Évariste-Désiré, chevalier DE) [1753-1814]. Né à l'île Bourbon, envoyé en France à neuf ans, il songea d'abord à se faire trappiste, mais finit par devenir capitaine de dragons, et accompagna comme aide de camp le gouverneur général des Indes à Pondichéry.

Rappelé par sa famille dans son pays natal, en 1773, il célébra, sous le nom d'Eléonore, une jeune créole dont il s'était épris, et qui fut l'Elvire de sa muse trop épicurienne. Ruiné par la Révolution dont il avait partagé les espérances, il se vit réduit à un modeste emploi dans les bureaux de l'Instruction publique (1795), puis dans les Droits-réunis. Doté par Napoléon d'une pension de 3,000 francs, il était entré à l'Académie en 1803. Ses œuvres sont des *Élégies*, (1778), des lettres mêlées de vers, des *Chansons madécasses*, *les Fleurs*, *la Journée champêtre*, *les Scandinaves*, *Goddam*, *les Voyages de Céline*, des *Poésies mêlées*, *la Guerre des Dieux* (1779), et les épopées des *Rosecroix*, d'*Isnel et Asléga*. Nous ne dirons rien des écarts regrettables de son talent : ils appartiennent à l'histoire des mœurs plus qu'à celle de la littérature, et prouvent combien, vers la fin du Directoire, la Société d'alors avait besoin d'être assainie. Oublions ces scandales pour rappeler seulement que Parny mérita le surnom de *Tibulle français*, par des accents dont la grâce voluptueuse a l'éloquence de la passion. Il eut du naturel et du goût, des instincts de mélodie et de simplicité, une plume délicate et fine, quand il respecta tout ce qui doit être respecté. Nourri à une époque meilleure, il eût été un élégiaque parfait. Son poëme d'*Isnel et Asléga*, (1802), dont la couleur a pâli, offrit pourtant alors avec fraîcheur et nouveauté ces teintes Ossianiques, dont l'imitation fut mise à la mode par Baour-Lormian. Mentionnons ces vers dignes de mémoire :

> Son âge échappait à l'enfance.
> Riante comme l'innocence,
> Elle avait les traits de l'Amour ;
> Quelques mois, quelques jours encore,
> Dans ce cœur pur et sans détour
> Le sentiment allait éclore.
> Mais le ciel avait au trépas
> Condamné ses jeunes appas.
> Au ciel elle a rendu sa vie,
> Et doucement s'est endormie,
> Sans murmurer contre ses lois ;
> Ainsi le sourire s'efface ;
> Ainsi meurt sans laisser de trace
> Le chant d'un oiseau dans les bois.

Treneuil (Joseph) [1763-1808]. Né à Cahors, auteur de divers poëmes, *l'Orpheline du Temple*, *la Captivité de Pie VI*, *le Martyre de Louis XVI*, il obtint, sous l'Empire, un grand succès politique par ses *Tombeaux de Saint-Denis*.

Babois (Marguerite-Victoire) [1760-1839]. Née à Versailles, nièce de Lebrun, elle cultiva la poésie, sous le patronage de son oncle, de Fontanes et de Joseph Chénier. Elle eut des notes émues d'une douce mélancolie, dans ses *Élégies maternelles* (1805), et ses *Élégies nationales* (1815).

Dufrénoy (Adélaïde-Gillette Billet) [1765-1825]. Née à Nantes, mariée, vers l'âge de quinze ans, à un riche procureur au Châtelet, M. Dufrénoy, ruinée par la Révolution qui réduisit son mari à vivre d'une place de greffier dans une petite ville d'Italie, elle subit courageusement cette infortune ; et, devenue veuve, elle publia un recueil d'*Élégies* (1807-1813), que recommandent l'harmonie, le naturel, la passion et l'énergie d'un accent expressif. Quelques-uns même doutèrent qu'une femme fût l'auteur de ces poésies, et ils les attribuèrent à Fontanes. C'était une injuste méprise. Elle s'en plaignit amèrement dans ces vers, adressés à M. Laya, et où elle dit :

> J'ignorais qu'au Parnasse une douce victoire
> Nous donne moins d'éclat encor que de travers :
> J'ignorais que vos cœurs inconséquents et fiers,
> Même en nous adorant, haïssent notre gloire,
>   Et que l'action la plus noire
> Nous fait moins d'ennemis que quelques jolis vers.

Citons encore la pièce des *Souvenirs* :

> Je les revois ces lieux chers à mon cœur,
> Ces lieux tout pleins de l'ingrat que j'adore,
> Où s'alluma le feu qui me dévore,
> Où je reçus, et donnai le bonheur.
> Je les revois; seule j'occupe encore
> Ce siége heureux où, dans de plus beaux jours,
> A mes côtés il se plaçait toujours.

> Voici l'endroit où sa voix si touchante
> M'a tant de fois nommée avec transport
> Et sa plus chère et sa dernière amante.
> C'est là qu'il fut l'arbitre de mon sort...
> Moments divins d'un angélique amour !
> Qui me rendra vos voluptés si pures?
> Qui de mon cœur fermera les blessures?
> Bonheur céleste ! as-tu fui sans retour ?
> Qu'il dura peu ! deux printemps ont à peine
> Embaumé l'air du doux parfum des fleurs,
> Depuis ce temps de plaisir, de douleurs
> Où se forma, se brisa notre chaîne.

Les *Regrets* et les *Fers brisés* ne sont pas d'un ton moins franc et moins ému. En 1814, l'Académie couronna son poëme sur les *Derniers moments de Bayard*. Il se termine ainsi :

> Atteint d'un coup mortel, sur l'arène sanglante
> Il tombe : tout son camp jette un cri d'épouvante;
> Mais lui, dans la mort même incapable d'effroi,
> Nomme en tombant son Dieu, sa Patrie et son Roi !
> — « Je suis mort, cria-t-il ; mais gardez votre place,
> L'ennemi jusqu'au bout ne me verra qu'en face. »
> Il dit; et le héros, respirant à moitié,
> Sous un arbre voisin avec peine appuyé,
> De sa mourante main ressaisissant son glaive,
> Après un long effort quelque temps se relève,
> Du geste et du regard excite nos soldats ;
> Et déchiré, couvert des ombres du trépas,
> Son front, que par degrés la douleur décolore,
> Tourné vers l'ennemi l'épouvantait encore !

Dubos (Constant) [1768-1844]. Né à Massy, près de Lonjumeau, professeur de rhétorique au Lycée Impérial (aujourd'hui Louis-le-Grand,) de 1810 à 1820, il publia un recueil d'élégies et d'idylles intitulé *les Fleurs* (1809). Il y a là quelques gracieux motifs.

Millevoye (Charles-Hubert) [1788-1816]. Né à Abbeville, voué d'abord au barreau, puis, après la perte de sa fortune, au commerce de la librairie, il fut couronné par l'Académie française pour les pièces intitulées : *l'Indépendance de l'Homme de lettres* (1806), *le Voyageur* (1807), la *Mort de Rotrou* (1811), *Belzunce ou la Peste de Marseille*, la *Bataille d'Austerlitz*, le *Dévouement de Goffin* (1812). Après avoir tenté l'aventure d'un récit épique dans son conte en vers sur *Emma et Eginhard*, puis dans la *Rançon d'Egill*, il risqua deux gros poëmes, l'un en six chants, *Charlemagne à Pavie*, et l'autre en quatre chants, intitulé *Alfred*. Mentionnons aussi le *Voyage à Varennes*, le *Règne de la Terreur*, et la *Mort de Brunswick*.

Poésie didactique et descriptive.

LANTIER (Étienne-François DE) [1734-1826]. Né à Marseille, il servit d'abord dans la cavalerie, puis tourna des vers avec une facilité superficielle qui lui valut des succès de salon. La Harpe osa le placer après Voltaire et La Fontaine. Rien ne justifie cet excès de faveur, ni le *Voyage d'Anténor*, fade roman calqué sur l'*Anacharsis* de Barthélemy, ni ses *Contes en vers et en prose*, [1782], ni son *Recueil de poésies* [1815]. Un jour qu'un de ses amis l'engageait à briguer un fauteuil à l'Académie, il répondit : « J'aime mieux qu'on demande pourquoi je n'y suis pas que pourquoi j'y suis. » Sa vogue fut aussi bruyante que passagère.

DELILLE (l'abbé Jacques) [1738-1813]. Né à Aigueperse, en Limagne, fils naturel d'un avocat au présidial de Clermont, professeur d'humanités à Amiens, et au collége de la Marche, il dut à ses *Géorgiques* [1769] un fauteuil à l'Académie (1774), et une chaire de poésie latine au Collége de France. En 1784, il visita Constantinople avec M. de Choiseul-Gouffier. Ruiné par la Révolution, il ne publia, durant cette période, qu'un dithyrambe sur l'*Immortalité de l'âme*; on y lisait ces vers :

> O vous qui de l'Olympe usurpez le tonnerre,
> Des éternelles lois renversez les autels,
>   Lâches oppresseurs de la terre,
>   Tremblez : vous êtes immortels.

Après la Terreur, il alla passer un an à Saint-Dié, en Lorraine, puis parcourut la Suisse, l'Allemagne et l'Angleterre. Revenu en France [1802], à peu près aveugle, il se maria, remonta dans sa chaire, et mourut en travaillant au poëme de la *Vieillesse*. Ses œuvres sont, avec les *Géorgiques, les Jardins* [1782], *l'Homme des champs* [1800], *la Pitié* [1803], une traduction de l'*Énéide* [1804], et du *Paradis perdu* [1805], *l'Imagination* [1806], *les Trois règnes de la Nature* [1809], *la Conversation* [1812], des *Poésies fugitives*, et une traduction de l'*Essai sur l'Homme*, de Pope [1811].

GUDIN DE LA BRENELLERIE (Paul-Philippe) [1738-1812]. Né à Paris, lié avec Beaumarchais, il publia des *Contes en vers* [1806], et ses *Œuvres complètes* en 7 vol. [1809]. Il fut l'auteur de ce vers sur Henri IV :

Seul roi de qui le pauvre ait gardé la mémoire.

Barthélemy, dans sa *Némésis*, le transforma ainsi :

Le seul roi dont le peuple ait gardé la mémoire.

LEGOUVÉ (Gabriel-Marie-Jean-Baptiste) [1764-1813]. Né à Paris, fils d'un avocat distingué, membre de l'Académie française en 1793, il suppléa Delille au collége de France. Ses tragédies sont *la Mort d'Abel* [1792], *Épicharis* [1793], *Étéocle* [1799] et *la Mort d'Henri IV* [1806]. Il a laissé des poèmes didactiques et descriptifs justement estimés, l'*Épitre aux femmes* [1795], *la Sépulture*, les *Souvenirs, la Mélancolie* [1798] et *le Mérite des femmes* [1801].

NEUFCHATEAU (Nicolas-Louis-François DE) [1750-1828]. Né à Sassay, en Lorraine, fils d'un instituteur primaire, devenu membre de l'Académie française en 1799, il compta parmi les enfants célèbres. Car, à quatorze ans, il méritait par ses premiers essais poétiques les éloges de Voltaire, et le titre d'Académicien, à Lyon, Marseille et Nancy. La ville de Neufchâteau lui donna le droit de porter son nom. Mais bientôt de hauts emplois le disputèrent aux lettres. Après avoir occupé le poste de procureur général à Saint-Domingue, il vint siéger à l'Assemblée législative, comme député, secrétaire et président. Ministre de l'intérieur en 1791, il entra au Directoire, et reprit son portefeuille en 1798. L'administrateur fut aussi désintéressé que zélé pour les lettres. On lui doit la première exposition de l'industrie [22 septembre 1798]. Sénateur sous l'Empire, il fut alors une sorte de Mécène. Il a laissé, parmi ses ouvrages d'histoire, d'éducation et d'agronomie, des *Poésies légères*, des *Fables* et *Contes en vers*, deux poëmes, l'un en quatre chants sur les *Tropes*, l'autre sur les *Vosges*, analogue à celui d'Haller sur les Alpes, la comédie de *Paméla* qui eut beaucoup de vogue, et un *Discours sur l'art de lire les vers* [1]. En voici un fragment :

> Arrête, sot lecteur, dont la triste manie
> Détruit de nos accords la savante harmonie ;
> Arrête, par pitié ! Quel funeste travers,
> En dépit d'Apollon, te fait lire des vers ?
> Ah ! si ta voix ingrate ou languit, ou détonne,
> Ou traîne avec lenteur son fausset monotone;
> Si du feu du génie en nos vers allumé,
> N'étincelle jamais ton œil inanimé ;
> Si ta lecture enfin, dolente psalmodie,
> Ne dit rien, ne peint rien à mon âme engourdie,
> Cesse, ou laisse-moi fuir. Ton regard abattu
> Du regard de Méduse a la triste vertu.
> L'auditeur qu'ont glacé tes sons et ta présence,
> Croit subir le supplice inventé par Mézence ;
> C'est un vivant qu'on lie au cadavre d'un mort :
> Attentif à ta voix, Phébus même s'endort ;
> Sa défaillante main laisse tomber sa lyre.
> C'est peu d'aimer les vers, il les faut savoir lire ;
> Il faut avoir appris cet art mélodieux
> De parler dignement le langage des dieux ;
> Cet art qui, par les tons des phrases cadencées,
> Donne de l'harmonie et du nombre aux pensées :
> Cet art de déclamer, dont le charme vainqueur
> Assujettit l'oreille et subjugue le cœur.

DECOMBEROUSSE (Benoit-Michel) [1754-1841]. Né à Villeurbanne, près de Lyon, jurisconsulte, et auteur d'une tragédie aujourd'hui introuvable, *la Mort de Michel Lepelletier* (an V), il s'avisa de mettre en vers tout le *Code Napoléon* [1811].

---

1. Cet art si délicat, M. Legouvé nous l'enseigne aujourd'hui, par la pratique et la théorie, dans ses spirituelles conférences sur l'*Art de la lecture*. Tous ceux qui n'ont pu les entendre ont eu le plaisir de les lire.

CASTEL (Réné-Richard) [1758-1832]. Né à Vire, professeur à Louis-le-Grand, puis inspecteur général de l'Université, il publia en 1797 un poëme en quatre chants sur les *Plantes*; en 1805, la *Forêt de Fontainebleau* et une *Histoire naturelle de Buffon, classée d'après le système de Linnée*. Son style tempéré a de la souplesse et de la précision : témoin ces vers sur la fécondation des plantes :

> Au centre de la fleur des colonnes légères
> Lancent de leur sommet de fécondes poussières.
> Ces atomes subtils sur l'ovaire épandus
> Par de secrets canaux jusqu'au fond descendus,
> De cellule en cellule à la graine engourdie
> Vont porter à la fois la chaleur et la vie.
> La corolle bientôt s'effeuille ou se flétrit,
> Et l'œil peut déjà voir les prémices du fruit.

Il osait du moins appeler les objets par leur nom : car il proteste ainsi contre la périphrase :

> Phébus ne nommait pas sans un tour recherché
> Le haricot grimpant à la rame attaché.
> La carotte dorée et les bettes vermeilles
> En flattant le palais offensaient les oreilles.
> Ce temps n'est plus : le chou dont Milan s'applaudit,
> Quand sa feuille frisée en pomme s'arrondit,
> Sans dégrader les vers ose aujourd'hui paraître
> Dans les chants élégants de la muse champêtre.

Il a laissé des *Lettres* qui font aimer son caractère doux et bienveillant.

FONTANES (Louis-Marcellin DE) [1761-1821]. Né à Niort, il était, pendant la Révolution, un des écrivains du *Modérateur*. Membre de l'Institut dès l'année 1795, il fut proscrit comme royaliste au 18 Fructidor. Réfugié en Angleterre, il revint au 18 Brumaire. L'Empire le fit tour à tour professeur au Collége des Quatre-Nations, député au Corps législatif [1804], président de cette assemblée, Grand Maître de l'Université [1808] et sénateur. La Restauration le nomma pair de France et ministre d'État. Il a laissé *la Journée des morts*, imitée de Th. Gray [1796], *les Tombeaux de Saint-Denis* [1817], une traduction de l'*Essai sur l'homme* de Pope [1783-21], des fragments d'un poëme épique, *la Grèce délivrée*, enfin *la Maison rustique*, en trois chants, d'où il détacha *le Verger*, en 1788. Profitons de l'occasion pour citer une *Lettre inédite* de Fontanes. Elle est adressée à la Princesse Elisa Bacciocchi, sœur de Napoléon, alors Souveraine de Piombino et de Lucques, depuis grande-duchesse de Toscane. Nous devons à M. Perrens la gracieuse communication de l'autographe, qu'il tient du marquis Gioachino Pepoli, ancien ambassadeur d'Italie à Vienne.

A la Princesse Bacciocchi.

Madame, j'ai été aveugle pendant un mois. Je commence à retrouver l'usage des yeux. Mais ce qu'ils désirent le plus de revoir est à trois cent (*sic*) lieues de moi. La lumière ne me paraît plus si douce.

Que ne puis-je suivre Mme de la Place! elle aura le bonheur d'habiter six mois près de vôtre (*sic*) Altesse impériale. Tous mes vœux sont contrariés : voilà ma présidence finie. J'attends aujourd'huy que l'Empereur daigne prononcer sur ma destinée future. Il ne m'en dit rien, quoi qu'il me reçoive toujours avec une excessive bienveillance. On prétend que je ne dois pas m'éloigner, et qu'il faut attendre ses ordres sans impatience.

Je suis donc forcé, malgré moi, de retarder le voyage qui riait si fort à mon imagination! Je voulais voir les beaux monuments de l'Italie, même avant que vous y fussiez Souveraine. Aujourd'huy qu'elle possède ce que j'honore et ce que j'aime le plus, jugez de la violence de mon désir. Il faut pourtant en faire le sacrifice, et j'en ai presque les larmes aux yeux.

Voici l'époque où vous aurez plus besoin que jamais de tous les soins de l'amitié, et je ne serai point auprès de vous. Je me rappelle avec le plus vif attendrissement les jours où j'étais vôtre garde-malade. Que n'ai-je encore ce doux emploi! Je l'aimerais mieux que le Duché de *Massa-Carare*. Au reste, faites un vigoureux héritier, et puissai-je (*sic*) voir son mariage!

A propos, on m'avait promis cent mille sujets de plus pour vôtre principauté, et j'apprends que vous n'en avez que quarante cinq mille. J'en désire davantage, moins pour vous que pour les contrées voisines de vos États. Je voudrais que tout le monde fût comme moi sous vôtre domination. Si j'en juge d'après mes sentimens, le bonheur n'est que sous vos loix.

Les grandeurs ne vous ont point changée, et voilà pourquoi je vous aime tant! Vous avez donc songé à moi au milieu de toutes les acclamations qui vous ont suivie depuis Lucques jusqu'à Piombino. Je vais dire comme Arzace, en changeant un peu le second vers :

> Elle laissa tomber de son char de victoire
> Sur mon front *vieillissant* un rayon de sa gloire.

Vôtre lettre et vos bontés me font oublier mes cheveux gris, et je suis toujours jeune quand je songe à vous.

Je n'ose vous demander si le nouveau ministre qu'on vous envoye est de vôtre goût, si un Duc étranger dans vos États sera un agréable voisin ; je n'entre point dans le conseil des Dieux, et, quand Jupiter a parlé, je m'incline, et je me tais. Vôtre sagesse, s'il y a lieu, saura bien ramener Jupiter aux plans les plus convenables. Il vous loue avec effusion, il rend la plus haute justice à vôtre gouvernement. Il reconnait en vous une sœur digne de lui, et c'est tout dire. Mon cœur bat de joye quand il fait vôtre éloge. J'ai déjà eu plusieurs fois ce plaisir.

Tandis que tout retentit de vôtre gloire, il y a, de par le monde, un homme bien étrange qui répand les bruits les plus absurdes, se plaint, crie à outrance, écrit à l'Empereur vingt lettres qui, comme de raison, restent sans réponse. Cet homme est M. de Montarby. Il prétend avoir reçu des *révélations épouvantables* de sa femme. Il est venu chez moi. Je l'ai trouvé dans le délire. Il m'accuse presque aujourd'huy d'être entré dans une conjuration contre lui, dont il prétend que vous êtes l'âme. Vous savez avec quelle politesse je me suis toujours conduit pour le frère et la sœur. Je ne vous en ai jamais parlé que pour les recommander à vos bontés. Assurément ils ne sont pas reconnaissants. Tout cela peut vous paraître méprisable. Cependant les cris et la folie sont à un tel comble qu'il faut que vous leur fassiez imposer silence, si vous n'aimez mieux leur fermer la bouche avec de nouveaux bienfaits. Pardon de ce détail, mais il était nécessaire. J'ai bien peu de place pour vous parler de mes sentimens qui ne finiront qu'avec ma vie.

Je suis avec un profond respect, madame, de vôtre Altesse Impériale le très-humble et très-obéissant serviteur,

FONTANES.

27 avril 1806.

BOISJOLIN (Jacques-Marie-François VIEILH DE) [1763-1832]. Né à Alençon, membre du Tribunat, il traduisit *la Forêt de Windsor*, de Pope, et composa pour le premier arbre de la Liberté les vers que voici :

> Un trône sous ton ombre empoisonnait ta séve :
> Nous renversons le trône, et ton front se relève ;
> Enfant de la Montagne, arbre de Liberté,
> De climats en climats tu seras transplanté.

Citons encore cette description de la pêche à la ligne

> Au retour du printemps, sous une ombre incertaine,
> Quand de fraîches vapeurs s'exhalent sur la plaine,
> Le pêcheur immobile, attentif et penché,
> Tient sa ligne tremblante, et sur l'onde attaché,
> Son avide regard semble espérer sa proie
> Et du liége qui saute et du roseau qui ploie.
> Windsor offre en ses eaux tout un peuple écaillé,
> L'anguille au corps glissant et d'argent émaillé ;

De son vêtement d'or la carpe enorgueillie,
La perche à l'œil ardent et de pourpre embellie ;
La truite que colore un éclat enflammé,
Et le tyran des eaux, le brochet affamé.

Berchoux (Joseph) [1765-1839]. Né à Saint-Symphorien-de-Lay, en Bresse, cet émule de Brillat-Savarin et de Monselet a publié *les Dieux de l'opéra, le Philosophe de Charenton* [1804], une satire contre *Voltaire*, un petit roman, intitulé : *l'Enfant prodigue,* et *l'Art politique,* où il raille les libéraux de son temps. Mais on a oublié toutes ces fantaisies pour ne se souvenir que de la *Gastronomie* [1801], poëme héroï-comique, où il célèbre spirituellement en quatre chants un art français par excellence. Écoutez ses conseils pratiques sur le choix d'un cuisinier :

En formant la maison dont vous avez besoin,
Au choix d'un cuisinier, mettez tout votre soin :
Voilà l'homme important, le serviteur utile
Qui fera fréquenter et chérir votre asile,
Et par qui vous verrez votre nom respecté
Voler de bouche en bouche, à l'envi répété.
Avant qu'il soit à vous, sachez ce qu'il sait faire ;
Etudiez ses mœurs, ses goûts, son caractère ;
Faites cas de celui qui, fier de son talent,
S'estime votre égal, et, d'un air important,
Auprès de son fourneau que la flamme illumine,
Donne avec dignité des lois dans sa cuisine,
Qui dispose du sort d'un coq ou d'un dindon
Avec l'air d'un sultan qui condamne au cordon.

Que les gourmands n'oublient pas non plus cette recommandation :

Je ne vous tairai rien : si parfois on vous prie
A dîner sans façon et sans cérémonie,
Refusez promptement ce dangereux honneur.
Cette invitation cache un piége trompeur.
Souvenez-vous toujours, dans le cours de la vie,
Qu'un dîner sans façon est une perfidie.

Chaussard (Jean-Baptiste) [1766-1823]. Avocat, républicain tout dévoué aux idées de 89, envoyé en Belgique pour les y propager, membre du Comité de Salut public où il faillit se compromettre en sauvant des victimes de la Terreur, secrétaire général de l'instruction publique, théophilanthrope ardent, il fut en 1803 nommé par Fourcroy professeur au lycée de Rouen, puis par Fontanes à la Faculté de Nîmes, sans être assujetti à la résidence. Il profita de cette sinécure pour publier une *Traduction d'Horace*, des *Poésies lyriques de Schiller*, et une *Poétique secondaire* en quatre chants, où il traite des genres omis par Boileau. De lui sont ces deux vers :

> Ce pauvre bûcheron, par Boileau corrigé,
> A fait dire aux neuf Sœurs : La Fontaine est vengé.

SALM (Constance DE THEIS, princesse DE). [1767-1845]. Née à Nantes, fille d'un maître des eaux et forêts, qui composa lui-même un recueil de contes intitulé *le Singe de La Fontaine*, elle fut mariée très-jeune à un médecin du roi, M. Pipelet de Leurry ; et, cette union ayant été judiciairement rompue, elle épousa en 1803 le prince de Salm, charmé par son esprit et sa beauté. Elle s'était signalée, dès l'âge de dix-huit ans, par des poésies agréables, entre autres la chanson du *Bouton de rose*, qui eut une grande vogue, et la tragédie lyrique de *Sapho*, jouée au théâtre Louvois. Son drame de *Camille* [1796] fut moins heureux. Il échoua aux Français. Ses cantates, ses dithyrambes, ses discours ou épîtres en vers lui firent une réputation sous l'Empire. On la surnomma la *Muse de la Raison*, ou le *Boileau des femmes*. Plus tard, elle publia un roman, *Vingt-quatre heures d'une femme sensible* [1824], et un poëme, *Mes soixante ans* [1833]. Voici quelques-uns de ses vers :

> Prie et travaille, homme vain, femme altière.
> Riche qu'entoure un pompeux attirail,
> Que reste-t-il à notre heure dernière,
> Hors la prière et les fruits du travail ?

> Prie et travaille, ou redoute le blâme ;
> Avec raison enfin on le redit :
> Car la prière est le charme de l'âme,
> Et le travail, le repos de l'esprit.

COLNET, dit RAVEL (Charles-Joseph) [1768-1832]. Né à Mondrepuis (Aisne), rédacteur de la *Gazette*, et conservateur des archives judiciaires après 1815, il a publié *l'Ermite de*

Belleville, et un poëme agréable en quatre chants sur *l'Art de diner en ville, à l'usage des gens de lettres* [1810-13]. Il y donne aux parasites des conseils, dont voici un échantillon :

> A de nobles festins veux-tu te maintenir ?
> Le premier des talents est celui de mentir.
> D'un rustre, d'un faquin encense les sottises ;
> Comme des traits d'esprit vante ses balourdises ;
> A ses fades bons mots, à ses grossiers lazzis
> Accorde pour lui plaire un aimable souris ;
> Dès qu'il ouvre la bouche, applaudis-le d'avance,
> Et, s'il ne parle pas, admire son silence.
> De ce manége adroit le succès est certain ;
> Mondor se rengorgeant t'invite pour demain ;
> Mais si des préjugés la voix se fait entendre,
> Au rôle de flatteur si tu crains de descendre,
> Retourne, philosophe, en ton sale grenier,
> Avec les rats voisins partage un mets grossier,
> Et pour le juste prix de ton noble courage,
> Mange avec dignité ton pain et ton fromage.

MICHAUD (Joseph) [1767-1839]. Né à Bourg-en-Bresse, royaliste ardent, réduit à se cacher au lendemain du 10 août 1792, il reprit la plume après la Terreur. Arrêté à Chartres en 1795 et condamné à mort, il dut la vie à son compatriote Giguet, et, pour échapper à la déportation, se réfugia dans les montagnes du Jura. Il reparut en 1799, et ne refusa pas ses *Hommages poétiques* aux fastes de l'Empire. En 1812, il entrait à l'Institut. La Restauration le fit censeur de la presse, membre de l'Académie française [1816], et directeur de *la Quotidienne*. Il est connu pour son *Histoire des croisades* [1811-22], de *l'Empire de Mysore* [1801], des *Cent-Jours* [1815], sa collection des *Mémoires relatifs à l'Histoire de France* [1836], et sa *Correspondance d'Orient* [1833-35] ; il publia aussi, en 1803, un poëme descriptif intitulé *le Printemps d'un Proscrit*. En voici quelques vers ; il y fait l'éloge du *Souci* :

> Souci simple et modeste, à la cour de Cypris,
> En vain sur toi la rose obtient toujours le prix,
> Ta fleur, moins célébrée, a pour moi plus de charmes ;
> L'aurore te forma de ses plus douces larmes.
> Dédaignant des cités les jardins fastueux,
> Tu te plais dans les champs. Ami des malheureux,

> Tu portes dans les cœurs la douce rêverie;
> Ton éclat plaît toujours à la mélancolie :
> Et le sage Indien, pleurant près d'un cercueil,
> De tes fraîches couleurs peint ses habits de deuil.

LALANNE [Charles], qui publia en 1802 un poëme intitulé le *Potager*, et en 1805 un autre sur *les Oiseaux de la ferme*, mérite une mention, ne fût-ce que pour avoir appelé un *Chapon*

> *Ce froid célibataire inhabile au plaisir,*
> *Du luxe de la table infortuné martyr.*

Il le représente couvant des petits abandonnés par une poule, et célèbre ainsi ce dévouement :

> Il guide sous tes yeux, il couvre de son aile
> Ses bienfaiteurs chéris, sa famille nouvelle ;
> Et même, s'il le faut, courageux défenseur,
> Les disputant au bec de l'oiseau ravisseur,
> Il retrouve, malgré sa tragique disgrâce,
> Quelque étincelle encor de sa première audace.
> Mais bientôt, oubliant qu'il fut jadis époux,
> Du sexe qu'il remplace il prend ce ton si doux,
> Cet accent maternel, ce touchant caractère ;
> Avec grâce il remplit son nouveau ministère,
> S'évertue à glousser, efféminé sa voix.

CHÊNEDOLLÉ (Charles PIOUX DE) [1769-1833]. Né à Vire, il émigra en Hollande et en Allemagne, pendant la Révolution, et rentra en France sous l'Empire. Professeur à Rouen, puis inspecteur de l'Académie de Caen [1212], il devint inspecteur général de l'Université, en 1830. Il publia *l'Invention*, poëme dédié à Klopstock, (Hambourg 1795), *le Génie de l'homme* [1807], *l'Esprit de Rivarol* [1808], et des *Études poétiques* [1820]. Il demanda souvent ses inspirations à Chateaubriand qui disait de lui : « Il va à la maraude dans mes œuvres. »

ESMÉNARD (Joseph-Alphonse) [1770-1816]. Né en Provence, à Pélissanne, élevé à Marseille, chez les Oratoriens, il fit tout jeune encore deux voyages à Saint-Domingue et aux États-Unis. Ce fut le premier éveil de sa vocation poétique. Au retour, il se vit bientôt proscrit par la Révolution (10 août 1792), ce qui lui fut une occasion de visiter l'Angleterre, la Hollande et l'Allemagne. Il revint en 1797, et entra dans la rédaction de *la Quotidienne*. Mais poursuivi de nouveau comme royaliste, enfermé au Temple, puis banni, il partit pour la Grèce et Constantinople. Après le 18 Brumaire 1799, voyant la cause des Bourbons perdue, il servit l'Empire, et collabora au *Mercure* avec La Harpe et Fontanes. Il fut nommé successivement chef du bureau des théâtres, secrétaire du gouvernement de la Martinique, consul général à l'île Saint-Thomas, censeur, enfin directeur du *Journal des Débats*. A la suite d'une satire contre l'ambassadeur de Russie, Napoléon, qui avait encore intérêt à ménager l'empereur Alexandre, enjoignit à Esménard de quitter la France. Il se retira en Italie, et, quelques mois après, on lui permit de revenir, lorsque près de Fondi, il se brisa le crâne, en se jetant hors de sa voiture entraînée sur une pente rapide vers un précipice [25 juin 1811]. Il avait composé une ode (*l'Oracle du Janicule*) pour le mariage de l'Empereur, et un opéra intitulé *Trajan*. Mais son œuvre principale est un poëme sur la *Navigation*, qui parut en 1805, et fut réduit plus tard de huit chants à six, en 1806. Il y suit les progrès de cet art, depuis son origine jusqu'à nos jours. Clair et correct, son vers est froid et un peu terne. Dans une exposition assez variée se rencontrent pourtant d'heureux épisodes. Voici un passage où il représente les Hollandais conquérant leur patrie sur la mer :

> Mais avant que ce peuple inconnu sur les eaux
> Du fond de ses marais fît sortir ses vaisseaux,
> Et forçât d'admirer sa puissante industrie,
> Il lui fallut aux flots disputer sa patrie :
> Il fallut que le sol créé par ses efforts
> Vît le courroux des mers se briser sur ses bords.
> Souvent jusqu'au milieu de ses froids pâturages,
> L'Océan mutiné se creusait des rivages.
> Le Batave enchaîna ce monstre menaçant :
> Des arbustes unis par un lien vivant,
> Joignant au fond des eaux leurs flexibles racines,
> Et le sable entassé qui s'élève en collines
> Entre l'onde agitée et le sol affermi,
> Ont fermé la Hollande à son fier ennemi.
> Des joncs entrelacés, défiant la tempête,
> Repoussent l'Océan qui mugit et s'arrête.

> Le voyageur frappé de ces hardis travaux,
> Sur sa tête alarmée entend gronder les flots,
> Tandis que sous ses pieds l'art trompant la nature.
> Fait naître autour de lui les fleurs et la verdure.

CAMPENON (François-Nicolas-Vincent) [1772-1843]. Né à la Guadeloupe, neveu de Léonard, dont les idylles eurent une juste renommée, il s'annonça par des poésies fugitives, puis publia en 1809 *la Maison des champs*, et en 1811 *l'Enfant prodigue*. Il dut à ces titres un siége académique, en 1814; nommé bientôt inspecteur de l'Université, il finit par être secrétaire du cabinet du roi. Il traduisit en vers Horace, et des fragments de poëmes anglais. A la mort de Ducis, Campenon et Michaud se disputèrent son fauteuil, et firent l'un contre l'autre ces épigrammes :

> Au fauteuil de Ducis on a porté Michaud.
> Ma foi! pour l'y placer, il faut un *ami chaud*.
> — Au fauteuil de Ducis aspire Campenon.
> A-t-il assez d'esprit pour qu'on l'y *campe? non*.

Épopée.

COUSIN DE GRAINVILLE (Jean-Baptiste-François-Xavier) [1746-1805]. Né au Havre, beau-frère de Bernardin de Saint-Pierre, élève au séminaire de Saint-Sulpice, où Sieyès fut un de ses condisciples, il commença par combattre les doctrines philosophiques dans un discours que couronna l'Académie de Besançon, en 1778. Bien qu'engagé dans les ordres, il fit recevoir au Théâtre-Français une comédie en cinq actes et en vers, *le Jugement de Pâris*. Quand éclata la Révolution, il reprit ses fonctions ecclésiastiques, et alla les exercer à Amiens. Tout en se soumettant à la constitution civile du clergé, il protesta, sous la Terreur, contre le culte de la déesse *Raison*. Décrété d'accusation et menacé de l'échafaud, il ne se sauva qu'en contractant un mariage simulé avec une parente âgée. Se faisant instituteur, il ouvrit à Amiens une école qui eût prospéré sans la réaction qui suivit le Concordat. L'opinion publique eut la cruauté de ne pas lui pardonner une situation subie sous la pression de la violence. Tous ses élèves désertant, il se vit donc réduit à la misère. Ce fut alors que, prenant la plume, il écrivit en prose son poëme du *Dernier Homme*, dont il avait conçu l'idée, dès l'âge de seize ans. Pour le faire imprimer, il eut recours à Bernardin de Saint-Pierre qui avait épousé sa sœur. L'auteur de *Paul et Virginie* trouva un libraire, mais non un public. A peine quatre ou cinq exemplaires sortirent du magasin. Cette oublieuse indifférence fut pour le malheureux un coup de grâce. Poussé par le désespoir, il quitta sa chétive maison, dans la nuit du 1er février 1805, et alla se jeter dans le canal de la Somme. Peu après, un compatriote de Milton, le chevalier Croft, chercheur infatigable de curiosités littéraires, qui avait lu *le Dernier Homme* par hasard, révéla le premier à la France un poëme qui, bien qu'à l'état d'ébauche, reste une des plus grandioses conceptions de la Muse épique. Ce ne serait pas exagérer que d'en comparer l'effet saisissant aux plus belles scènes du *Paradis perdu* et de la *Messiade*. En 1811, Charles Nodier en publia une édition qui eut grande vogue ; et Creuzé de Lesser, croyant réaliser le vœu de Grainville, mit ce poëme en vers : intention qui eût été excellente si l'exécuteur testamentaire avait été l'auteur de *la Chute d'un Ange*.

Parseval de Grandmaison (François-Auguste) [1759-1814]. Né à Paris, membre de l'Académie en 1811, il publia en 1804 un poëme héroïque, les *Amours épiques*. Il y suppose que, dans les Champs Élysées, Homère, le Tasse, l'Arioste, Milton, Virgile et Camoëns viennent tour à tour chanter devant les bienheureux les amours d'Andromaque et d'Hector, d'Armide et de Renaud, de Médor et d'Angélique, d'Adam et d'Ève, de Didon et d'Énée, des Lusitains et des Néréides. Il y ajoute l'épisode d'Inès de Castro. C'est donc une suite de tableaux détachés, où se rencontrent des descriptions inspirées par l'école de Delille. Son poëme sur *Philippe-Auguste*, où il n'a pas le soutien d'un modèle antique, est encore plus dénué de poésie. Au lieu de versifier, Parseval eut mieux fait de continuer à cultiver la peinture sous la direction de son premier maître, Suvée, auquel nous devons le portrait d'André Chénier.

Masson (Charles-François-Philibert) [1762-1807]. Né à Blamont, d'abord horloger à Neufchâtel, puis précepteur en Prusse, il devint major au service de la Russie, et secrétaire du grand-duc Alexandre. Disgracié sous Paul Ier, il rentra en France, où, pour se venger, il publia des *Mémoires secrets* sur la Russie [1800-1802]. Ses aptitudes littéraires s'étaient annoncées déjà dans un roman, *la Nouvelle Astrée*, et un conte moral, *Elmine, ou la Fleur qui ne se flétrit jamais*, composé en 1790, pour la princesse Wilhelmine de Courlande. Mais ses œuvres les plus connues furent une ode sur *la Fondation de la République*, couronnée par l'Institut, le 7 octobre 1801, et une épopée en dix chants, intitulée *les Helvétiens*. Il y chantait la lutte des Suisses contre Charles le Téméraire. En 1810, elle fut distinguée dans le concours des *prix décennaux*. Mais l'auteur était mort en 1807, quelques jours après avoir publié son poëme du *Voyageur, l'un des cinquante-deux poëmes flétris par M. Suard*.

Luce de Lancival (Jean-Charles-Julien) [1766-1810]. Né à Saint-Gobin, en Picardie, élève de Louis-le-Grand, lauréat de concours, célèbre par des vers latins, il était à vingt-deux ans professeur de rhétorique au collége de Navarre, lorsque, délaissant l'Université pour l'Église, il devint grand vicaire de Mgr de Noé, évêque de Lescar. Ses sermons firent même un certain bruit, de 1787 à 1790. Mais, deux ans après, il s'aperçut qu'il était plus fait pour le théâtre que pour la vie ecclésiastique, et il composa des tragédies qui ne valurent pas ses homélies : *Mucius Scévola* [1793], *Hormisdas, Archibald, Fernandez* [1797], *Périandre* [1798], enfin *Hector* [1809] qui reçut bon accueil, grâce à Homère, en dépit d'une imitation artificielle et d'anachronismes maladroits. Après l'institution de l'Université Impériale, il était remonté dans sa chaire de rhétorique. Une de ses ambitions fut de donner une épopée à la France. Il crut, avec beaucoup d'autres, y avoir réussi dans son poëme d'*Achille à Scyros* [1805]. Le jeune héros y parle ainsi de son maître Chiron :

> Chiron qui daigne aussi cultiver ma mémoire,
> Aux talents d'un soldat ne borne point ma gloire :
> Il m'explique le monde et les ressorts divers
> Par qui tout est, se meut, agit dans l'univers.
> Des peuples avec lui déroulant les annales,
> J'y vois leurs mœurs, leurs lois, leurs discordes fatales,
> Leurs succès, leurs revers et leurs chutes; j'apprends,
> Mais pour les détester, les noms de leurs tyrans.

Par ces vers on peut juger du reste : c'est une inconsciente parodie de l'antique. Mais, au lieu d'exhumer une œuvre morte, disons que, chez Luce de Lancival, le professeur racheta les torts du poëte. Il fut le maître de M. Villemain, et eut l'honneur d'être suppléé par lui, lorsqu'au lendemain d'un banquet universitaire terminé tristement par une chute dont les suites furent mortelles, Luce de Lancival vit approcher sa fin. Avant de rendre le dernier soupir, il reçut une médaille d'or pour un *Discours latin* dont l'occasion avait été le mariage de Napoléon avec Marie-Louise.

Dorion (Claude-Auguste) [1770-1829]. Né à Nantes, il composa deux épopées, *Palmyre conquise*, et *la Bataille d'Hastings* [1806].

Creuzé de Lesser (Auguste-François, baron) [1771-1839]. Né à Paris, devenu préfet de la Charente et de l'Hérault, il fut un des infatigables littérateurs de l'époque impériale, et s'exerça sur les sujets les plus variés. Il publia un recueil de pièces lyriques intitulées *Odéides sur Héloïse, la Terreur*, une imitation du *Romancero espagnol;* plusieurs romans, entre autres *les Annales d'une famille pendant dix-huit cents ans*, une paraphrase en vers du *Dernier Homme* de Grainville, un poëme inédit sur la *Mythologie* ancienne, de nombreuses études critiques, et de jolies fables traduites en provençal par Hyacinthe Morel. Il se fit aussi un nom au théâtre par deux opéras-comiques, *Monsieur Deschalumeaux*, et *le*

Nouveau Seigneur du village, que Boïeldieu mit en musique. Il composa encore des comédies dont les plus agréables sont *la Manie de l'indépendance*, et *le Secret du ménage*, où nous voyons un mari ennuyé, qui, sur le point de délaisser sa femme, Mme d'Orbeuil, pour une cousine, Mme d'Ercourt, est ramené à ses devoirs par un manége de coquetterie fort ingénieuse. Le titre le plus considérable de l'écrivain est encore son grand poëme de cinquante mille vers sur la *Chevalerie*. Il se divise en trois parties : *Amadis, Roland* et *les Chevaliers de la Table Ronde*. Il y mélange avec esprit le plaisant au sérieux ; et, tout en essayant d'y peindre les mœurs d'autrefois, il remet en honneur les légendes de notre antiquité nationale. Son vers preste et leste se souvient de Voltaire. On y voudrait seulement une ironie moins cavalière, et une expression plus relevée.

Lemercier (Népomucène-Louis) [1772-1840]. Né à Paris, il fut reçu à l'Académie en 1820. Bornons-nous à énumérer ses principales œuvres : au théâtre, *Agamemnon* [1797], *Ophis* [1798], *la Démence de Charles VI* [1820], *Frédégonde et Brunehaut* [1821], *Isule et Orovèse, Charlemagne* ; les comédies de *Pinto* [1800], *Plaute, Christophe Colomb* [1809], et *la Journée des Dupes* reprise en 1835. Dans l'épopée, il compte *l'Atlantiade* ou la *Théogonie newtonnienne*, en six chants, *la Mérovéide, Moïse, Homère et Alexandre*, en quatre chants, *les Trois Fanatiques, les Quatre Métamorphoses, les Ages français* et la *Panhypocrisiade* [1817]. Il fit aussi paraître, dans la même année, un *Cours analytique de littérature*, en 3 vol. in-8.

Bonaparte (Lucien), prince de Canino [1775-1840]. Né à Ajaccio, frère de Napoléon Ier, d'abord attaché à l'intendance militaire, puis membre du conseil des Cinq-Cents en 1795, il le présidait au 18 Brumaire ; et, par le sang-froid d'une parole éloquente, il contribua plus que personne au succès de ce coup d'État. Ministre de l'intérieur [1799], mais disgracié pour ses saillies d'indépendance, il fut envoyé comme ambassadeur en Espagne, où il rétablit l'influence française. Marié contre le gré de son frère à la veuve d'un agent de change, Mme Jouberthon, il dut se retirer à Rome, près du pape Pie VII, dont il s'était concilié l'amitié dans les affaires du Concordat. Après s'être fixé près de Viterbe dans sa terre de Canino érigée en principauté par le Saint-Père, il s'embarqua pour l'Amérique en 1810, mais fut pris par les Anglais qui le retinrent prisonnier jusqu'en 1814. Durant les Cent-Jours, il présida le Sénat, et fut un des premiers à proposer l'abdication de l'Empereur en faveur du Roi de Rome. Après la chute de la dynastie, il retourna en Italie où il vécut dans une condition privée. Parmi les frères de Napoléon, il est le seul qui ne se soit pas assis sur un trône. La Restauration l'exclut de l'Académie, où il était entré en 1803. Il laissa un roman, *Stellina* [1799], deux épopées, *la Cyrnéide* ou *la Corse sauvée* [1819], et *Charlemagne ou l'Église délivrée*. Dans ce poëme correct, mais très-froid, il avait préféré à l'usage continu de l'alexandrin des stances de dix vers terminées par un octosyllabe. Son principal titre au souvenir de la postérité est d'avoir été le protecteur de Béranger, dont il devina le génie, et auquel il abandonna sa pension de l'Institut.

VIENNET (Jean-Pons-Guillaume) [1777-1868]. Né à Béziers, lieutenant d'artillerie de marine en 1796, pris par les Anglais qui le gardèrent huit mois sur les pontons de Plymouth, il fit, sous l'Empire, la campagne de Saxe [1813], fut décoré de la main de l'Empereur à Lutzen ; et, de nouveau prisonnier à Leipsick, il ne revint en France qu'avec les Bourbons. Pendant les Cent-Jours, il leur resta fidèle, et refusa de voter l'acte additionnel aux constitutions de l'Empire. Nous ne le suivrons pas au-delà de cette date, dans une carrière fort longue. Ce fut surtout pendant la Restauration, et après 1830, que sa verve narquoise, voltairienne et classique prit ses ébats en tous sens, avec une ardeur qui lui venait sans doute de sa profession première autant que du tempérament. Mais l'Empire eut pourtant les prémices de sa plume intarissable. Il parait qu'il dut alors la vie au manuscrit d'*Arbogaste* qui arrêta une balle au passage, dans une de ces batailles où il payait bravement de sa personne. Cette tragédie ne soutint pas aussi heureusement le feu de la rampe. Car elle et une autre, *Clovis*, succombèrent dès le premier jour, ce qui n'empêcha pas l'auteur malheureux, mais intrépide, de récidiver avec *Alexandre*, *Achille*, *Sigismond de Bourgogne*, et *les Péruviens*. Du reste, ses ambitions se tournèrent surtout vers l'épopée. Sans parler de *la Franciade* qui ne parut qu'en 1863, il publia, en 1808, *l'Austerlide*, et un poëme sur *Marengo*. Il composait en même temps *le Siége de Damas*, et *la Philippide*, poëme héroï-comique, en vingt-six chants, commencé en 1803. Il y embrasse la lutte de la France et de l'Angleterre sous Philippe-Auguste, l'interdit provoqué par son mariage avec Agnès de Méranie, la croisade des Albigeois, et les guerres civiles qui précédèrent la grande charte octroyée par le roi Jean. Il mène son récit jusqu'à la bataille de Bouvines. Il y a là des courants de gaieté gauloise qui dérident la gravité de l'histoire.

DENNE-BARON (Pierre-Jacques-René) [1780-1854.] Né à Paris, humaniste très-versé dans les lettres grecques et latines, il débuta, en 1706, par un poëme en quatre chants sur *Héro et Léandre*. Dans ce sujet, traité au quatrième siècle de notre ère par Musée le grammairien, il altère la simplicité de la légende, abuse des dialogues, et s'égare en digressions ; mais sa plume a de l'élégance, et quelques heureux motifs. Citons ces vers qui terminent l'œuvre :

> L'Aurore qui parut sous des nuages sombres
> Ne semble qu'à regret éclairer ces horreurs ;
> Quand Éole eut des vents apaisé les fureurs,
> Du sommet de la tour, Héro, pâle, éperdue,
> Sur la plaine des mers porte sa triste vue.
> A Neptune ses cris demandent son amant :
> Il le rendit, hélas! mais déchiré, sanglant,
> Lentement par la vague apporté sur l'arène.

A cette épopée nous préférons sa traduction de *Properce*; il mit aussi en vers le *Corsaire* de Byron, et pressentit l'École romantique.

ROUX DE ROCHELLE fit paraître, en 1816, un poëme en six chants, intitulé *les Trois Ages*. Il y représente la civilisation grecque par les jeux olympiques, celle des Romains par les combats du cirque, celle des temps modernes par les tournois et la chevalerie.

D'Arlincourt (Victor, vicomte) [1789-1856]. Né au château de Mérautres (Seine-et-Oise), il obtint, sous la Restauration, une renommée très-retentissante par des romans d'un style ampoulé jusqu'au ridicule. Les plus connus furent *Ipsiboé, le Rénégat* et surtout *le Solitaire*, qui fut traduit en plusieurs langues. Il est vrai qu'il faisait, dit-on, exécuter ces versions à ses frais. *Les Écorcheurs*, et le *Brasseur-roi*, d'une date plus récente [1833-35] ont eu leur moment de célébrité. Il tenta aussi la fortune du théâtre ; *le Siége de Paris* [1827] fut un de ses échecs. Il avait la manie de parsemer ses alexandrins de calembours. En voici quelques-uns :

> On m'appelle *à régner*.
> J'habite la montagne, et j'aime *à la vallée*.
> Mon père, en ma prison, seul *à manger m'apporte*.

Ses débuts datèrent de l'Empire. Car si sa *Caroléide* parut seulement en 1818, elle fut composée en 1806, comme nous l'apprend sa préface, et comme le confirment de nombreuses allusions faites à l'Empereur. Cette épopée en vingt-quatre chants ne se distingue ni par l'invention, ni par la facture. Sous ses fausses couleurs il y eut un certain mouvement turbulent qui simule la verve ; quelques situations romanesques ont une apparence d'originalité.

Chanson.

Laujon (Pierre) [1727-1811]. Né à Paris, il débuta par une pastorale : *Daphnis et Chloé*, imitée de Longus, et fut secrétaire du comte de Clermont, puis du prince de Condé. La Révolution le réduisit à l'indigence, sans lui ravir sa gaieté. Chansonnier et vaudevilliste, il fut admis en 1807 à l'Académie, et publia ses *Œuvres choisies,* en 1809. Désaugiers lui a dédié ses chansons. La Harpe le juge ainsi : « Il passa toute sa vie à composer de petites fêtes pour de grands princes, et à faire de petits vers dans les grandes occasions. » Il inspira ce quatrain :

> Il vécut probe et sans envie,
> Content des muses et du sort ;
> Il fit chanter pendant sa vie,
> Il fait pleurer après sa mort.

Pıs (Antoine-Pierre-Augustin DE) [1755-1832]. Né à Paris, chansonnier et auteur dramatique, fondateur du Vaudeville [1792], et d'une société littéraire, *le Portique,* où nul membre de l'Institut n'était admis, il ne cessa pas de frapper inutilement à la porte de l'Académie française. Il avait fait jouer un très-grand nombre de pièces. Il publia en 1788 un poëme sur l'*Harmonie imitative de la langue française.* Caractérisant les différentes lettres, il y disait :

> A l'aspect du Très-Haut, sitôt qu'Adam parla,
> Ce fut apparemment l'A qu'il articula.

Ses *Œuvres choisies* comprennent quatre volumes qui parurent en 1811. Secrétaire général de la préfecture de police de 1800 à 1815, il écrivit des *Mémoires* qui sont restés inédits.

Ségur (Alexandre, vicomte DE) [1756-1805]. Frère du célèbre historien Louis-Philippe comte de Ségur, il a publié, avec les *Mémoires* de Besenval, des chansons agréables, dont voici un échantillon :

> A voyager passant sa vie,
> Certain vieillard nommé le Temps,
> Près d'un fleuve arrive, et s'écrie :
> Ayez pitié de mes vieux ans.
> Hé ! quoi ! sur ces bords on m'oublie,
> Moi qui compte tous les instants !
> Mes bons amis, je vous supplie
> Venez, venez passer le Temps.

De l'autre côté, sur la plage,
Plus d'une fille regardait,
Et voulait aider son passage
Sur un bateau qu'Amour guidait ;
Mais une d'elles, bien plus sage,
Leur répétait ces mots prudents :
Ah ! souvent on a fait naufrage
En cherchant à passer le Temps.

L'Amour gaîment pousse au rivage :
Il aborde tout près du Temps,
Il lui propose le voyage,
L'embarque, et s'abandonne aux vents.
Agitant les rames légères,
Il dit et redit dans ses chants :
Vous voyez bien, jeunes bergères,
Que l'Amour fait passer le Temps.

Mais tout à coup l'Amour se lasse :
Ce fut toujours là son défaut.
Le Temps prend la rame à sa place,
Et lui dit : Quoi ! céder si tôt ?
Pauvre enfant ! quelle est ta faiblesse !
Tu dors, et je chante à mon tour
Ce vieux refrain de la Sagesse :
Ah ! le Temps fait passer l'Amour.

Désaugiers (Marc-Antoine-Madeleine) [1772-1827]. Né à Fréjus, fils d'un compositeur qui, ami de Gluck et de Sacchini, se fit connaître par des opérettes, (*les Jumeaux de Bergame, les Deux Sylphes, Florine,* etc.), il eut pour maître le critique Geoffroy. On le destinait à l'Église ; mais sa vocation alla vers le théâtre. Il s'était essayé déjà sur la scène, lorsque, sous la Terreur, il quitta la France avec sa sœur qui venait d'épouser un colon de Saint-Domingue. C'était tomber d'une révolution dans une autre ; car il débarqua vers l'époque où éclatait la révolte des noirs. Obligé de la combattre, fait prisonnier, et condamné à mort, il allait être fusillé quand les insurgés eurent un accès de pitié qui lui sauva la vie. Ils se contentèrent de l'emprisonner ; mais s'évadant il réussit à prendre passage sur un navire anglais qui partait pour les États-Unis. Durant la traversée, on le crut atteint de la fièvre jaune, et le capitaine, par crainte de la contagion, le déposa plus mort que vif à New-York, où il se trouva sans autre ressource que la compassion d'une dame charitable qui voulut bien le recueillir. Parmi tant d'épreuves, sa gaieté ne l'abandonna pas; et, de retour à Paris, en 1797, il revint joyeusement à sa muse légère. Ralliant tout un groupe d'épicuriens et de bons vivants, hommes d'esprit, il fonda le *Caveau moderne*, où figura bientôt Béranger. En 1815, il fut nommé directeur du Vaudeville. Il avait improvisé plus de cent petites pièces de théâtre, dont plusieurs eurent une vogue prodigieuse. Il fit jouer, entre autres, aux Français, *l'Heureuse Gageure*, *l'Hôtel garni*, *les Deux Voisines*, et aux Variétés, *M. Lagobe ou un Tour de carnaval*, *M. Vautour*, *Jocrisse aux enfers*, *Je fais mes farces*, *le Jeune Werther*, et *les Petites Dahaïdes*. Gentil avait été l'un de ses collaborateurs. Il mourut des suites d'une maladie qu'il chansonna, lorsqu'il eut perdu tout espoir de guérison. Bachiques, grivoises, anecdotiques et satiriques, ses chansons se distinguent par des descriptions spirituelles et la peinture des mœurs ou des ridicules particuliers à chaque catégorie sociale. Plusieurs de ces fantaisies vivent encore dans la mémoire populaire. On n'a point oublié *Monsieur et Madame Denis*, les *Pots-pourris de Cadet Buteux*, *l'Épicurien*, *Ma Fortune est faite*, le *Portrait de Margot*, et la parodie de la *Vestale*. Citons ce motif philosophique sur *Jean qui pleure* et *Jean qui rit* :

> Il est deux Jean dans ce bas monde,
> Différents d'humeur et de goût;
> L'un toujours pleure, fronde, gronde,
> L'autre rit partout et de tout.
> Or, mes amis, en moins d'une heure,
> Pour peu que l'on ait de l'esprit,
> On conçoit bien que Jean qui pleure
> N'est pas si gai que Jean qui rit !

> Jean-Jacques gronde et se démène
> Contre les hommes et leurs mœurs;
> La gaîté de Jean La Fontaine
> Épure et pénètre les cœurs :
> L'un avec ses grands mots nous leurre,
> De l'autre un rat nous convertit :
> Nargue, morbleu ! du Jean qui pleure;
> Vive à jamais le Jean qui rit !

> Auprès d'un vieux millionnaire,
> Qui va dicter son testament,
> Le Jean qui rit est en arrière,
> Le Jean qui pleure est en avant.
> Jusqu'à ce que le vieillard meure,
> Il reste au chevet de son lit :
> Est-il mort? adieu Jean qui pleure;
> On ne voit plus que Jean qui rit.

Voici encore une assez vive esquisse du Paris d'autrefois :

> Hôtels brillants, places immenses,
> Quartiers obscurs et mal pavés ;
> Misère, excessives dépenses,
> Enfants perdus, enfants trouvés,
> Force hôpitaux, force spectacles,
> Belles promesses sans effets,
>   Grands projets,
>   Grands échecs,
>   Grands succès,
> Des platitudes, des miracles,
> Des bals, des jeux, des pleurs, des cris,
>   Voilà Paris.

GOUFFÉ (Armand) [1775-1845]. Né à Paris, sous-chef au ministère des finances, il fut un des fondateurs du *Caveau moderne*. Il publia *Ballon d'essai* [1802], *Ballons perdus, Encore un ballon, le Dernier Ballon* (1812), *l'Ophicléide* (1827). Il a de la gaieté, même dans sa chanson du *Corbillard,* dont voici deux couplets :

> Que j'aime à voir un corbillard!
>   Ce début vous étonne :
> Mais il faut partir tôt ou tard;
>   Le sort ainsi l'ordonne.
> Et, loin de craindre l'avenir,
>   Moi, dans cette aventure,
> Je n'aperçois que le plaisir
>   De partir en voiture.

> Le riche en mourant perd son bien :
>   Moi, je vois tout en rose ;
> Je n'ai rien, je ne perdrai rien :
>   C'est toujours quelque chose.
> Je me dirai : D'un parvenu
>   Je n'ai pas la tournure ;
> Pourtant à pied je suis venu,
>   Et je pars en voiture.

C'est lui qui a donné des ailes au refrain si connu : *Plus on est de fous, plus on rit.*

BÉRANGER (Pierre-Jean DE) [1780-1857]. Sans résumer ici la biographie d'un poëte qui appartient à une autre période, indiquons pourtant ses débuts, car ils datèrent de l'Empire. Vers la fin de 1803, après s'être essayé dans l'idylle, la comédie, le dithyrambe, la tragédie et même le poëme épique (*Clovis*), il dut ses premières ressources au patronage de Lucien Bonaparte qui lui abandonna sa pension de l'Institut. On sait aussi que l'appui de M. Arnault lui valut une place de commis expéditionnaire dans les bureaux de l'Université, où il resta douze ans. Une fois casé, la chanson le gagna peu à peu. *Les Gueux* et les *Infidélités de Lisette*, petits chefs-d'œuvre de rhythme et de verve, sont de 1812. Reçu au Caveau en 1813, et condamné à sa part d'écot, il publia vers ce temps *la Bacchante, la Grande Orgie, le Sénateur, le Roi d'Yvetot, Roger Bontemps* et *le Vieux Célibataire.* Les *Réflexions morales et politiques d'un marchand d'habits de la capitale* lui furent inspirées, en 1814, par la première Restauration. Nous y lisons ces hardiesses :

> De m'enrichir j'ai l'assurance ;
> L'on fêtera toujours en France,
> En ville, au théâtre, à la cour,
>   L'habit du jour.
> Gens vêtus d'or et d'écarlate,
> Pendant un mois chacun vous flatte ;
> Puis à vos portes nous allons.
>   Vieux habits ! vieux galons !

Détachons aussi un couplet de la chanson qui signala son entrée au Caveau :

> Au Caveau je n'osais frapper ;
> Des méchants m'avaient su tromper :
> C'est presque un cercle académique,
> Me disait maint esprit caustique :
> Mais que vois-je ? de bons amis,
> Que rassemble un couvert bien mis.
> Asseyez-vous, me dit la compagnie ;
> Non, ce n'est point comme à l'Académie,
>   Ce n'est point comme à l'Académie.

Enfin, n'oublions pas l'immense applaudissement qui

accueillit, en 1815, *le Dieu des bonnes gens*, dont voici une strophe :

> Un conquérant dans sa fortune altière
> Se fit un jeu des sceptres et des lois,
> Et de ses pieds on peut voir la poussière
> Empreinte encor sur le bandeau des rois.
> Vous rampiez tous, ô rois qu'on déifie !
> Moi, pour braver des maîtres exigeants,
> Le verre en main, gaîment je me confie
> Au Dieu des bonnes gens.

Ce jour-là, le poëte était déjà un maître.

BRAZIER (Nicolas) [1783-1838]. Né à Paris, fils d'un instituteur, membre du Caveau, collaborateur de Carmouche, Dartois, Dumersan, Mélesville, Merle, Ourry, Désaugiers, Rougemont et Théaulon, il composa une centaine de Vaudevilles dont les plus gais sont *le Ci-devant jeune homme, le Coin de rue, Préville et Taconnet, la Carte à payer, le Savetier et le Financier, la Croix d'or*. Il a laissé des chansons, *Souvenirs de dix ans*, recueil qui contient une pièce inspirée par la naissance du duc de Bordeaux ; or tous les refrains avaient déjà servi à célébrer celle du Roi de Rome. Louis XVIII prit la chose en riant, et nomma l'auteur Bibliothécaire du Château.

LE CAVEAU fut un nom porté par plusieurs sociétés gastronomiques et littéraires de Paris. La première, fondée dans le XVIIIe siècle par Piron, Collé, Crébillon fils et Gallet, compta parmi ses membres Fuzelier, Saurin, Sallé, Duclos, Labruère, Gentil-Bernard, Moncrif, Helvétius, Lanoué, le peintre Boucher, le musicien Rameau, etc. Elle se réunissait à l'établissement du *Caveau*, chez Landelle, au carrefour Buci, et dura de 1729 à 1739. — Dans la deuxième confrérie figurèrent Marmontel, Boissy, Suard et Laujon. Elle eut pour amphitryon, depuis 1759, le fermier général Pelletier. — La troisième, qui institua les *Diners du Vaudeville* en 1796, comprit Barré, Radet, Desfontaines, Piis, les deux Ségur, Dupaty, Deschamps, Laujon, Philippon de la Madeleine, Goulard et Gouffé. De ces réunions closes le 2 nivôse an X, sortirent 9 petits volumes, dont un choix fut publié en 2 vol. in-18. — La quatrième association [1806-1817] se recruta des noms suivants : A. Gouffé, Capelle, Dupaty, Piis, Ségur aîné, Philippon de la Madeleine, Brazier, Ducray-Duminil, Cadet-Gassicourt, Grimod de La Reynière, Désaugiers, Laujon, Béranger, Jouy, Salverte, Théaulon. Elle s'adjoignit des musiciens, Duvernoy, Mozin, Doche, Piccini, Lafont et Romagnesi, pour composer les airs de ses couplets chantés au *Rocher de Cancale*, rue Montorgueil. Son recueil forme un ensemble de 11 vol. in-18. En 1813, une succursale du Caveau, sous le nom de *Soupers de Momus*, fut instituée par Dusaulchoy, Fréd. de Courcy, Dartois, Jouslin de La Salle, Gensoul, Martainville et Carmouche. Elle ne se ferma qu'en 1828, et produisit 15 vol. in-18.

Fable.

GUICHARD (Jean-François) [1731-1811]. Né à Chartrette, près Melun, émule de Piron, il publia, en 1802, huit livres de fables, qui justifient ces vers où il disait de La Fontaine :

> Dans la fable et le conte, il n'eut point de rivaux ;
> Il peignit la nature, et garda ses pinceaux.

De ce recueil citons pourtant cet échantillon :

> Un babillard d'épi sec, allongé, sans grain,
> Voisin d'un bien touffu, lui disait : « Camarade,
> Dieux ! comme vous penchez ! seriez-vous donc malade?
> — Malade, moi ? non, c'est que je suis plein. »
> Avec le sens commun ainsi toujours en guerre
> Le sot, vide, léger, porte sa tête au vent :
>   Tandis que le savant,
> Rempli, baisse la sienne, et regarde la terre.

On a retenu cette épigramme qu'il lança contre l'acteur Clairval, ancien perruquier :

> Cet acteur minaudier, et ce chanteur sans voix
> Écorche les auteurs qu'il rasait autrefois.

BOISARD (Jean-Jacques-François-Marie) [1743-1831]. Né à Caen, secrétaire du comte de Provence avant la Révolution, il fut peintre et fabuliste. Voici un de ses *Mille et un Apologues*. Il est intitulé *le Chêne et le Vent* :

> De mes rameaux brisés la vallée est couverte,
> Disait au vent du Nord le chêne du coteau.
> Dans ton courroux, barbare, as-tu juré ma perte,
> Tandis que je te vois caresser le roseau?
> — J'ai juré, dit le vent, d'abattre le superbe,
>   Qui me résiste, ainsi que toi ;
>   Et je laisse en paix le brin d'herbe,
>   Qui se prosterne devant moi.
>   Tâche de désarmer ma haine,
> Ou j'achève à l'instant de te déraciner.
>   — Je puis tomber, reprit le chêne :
>   Je ne saurais me prosterner.

DUTRAMBLAY (Antoine-Pierre) [1745-1818]. Né à Paris, directeur général de la caisse d'amortissement, il laissa un volume de fables, dont on jugera par celle-ci :

> Contre sa pauvre chèvre une vieille mégère
>   Exhalait ainsi son courroux :
>   « Ton lait hier était si doux !
>   Aujourd'hui, maudite laitière,
>   D'où lui peut venir tant d'aigreur?
>   — Prenez-vous-en, dit-elle, à votre humeur :
> Pour mon chevreau j'ai craint votre colère,
>   J'en tremble encore en ce moment :
>   Une menace à son enfant
>   Trouble tout le sang d'une mère. »

GINGUENÉ (Pierre-Louis) [1748-1815]. Né à Rennes, membre de l'Institut en 1795, de l'Académie en 1803, érudit et métaphysicien, rédacteur de la *Décade philosophique*, auteur d'une *Histoire littéraire de l'Italie*, et d'un poëme intitulé : *Confession de Zulmé*, il publia, en 1810, un recueil de fables, qui parurent assez hardies pour le temps. Dans une de ces pièces, intitulée *la Machine hydraulique et l'eau*, il plaida pourtant la cause du pouvoir absolu.

OLIVEAU DE SEGRAIS (Marie-Madeleine) [1756-1830]. Femme-poëte, née à Bar-sur-Aube, elle composa le poëme de *Suzanne*, et des *Fables* en 1802. En voici une dont le titre est *l'Aigle et le Ver* :

> L'aigle disait au ver, sur un arbre attrapé :
> « Pour t'élever si haut, qu'as-tu fait? — J'ai rampé. »

Le Bailly (Antoine-François) [1756-1832]. Né à Caen, auteur de quelques opéras, il se fit surtout connaître par un recueil de fables [1784-1813] auquel nous empruntons celle-ci, la Rose et le Buisson :

Une rose croissait à l'ombre d'un buisson;
   Et cette rose un peu coquette,
Ne s'accommodait point à son humble retraite;
C'était même, à l'entendre, une horrible prison.
Son gardien lui disait : « Patience, ma chère;
Profite de mon ombre : elle t'est salutaire.
C'est peu que du midi je t'épargne les feux ;
   Grâce à mes dards épineux,
Des animaux rongeurs tu ne crains nul outrage :
Je te défends encor des vents et de l'orage.
   Chéris donc ton asile obscur;
   Il n'est pas beau, mais il est sûr. »
— La rose est indignée, elle ne veut rien croire.
   « Vivre ainsi, c'est vieillir sans gloire. »
Un bûcheron paraît : « Accours, dit-elle, ami!
Sois mon libérateur; fais tomber sous la hache
   Ce vilain buisson qui me cache. »
Le manant empressé n'en fait pas à demi;
Il abat le buisson : partant plus de tutelle.
   La rose de s'en réjouir ;
   Elle va donc s'épanouir,
Charmer tous les regards, attirer autour d'elle
   Le folâtre essaim des zéphyrs :
Rose, on va l'appeler des roses la plus belle;
O fortuné destin! ô comble de plaisirs!
   Tandis que la jeune orgueilleuse
Rêve ainsi le bonheur, et vit d'enchantement,
   Voilà qu'une chenille affreuse
A découvert sa tige, y grimpe lentement,
Puis sur son bouton frais se traîne insolemment.
   Un escargot, plus vil encore,
   Vient souiller ses appas naissants.
Le soleil, à son tour, de ses rayons ardents
   La frappe : elle se décolore,
   Dans le chagrin qui la dévore,
Elle songe au buisson ; mais, regrets superflus!
   Ce doux abri n'existe plus.
   Qu'arrive-t-il enfin ? La rose
Se fane, tombe, meurt, hélas! à peine éclose!

Arnault (Antoine-Vincent) [1766-1834]. Né à Paris, secrétaire perpétuel de l'Académie, où il entra en 1799, exclu en 1816, réintégré en 1829, il avait été sous l'Empire gouverneur des Iles Ioniennes, puis secrétaire-général et conseiller de l'Université. Ses pièces de théâtre furent *Marius à Minturnes* [1791], *Lucrèce* [1792], *Phrosine et Mélidor* [1793], *Oscar, fils d'Ossian* [1796], *les Vénitiens* [1797], *et Germanicus*. Outre un drame, *Don Pèdre ou le Roi et le Laboureur*, des *Opéras*, une *Vie de Napoléon* [1822], et les *Souvenirs d'un sexagénaire* [1833], il composa des *Fables* [1812-1816], dont la verve satirique est remarquable. En voici quelques-unes :

Les Bulles de savon.

Tous les jours on voit des marmots
Avec un peu de vent gonfler un peu d'écume.
Tous les jours avec de grands mots,
Pour l'heureux du moment, maint sot fait maint volume.
Mes amis, retenez-le bien :
Le pouvoir de l'homme est immense :
Faire quelque chose de rien
Est plus aisé que l'on ne pense.

L'Ours, le Sansonnet et le Singe.

Naguère un ours encor sauvage,
Ours sans esprit et sans usage,
Mais non pas sans ambition,
Disait à ses amis : « A la cour du lion
Apprenez-moi comment on entre. »
Le singe dit : « C'est en sautant; »
Le sansonnet : « C'est en chantant;
— Ou bien, dit le serpent, en marchant sur le ventre. »

Les Dés.

Ces dés, qui, chassés d'un cornet,
Pour être agités dans un autre,
Par un *carme* ou par un *sonnet* [1],
Règlent ma fortune et la vôtre,
Ces dés tout écornés n'en retracent que mieux
Le sort d'un pauvre peuple aux mains de factieux.
Par l'intérêt des chefs tiré de l'inertie,
Ballotté non sans bruit, au gré de leurs fureurs,
Il s'écharpe, il s'échine : et pourquoi? je vous prie.
— Pourquoi? pour varier les coups d'une partie
Qui ne profite qu'aux joueurs.

---

1. Le *carme* est un coup de dés où l'on amène les deux quatre; le *sonnet* est le coup du double-six.

JAUFFRET (Fr.-Louis) [1770-1840]. Frère d'un aumônier de Napoléon, d'un évêque de Metz, il a publié des fables distinguées [1814] dont quelques-unes se soutiennent dans le voisinage de Florian. Il continue ainsi le *Savetier* de La Fontaine :

>Jaloux de retrouver ses chansons et son somme,
>L'honnête savetier dont parle le bonhomme
>Venait de reporter au financier Mondor
>Ses maudits cent écus, trop dangereux trésor.
>   Il retournait à son ouvrage
>   Libre de soins et de chagrin,
>   Et déjà chantait en chemin
>   Quelque refrain de son jeune âge.
>L'un de ses vieux amis, savetier comme lui,
>Vint l'attendre à sa porte, et lui dit : « Cher confrère,
>   Aide-moi, ma femme aujourd'hui
>   De deux jumeaux m'a rendu père :
>Une pistole ou deux feraient bien mon affaire :
>On m'a dit qu'un trésor... — Va, félicite-toi,
>   Ce trésor-là n'est plus chez moi :
>   Je viens de le rendre à son maître :
>   Mais il me reste, dieu merci,
>   Deux bons gros écus ; les voici :
>   Hier, mon cœur plus endurci
>   Te les eût refusés peut-être »

Satires, Épigrammes.

VIGÉE (Louis-Jean-Baptiste-Étienne) [1758-1810]. Né à Paris, frère de Madame *Vigée-Lebrun* peintre célèbre, directeur de l'*Almanach des Muses* depuis 1794, il tenta les succès de théâtre. Deux comédies, *Ma Journée* et *l'Entrevue*, ne lui valurent que des épigrammes, entre autres celle-ci :

>Vigée écrit qu'il est un sot :
>Pense-t-il qu'on le contredise ?
>Non : l'épithète est si précise
>Que tout Paris le prend au mot.

Il frappa vainement à la porte de l'Académie, et se vengea de ses échecs par des traits amers qui lui attirèrent de vertes ripostes, par exemple ce distique de Lebrun :

> Vigée est-il un aigle? un cygne? Oh ! non ;
> Ce n'est qu'un paon greffé sur un oison.

Il ne manqua pourtant pas d'esprit : il y en a dans ses satires (*Ma Journée, Mes Visites, Discours sur l'Intérêt*). Ses épîtres à *Ducis* et *Legouvé* ont une élégante facilité. Il savait esquisser un croquis de mœurs. Sachons-lui gré surtout d'avoir contribué par son talent de déclamation à former une grande tragédienne, Mlle Duchesnois.

CHÉNIER (Joseph-Marie DE) [1764-1811]. Né à Constantinople, fils d'un consul de France, membre de l'Institut en 1795, de l'Académie française en 1803, il composa pour la scène *Azémire, Charles IX* (1789), *Henri VIII* et *la Mort de Calas* (1791), *Tibérius Gracchus* (1792), *Fénelon* (1793), *Timoléon* (1794), *Philippe II, Brutus et Cassius, Cyrus* (1804) et *Tibère*. Il traduisit aussi *Œdipe-Roi, Œdipe à Colone* et une partie d'*Électre*. Inspecteur général de l'instruction publique [1792-1802], il se vit destituer sous l'Empire, pour quelques saillies d'opposition plus amère que redoutable. Désarmé bientôt par des bienfaits intéressés, il fut chargé par l'Académie de rédiger son *Tableau de la littérature française, depuis 1789*. — Ses tragédies sont trop souvent des plaidoyers politiques. Ses Odes (*Chant du départ, Veillons au salut de l'Empire,* imitations d'Ossian, Hymnes républicains) n'ont qu'un lyrisme artificiel. — Signalons ses Épîtres à *Voltaire*, à *Delille*, son *Essai sur la satire*, le *Concile de Constance, les Nouveaux Saints, le Docteur Pancrace, le Public et l'anonyme*, enfin quelques discours en vers, (*l'Erreur, la Calomnie,* les *Poèmes descriptifs,* les *Entraves littéraires, l'Intérêt personnel,* et *la Raison*). Voici quelques vers éloquents où il nous montre la *Calomnie* s'attaquant, sous la Terreur, aux plus nobles victimes :

> Nos champs furent déserts, mais peuplés d'échafauds ;
> On vit les innocents jugés par les bourreaux :
> La cruelle livrait aux fureurs populaires
> Du sage Lamoignon les vertus séculaires.

> Elle égorgeait Thouret, Barnave, Chapelier,
> L'ingénieux Bailly, le savant Lavoisier,
> Vergniaud dont la tribune a gardé la mémoire,
> Et Custine qu'en vain protégeait la Victoire.
> Condorcet, plus heureux, libre dans sa prison,
> Échappait au supplice en buvant le poison.
> O temps d'ignominie! où, rois sans diadème,
> Des brigands parvenus à l'empire suprême,
> Souillant la Liberté d'éloges imposteurs,
> Immolaient en son nom ses premiers fondateurs.
> Allons, plats écoliers, maîtres dans l'art de nuire,
> Divisant pour régner, isolant pour détruire,
> Suivez encor d'Hébert les sanglantes leçons :
> Sur les bancs du sénat placez les noirs soupçons ;
> Qu'au milieu des journaux la loi naisse flétrie,
> Dans les pouvoirs du peuple insultez la patrie ;
> Qu'un débat scandaleux s'élève à votre voix
> Entre le créateur et l'organe des lois ;
> Empoisonnez de fiel la coupe domestique,
> Étouffez les accents de la franchise antique.

Dans son élégie de la *Promenade*, [1806], il y a des notes d'un tout autre accent, et qui font honneur à la souplesse de son talent.

Despazes (Joseph) [1768-1817]. Né à Bordeaux, il s'essaya d'abord dans le panégyrique, et chanta les louanges du Directoire, en 1796 (*Les Puissants tels qu'ils sont.*) Puis, après avoir porté ses flatteries à Bonaparte, il se tourna vers la Satire, qui lui réussit mieux. Il débuta par une *Épître à Midas sur le bonheur des sots*. C'est un paradoxe assez bien mené. En 1800, parurent ses *Quatre satires* sur les *Arts*, les *Lettres*, les *Mœurs* et les *Partis*. Elles eurent un vif succès, et furent suivies d'une cinquième satire dédiée à l'abbé Sicard. Voici quelques traits lancés contre des célébrités d'alors :

> Garat, toujours rempli de frayeur et d'espoir.
> A toujours le secret de dire blanc et noir :
> S'exprimer franchement lui semble par trop bête ;
> En sauvant son pays il veut sauver sa tête.
> Porte-t-il à Louis l'arrêt de son trépas?
> Il admire en secret, et ne s'en défend pas,
> D'une part l'équité, de l'autre la constance ;
> Il pleure la victime, et bénit la sentence.
> Charles Hesse succède à Clotz-Anacharsis ;
> Du fond de son grenier sur son grabat assis,

Il insurge en espoir Berlin, Madrid et Rome ;
Aux esclaves de Paul[1] il lit les *Droits de l'Homme*,
Visite les Lapons, et dans son noble essor
Plante sur leurs traineaux l'étendard tricolor.
En tête d'un bouquin qui n'est pas même impie,
Daubermesnil écrit : *Théophilanthropie*.
Maréchal qui sourit de ses transactions
Avec cet être vain, effroi des nations,
Jusqu'en ses fondements ébranle la morale,
De l'athéisme impur affiche le scandale,
Et, le voyant déjà prospérer en tout lieu,
Rédige un règlement *pour les hommes sans Dieu*.

Nota. Parmi les poëtes satiriques de l'Empire, n'omettons pas deux noms dont nous parlons ailleurs : Baour-Lormian et Viennet. L'un avait écrit les *Satires Toulousaines*, où il se moquait de ses compatriotes et de leurs prétentions poétiques. Ses *Trois mots* adressés à Despazes [1801] offrent des détails curieux pour l'Histoire littéraire ; car il y passe en revue la plupart de ses confrères. Quant à Viennet, il composa sous l'Empire plusieurs épîtres satiriques ; une des meilleures est celle qu'il adresse à *Napoléon* [1804] sur les généalogies que les courtisans s'ingéniaient à lui faire. Nous y lisons :

Tu ne dois pas souffrir, plus grand dans ta fierté,
Qu'on mêle à ta couronne un fleuron emprunté ;
En croyant t'enrichir, on dérobe à ta gloire ;
Plus le but était loin, plus belle est la victoire :
Mesure la carrière, et sur le trône assis,
Contemple avec orgueil le point d'où tu partis ;
C'est aux murs de Toulon que ta race commence.

Dans son épître à *Fontanes* [1810], le classique à outrance censure vivement les écarts de ceux qui ne respectaient plus la tradition :

Tout se confond... les genres et les styles :
La sensibilité gagne les vaudevilles ;
Euterpe nous redit les misères des cours ;
Thalie en madrigaux nous redit ses amours,
Prend des airs de grandeur, et lourde, embarrassée,
En vers entortillés exprime sa pensée.
L'histoire est précieuse, et cherchant l'ornement
Ne peut plus sans ramper être simple un moment.

1. L'Empereur de Russie.

Usurpant l'euphémisme et l'onomatopée,
La gazette se guinde au ton de l'épopée ;
Et le drame si cher aux sensibles bourgeois,
Pour qui de nos laquais plaident toutes les voix,
Si près de son berceau, le drame dégénère :
Il prend chez le Vandale une face étrangère :
Et nous enrichissant des chefs-d'œuvre des Goths,
Fait du cintre au parterre éclater les sanglots.
Au nez de Poquelin, sans voiler sa statue,
L'Odéon retentit des cris de Kotzebue.

L'ÉPIGRAMME étant un genre éminemment français, recueillons ici quelques-unes de celles qui eurent leur moment de célébrité sous l'Empire.

Contre Chénier.

Tout fait bâiller Joseph-Marie :
Nous avons beau nous travailler,
Monsieur toujours bâille et s'ennuie ;
Rien ne saurait le réveiller.
Laissons bâiller Joseph-Marie ;
S'il bâille autant qu'il fit bâiller,
Il bâillera toute sa vie.

(*Ferlus.*)

Auprès de Jupiter, Prométhée en disgrâce
Se vit en proie au bec d'un vautour inhumain,
Qui lui rongeait le cœur et le rongeait sans fin.
Supposez Chénier à sa place :
Le vautour serait mort de faim.

(*Vigée.*)

Les grands et les petits Voleurs.

De grand matin, chez un banquier fameux,
Certains voleurs avaient su s'introduire ;
Quel coup pour eux ! Besoin n'est de déduire
Combien d'avance ils s'estimaient heureux.
Au coffre-fort vole toute la bande ;
Mais le banquier les avait prévenus,
Et la nuit même, avec tous ses écus,
Le drôle était parti pour la Hollande.

(*Andrieux.*)

Le maître du genre fut surtout *Lebrun-Pindare,* comme on en jugera par ces citations :

Sur le Dictionnaire de l'Académie.

On fait, défait, refait ce beau dictionnaire,
Qui, toujours très-bien fait, sera toujours à faire.

Sur Dorat.

Dorat, qui veut tout essayer, tout feindre,
Trompe à la fois et la gloire et l'amour :
Il est si bien le poëte du jour
Qu'au lendemain il ne saurait atteindre.

Sur un méchant auteur.

En prose, en vers, Lubin compose ;
Mais je ne sais par quel travers,
Il met trop de vers dans sa prose,
Et trop de prose dans ses vers.

Sur une dame poëte.

Églé, belle et poëte, a deux petits travers :
Elle fait son visage, et ne fait pas ses vers.

Dialogue entre un pauvre poëte et l'auteur.

On vient de me voler : — Que je plains ton malheur !
— Tous mes vers manuscrits. — Que je plains le voleur !

Défense de La Harpe.

Non, La Harpe au serpent n'a jamais ressemblé ;
Le serpent siffle, et La Harpe est sifflé.

La Harpe, professeur de poésie.

Oh ! La Harpe est vraiment un professeur unique !
Il vous parle si bien de vers, de poétique
Qu'instruit par ses leçons, on ne peut désormais
  Lire un seul des vers qu'il a faits.

Moyen de parvenir.

Un chêne était, sur la cime hautaine
Du mont Ida, roi des monts d'alentour :
Un aigle était sur la cime du chêne :
Près de l'Olympe il y tenait sa cour.

A l'improviste apparaît, un beau jour,
Maître escargot, fier d'être au milieu d'elle.
Des courtisans l'œil ne se croit fidèle.
L'un d'eux lui dit : « Me serais-je trompé :
Insecte vil, toi qui jamais n'eus d'aile,
Comment vins-tu jusqu'ici ? — *J'ai rampé.* »

Tragédie et drame.

LA HARPE (Jean-François DE) [1730-1803]. Né à Paris, fils naturel d'un gentilhomme du pays de Vaud, orphelin à neuf ans, recueilli au collége d'Harcourt, où il remporta deux ans de suite le prix d'honneur, enfermé plusieurs mois à Bicêtre pour des couplets contre ses professeurs, il débuta dans le monde des lettres par un volume d'*Héroïdes*, et une tragédie, *Warvick* (1763). D'autres suivirent : *Timoléon* (1764), *Pharamond* (1765), *Gustave Wasa* (1766), *les Barmécides* (1778), *Jeanne de Naples* (1781), *Philoctète* (1783), *les Brames* (1783), *Coriolan* (1784), et *Virginie* (1786). Il fit aussi des drames, *Menzikoff*, *Mélanie* (1770), et *Barnevelt*. Lauréat couronné pour ses *Éloges* de *Fénelon* (1771), *Racine* (1772), et *Catinat* (1775), il avait forcé les portes de l'Académie, en dépit des ennemis que lui avaient suscités ses articles rogues et hautains du *Mercure* (1770). Il quitta ce journal en 1786, pour entreprendre au *Lycée* (depuis l'*Athénée*) des conférences qu'il continua pendant douze ans, et qui devinrent son *Cours de littérature*. La sûreté de ses jugements qui eurent alors beaucoup de crédit lui valut le surnom de *Quintilien français*. Partisan très-exalté de la Révolution, il n'en fut pas moins arrêté comme suspect, en 1794, et ne sortit de prison qu'après le 9 Thermidor. Cette captivité métamorphosa le libre-penseur et le républicain en catholique et royaliste ardent, mais sans amender son caractère irritable. Il ne fit dès lors que changer d'ennemis. Proscrit au 18 Fructidor, et réduit à se cacher pour échapper à la déportation, il reparut, après Brumaire, dans sa chaire du Lycée. Sa *Correspondance littéraire* avec le grand-duc de Russie (Paul Ier, 1799-1803), arma contre lui bien des haines. Mentionnons encore, parmi ses œuvres, des Épîtres, des Odes, des Discours, des Contes, entre autres *Tangu et Félime*, des traductions de *Suétone, Camoëns, Lucain* et *le Tasse*, enfin, avec un *Abrégé de l'Histoire des voyages*, des *Commentaires* sur *Racine* et *Voltaire*.

Fenouillot de Falbaire (Charles-Georges) [1727-1800]. Né à Salins, il fit jouer un opéra-comique, *les Deux Aveugles* (musique de Grétry), et deux drames, *le Fabricant de Londres* (1772), puis *l'Honnête criminel*, en vers (1787), pièce dont le héros est un jeune calviniste de Nîmes, qui prit aux galères la place de son père.

Ducis (Jean-François) [1733-1816]. Né à Versailles, d'une famille pauvre, originaire de Savoie, constamment étranger aux passions des partis politiques, bien que fidèle aux principes républicains, nommé en 1778 à l'Académie française, où il remplaça Voltaire, il fut un des maîtres de la scène française, de 1800 à 1812. Voici l'énumération de ses œuvres dramatiques : *Hamlet* (1769), *Roméo et Juliette* (1772), *Œdipe chez Admète* (1778), *le Roi Lear* (1783), *Macbeth* (1784), *Jean-Sans-Terre* (1791), *Othello* (1792), *Abufar, ou la Famille arabe* (1795), *Fédor et Waldamir, ou la Famille de Sibérie* (1803). Ses poésies diverses et sa correspondance ne le recommandent pas moins que son théâtre.

Mercier (Louis-Sébastien) [1740-1814]. Né à Paris, il débuta par des *Héroïdes*, des pièces de théâtre, et un *Essai sur l'art dramatique* ; il semblait y pressentir les principales réformes du Romantisme. En 1771, il publiait aussi un ouvrage étrange, *l'An 2440, ou Rêve s'il en fut jamais*. Il prétendait depuis y avoir tout prédit, depuis les crimes de la Révolution jusqu'à l'adoption des chapeaux ronds. En 1781 parut son *Tableau de Paris*, qui l'eût fait enfermer à la Bastille, s'il ne s'était réfugié en Suisse. Durant la Révolution, il rédigea les *Annales patriotiques*, devint député à la Convention, membre du conseil des Cinq-Cents, puis de l'Institut, et professeur d'histoire à l'École

Centrale. Très-fécond en aperçus nouveaux, il eut le travers de trop aimer les paradoxes, comme le prouve entre autres son ouvrage sur l'*Impossibilité du système de Copernic et de Newton*. C'est lui qui, sous l'Empire, répéta souvent : « Je veux voir comment cela finira ; je ne vis plus que par curiosité. » Ses principaux drames sont *Natalie*, *le Faux ami* (1772), *le Juge* (1774) *la Brouette du vinaigrier* (1775), *Jenneval* (1781), *l'Indigent* (1782), *le Déserteur* (1782). Il avait écrit plus de cinquante pièces. Il réussit dans le pathétique ; mais son style est sans valeur.

KOTZEBUE (Auguste-Frédéric-Ferdinand DE) [1761-1819]. Né à Weimar, secrétaire d'un général russe à vingt ans, recommandé par lui à Catherine II, qui le fit gouverneur civil de la province de Revel, puis directeur du théâtre de Vienne (1795), il revint en Russie vers 1800, subit un an d'exil en Sibérie pour un pamphlet contre Paul Ier, dirigea le théâtre allemand de Saint-Pétersbourg, et retourna bientôt à Weimar d'où ses querelles avec Gœthe le forcèrent de partir. Après des voyages en Italie et en France, il alla rédiger à Berlin un journal hostile à notre pays, et, de 1811 à 1814, fut secrétaire d'Alexandre Ier. Il mit la main à ses manifestes, proclamations et notes diplomatiques. Après la paix, devenu consul général de Russie à Kœnigsberg, il retourna en Allemagne vers 1817. Là, ses écrits peu sympathiques aux idées libérales lui aliénèrent les étudiants, et l'un d'eux, Sand, le poignarda à Manheim. Ses œuvres dramatiques, traduites en français par Weiss et L. J. Jauffret en 1793, comprennent plus de trois cents pièces, dont les principales sont : *Misanthropie et Repentir*, *la Réconciliation ou les Deux frères*, *Gustave Wasa*, *les Hussites*, *Hugo Grotius*, *Octavie* et *Rolla*. On a traduit aussi les ouvrages suivants : *les Malheurs de la famille d'Ortemberg* (1801), les *Aventures de mon père* (1799), *l'Année la plus remarquable de ma vie* (1802), *les Bijoux dangereux* (1802), *Souvenirs de ma vie* (1804), *Voyage en Livonie, à Rome et à Naples* (1806), les *Premiers siècles de la Prusse* (1808), l'*Empire germanique* (1814). Il a du feu, du pathétique, et une remarquable entente de la scène.

Mᵐᵉ DE VALLIVON, connue sous le nom de JULIE MOLÉ, pensionnaire de l'ancienne Comédie-Française, sut accommoder adroitement au goût français le drame de Kotzebue, *Misanthropie et Repentir*. Le succès fut éclatant. Dans une petite comédie du temps, intitulée *Comment faire ?* on représente un mari dont la femme s'évanouit à ce drame. Il s'écrie :

> Comme elle est pâle et blême !

Alors le garçon de théâtre qui la ramène lui répond :

> Ne vous alarmez pas :
> Madame est la vingtième
> Aujourd'hui dans ce cas.
> Mais comme cela gagne, à la fin, moi je tremble
> Qu'un jour acteurs et spectateurs,
> Auteurs, moucheurs, ouvreurs, souffleurs,
> Ne se pâment ensemble.

Mᵐᵉ de Vallivon avait fait aussi plusieurs comédies, *l'Orgueil puni*, et *le Sultan de vingt-quatre heures*.

LAYA (Jean-Louis) [1761-1833]. Né à Paris, originaire d'Espagne, il fit représenter, en 1789, *les Dangers de l'opinion*, drame en vers qui mérita des applaudissements, et en 1793 *l'Ami des lois*, joué quelques jours avant le supplice de Louis XVI. Cette protestation contre un régicide valut au poète l'honneur d'être jeté dans une prison d'où il ne sortit qu'après Thermidor. Sous l'Empire, il devint professeur au lycée Napoléon, puis à la Faculté des lettres. Il composa aussi d'autres drames, *les Deux Stuarts*, *Jean Calas*, *Une Journée de Néron*, et *Falkland*.

RAYNOUARD (François-Juste-Marie) [1761-1836]. Né à Brignolles (Var), avocat à Draguignan pendant quinze ans, suppléant à l'Assemblée Législative en 1791, il devint célèbre par sa tragédie des *Templiers* (1805), qui le conduisit à l'Académie française, en 1807. *Les États de Blois*, composés en 1804, et représentés le 22 juin 1810, à Saint-Cloud, devant l'Empereur, ne furent joués publiquement que sous la Restauration. Quant à sa troisième tragédie, *Léonore de Bavière*, elle est absolument oubliée. Nommé en décembre 1813 par le Corps Législatif membre de la commission qui devait prononcer sur les négociations entamées avec les puissances, il rédigea le rapport que prononça Lainé ; cette adresse précipita la chute de l'Empire. Membre de la Chambre des députés en 1814, il devint en 1817 secrétaire perpétuel de l'Académie. Érudit et philologue, Raynouard était moins fait pour le théâtre que pour les recherches historiques. Un *Lexique roman* (1838), un *Choix de poésies originales des troubadours*, ses études sur les *Templiers* (1813), et le *Droit municipal en France* (1823), font honneur au savant. Ajoutons toutefois qu'il se trompa, lorsqu'il supposa l'existence d'une langue romane primitive, type des idiomes néo-latins. L'homme se fit estimer, en dépit d'un caractère peu avenant. On raconte que, chargé de défendre une cause dont le gain lui assurait cent cinquante mille francs, il ne voulut recevoir que *soixante-deux francs cinquante centimes* pour frais de vacation et de timbre.

CAIGNIEZ (Louis-Charles) [1762-1842]. Né à Paris, auteur dramatique, surnommé le *Racine des boulevards*, il fut, dans le mélodrame, un des émules de Pixerecourt. L'une de ces pièces, *la Pie voleuse*, qui fournit un *libretto* à la *Gazza ladra* de Rossini, fut longtemps applaudie en 1815.

DUVAL (Alexandre) [1762-1842]. Né à Rennes, il fut buraliste, marin, soldat volontaire en Amérique, ingénieur, acteur, directeur de l'Odéon (1807), et bibliothécaire à l'Arsenal. Académicien en 1812, il composa plus de cinquante pièces de théâtre, qui réussirent souvent et à bon droit. Ses principaux drames et ses comédies furent *la Jeunesse du duc de Richelieu ou le Lovelace français* (1796), *les Héritiers* (1796), *les Projets de mariage* (1798), *Édouard en Écosse ou la Nuit d'un proscrit* (1802), *Struensée ou le Ministre d'État* (1802), *Guillaume le Conquérant* (1803), *Shakespeare amoureux ou la Pièce à l'étude* (1804), *le Menuisier de Livonie ou les Illustres Voyageurs* (1805), *les Hussites ou le Siège de Naumbourg* (1804), *la Jeunesse d'Henri V* (1805), *le Tyran domestique* (1806), *la Tapisserie* (1808), *la Princesse des Ursins ou les Courtisans* (1820), *la Manie des grandeurs* (1817), enfin *la Fille d'honneur*

(1818). On lui doit aussi bon nombre d'opéras-comiques, entre autres *le Prisonnier, le Trente-et-quarante, Beniowski, Maison à vendre.*

Bouilly (Jean-Nicolas) [1763-1842]. Né à Tours, avocat en 1789, plus tard membre de la commission qui organisa les écoles primaires, il finit par se consacrer exclusivement à des œuvres de littérature morale : *Contes à ma fille, Conseils à ma fille, les Jeunes Femmes, Mes récapitulations,* sorte de mémoires où il raconte sa vie. Parmi ses pièces de théâtre, mentionnons l'opéra de *Pierre le Grand* (1790), une comédie, *Madame de Sévigné,* des opéras-comiques, *les Deux Journées, Une Folie, Fanchon la Vielleuse,* et surtout son drame *l'Abbé de l'Épée,* qui unit l'intérêt de l'action à l'accent d'une sensibilité souvent dramatique.

Jouy (Joseph-Etienne, dit) [1764-1846]. Né à Jouy (Seine-et-Oise), il eut une jeunesse très-romanesque. Sous-lieutenant à treize ans, il avait déjà fait un voyage en Amérique lorsqu'il revint achever ses études à Versailles. Officier d'artillerie, il partit pour les Indes, où un trait d'audace lui valut un collier donné par *Tippo-Saïb.* Mêlé aux premières campagnes de la Révolution, il sauva d'un grand péril Mme Adélaïde, sœur du duc de Chartres, menacée d'être prise sous les murs de Tournay. Devenu commandant de place, il prit sa retraite en 1791, pour se vouer aux lettres. Ses débuts furent des vaudevilles très-applaudis (*Comment faire ?* 1798; *les Sabines* 1799). Puis, l'opéra de la *Vestale,* mis en musique par Spontini, lui mérita le prix décennal de poésie lyrique (1810). Il composa le libretto de *Fernand Cortez* (1807), des *Bayadères* (1810), des *Abencerrages* (Chérubini, 1812), de *Moïse* (1827), et de *Guillaume Tell* (1829). Ambitieux d'une gloire plus personnelle, il fit jouer au Théâtre-Français, en 1813, la tragédie de *Tippo-Saïb,* inspirée par un souvenir de ses voyages. Outre que la mort du héros est fortuite, et ne se lie guère à l'action, cette pièce est plus lyrique que dramatique, mais offre un sérieux exemple de couleur locale. Il soutint ce succès par la tragédie de *Sylla* (1822), qui réussit bruyamment, grâce à Talma. Il fut moins heureux dans *Bélisaire* (1825), et *Julien* (1827). Son talent flexible amusa le public par des esquisses de mœurs qui furent populaires sous ce titre : *l'Ermite de la Chaussée-d'Antin*. Mais il épuisa cette veine, lorsqu'il voulut transporter son Ermite en *Province*, à la *Guyane* et en *Prison*. Libéral et voltairien, rédacteur du *Constitutionnel* et de *la Minerve*, il fit une guerre très-vive à la Restauration, et fut nommé bibliothécaire du Louvre, en 1830. Il était académicien depuis 1815. M. Empis lui succéda.

GUILBERT DE PIXERECOURT (René-Charles) [1773-1844]. Né à Nancy, il suivit son père dans l'émigration (1791), et revint à Paris sous la Terreur, avec l'intention de travailler pour le théâtre. Il attendit, durant cinq ans, une première représentation qui eut lieu en 1797. Ce succès lui ouvrit toutes les scènes secondaires, sur lesquelles il fit jouer, pendant trente années, plus de cent vingt pièces, surtout des mélodrames, dont le dénoûment est très-moral. Les principaux sont *les Mystères d'Udolphe* (1798), *Cœlina ou l'Enfant du mystère* (1800), *le Pélerin blanc* (1801), *l'Homme à trois visages* (1801), *la Femme à deux maris* (1802), *les Mines de Pologne*, *Téléki* (1803), *la Forteresse du Danube* (1805), *les Ruines de Babylone* (1810), *le Chien de Montargis* (1814), etc. Les journalistes l'appelèrent, non sans ironie, le *Shakespeare*, le *Corneille*, le *Crébillon du boulevard*. Une habile construction et une mise en scène pittoresque s'associent dans ses œuvres à un style ronflant, dont l'enflure paraissait alors de l'éloquence. Il avait traduit, en 1804, les *Souvenirs de Paris* de *Kotzebue*. J. Janin le juge ainsi :

Il avait une façon d'arranger son banc de gazon, de disposer sa forêt de vieux chênes, de préparer son kiosque, qui faisait que, bon gré, mal gré, dès que la toile était levée, on regardait, on s'inquiétait, on était attentif. Il avait de petites ressources sans nombre qu'il disposait à merveille : le tictac du moulin, un rayon de la lune, une amorce mal brûlée, un pont qui croulait à propos, un cri inattendu, un gémissement du vent, des riens, des misères... Mais ces riens remplissaient la scène d'un frisson inattendu. Je sais très-bien que tout cela n'est pas de la poésie, qu'un bon vers, parti de l'âme, vaut cent millions de fois mieux que toutes ces surprises; mais je sais aussi qu'à défaut de poésie on est encore trop heureux de trouver ces curieux arrangements d'une imagination qui n'est jamais en défaut.

Brifaut (Charles) [1781-1857]. Né à Dijon, il se fit d'abord connaître par un poëme épique en trois chants et en vers de dix syllabes sur les aventures de *Rosamonde*, maîtresse de Henri II, roi d'Angleterre, et tuée d'un coup de poignard par la reine Éléonore. Voici comment s'annonce ce dénoûment tragique :

> C'est ton arrêt : frappons; ma voix l'éveille.
> — Quel bruit soudain a frappé mon oreille?
> — Moi. — Qu'êtes-vous, étrangère ? et quel sort
> Vous mène ici ? qu'y cherchez-vous ? — Ta mort.
> — Ciel! un poignard! — Retiens tes cris, écoute :
> Me connais-tu ? — Je frémis ! — Réponds-moi.
> — Je suis perdue! ah! c'est elle, sans doute,
> Éléonore. — Oui, c'est la reine. Eh quoi!
> Tu sais commettre un forfait, et tu trembles!
> Lâche ! — Un forfait, moi ! — Plaire à mon époux,
> M'ôter son cœur, c'est le premier de tous.

Il fut plus heureux dans ses tentatives dramatiques. Si *Jeanne Grey* se vit interdite par l'Empire, et ne put être jouée qu'en 1815, si *Charles de Navarre* n'obtint qu'un succès d'estime, son *Ninus II* réussit bruyamment en 1813. La censure avait obligé le héros, d'abord Espagnol, à se métamorphoser en roi d'Assyrie. Ce déménagement se fit sans difficulté, dans un temps où les héros tragiques n'avaient pas de patrie. M. Brifaut dut au souvenir de cette journée un fauteuil académique, en 1826. Causeur très-spirituel, il a laissé des mémoires qui ont de l'agrément, et représentent au vif sa physionomie mondaine. (Voir une étude sur ses œuvres, dans *Réalistes et Fantaisistes*, par Gustave Merlet.)

Saucerotte Raucourt (Mlle Françoise-Marie-Antoinette), [1756-1815]. Née à Nancy, fille du comédien Saucerotte, elle débuta en 1773, au Théâtre-Français, dans le rôle de *Didon*, au milieu d'un enthousiasme que justifiait la pureté de son jeu. Mais, l'envie s'éveillant, elle dut, pour se dérober aux cabales, s'enfuir en Russie [1776], et ne rentra aux Français qu'en 1779. Dès lors, on ne lui contesta plus sa supériorité. Si les notes sensibles n'étaient pas son triomphe, elle excellait par la noblesse, l'ironie, la véhémence et la passion. Ses créations furent *Cléopâtre*,

Cornélie, *Agrippine*, *Athalie*, *Médée*, *Sémiramis*. Emprisonnée sous la Terreur, elle rallia plus tard à l'Odéon l'élite des comédiens, vit fermer son théâtre transporté dans la salle Louvois, rentra rue Richelieu en 1799, et, protégée par Napoléon, reçut de lui le privilége de la direction des théâtres français en Italie.

TALMA (François-Joseph) [1766-1826]. Né à Paris, fils d'un dentiste, il vécut d'abord en Flandre, puis en Angleterre, et revint, à neuf ans, faire ses études en France. Attiré vers la scène par une vocation qui s'essaya d'abord dans les salons, il pratiqua durant dix-huit mois la profession paternelle avant de se vouer au théâtre. Les leçons de Molé, Dugazon et Fleury le préparèrent à ses débuts qui se produisirent à la Comédie-Française, en 1789, par le rôle de *Séide*, dans *Mahomet*. Devenu sociétaire, deux ans après, instruit par l'étude de l'histoire, il médita la réforme du costume, déjà tentée par Le Kain, Mlle Clairon, et Mlle Saint-Huberti. En 1789, jouant le personnage de *Proculus* dans la tragédie de *Brutus*, il se montra sous la toge romaine, avec une rigueur d'exactitude qui triompha définitivement de la routine traditionnelle. La Révolution le compta parmi ses adeptes les plus ardents. Sous l'influence des idées nouvelles, il sut communiquer la vie à des œuvres où plaidait la passion politique. Sa première création fut le rôle de *Charles IX*. Tempérant peu à peu sa fougue première, il atteignit la perfection dans le *Manlius* de Lafosse, l'*Achille d'Iphigénie en Aulide*, *Œdipe*, *Néron*, *Othello*, *Hamlet*, *Abufar*, dans le *Sylla* de Jouy, et le *Régulus* de Lucien Arnault. La comédie qu'il joua jusqu'en 1796 lui réussit moins ; pourtant, vers la fin de sa carrière, il sut tenir avec supériorité le rôle de *Danville* dans *l'École des Vieillards* de Casimir Delavigne. Avec le drame il fut également heureux ; mais la tragédie antique était le vrai cadre de son génie. Napoléon l'admit dans sa familiarité. Talma laissa un ouvrage intitulé : *Réflexions sur Le Kain et l'art théâtral* [1825].

DUCHESNOIS (Catherine-Joséphine RAFIN, Mlle), [1777-1835]. Née à Saint-Saulve, près de Valenciennes, fille d'un domestique de maquignon, élevée dans les travaux les plus grossiers, elle avait huit ans lorsque, appelée à Paris par sa sœur aînée qui était en service dans la maison de Monsieur (depuis Louis XVIII), elle fut mise en pension par ses soins. La vue de Mlle Raucourt, dans *Médée*, éveilla les instincts de son art ; et, placée dans une maison de commerce à Valenciennes, elle s'en échappa pour courir à Paris, où, grâce aux leçons de Legouvé, elle put suivre son penchant. En 1802, le patronage de Chaptal, ministre de l'intérieur, et de Mme Bonaparte lui permit de débuter aux Français dans le rôle de *Phèdre*. Son exquise sensibilité la fit surnommer *l'actrice de Racine*. Elle prêta au drame moderne l'appui de son nom, et créa les rôles de *Jeanne d'Arc* et de *Marie Stuart*. Mais la mort de Talma et l'invasion du romantisme finirent par la décourager : peut-être aussi son jeu trahissait-il une décadence qu'elle sut prévenir à temps. Elle se retira en 1820. Généreuse et charitable, elle recueillit chez elle la mère de La Valette ; elle eût sauvé Labédoyère, s'il y eût consenti.

WEYMER (Marguerite-Georges), connue sous le nom de Mlle GEORGES [1786-1868]. Née à Amiens, fille d'un chef d'orchestre, remarquée par Mlle Raucourt, placée par elle au Conservatoire, elle dut à la protection de Mme Bonaparte (plus tard la reine Hortense) d'obtenir un ordre de début à la Comédie-Française (27 novembre 1802), où sa beauté majestueuse lui valut l'honneur de jouer Clytemnestre, Didon et Sémiramis. Bientôt, elle osa disputer les rôles de princesse à Mlle Duchesnois, ce qui donna lieu à de bruyantes rivalités. Elle allait paraître dans la tragédie d'*Artaxercès* (DELRIEU) [1807], lorsqu'elle quitta brusquement Paris pour l'Allemagne et la Russie. En 1812, à Dresde et Erfurt, elle figura devant Napoléon et Alexandre. Autorisée à rentrer au Théâtre-Français, en 1813, elle s'esquiva de nouveau en 1816. Plus tard, à l'Odéon, elle créa des rôles dans *Jeanne d'Arc* [1825], *la Maréchale d'Ancre*, *Christine à Fontainebleau*, et *Une Fête de Néron* [1830]. Le Théâtre Saint-Martin la vit ensuite soutenir le drame romantique. On l'applaudit dans *Lucrèce Borgia*, *Marie Tudor*, *la Tour de Nesle*, et *Perrinet Leclerc*.

Comédie.

Carmontel [1717-1806]. Né à Paris, lecteur du duc de Chartres, ordonnateur de ses fêtes, il imagina les petites pièces de salon connues sous le titre de *Proverbes*. Il y peint avec esprit le valet, la commère, le paysan, le marchand, le chirurgien de village. Ce genre fut repris avec bonheur par Théodore Leclercq [1777-1851].

Rochon de Chabannes, mort en 1800, ancien diplomate, fut un homme d'esprit qui mérita la faveur du public par une petite pièce intitulée : *Heureusement* [1762], et des comédies, dont les mieux venues sont : *la Manie des arts* [1763], *le Jaloux* [1784], *les Amants généreux* [1774], et *les Prétendus* [1789], œuvres qui restèrent dans le répertoire du Théâtre Impérial.

Patrat, mort en 1801, composa un grand nombre de fantaisies comiques, parmi lesquelles un souvenir est dû aux *Amants Protées* [1798], à *l'Heureuse erreur* [1783], aux *Deux Frères* (drame imité de Kotzebue 1799), au *Complot inutile* [1799], au *Fou raisonnable* [1781], et aux *Méprises par ressemblance* [1786]. De 1800 à 1815, il eut un regain de faveur.

Cailhava de l'Estandoux (Jean-François) [1731-1813]. Né à l'Estandoux (Haut-Languedoc), il devint membre de l'Académie française. Auteur d'un livre sur l'*Art de la Comédie*, il prouva dans ses pièces qu'il l'entendait assez peu. Les moins faibles sont *le Tuteur dupé* [1765], *l'Égoïsme* [1777] et *les Ménechmes grecs* [1791]. Il portait au chaton de sa bague une dent de Molière, ce qui donna prétexte à cette malice de Fayolle :

> Mons l'Estandoux est tout fier aujourd'hui :
> Il porte au doigt une dent de Molière :
> Convenez-en ; c'est dupe bien grossière
> Que L'Estandoux : la dent est contre lui.

Dorvigny [1733-1812]. Pendant une trentaine d'années, à partir de 1774, il ne cessa pas d'inonder les théâtres secondaires d'un déluge de comédies, parades, farces, folies ou vaudevilles dont plusieurs, entre autres, *les Valets payent l'amende, les Fausses Consolations,* et *le Désespoir de Jocrisse,* eurent une prodigieuse vogue. Mais ses œuvres sentaient trop le cabaret.

BOUTET DE MONVEL (Jacques-Marie) [1745-1811]. Né à Lunéville, acteur et auteur, père de Mlle Mars, membre de l'Institut, il composa des drames : *Clémentine et Des Ormes* [1780], *les Victimes cloîtrées* [1791], *Mathilde* [1799], puis des opéras-comiques : *Julie, Blaise et Babet, Philippe et Georgette, Ambroise, Sargines, Raoul de Créquy,* enfin des comédies, dont la meilleure est *l'Amant bourru* [1797].

CHOUDARD-DESFORGES (Jean-Baptiste) [1746-1806]. Né à Paris, il fut l'auteur d'un opéra-bouffe *l'Epreuve villageoise* (musique de Grétry 1783); de comédies agréables, *la Femme jalouse* [1785], *Tom Jones et Fellamar* [1787], et d'une farce excellente, *le Sourd ou l'Auberge pleine* [1790]. Il était acteur très-populaire.

GUILLEMAIN (Jacob) [1750-1800]. Né à Paris, il produisit pour les théâtres de foire et de boulevards trois cent soixante pièces, parmi lesquelles on peut citer : *Annette et Basile* [1793], *les Bonnes Gens* [1793], *le Bouquet de famille, les Cent écus* [1784], *la Rose et l'Épine, le Nouveau Parvenu* et *le Mensonge excusable*. Comique de bas étage, il avait du sel gaulois.

MARSOLLIER DES VIVETIÈRES (Benoit-Joseph) [1750-1817]. Né d'une famille de magistrats, il annonça de bonne heure un goût décidé pour le théâtre, mais fut, dit-on, refusé vingt-trois fois, avant de pouvoir se faire jouer. Il donna en 1774 au Théâtre-Italien un opéra-comique, suivi de comédies en prose qui finirent par lui valoir un nom. Ses principaux opéras-comiques sont : *Nina ou la Folle par amour* [1786], *les Deux Petits Savoyards* [1789] *Camille ou le Souterrain* [1791], *la Maison isolée* [1797], *Gulnare ou l'Esclave persane* [1798], *Adolphe et Clara* [1799], *l'Irato* [1801], *Edmond et Caroline* [1819]. Ces pièces furent mises en musique par Méhul, Gaveaux et Dalayrac. Il a de l'esprit et de la grâce. Il composa cinquante ouvrages dramatiques.

La Chabeaussière [1752-1820]. Une de ses pièces se conserva longtemps au répertoire de la comédie française ; ce fut une bluette agréable, intitulée *les Maris corrigés* [1791].

Faur (Louis-François), se fit remarquer par quatre comédies, *la Prévention vaincue, la Veuve anglaise, l'Amour à l'épreuve,* et *le Confident par hasard* [1801].

Dumaniant [1754-1818]. Né à Clermont en Auvergne, acteur et auteur, il composa une quarantaine de comédies, jouées pour la plupart au théâtre des *Variétés*. Voici les principales : *Guerre ouverte ou Ruse contre ruse* [1786], *la Nuit aux aventures ou les Deux Morts vivants* [1787], *les Intrigants ou Assauts de fourberies* [1787], *Ricco* [1789], *les Ruses déjouées* [1797], *le Secret découvert* [1797], *l'Espiègle et le Dormeur* [1806], *l'Honnête Menteur* [1809], *le Mariage impossible* [1809], *la Femme de vingt ans* [1811], *Est-ce une fille ou un garçon?* [1812] On peut reprocher trop d'*imbroglio* à la conduite de ses pièces.

Aude (Joseph). Né en 1755 à Apt, secrétaire du ministre Caraccioli à Naples, puis de Buffon, il est le père de *Cadet Roussel*, et a le premier mis ce type à la mode. Sa trivialité populaire ne manque pas de sentiment et de finesse.

Collin-d'Harleville (Jean-François) [1755-1806]. Né à Maintenon (Eure-et-Loir), il composa *l'Inconstant,* [1784], d'abord en prose, puis en vers, *l'Optimiste* [1788], *les Châteaux en Espagne* [1789], *Monsieur de Crac dans son petit castel* [1791], *le Vieux Célibataire* [1792], puis, sous l'Empire, *Malice pour malice* [1803], et *les Querelles des deux frères,* jouées après sa mort [1806]. Membre de l'Institut en 1795, il fut académicien en 1803.

Andrieux (François-Guillaume-Jean-Stanislas) [1759-1833]. Né à Strasbourg, d'abord avocat, puis chef du bureau de la liquidation, juge au tribunal de cassation [1796], membre du conseil des Cinq-Cents [1798], du Tribunat [1800], éliminé par le Premier-Consul [1802], professeur de belles-lettres à l'École polytechnique [1804-1816], enfin de littérature au Collége de France [1814-1833], il fut admis à l'Institut en 1797, et nommé secrétaire perpétuel de l'Académie française, en 1829. Ses œuvres sont *Anaximandre* [1782], les *Étourdis* [1788], *Helvétius* [1802], la *Suite du Menteur* [1803], le *Trésor* [1803], la *Soirée d'Auteuil* [1804], le *Vieux Fat* [1810], la *Comédienne* [1816], le *Manteau* [1826], et une tragédie, *Junius Brutus* [1828]. Ses principaux contes furent le *Souper des six sages*, le *Procès du sénat de Capoue*, *Socrate et Glaucon*, le *Meunier Sans-Souci*, l'*Alchimiste et ses enfants*, le *Charlatan et les trompettes*, la *Mystification de Poinsinet*, et le *Doyen de Badajoz*. C'est une de ses plus jolies fantaisies. Il suppose que le doyen va chez le docteur don Mendrito pour apprendre la magie. Après s'être bien fait prier, celui-ci commence ses leçons, non sans avoir dit à sa cuisinière Inès de « mettre à la broche deux perdrix, pour le souper de M. l'abbé ». Alors s'ouvre au doyen le monde des visions fantastiques : il croit monter à toutes les dignités de l'Église ; et, à chaque degré de l'ascension, don Mendrito lui présente une supplique, toujours poliment repoussée. Enfin voici le doyen devenu pape ! alors nouvelle requête, à laquelle il répond ainsi :

« Notre cher fils, nous sommes informés
Que tous les jours seul vous vous enfermez
Pour pratiquer d'horribles sortiléges,
Qui sont, mon fils, autant de sacriléges ;
Vous vous damnez, nous en sommes fâchés :
Nous devrions, pour de si grands péchés,
Vous imposer très-rude pénitence.
Remerciez notre extrême indulgence,
Qui, pour tout ordre et pour tout châtiment,
D'auprès de nous vous bannit seulement.
Nous vous mandons sans délai ni remise
De quitter Rome et l'État de l'Église :
Faute de quoi, comme hérétique ou juif,
Nous vous faisons dans trois jours brûler vif. »
Sans sourciller, sans lui faire un reproche,
Don Mendrito cria cette fois-ci :
« Inès, ôtez les perdrix de la broche,
Monsieur l'abbé ne soupe pas ici. »
A ces seuls mots, le malheureux élève,
Frappé soudain, s'éveille d'un beau rêve,
Et se retrouve..... où ? dans l'étroit réduit
Où le sorcier l'a d'abord introduit.

Même au cadran d'une vieille pendu.e
Il voit qu'un tour est à peine achevé,
Tandis qu'il a si doucement rêvé.
Sans déserter la magique cellule,
En moins d'une heure, il fut deux fois mitré,
Prélat, légat et cardinal et pape :
Et tout cela dans un clin d'œil s'échappe !
Tout est magie et prestige, sinon
Qu'il reste dupe encor plus que fripon,
Dix fois ingrat et cent fois ridicule.
Muet, confus, il sort de la maison,
Près de la porte il trouve encor sa mule
Toute sellée, et monte sur son dos.
Comme il montait, Lucifer en personne
Lui saute en croupe, et prononce ces mots
D'un ton de voix dont le doyen frissonne :
« Comme tu vins, retourne à Badajoz :
Et souviens-toi que, même aux yeux du diable,
L'ingratitude est un vice effroyable. »

Pons (Robert) [1759-1819]. Né à Verdun, il publia des poésies diverses sous ce titre : *Mes Loisirs*. C'est un conteur alerte, témoin les bagatelles suivantes :

Je te tiens donc enfin, fripon huppé,
Depuis six mois et plus que tu m'évites ;
Rends-moi l'argent que tu m'as attrapé,
Ou ce bâton, comme tu le mérites.....
— Pardon, monsieur, d'affaires occupé,
Je ne suis pas à ce que vous me dites.

Champagne un beau matin reçut cent coups de gaule
Que depuis plus d'un an lui promettait Lafleur :
« Dieu soit loué, dit-il, en se frottant l'épaule.
Me voilà guéri de la peur. »

Demoustier (Charles-Albert) [1760-1801]. Descendant de Racine par son père, et de La Fontaine par sa mère, avocat distingué, écrivain célèbre par ses *Lettres à Émilie sur la mythologie* [1786-1798], il publia des poëmes précieux et fades : *le Siége de Cythère, la Liberté des cloîtres* [1790], et fit jouer des opéras : *le Divorce, l'Amour filial, Agnès et Félix*; des comédies douceureuses : *le Conciliateur ou l'Homme aimable* [1790], *les Femmes* [1791], *le Tolérant*, et *Alceste à la campagne* [1796]. Empruntons à une des *Lettres à Émilie* cette description du Printemps :

>   Sur un nuage de rosée
>   Doré des rayons du soleil,
> Il parcourt nos guérets, et presse le réveil
>   De la nature reposée,
>   Qui, de mille feux embrasée,
>   Sort des bras du sommeil,
> Le sein couvert des fleurs qui parent la prairie.
>   Une légère draperie,
>   Pareille à l'écharpe d'Iris,
> Couvre le sein du Dieu. Son aimable souris,
>   Qu'un tendre regard accompagne,
>   Ranime les vallons flétris,
>   Et fait sourire la campagne.
> A l'aspect des coteaux qu'il vient de rajeunir,
>   Le jeune amant de la nature
>   Rougit, comme une vierge pure,
>   De modestie et de plaisir.
> Son front est couronné de l'herbe des prairies
>   Pour prouver que de la beauté
> Le premier ornement est la simplicité.

DIEULAFOY (Joseph-Marie-Armand-Michel) [1762-1823]. Né à Toulouse, il échappa, comme Désaugiers, aux massacres de Saint-Domingue, et se distingua par plusieurs comédies spirituelles, entre autres : *Défiance et Malice* [1801], et le *Portrait de Michel Cervantes* [1802].

GUERLE (Jean-Marie-Nicolas DE) [1766-1824]. Originaire d'Irlande, professeur d'éloquence à la Sorbonne, traducteur de l'*Énéide*, auteur d'un *Éloge historique des perruques*, d'une *Apologie de la satire*, et de *Recherches sceptiques sur Pétrone*, il tourna d'assez jolis contes, entre autres *les Cygnes, Stratonice et son peintre, la Malvoisie*, et surtout *Pradon à la comédie ou les Sifflets*.

LONGCHAMPS (Charles DE), naquit à l'Ile Bourbon, en 1768 ; conduit en France par la curiosité, durant la Révolution, il fut arrêté comme suspect en 1793. Après sept mois de captivité, nommé adjoint de l'adjudant-général Jouy, il s'essaya dans le vaudeville et l'opéra-bouffe. *Ma Tante Aurore* (1803) fit les délices du théâtre Feydeau. De 1803 à 1805, il donna aux Français *le Séducteur amoureux, le Garçon malade,* et *la Fausse Honte.* Ce sont des pièces spirituelles et vivement menées.

Hoffman (François-Benoit) [1768-1828]. Né à Nancy, critique littéraire du *Journal des Débats*, il fit représenter à l'Opéra-Comique *le Secret* et *les Rendez-vous bourgeois* [1807], avec un vif succès. Ses œuvres dramatiques furent nombreuses ; mais il n'en est resté que *l'Original* [1797], et le *Roman d'une heure* (1803). Le style en est franc et animé de verve. Sur la fin de sa vie, devenu misanthrope, il se retira à Passy, pour y fuir la foule ; mais il se tenait toute la journée à la fenêtre, espérant qu'on viendrait le visiter.

Picard (Louis-Benoit) [1769-1828]. Né à Paris, fils d'un avocat, il songea d'abord au barreau, puis se voua définitivement à la scène, où il se produisit sous les auspices d'Andrieux. Auteur, acteur, et directeur de divers théâtres, *Louvois*, l'*Opéra-Buffa*, l'*Opéra-Français*, l'*Odéon*, il quitta la profession de comédien en 1807, pour entrer à l'Académie française. Il composa près de quatre-vingts pièces, comédies, vaudevilles ou opéras-comiques. Les plus remarquables furent : *le Conteur ou les Deux Postes* [1793], *le Cousin de tout le monde* [1793], *Médiocre et Rampant* [1797], *le Voyage interrompu* [1798], *le Collatéral* [1799], *l'Entrée dans le monde* [1799], *la Petite Ville* [1801], *Duhautcours ou le Contrat d'union* [1801], *le Mari ambitieux ou l'Homme qui veut faire son chemin* [1802], *la Grande Ville* [1802], *M. Musard* [1803], *les Tracasseries ou M. et Mme Tatillon* [1804], *les Marionnettes* [1806], *la Manie de briller* [1806], *les Ricochets* [1807], *l'Alcade de Molorido* [1809], *les Deux Réputations* [1816], *les Deux Philibert* [1816], *le Capitaine Belronde* [1817], *Vauglas* [1817]. Il excelle dans la comédie bourgeoise, par le naturel et la gaieté, la vive peinture des mœurs et la prestesse de l'action. Mais il y a quelque monotonie dans ses moyens, et son style n'a pas assez de relief.

Riboutté (François-Louis) [1770-1834]. Né à Lyon, il fut un de ceux qui défendirent cette ville contre la Convention. Après le 9 Thermidor, il fit bonne guerre aux Terroristes. Agent de change et auteur dramatique, il composa *le Ministre anglais* [1812], *la Réconciliation par ruse* [1818], *l'Amour et l'Ambition* [1822], *le Spéculateur ou l'École de la jeunesse* [1826], et *l'Assemblée de famille* [1808], qui eut trente-neuf représentations. On lui décocha cette épigramme :

> Riboutté dans ce monde a plus d'une ressource,
> Il spécule au théâtre, et compose à la Bourse.

MERCIER DUPATY (Louis-Emmanuel-Félicité) [1775-1851]. Fils du président Dupaty, l'auteur des *Lettres sur l'Italie*, il naquit à Bordeaux. Simple soldat en 1792, puis aspirant de marine, il se signala par son courage à bord du *Patriote*, dans le combat naval illustré par l'héroïsme du *Vengeur*. Blessé grièvement, il faillit y périr. Chargé d'une mission comme ingénieur hydrographe sur les côtes de France et d'Espagne, puis ruiné par le désastre de Saint-Domingue, il demanda des ressources à sa plume. La plupart de ses ouvrages dramatiques appartiennent à l'époque impériale. Les plus connus sont *la Jeune Prude*, *Ninon chez Mme de Sévigné*, *l'Intrigue aux fenêtres*, *le Jaloux malade*, *la Jeune Mère*, *la Leçon de botanique*, *Picaros et Diégo*, *les Voitures versées*, qui firent la vogue du Vaudeville et de l'Opéra-Comique. Il produisit en cinq actes et en vers une comédie d'intrigue bien menée : *la Prison militaire*. Après 1815, la politique lui inspira une satire intitulée *les Délateurs*. Rédacteur de *la Minerve* et du *Miroir*, membre des sociétés du *Caveau* et des *Enfants d'Apollon*, il entra à l'Académie en 1835, et fut nommé en 1842 administrateur de la bibliothèque de l'Arsenal. Son style n'était pas de la meilleure source. Un jour que, pour une élection académique, Nodier lui demandait sa voix, en le faisant souvenir qu'il lui avait donné la sienne, Dupaty répondit : « Je n'avais pas besoin que tu me le *rappelas* » — *asses*, répliqua seulement Nodier. On fit là-dessus cette épigramme :

> De ton mauvais français nos oreilles sont lasses,
> Dupaty : quand l'aspect du fauteuil faisait fuir,
> Fallait-il donc encor que tu nous rappelasses
> Qu'il réunit souvent le *velours* et le *cuir?*

Dupaty disait lui-même : « Je suis entré à l'Académie avec du billon. »

Roger (Jean-François) [1776-1842]. Né à Langres, fils d'un receveur des dîmes, il devint en 1807 député au Corps Législatif, en 1809 conseiller de l'Université, sous la Restauration secrétaire général des postes. Collaborateur de Jouy et de Creuzé de Lesser, il fit avec l'un *l'Amant et le Mari*, avec l'autre *le Billet de loterie* [1811], *le Magicien sans magie* et *la Revanche* [1807]. Après *l'Épreuve délicate*, et la *Dupe de lui-même*, il eut un franc succès dans *l'Avocat*, comédie en trois actes et en vers, imitée de Goldoni [1806]. Le 30 novembre 1817, il entrait à l'Académie. Le jour de sa présentation, Louis XVIII lui dit: « Monsieur, votre cause a été plaidée par un bon *avocat*. »

Étienne (Charles-Guillaume) [1778-1845]. Né à Chamouilly (Haute-Marne), secrétaire du ministre Maret, chef de la division littéraire au ministère de la police [1810], censeur des journaux, académicien en 1811, destitué par les Bourbons en 1814, rédacteur du *Constitutionnel* et de *la Minerve*, où il dirigea les *Lettres sur Paris*, député de la Meuse en 1820, il fut en 1830 un des rédacteurs de l'adresse des 221, et, après la Révolution, entra à la Chambre des pairs. Ses comédies sont *les Maris en bonne fortune* [1803], *Brueys et Palaprat* [1807], *les Deux Gendres* [1810], et *l'Intrigante* [1813]. Il composa aussi plusieurs opéras-comiques, *Gulistan* [1805], *Cendrillon* [1810], *Joconde* [1814], *Jeannot et Colin* [1814], *le Rossignol* [1817], *Aladin ou la Lampe merveilleuse* [1822]. Auteur de jolis vaudevilles, il écrivit une *Histoire du Théâtre-Français depuis la Révolution*.

Planard (François-Eugène de) [1783-1855]. Né à Milhau (Aveyron), fils d'émigré, incarcéré pendant la Terreur, commis-greffier au conseil d'État en 1806, il donna au théâtre Louvois, à l'Odéon, et aux Français *le Curieux* [1807], *le Paravent* [1807], *l'Épouseur de vieilles femmes* [1808], *le Portrait de famille* [1808], *le Faux Paysan* [1811], *les Pères créanciers* [1811], *la Nièce supposée* [1813], *les Deux Seigneurs* [1816], et *l'Heureuse Rencontre* [1821]. Il fit aussi le libretto du *Pré aux Clercs*, immortalisé par la musique d'Hérold.

Barré (Yves), Radet et Desfontaines, collaborèrent à un grand nombre de pièces comiques ; une des plus connues fut *la Chaste Suzanne*, qui les fit incarcérer sous la Terreur. Dans ces paroles applaudies par le public : « Vous êtes ses accusateurs, vous ne pouvez être ses juges », on avait vu une allusion au procès de Louis XVI.

Dans le voisinage de *Pain*, de *Piis*, *Chazet* et *Ourry*, noms populaires alors sur la scène des boulevards, distinguons Gentil et Désaugiers dont le répertoire fut inépuisable. Nous signalerons seulement *l'Entresol* [1802], *C'est ma femme* [1804], *les Trois Étages* [1808], *Cadet Roussel esturgeon* [1813], *le Dîner de Madelon* [1813], *Jocrisse aux enfers*, *Je fais mes farces*, et *les Grandes Passions*.

Mars (Mlle Anne-Françoise-Hippolyte) [1778-1847]. Fille de l'acteur Monvel, et d'une actrice nommée Mars, née à Paris, elle débuta, à treize ans, sur le théâtre Montansier : beauté, intelligence, talent, tous les dons, elle les posséda portés à la perfection par les conseils de Mlle Contat. Après avoir fait les délices de Feydeau, elle figura parmi les artistes qui reconstituèrent le Théâtre-Français. Dans les rôles d'ingénue et d'amoureuse, on admira sa grâce piquante, la finesse de son jeu, son naturel, je ne sais quoi d'enchanteur qui captiva les plus sévères. Ne l'avait-on pas surnommée l'*Inimitable*, le *Diamant* ? Ce fut vers 1812 que son art souverain inaugura le personnage des grandes coquettes, et nous rendit toutes les séductions des Célimène et des Araminte. Molière et Marivaux n'eurent pas de plus expressif interprète. Ses créations contemporaines furent les rôles de Betty dans *la Jeunesse d'Henri V*, d'Emma dans *la Fille d'honneur*, de lady Athol dans *Édouard en Écosse*, de Mme d'Orbeuil dans *le Secret du ménage*, de Valérie et Hortense dans *l'École des Vieillards*, et de Mlle de Belle-Isle. Le timbre de sa voix ne perdit jamais sa fraîcheur et sa jeunesse. Elle quitta la scène en 1841.

Bourgoing (Marie-Thérèse-Étiennette) [1781-1833. Elle tint l'emploi de jeune première dans la tragédie et la comédie, de 1801 à 1829. Elle fut aussi célèbre par sa beauté que par ses bons mots et la distinction de son jeu. Geoffroy disait d'elle : « Thalie pouvait être jalouse de Melpomène ; Mlle Bourgoing a réconcilié les deux sœurs. »

Nota. — Mentionnons quelques-unes des comédies qui attirèrent encore l'attention sous l'Empire : *la Leçon conjugale ou Avis aux Maris*, par CHAZET et SEWRIN ; *la Petite Maison de Thalie, les Descendants du Menteur, le Voyageur fataliste*, par CHARLEMAGNE ; *les Caquets*, par Antoine RICCOBONI ; *Une Heure d'absence*, par Michel LORAUX ; *le Jeune Savant*, par ROUGEMONT ; *Céleste et Faldoni ou les Amants de Lyon*, par Augustin HAPDÉ ; *le Tartufe de mœurs*, par CHÉRON ; *les Suites d'un bal masqué*, par Mme DE BAUR ; *la Belle Fermière*, par Mlle CANDEILLE ; *le Jaloux sans amour*, par IMBERT ; *les Deux Figaro ou le Sujet de comédie*, par MARTELLI ; *Minuit*, par DÉSAUDRAIS.

FIN DE L'APPENDICE.

TABLE DES MATIÈRES

Préface... v

INTRODUCTION. — La Révolution et les Lettres, la Politique et l'Art. — La TERREUR, menaces de barbarie; naufrage de toutes les élégances. — Le DIRECTOIRE et sa licence anarchique. Essais de littérature républicaine. L'Institut, les Écoles normales. — L'esprit public; appels à une dictature. Le 18 Brumaire. Le CONSULAT et ses espérances. — L'EMPIRE et ses coups de théâtre. Littérature d'antichambre et d'Athénée. Symptômes de renaissance..... 1

LIVRE PREMIER.
Restauration des idées religieuses.

CHAPITRE Ier. — Esprit de réaction contre la philosophie du XVIIIe siècle et la Révolution. — L'École théocratique. M. DE BONALD. *Théorie du pouvoir politique et religieux.* Moïse et Lycurgue. *La Législation primitive*; l'origine surnaturelle du langage. Défis lancés aux idées du siècle. — Le Dialecticien. L'Écrivain. 17

CHAPITRE II. — I. JOSEPH DE MAISTRE; sa biographie. Préludes du polémiste. Le Vendéen piémontais. — *Considérations sur la Révolution française.* Le gouvernement de Dieu. — Hommage involontaire rendu à la France et à la Révolution. Manie de prophétiser. Isaïe de salon. Le conseiller d'État de la Providence. — *Le Pape.* La dictature spirituelle. Le politique dans le croyant. Arguments temporels en faveur du pouvoir spirituel. La fiction de l'infaillibilité. Le rationaliste sans le savoir. — II. Les *Soirées de Saint-Pétersbourg.* L'origine du mal. L'expiation. La rédemption. L'à-propos du livre; la Terreur et la guerre européenne. Entraînements de la polémique; influence de l'isolement. Le philosophe. L'homme. L'écrivain. Secret dépit d'un vaincu. Rétractations ou contradictions. Orthodoxie équivoque. Le surnaturel expliqué par des raisons naturelles. Paradoxes. Le grand rhéteur. La théologie sécularisée. Son influence posthume... 33

CHAPITRE III. — I. Restauration officielle du culte. Le premier Consul; fils du XVIIIe siècle, sans être voltairien, il voit dans la religion une garantie d'ordre social, et un moyen de gouvernement. Son déisme indifférent à toute foi positive. Le Concordat, œuvre politique. — II. M. DE CHATEAUBRIAND. Biographie du poëte; son enfance rêveuse, ses révoltes indépendantes, ses instincts aventureux. Séjour à Paris (1788); initiation à la vie littéraire, dans le voisinage de Jean-Jacques et de Bernardin de Saint-Pierre. Voyage en Amérique (1791). Son *Journal;* le paysagiste. Retour en France (10 décembre 1791). Le camp de Condé, l'émigré à Londres. *Essai sur les révolutions.* Scepticisme politique et religieux. Contradictions. Années d'épreuves qui sauvegardent l'originalité de l'écrivain. — III. Le *Génie du Christianisme* (1802). Influence de Fontanes. Crise morale. Conseils de Joubert. L'à-propos de l'ouvrage; attendrissement des âmes mêlé de respect humain; réhabilitation littéraire et sociale du sentiment religieux. Défauts et mérites. Le théologien et le peintre. Monument d'ordre composite. Prose descriptive; l'enchanteur. Il ferme la période voltairienne.............. 71

LIVRE II.

Restauration de la philosophie spiritualiste.

CHAPITRE Ier. — I. Discrédit de la philosophie; isolement des libres penseurs. Les héritiers de Condillac. Les Idéologues se relèvent devant l'opinion par leur opposition politique. — M. DESTUTT DE TRACY; esquisse biographique. Dignité de son attitude. L'homme, l'écrivain. — II. Les précurseurs du spiritualisme. — LAROMIGUIÈRE. Onction de sa parole. — MAINE DE BIRAN. Son *Mémoire sur l'habitude,* 1801. *Essai sur la décomposition de la pensée,* 1803. Le libre arbitre. Les droits de la personne morale. Le métaphysicien psychologue. Son *Journal.* Confidences d'un esprit pur. Indécisions d'une âme en peine. Le monde de la Grâce. — Le mysticisme et la Révolution. SAINT-MARTIN. Il proteste contre le matérialisme. Il défend la Providence. — BALLANCHE, le Socrate lyonnais. Ses beaux songes chrétiens et platoniciens. Enthousiasme contemplateur; confusion de la métaphysique et de la poésie............ 106

CHAPITRE II. — Des influences jusqu'alors isolées avaient besoin d'un centre. Lettre de l'Empereur au ministre de l'Intérieur. — Esprit qui préside à l'institution de l'Université. — M. ROYER-COLLARD. Ses origines; prédilections jansénistes. Son rôle sous la Révolution, pendant et après la Terreur. Il devient royaliste par raison. Sa correspondance avec Louis XVIII. Son attitude sous l'Empire. La philosophie est le refuge de son indépendance. Appelé à une chaire de Sorbonne, il déclare la guerre au sensualisme. Sa métaphysique vise à la morale, et à la politique. L'École écossaise. La première leçon du maître, mot de l'Empereur. Il prépare le mouvement libéral de la Restauration. Esprit de sa méthode. L'homme. L'écrivain. Le politique dans le professeur. Unité de sa vie. 128

LIVRE III.
La Poésie sous l'Empire.

CHAPITRE Ier. — Vues générales. — L'Empereur veut gouverner les intelligences. Du protectorat littéraire. Il y eut une poésie de l'Empire. L'anathème de Lamartine. Les circonstances atténuantes. Les préjugés d'école et les traditions poétiques sont chez nous plus vivaces que les dynasties. — Le *Temple du Goût* après la Révolution. — La prose et les vers. Différence de leurs destinées........ 146

CHAPITRE II. — I. Revue des morts; les principaux genres. Tendances prédominantes. Des milliers de poëtes sans poésie. L'âge des bouts rimés. Les romances chevaleresques, les bagatelles d'album. La versification est un talent de société. La légion des traducteurs. Avant d'innover, on se remet à l'école de l'antiquité. La manie mythologique, la poésie toute faite. — II. Vogue de l'Épopée. Les Rhapsodes de Lycée et d'Athénée. Les grands écoliers. Triomphe de la rhétorique. LUCE DE LANCIVAL, et *l'Enfance d'Achille*. CAMPENON, et *l'Enfant prodigue*. PIERRE DU MESNIL, et *Oreste*. DENNE-BARON, *Héro et Léandre*. — Sujets tirés de l'antiquité nationale. TARDIEU DE SAINT-MARCEL, et la *France délivrée*. Le vicomte D'ARLINCOURT, et la *Caroléide*. DORION, et la *Bataille d'Hastings*. PHILIBERT MASSON, et les *Helvétiens*. PARNY, et les *Rose-croix*. MILLEVOYE, et *Charlemagne à Pavie*. CREUZÉ DE LESSER, et les romans de chevalerie. Réhabilitation du moyen âge. Un grain de sel gaulois. *La Philippide* de M. VIENNET. — La poésie fugitive. LEGOUVÉ. — Goût du solennel. Le décorum et l'Empire. — III. La poésie didactique, signe de décadence. Pastorales, Bucoliques, Géorgiques de salon. L'école descriptive. Les lieux communs anonymes. Apprentissage de la forme. Les épigrammes. 157

CHAPITRE III. — Poésie officielle. Les Dithyrambes et les Cantates. Les Épithalames. Les Odes baptismales. Le carillon des Anniversaires. Une leçon de Sorbonne; le commentaire de l'Églogue à Pollion. Virgile prophétisant le siècle de Napoléon. Les poésies patriotiques et nationales. Un quiproquo. La légende impériale.......... 183

CHAPITRE IV. — Conclusions. — Le style faux. Les puérilités de l'harmonie imitative. Les recettes d'onomatopées. La rage de la périphrase. La routine des expressions toutes faites. La poésie mécanique et impersonnelle. La langue morte. La fausse noblesse. Les hypocrisies de la parole. Les classiques de collége. Regain chétif d'une terre épuisée. Nécessité d'une Révolution littéraire.... 193

LIVRE IV.
La Tragédie sous l'Empire.

CHAPITRE Ier. — Importance sociale de l'art dramatique. Le théâtre sous la Révolution. Atellanes honteuses. Les grands classiques devant un conseil de révision. Invasion des barbares. — Le théâtre sous le Directoire. La littérature des réminiscences. L'art devient un problème de mécanique. La nature humaine étudiée dans les livres. Les marionnettes héroïques. Renaissance artificielle de la tragédie. TALMA ; il annonce les instincts d'une poétique nouvelle. — Le théâtre sous l'Empire. La raison d'État. Rétablissement de la Censure. 206

CHAPITRE II. — DUCIS. Premiers symptômes de rénovation. Il eut des lueurs de génie paralysé par le goût de son temps. Il acclimate timidement Shakespeare. L'homme fut supérieur au poëte. Son silence sous la République. Ame patriarcale et religieuse. Attitude indépendante sous l'Empire. — Poésies familières et intimes. Philosophe pratique, il eut l'âme tragique, et fut l'ouvrier de la première heure 218

CHAPITRE III. — MARIE-JOSEPH CHÉNIER. Disciple de Voltaire ; trop soucieux de transformer la scène en tribune. *Charles IX* et Louis XVI, le chancelier de l'Hôpital et M. Necker, l'amiral Coligny et La Fayette. — Le Tyrtée de la République. Les pièces de circonstance. *Henri VIII, Calas, Caius Gracchus, Fénelon, Timoléon.* — Les deux frères : *Épître sur la calomnie.* — L'homme dans le poëte. Jugement de Mme de Staël. — Le satirique. *Les nouveaux saints.* — Attitude de Chénier au 18 Brumaire, ses tentations. Le brevet de sénateur, et les palinodies de *Cyrus*. Revanche d'une disgrâce ; *Tibère*. La scène de Saint-Cloud. *Épître à Voltaire*. Destitution. Les blessures cicatrisées. — Conversion tardive. *Rapport sur les prix décennaux*. Justice rendue à ses ennemis ; Chateaubriand lui porte malheur. — Conclusion. Son héritage académique.. 230

CHAPITRE IV. — Un patronage onéreux. Henri IV banni de la scène ; convenances diplomatiques ; *le Roi de Cocagne*. — Essai d'un théâtre national. M. RAYNOUARD. *Les Templiers*, 1805. Jugements de Geoffroy et de l'Empereur. Illusions d'un faux novateur. La bonne volonté de construire un Panthéon à la France. *Les États de Blois* (1810) sont supprimés par ordre. Retraite du poëte. 247

CHAPITRE V. — Nép. Lemercier. — I. L'Initiateur inconscient et incompris. Débuts d'un petit prodige. *Méléagre, Clarisse Harlowe, le Lévite d'Éphraïm. Le Tartufe révolutionnaire.* Le triomphe d'*Agamemnon*, 1797. Les Atrides et la Terreur. *Pinto* et *le Barbier de Séville*, 1800. Ombrages politiques. *L'Ostracisme, et la Journée des Dupes.* Aventures d'un éclaireur. Les épopées d'*Homère* et d'*Alexandre*. La tragédie de *Charlemagne*. Ami du général Bonaparte, Lemercier se refuse aux avances du Premier Consul. Conditions périlleuses d'un novateur entre deux despotes, la Routine et l'Empereur. Le drame de *Christophe Colomb*, 1809. Son chef-d'œuvre comique, *Plaute*. Attitude de victime. Les lubies d'une humeur fantasque. — II. *Les Quatre métamorphoses, les Trois fanatiques, la Mérovéide, les Ages français, l'Atlantiade* ; la mythologie scientifique. *La Panhypocrisiade*, pandémonium du XVIᵉ siècle. Confusion des genres. — *Cours analytique de littérature* ; contradictions du critique et du poëte. Isolement, et oubli.   255

CHAPITRE VI. — Gabriel Legouvé. Opportunité pathétique de *la Mort d'Abel. La Mort d'Henri IV*, et ses parties touchantes. Allusions courageuses d'*Épicharis et Néron* ; elles éveillent des échos sympathiques aux victimes de la Terreur. *Le Mérite des Femmes.* Arnault. *Marius à Minturnes, Lucrèce, Cincinnatus. Les Vénitiens*, 1799. — Brifaut, et *Don Sanche*. Conclusion......   273

LIVRE V.

Le Drame et la Poésie.

CHAPITRE Iᵉʳ. — Le drame et ses prétentions. Il annonçait le voisinage d'une révolution sociale. La *Mélanie* de La Harpe. *Calas* et *Fénelon*, de Marie-Joseph Chénier. L'orgie de la Terreur. — Louis Laya, et *l'Ami des lois.* — Le dramaturge Mercier. Son *Essai sur l'art dramatique*. Il devance les romantiques. Ses cinquante pièces. *Le Déserteur.* Indignation de Geoffroy. — *Misanthropie et Repentir* de Kotzebue. *Les Deux Frères.* — François de Neufchateau. *Paméla, ou la Vertu récompensée.* Nicolas Bouilly. *L'Abbé de l'Épée.* — Alexandre Duval. *Édouard III. Le Lovelace français. Guillaume le Conquérant*, et le camp de Boulogne. *Le Menuisier de Livonie. La Jeunesse d'Henri IV*. Ses comédies. *Le Tyran domestique. Le Chevalier d'industrie*, et les mœurs du Directoire.   280

CHAPITRE II. — La comédie vers la fin du XVIIIᵉ siècle. Ce qu'elle devint sous Robespierre. Charles Démoustier. — Revanche du rire sous le Directoire. Égosillement d'oiseaux après l'orage. Mais la comédie s'ajourne ; on ne songe qu'à s'étourdir. Restauration de la gaieté gauloise; le *Caveau*, A. DE PIIS, DÉSAUGIERS. — L'Empire met la sourdine à ces explosions de verve. Les originaux s'effacent. Règne de l'uniforme. Peu d'hommes, et de caractères..... **295**

CHAPITRE III. — Répertoire des devanciers. I. FABRE D'ÉGLANTINE. *La Suite du Misanthrope. L'Intrigue Épistolaire. Les Précepteurs.* Imagination atrabilaire. L'homme et l'écrivain. Défauts de style et d'humeur. — II. COLLIN D'HARLEVILLE. Alceste, et Philinte. Sa gaieté discrète eut de l'à-propos sous l'Empire. *L'Inconstant.* La comédie de caractères reparaît avec l'*Optimiste*. Procès intenté par Fabre d'Églantine. *Les Châteaux en Espagne*; fable appropriée au temps. *Les Mœurs du jour. Le Vieux Célibataire.* La postérité est optimiste pour Collin d'Harleville. — III. ANDRIEUX et Collin d'Harleville. Les inséparables. *Anaximandre ou le Sacrifice aux Grâces. Les Étourdis. Helvétius. La Suite du Menteur. Le Souper d'Auteuil. Les Deux Vieillards.* Le Conteur. L'Attique. L'Aristarque, et l'homme de goût. Modération et indépendance. Influence du caractère sur le talent............................... **303**

CHAPITRE IV. — PICARD. Les amis d'Horace. Incessante improvisation. Esprit d'à-propos. Les ridicules de l'heure présente. Tableaux de mœurs. *Médiocre et rampant*, vivante esquisse de la société française sous le Directoire. *Entrée dans le monde. Le Contrat d'union*, satire contre l'agiotage. La comédie bourgeoise, seule ressource du poëte comique sous l'Empire. *La Petite Ville*, chef-d'œuvre du genre. *Les Provinciaux à Paris*, récidive malheureuse. *Monsieur Musard. Les Marionnettes. Les Ricochets.* Conclusion.............. **321**

CHAPITRE V. — M. ÉTIENNE. *Le Rêve. Le Chaudronnier homme d'État. Le Pacha de Suresnes. Les Deux Mères. La Petite École des Pères. La Jeune Femme colère. Brueys et Palaprat.*—Le directeur des *Débats.*—*Les Deux Gendres.* Il y rajeunit avec verve d'anciens motifs. Le revers de la médaille. Découverte de *Conaxa*. Une question de plagiat. Confrontation du modèle et de la copie. Trop d'habileté nuit.—*L'Intrigante.* Un censeur censuré. Sous l'Empire, la comédie fut relativement supérieure à la tragédie. Conclusion. **334**

LIVRE VI.
Les Poëtes de transition.

CHAPITRE Ier. — La fin d'une école; poëtes intermédiaires. — ÉCOUCHARD LEBRUN, le *Pindare français*. Il entrevit de loin un nouvel Olympe. Son originalité provisoire. L'hiérophante de la Révolution, le Tyrtée Jacobin. L'infirmité du caractère porte malheur au talent. Habile artisan de mots, il sut défendre les prérogatives de la langue lyrique. Il eut la passion de son art. L'ode du *Vengeur*. **351**

TABLE DES MATIÈRES.

CHAPITRE II. — DELILLE. Une royauté littéraire. Un homme heureux. Ses préludes ; le patronage de Louis Racine. Influence de Gresset. Traduction des *Géorgiques*. Voltaire lui ouvre les portes de l'Académie. Originalité d'une œuvre périlleuse. L'École didactique et descriptive. La poésie et la science. *Les Jardins*, recueil de morceaux choisis. Les hors-d'œuvre. Delille et La Fontaine. Le goût de son temps. Voyage en Orient. Son exil volontaire après la Terreur. Sa rentrée triomphale au Collége de France. *La Pitié* (1802). Succès politique. Inventaire de son portefeuille. *L'Homme des Champs*; le grand seigneur philanthrope. Traduction de *l'Énéide*. *Le Paradis perdu*. *L'Imagination* (1806). *Les Trois Règnes*. Encyclopédie pittoresque. Il faut condamner le genre plus que le poëte. Le réalisme classique. Fabrique de jolis vers. L'Art frivole. L'Ovide français. Poëme sur *La Conversation*. — Sa mort. Il apprivoisa les timidités de la Muse. Ses hardiesses de style. Il enrichit le vocabulaire poétique. Ses œuvres furent un Jardin d'acclimatation. 360

CHAPITRE III. — M. DE FONTANES. Influences de l'éducation première. Maturité précoce. Débuts du lettré. *Le Verger, la Forêt de Navarre*, 1786. Traduction de l'*Essai sur l'homme*. Projet d'un poëme sur *la Nature*. *La Chartreuse*. Action exercée par Bernardin de Saint-Pierre. *Le Jour des morts*. Christianisme poétique. Échos lointains de Gray, Goldsmith et Cowper. Poëmes *astronomiques*. — Rôle de Fontanes pendant la Révolution. Premier exil. A son retour, il devient professeur à l'École Centrale, et entre à l'Institut. Le politique se révèle dans ses discours d'installation. — Second exil. *La Grèce sauvée*. Premières relations avec Chateaubriand. Lettre à Bonaparte, après le 18 Brumaire. Éloge de Washington, 9 février 1800. Le Président du Corps Législatif, le Grand-Maître de l'Université. Le poëte sous le ministre. Odes sur le *Duc d'Enghien* et l'*Enlèvement du Pape*. Stances à *Chateaubriand*. L'Horace de Courbevoie. *A un Pêcheur*. Stances à *Une Jeune Anglaise*. *Le Buste de Vénus*. L'homme de goût; culte de Racine. Conclusion 387

CHAPITRE IV. — ARNAULT. Dévouement et fidélité du poëte à la personne de l'Empereur. Ses ambitions. Son exil après les Cent-Jours. La fable satirique et politique. Par sa facture, il a des airs de ressemblance avec Béranger. Le don d'épigramme. *Le Colimaçon*. *Le Riche et le Pauvre*. *Le Chêne et le Buisson*. L'élégie de *la Feuille*. 411

CHAPITRE V. — I. MILLEVOYE. Harmonie d'un talent et d'une destinée. L'élégie personnelle. *La Chute des feuilles*. *Le Poëte mourant*. Premier signal d'un mode nouveau. — PARNY. L'accent de la passion. Les romances de Mme DUFRESNOY. *Memento* d'un oublié :

Denne-Baron. — II. L'ossianisme : ses éléments. Vagues tristesses. L'Empereur, et son barde favori. Ossian, et Mᵐᵉ de Staël. Le romantisme de l'Empire. — Baour-Lormian ; l'arrangeur habile, et prompt à l'à-propos. Sa *Jérusalem délivrée*. Ses épigrammes. Il se fait le Ducis d'Ossian. Services rendus par cet engouement populaire. *Veillées poétiques et morales*. Conclusion....... 419

CHAPITRE VI. — Chênedollé. Un poëte né trop tôt, mort trop tard. Son enfance rêveuse. Le vif sentiment de la nature. Influences de Rivarol et de Klopstock. Il est égaré par ses guides. Poëme de *la Nature*. Tristesse et deuil. L'inspecteur d'Académie. *Le Génie de l'Homme*. Hardiesse du plan. Il était fait pour la pastorale. Il vécut trop isolé. Ses *Études poétiques*. L'art lui fut un culte..... 436

CHAPITRE VII. — Pierre Lebrun. Ses aptitudes précoces. Tout enfant, il est distingué par le Premier Consul. Son Ode *à la Grande Armée*. Lyrisme sincère. Ode *au Vaisseau de l'Angleterre*. Retraite de Tancarville. Les inspirations de la solitude. La tragédie d'*Ulysse*, et Louis XVIII. Ses Messéniennes. *Jeanne d'Arc*. *Super flumina Babylonis*. Le novateur prudent. *Marie Stuart*, 1820. La Grèce, et les chants qu'elle lui inspire. Franchise, et simplicité d'accent. MM. Lebrun et Victor Hugo. *La Mort de Napoléon*. *Le Cid d'Andalousie*. Ses fantaisies. Un trop sage précurseur. Conclusion 448

APPENDICE

Prosateurs.. 465
Poëtes... 493

FIN

www.ingramcontent.com/pod-product-compliance
Lightning Source LLC
Chambersburg PA
CBHW060502230426
43665CB00013B/1349